SAMUHA
FOYER RELIGIEUX
DE L'EMPIRE HITTITE

PUBLICATIONS DE L'INSTITUT ORIENTALISTE DE LOUVAIN

11

SAMUHA FOYER RELIGIEUX DE L'EMPIRE HITTITE

par

René LEBRUN

UNIVERSITÉ CATHOLIQUE DE LOUVAIN
INSTITUT ORIENTALISTE
LOUVAIN-LA-NEUVE
1976

561 Galilée,
B-1348 Louvain-la-Neuve

16, Redingenstraat,
B-3000 Louvain

Les commandes doivent être adressées à :
Éditions Peeters, B.P. 41, B-3000 Louvain

D. 1976/0602/5

ISBN 2-8017-0022-3

« Uxori et liberis carissimis »

AVANT-PROPOS

L'abondante documentation hittite réunie à ce jour a déjà permis la réalisation de nombreuses études consacrées à la biographie des rois du Hatti, aux traités conclus par ceux-ci et à leurs conséquences, à la religion hittite et à ses diverses manifestations, à l'art et à la langue de ce peuple; néanmoins, le fait de retracer l'histoire de certaines cités de l'Empire hittite et de dégager leur importance dans l'évolution des idées du monde hittite au départ d'une somme de renseignements suffisamment fournis ne nous semble pas dépourvu d'intérêt. Déjà, en 1970, Volkert Haas nous a précédé dans cette voie en consacrant une longue étude à la ville de Nérik et ses cultes [1]; au moment où son livre sortait de presse, nous posions les premiers jalons d'un travail relatif à la ville de Samuha, ancienne cité du sud-est anatolien qui deviendra un des foyers religieux hittites et un carrefour entre le monde hittite au sens strict et le monde kizzuwatnien et louvite [2]; toute une activité politique, économique et culturelle se développera parallèlement à la vie religieuse de la ville. Aussi, tout ce que peut nous apprendre l'histoire de Samuha, projette-t-il une nouvelle lumière sur la civilisation de l'Empire hittite. Le rôle joué par cette cité, spécialement durant l'Empire, et notamment sous Hattusili III, n'a fait que nous confirmer dans notre détermination de percer les secrets de cette antique agglomération. Il ne s'agit ici que d'une étape dans le patient travail de découverte d'une ville chère à l'Ištar/Šauška guerrière, dans laquelle se sont rencontrées plusieurs cultures depuis l'époque des colonies assyriennes de Cappadoce; notre souhait est de pouvoir, dans quelques années, retravailler la présente étude et y apporter les retouches rendues nécessaires par la découverte de nouveaux documents.

Qu'il nous soit permis de remercier Monsieur Herbert Sauren, Professeur à l'Université Catholique de Louvain, qui a accepté de patronner le présent travail de doctorat et nous a entouré de ses avis autorisés; notre gratitude toute spéciale s'adresse aussi à Monsieur Emmanuel Laroche, Professeur au Collège de France, qui nous a formé à l'hittitologie et aidé à parfaire cette étude en nous assistant de se compétence; nos remerciements vont aussi tout particulière-

[1] V. HAAS, *K.v.N.*, Rome, 1970.

[2] La subite accession de la déesse tutélaire de Samuha au faîte du panthéon impérial sous Hattusili III nous a poussé à en rechercher les causes et à réunir la documentation la plus complète possible sur cette ville.

ment à Monsieur Paul Naster, Professeur à la Katholieke Universiteit te Leuven, qui a suivi pas à pas la genèse de notre travail, ainsi qu'à Monsieur Guy Jucquois, Professeur à l'Université Catholique de Louvain, qui nous a introduit au monde hittite et entouré de ses conseils. Nous disons encore toute notre reconnaissance à Monsieur Heinrich Otten, Professeur à l'Université de Marbourg, qui, lors de nos séjours dans cette ville, nous a permis de consulter sa riche documentation et nous a procuré des renseignements de première importance. Nous ne pouvons oublier de rendre hommage aux autorités de l'Institut Orientaliste et à la Commission des Publications de l'Université Catholique de Louvain qui ont rendu possible l'édition imprimée de cette thèse.

Wezembeek-Oppem, juin 1975.

BIBLIOGRAPHIE

AAA = *Annals of Archaeology and Anthropology*, Liverpool.

AASOR = *The Annual of the American Schools of Oriental Research*, New Haven, 1920 ff.

ABoT = Kemal BALKAN, *Ankara Arkeologi Müzesinde Bulunan Bogazköy Tabletleri*, Istanbul, 1948.

AfO = *Archiv für Orientforschung*, Berlin, plus tard Graz.

AKURGAL, *Kunst* = Ekrem AKURGAL, *Die Kunst der Hethiter*, Munich, 1961.

Alalakh = D. J. WISEMAN, *The Alalakh Tablets* (Occasional Publications of the British Institute of Archaeology at Ankara, n° 2), Londres, 1953.

ALP, *Beamtennamen* = Sedat ALP, *Untersuchungen zu den Beamtennamen im hethitischen Festzeremoniell* (Sammlung orientalischer Arbeiten, V. Heft), Leipzig, 1940.

ALP Sedat, *Die Lage von Samuha*, *Anatolia*, I, 1956, p. 77 sqq.

AM = voir Goetze AM.

An. Or. = *Analecta Orientalia*, Rome.

Anat. St. = *Anatolian Studies, Journal of the British Institute of Archaeology at Ankara*, Londres.

Anatolia = *Anatolia, Revue annuelle de l'Institut d'Archéologie de l'Université d'Ankara*, Ankara.

Anatolica = *Anatolica, Annuaire International pour les Civilisations de l'Asie Antérieure de l'Institut Historique et Archéologique néerlandais à Istanbul*, Leiden.

ANET² = *Ancient Near Eastern Texts relating to the Old Testament*, edited by James B. PRITCHARD, 2ᵉ édition, Princeton, 1969.

Archiv Or. = *Archiv Orientální*, Prague.

ARCHI = Alfonso ARCHI, *The propaganda of Ḫattusiliš* III, *SMEA*, XIV, 1971, p. 185-216.

Baghd. Mitt. = *Baghdader Mitteilungen*, Deutsches Archäologisches Institut, Abteilung Baghdad, Berlin.

BENVENISTE, *HIE* = Émile BENVENISTE, *Hittite et Indo-européen, Études comparatives* (Bibliothèque archéologique et historique de l'Institut français d'Archéologie d'Istanbul), Paris, 1962.

BERAN, *Glyptik* = T. BERAN, *Die hethitische Glyptik von Boghaz-Köy* (Wissenschaft. Veröffentl., n° 76), Berlin, 1967.

Belleten = *Belleten, Türk tarih kurumu* (Gesellschaft für türkische Geschichte. Bulletin), Ankara.

Bibl. Or. = *Bibliotheca Orientalis*, Leiden.

Bo. = sigle pour désigner les tablettes inédites trouvées à Boğaz-köy avant 1931.

BOSSERT, *Asia* = Helmut Theodor BOSSERT, *Asia*, Istanbul, 1946.

BOSSERT, *HKS* = Helmut Theodor BOSSERT, *Ein hethitisches Königssiegel*, Berlin, 1944.

BoSt = *Boghazköi-Studien*, hrsg. von O. Weber, Leipzig.

BOTTÉRO, *Religion* = Jean BOTTÉRO, *La religion babylonienne*, Paris, 1952.

BoTU = *Boghazköi-Texte in Umschrift*, Leipzig.

BSL = *Bulletin de la Société de Linguistique de Paris*, Paris.

CAD = *The Assyrian Dictionary of the Oriental Institute of the University of Chicago*, Chicago/Glückstadt.

CAH = *The Cambridge Ancient History*, Cambridge; retenir spécialement: fasc. 37 = A. GOETZE, *The struggle for the domination of Syria/Anatolia from Shuppiluliumash to the Egyptian war of Muwatallish/The Hittites and Syria*, fasc. 40 = H. LEWY, *Anatolia in the old Assyrian period*, et le fasc. 44 = O. R. GURNEY, *Anatolia* c. 1600-1380 B.C.

CARRUBA, *StBoT* 2 = Onofrio CARRUBA, *Das Beschwörungsritual für die Göttin Wisuriyanza* (*StBoT*, 2), Wiesbaden, 1966.

CARRUBA, *Verbalendungen* = Onofrio CARRUBA, *Die Verbalendungen auf -wani und -tani und das relative Alter der hethitischen Texte*, *Die Sprache*, XII, 1966, p. 79 sqq.

CORNELIUS = Fr. CORNELIUS, *Geographie des Hethiterreiches*, *Orientalia NS*, XXVII, 1958, p. 225-251 et p. 373-397.

CTH = Emmanuel LAROCHE, *Catalogue des textes hittites* (Études et Commentaires, vol. 75), Paris, 1971.

DANMANVILLE = Jenny DANMANVILLE, *Un roi hittite honore Ištar de Samuha*, *RHA*, 59, 1956, p. 39 sqq.

DANMANVILLE = Jenny DANMANVILLE, *Rituel pour Ištar de Tamininga*, *RHA*, 70, 1962, p. 51-61.

DANMANVILLE = Jenny DANMANVILLE, *Aperçus sur l'art hittite à propos de l'iconographie d'Ištar-Šaušga*, *RHA*, 70, 1962, p. 37-50.

DARGA, *Puduḫepa* = Muhibbe DARGA, *Puduḫepa: an Anatolian Queen of the thirteenth century B.C.*, dans Mélanges Mansel p. 939-961, Ankara, 1974.

DHORME, *Choix de textes* = Edouard DHORME, *Choix de textes religieux assyro-babyloniens*, Paris, 1907.

DHORME, *Religions* = Edouard DHORME, *Les religions de Babylonie et d'Assyrie* («Mana», tome 1, II), Paris, 1949.

DIAKONOFF, *H.u.U.* = I. M. DIAKONOFF, *Hurrisch und Urartäisch* (Münchener Studien zur Sprachwissenschaft, Beiheft 6 NF), Munich, 1971.

DINÇOL = A. M. DINÇOL et M. DARGA, *Die Feste von Karahna*, *Anatolica*, 3, 1970, p. 99-118.

FRIEDRICH, *SV* = Johannes FRIEDRICH, *Staatsverträge des Hatti-Reiches in hethitischer Sprache* I-II, *MVAeG* 31.2 et 34.1, Leipzig, 1926 et 1930.

FRIEDRICH, *Klein. Sprachd.* = Johannes FRIEDRICH, *Kleinasiatische Sprachdenkmäler* (Kleine Texte für Vorlesungen und Übungen, herausgegeben von Hans Lietzmann, 163), Berlin, 1932.

FRIEDRICH, *HG* = Johannes FRIEDRICH, *Die hethitischen Gesetze*, Transkription, Übersetzung, sprachliche Erläuterungen und vollständiges Wörterverzeichnis (Documenta et monumenta Orientis antiqui, volumen septimum), Leiden, 1959.

FRIEDRICH, *Elem.* 1^2 = Johannes FRIEDRICH, *Hethitisches Elementarbuch* I., Kurzgefasste Grammatik, 2. Aufl., Heidelberg, 1960.

FRIEDRICH, *HWb.* = Johannes FRIEDRICH, *Hethitisches Wörterbuch*, Kurzgefasste kritische Sammlung der Deutungen hethitischer Wörter, Heidelberg, 1952; 1. Ergänzungsheft 1957; 2. Ergänzungsheft 1961; 3. Ergänzungsheft 1966.

FRIEDRICH = Johannes FRIEDRICH, *Churritisch* (Kleinasiatische Sprachen, in Handbuch der Orientalistik, 1. Abt., 2. Band, Lief. 2, Leiden-Cologne, 1969.

FURLANI, *Religione* = Giuseppe FURLANI, *La religione degli Hittiti* (Storia delle Religioni, 13), Bologne, 1936.

GARELLI, *Assyriens* = Paul GARELLI, *Les Assyriens en Cappadoce* (Bibliothèque archéologique et historique de l'Institut Français d'Archéologie d'Istanbul, XIX), Paris, 1963.

GARELLI, *Proche-Orient* = Paul Garelli, *Le Proche-Orient asiatique* (Nouvelle Clio, 2), Paris, 1969.

G-G, *Geography* = John GARSTANG and O. R. GURNEY, *The Geography of the Hittite Empire* (Occasional Publications of the British Institute of Archaeology in Ankara, nº 5), Londres, 1959.

GOETZE = Albrecht GOETZE, *Madduwattas*, *MVAeG*, 32.1, Leipzig, 1928.

GOETZE, *AM* = Albrecht GOETZE, *Die Annalen des Mursilis*, *MVAeG*, 38, Leipzig, 1933.

GOETZE, *Kizzuwatna* = Albrecht GOETZE, *Kizzuwatna and the Problem of Hittite Geography* (Yale Oriental Series, Researches XXII), New Haven, 1940.

GOETZE, *Kleinasien*^{2} = Albrecht GOETZE, *Kleinasien*^{2} (Handbuch der Altertumwissenschaft, III. Abt., 1. Teil, 3. Band : Kulturgeschichte des Alten Orients, 3. Abschnitt, 1. Lieferung), Munich, 1957.

GOETZE, *CAH*^{2} 37 = Albrecht GOETZE, *The struggle for the domination of Syria / Anatolia from Shuppiluliumash to the Egyptian war of Muwatallish / The Hittites and Syria*, (Cambridge Ancient History, rev. ed., vol II, chap. XVII, XXI (a), XXIV, fasc. 37), Cambridge, 1965.

GONNET = Hatice GONNET, *Les Montagnes d'Asie Mineure*, *RHA*, 83, 1968, p. 95-171.

GURNEY, *Prayers* = O. R. GURNEY, *Hittite Prayers of Mursili II*, *AAA*, XXVII, 1940, p. 3-163.

GURNEY, *CAH*^{2} 44 = O. R. GURNEY, *Anatolia c. 1600-1380 B.C.*, (Cambridge Ancient History, rev. ed., vol. II, chap. VI, fasc. 44), Cambridge, 1962.

GURNEY, *Hittites* = O. R. GURNEY, *The Hittites* (Pelican Books, A 259), rev. ed., Harmonsdworth, 1962.

GÜTERBOCK *SBo* I-II = Hans Gustav GÜTERBOCK, *Siegel aus Boğazköy I-II*, *AfO*, Beiheft 5 et 6, Berlin, 1940 et 1942.

GÜTERBOCK = Hans Gustav GÜTERBOCK, *Hittite Religion*, in V. Ferm. (Forgotten Religions), New York, 1949.

GÜTERBOCK, *Hurrian Element* = Hans Gustav GÜTERBOCK, *The Hurrian Element in the Hittite Empire* (Cahiers d'Histoire Mondiale, II), 1954.

GÜTERBOCK, *DS* = Hans Gustav GÜTERBOCK, *The Deeds of Suppiluliuma as told by his Son Mursili* II, *JCS* 10, 1956, p. 41-68, 75-98, 107-130.

GÜTERBOCK = Hans Gustav GÜTERBOCK, *The God Suwaliyat reconsidered*, *RHA*, 68, 1961, p. 1-19.

GÜTERBOCK, *Religion und Kultus* = Hans Gustav GÜTERBOCK, apud G. Walser, *Neuere Hethiterforschung*, chapitre «Religion», Wiesbaden, 1964.

GÜTERBOCK = Hans Gustav GÜTERBOCK, *Lexicographical Notes III*, *RHA*, 81, 1967, p. 141-150.

HAAS & WILHELM, *Riten* = Volkert HAAS & Gernot WILHELM, *Hurritische und luwische Riten aus Kizzuwatna* (Hurritologische Studien, I), *AoAT* 3, Neukirchen-Vluyn, 1974.

HAAS, *K.v.N.* = Volkert HAAS, *Der Kult von Nerik* (Studia Pohl, 4), Rome, 1970.

Handb. der Or. = *Handbuch der Orientalistik*, Altkleinasiatische Sprache, I. Abteilung, 2. Band, 1. und 2. Abschnitt, Lieferung 2, Leiden, 1969.

Hatt. = Albrecht GOETZE, *Hattusilis, Der Bericht über seine Thronbesteigung nebst den Paralleltexten*, *MVAeG*, 29.3, 1925.

Édition à compléter par Albrecht GOETZE, *Neue Bruchstücke zum grossen Text des Hattusilis und den Paralleltexten*, *MVAeG*, 34.2, 1930.

HOFFNER JR, *Al. Heth.* = Harry A. HOFFNER JR, *Alimenta Hethaeorum* (American Oriental Society), New Haven, 1974.

HOUWINK TEN CATE, *LPG* = Philo HOUWINK TEN CATE, *The Luwian Population Groups of Lycia and Cilicia aspera during the Hellenistic period* (Documenta et monumenta Orientis antiqui, vol. 10), Leiden, 1961.

HOUWINK TEN CATE, *Records* = Philo HOUWINK TEN CATE, *The Records of the Early Hittite Empire* (Uitgaven van het Nederlands Historisch-Archaeologisch Instituut te Istanbul, XXVI), Istanbul, 1970.

HUCA = *Hebrew Union College Annual*, Cincinnati.

IBoT = *Istanbul Arkeoloji Müzelerinde bulunan Boğazköy Tabletleri*, Istanbul.

IF = *Indogermanische Forschungen, Zeitschrift für Indogermanistik und allgemeine Sprachwissenschaft*, Berlin.

ICK = *Inscriptions cunéiformes de Kultépé*, Prague.

IMPARATI, *Hurriti* = Fiorella IMPARATI, *I Hurriti*, Florence, 1964.

IMPARATI, *Leggi* = Fiorella IMPARATI, *Le Leggi Ittite* (Incunabula Graeca nº VII), Rome, 1964.

JACOB, *RŠ et l'AT* = Edmond JACOB, *Ras Shamra et l'Ancien Testament* (Cahiers d'Archéologie biblique, 12), Neuchâtel, 1960.

JAKOB-ROST = Liane JAKOB-ROST, *Zu den hethitischen Bildbeschreibungen*, *MIO*, 8, 1961, p. 161-217 et *MIO*, 9, 1963, p. 175-239.

JAKOB-ROST = Liane JAKOB-ROST, *Zu einigen hethitischen Kultfunktionären*, *Or. NS* 35, 1966, p. 417 sqq.

JAKOB-ROST, *Sänger von Kaneš* = Liane JAKOB-ROST, *Bemerkungen zum « Sänger von Kaneš »* (Beiträge zur sozialen Struktur des alten Vorderasien, Schriften zur Geschichte und Kultur des alten Orients, 1), Berlin, 1971, p. 111-115.

JAKOB-ROST, *Ritual der Malli* = Liane JAKOB-ROST, *Das Ritual der Malli aus Arzawa gegen Behexung* (Texte der Hethiter, 2), Heidelberg, 1972.

JAOS = *Journal of the American Oriental Society*, New Haven.

JCS = *Journal of Cuneiform Studies*, New Haven.

JNES = *Journal of Near Eastern Studies*, Chicago.

JKF = *Jahrbuch für Kleinasiatische Forschung*, Heidelberg.

KAMMENHUBER, *Hippologia* = Annelies KAMMENHUBER, *Hippologia hethitica*, Wiesbaden, 1961.

KAMMENHUBER, *Die Arier* = Annelies KAMMENHUBER, *Die Arier im Vorderen Orient*, Heidelberg, 1968.

KBo = *Keilschrifttexte aus Boghazköi*, in *Wissenschaftliche Veröffentlichungen der Deutsche Orientgesellschaft*, Leipzig/Berlin à partir de 1954.

KlF = *Kleinasiatische Forschungen*, hrsg. v. Ferdinand Sommer und Hans Ehelolf, Weimar.

KLENGEL, *Die Hethiter* = Evelyn und Horst KLENGEL, *Die Hethiter*, Vienne/Munich, 1970.

KLENGEL, *Geschichte* = H. KLENGEL, *Geschichte Syriens im 2. Jahrtausend v.u.Z.*, Berlin, 1965.

KRONASSER = Heinz KRONASSER, *Fünf hethitische Rituale*, *Die Sprache*, VII, 1961, p. 140 sqq.

KRONASSER, *Umsiedlung* = Heinz KRONASSER, *Die Umsiedlung der Schwarzen Gottheit, das hethitische Ritual KUB XXIX 4 (des Ulippi)* (Österreichische Akademie der Wissenschaften, Sitzungsberichte, 241. Bd., 3. Abhandlung), Vienne, 1963.

KRONASSER, *Etym.* = Heinz KRONASSER, *Etymologie der hethitischen Sprache*, Wiesbaden, 1966.

KUB = *Keilschrifturkunden aus Boghazköi*, Berlin.

KÜHNE, *StBoT* 16 = C. KÜHNE & H. OTTEN, *Der Šaušgamuwa-Vertrag, eine Untersuchung zu Sprache und Graphik* (StBoT, 16), Wiesbaden, 1971.

KÜMMEL, *StBoT* 3 = Hans Martin KÜMMEL, *Ersatzrituale für den hethitischen König* (StBoT, 3), Wiesbaden, 1967.

KÜMMEL = Hans M. KÜMMEL, *Gesang und Gesanglosigkeit in der hethitischen Kultmusik*, dans Festschrift Heinrich Otten, p. 169-178, Wiesbaden, 1973.

LABAT, *Manuel* = René LABAT, *Manuel d'épigraphie akkadienne*, 4e édition, Paris, 1963.

LAROCHE, *Recherches* = Emmanuel LAROCHE, *Recherches sur les noms des dieux hittites*, Paris, 1947.

LAROCHE 1948 = Emmanuel LAROCHE, *Tešub, Hébat et leur cour*, *JCS*, 2, 1948, p. 113-136.

LAROCHE 1949 = Emmanuel LAROCHE, *La bibliothèque de Hattusa*, *Ar. Or.*, 17/2, 1949, p. 7-23.

LAROCHE 1952 = Emmanuel Laroche, *Éléments d'haruspicine hittite*, *RHA*, 54, 1952, p. 19-48.

LAROCHE 1952 = Emmanuel LAROCHE, *Le panthéon de Yazilikaya*, *JCS*, 6, 1952, p. 115-123.

LAROCHE, *PRU* III = Emmanuel LAROCHE, *Les textes hourrites*, dans *PRU*, III, 1955, p. 327-335.

LAROCHE, *Comparaison* I-IV = Emmanuel LAROCHE, *Comparaison du louvite et du lycien*, *BSL*, 53, 1957-58, p. 159-197; *BSL*, 55, 1960, p. 155-185; *BSL*, 58, 1963, p. 58-79; *BSL* 62, 1967, p. 44-46.

LAROCHE, *DLL* = Emmanuel LAROCHE, *Dictionnaire de la langue louvite* (Bibliothèque archéologique et historique de l'Institut Français d'Archéologie d'Istanbul, VI), Paris, 1959.

LAROCHE 1960 = Emmanuel LAROCHE, *Études hourrites*, *RA*, 54, 1960, p. 187-202.

LAROCHE 1961 = Emmanuel LAROCHE, *Études de toponymie anatolienne*, *RHA*, 69, 1961, p. 57-98.

LAROCHE 1963 = Emmanuel LAROCHE, *Sarrumma*, *Syria*, 40, 1963, p. 277-302.

LAROCHE, *Prière* = Emmanuel LAROCHE, *La prière hittite; vocabulaire et typologie*, *Annuaire de l'École pratique des Hautes Études*, V[e] section, *Sciences Religieuses*, LXXII, 1964-65, p. 3-29.

LAROCHE, *NH* = Emmanuel LAROCHE, *Les noms des Hittites* (Études linguistiques, IV), Paris, 1966.

LAROCHE, *Ug.* V = Emmanuel LAROCHE, *Documents hourrites de Ras Shamra*, dans *Ugaritica* V, Paris, 1968, p. 447-544.

LAROCHE 1969 = Emmanuel LAROCHE, *Vocatif et cas absolu en anatolien* (Studi in onore di Piero Meriggi), *Athenaeum*, XLVII, 1969, p. 173-178.

LAROCHE, *Yazılıkaya* = Emmanuel LAROCHE, *Les dieux de Yazılıkaya*, *RHA*, 84-85, 1969, p. 61-109.

LAROCHE 1970 = Emmanuel LAROCHE, *Études de linguistique anatolienne*, III, 9. Le directif, *RHA*, XXVIII, 1970, p. 22-29.

LAROCHE 1970 = Emmanuel LAROCHE, *Sur le vocabulaire de l'haruspicine hittite*, *RA*, 64, 1970, p. 127-139.

LAROCHE, *CTH* = Emmanuel LAROCHE, *Catalogue des textes hittites* (Études et Commentaires, 75), Paris, 1971.

LEWY, *CAH*[2] = Hildegard LEWY, *Anatolia in the old Assyrian period*, dans Cambridge Ancient History, revised edition, fasc. 40, Cambridge, 1965.

MDOG = *Mitteilungen der Deutschen Orient-Gesellschaft in Berlin.*

MIO = *Mitteilungen des Instituts für Orientforschung*, Berlin.

Mit. = Lettre mitannienne : lettre du roi Tušratta du Mitanni au pharaon Aménophis III rédigée en hourrite et comportant environ 500 lignes ; elle fut trouvée à El-Amarna et est publiée dans le recueil des tablettes trouvées sur ce site = EA 24; on en trouvera aussi une transcription fort utile dans J. Friedrich, *Kleinasiatische Sprachdenkmäler*, p. 9-32.

MSS = *Münchener Studien zur Sprachwissenschaft*, Munich.

MVAeG = *Mitteilungen der Vorderasiatisch-Aegyptischen Gesellschaft*, Leipzig.

NEU, *StBoT* 5 = Erich NEU, *Interpretation der hethitischen mediopassiven Verbalformen* (StBoT, 5), Wiesbaden, 1968.

NEU, *StBoT* 6 = Erich NEU, *Das hethitische Mediopassiv und seine indogermanische Grundlagen* (StBoT, 6), Wiesbaden, 1968.

NEU, *StBoT* 12 = Erich NEU, *Ein althethitisches Gewitterritual* (StBoT, 12), Wiesbaden, 1970.

NEUMANN, *Untersuchungen* = Gunter NEUMANN, *Untersuchungen zum Weiterleben hethitischen und luwischen Sprachgutes in hellenistischer und römischer Zeit*, Wiesbaden, 1961.

NOUGAYROL, *PRU* III = Jean NOUGAYROL, *Le palais royal d'Ugarit*, III, Paris, 1955.

NPN = I. J. GELB, P. M. PURVES, A. A. Mac RAE, *Nuzi Personal Names*, *OIP*, 57, 1943.

OIP = *The University of Chicago Oriental Institute Publications*, Chicago.

OLP = *Orientalia Lovaniensia Periodica*, Louvain.

OLZ = *Orientalistiche Literaturzeitung*, Berlin/Leipzig.

Or. NS = *Orientalia*, *Nova Series*, Commentarii periodici Pontificii Instituti Biblici, Rome.

Oriens = *Oriens*, *Zeitschrift der internationalen Gesellschaft für Orientforschung*, Leiden, 1948.

OTTEN, *Tot.* = Heinrich OTTEN, *Hethitische Totenrituale*, Berlin, 1958.

OTTEN & SOUČEK, *Gelübde* = Heinrich OTTEN & Vladimir SOUČEK, *Das Gelübde der Königin Puduhepa an die Göttin Lelwani* (StBoT, 1), Wiesbaden, 1965.

OTTEN, *Quellen* = Heinrich OTTEN, *Die hethitischen historischen Quellen und die altorientalische Chronologie* (Akad. d. Wiss. u.d. Lit. in Mainz, Abh. d. Geistes- und Sozialwiss. Kl. Jhrg. 1968. 3), Wiesbaden.

OTTEN & SOUČEK *StBoT* 8 = Heinrich OTTEN & Vladimir SOUČEK, *Ein althethitisches Ritual für das Königspaar* (StBoT, 8), Wiesbaden, 1969.

OTTEN, *StBoT* 11 = Heinrich OTTEN, *Sprachliche Stellung und Datierung des Madduwatta-Textes* (StBoT, 11), Wiesbaden, 1969.

OTTEN, *StBoT* 13 = Heinrich OTTEN, *Ein hethitisches Festritual* (KBo XIX 128) (StBoT, 13), Wiesbaden, 1971.

OTTEN, *StBoT* 15 = Heinrich OTTEN, *Materialen zum hethitischen Lexikon* (Wörter beginnend mit «zu» ...) (StBoT, 15), Wiesbaden, 1971.

OTTEN, *StBoT* 17 = Heinrich OTTEN, *Eine althethitische Erzählung um die Stadt Zalpa* (StBoT, 17), Wiesbaden, 1973.

PEDERSEN, *L.u.H.* = Holger PEDERSEN, *Lykisch und Hittitisch* (Meddelelser, Bind XXX, n° 4), Copenhague, 1945.

POKORNY, *Idg. Etym. Wtb.* = Julius POKORNY, *Indogermanisches etymologisches Wörterbuch*, I. Band, Berne/Munich, 1948-1959.

RA = *Revue d'Assyriologie et d'Archéologie Orientale*, Paris.

RHA = *Revue Hittite et Asianique*, Paris.

RHR = *Revue de l'Histoire des Religions*, Paris.

RIEMSCHNEIDER, *LS* = Kaspar RIEMSCHNEIDER, *Die hethitischen Landschenkungsurkunden*, *MIO*, 6, 1958, p. 321-381.

SMEA = *Studi Micenei ed Egeo-Anatolici*, Rome.

SOMMER, *AU* = Ferdinand SOMMER, *Die Aḫḫijavā-Urkunden* (Abh. d. Bayr. Akademie d. Wiss., Phil.-Hist. Abt., NF. 6), Munich, 1934.

SPEISER, *Introduction* = Ephraim Anton SPEISER, *Introduction to Hurrian* (The Annual of the American Schools of Oriental Research, vol. XX), New Haven, 1941.

StBoT = *Studien zu den Bogazköy-Texten*, Wiesbaden.

STURTEVANT, *CG*[1] = Edgar H. STURTEVANT, *A Comparative Grammar of the Hittite Language*, Philadelphie, 1935.

STURTEVANT-BECHTEL, *Chrestomathy* = Edgar H. STURTEVANT & George BECHTEL, *A Hittite Chrestomathy*, Philadelphie, 1935.

Syria = *Syria, Revue d'art oriental et d'archéologie publiée par l'Institut français d'archéologie de Beyrouth*, Paris.

SZABÓ = Gabriella SZABÓ, *Ein hethitisches Entsühnungsritual für das Königspaar Tudhaliia III/II und Nikalmati* (Diss. München 1968) (Texte der Hethiter, 1), Heidelberg, 1972.

THUREAU-DANGIN = François THUREAU-DANGIN, *Tablettes Ḫurrites provenant de Mâri*, *RA* XXXVI, 1, 1939, p. 1-28.

TCL = *Textes Cunéiformes du Louvre*, Paris.

Ug. = *Ugaritica*, Mission de Ras-Shamra, Paris (volumes publiés de I à VI).

VAN BROCK = Nadia VAN BROCK, *La substitution rituelle*, *RHA*, 65, 1959, p. 117-146.

VAT = Tontafel der Vorderasiatischen Abteilung der Staatlichen Museen in Berlin mit Inventarnummer.

VBoT = Albrecht GOETZE, *Verstreute Boghazköi-Texte*, Marburg, 1930.

VEENHOF, *Aspects* = K.R. VEENHOF, *Aspects of old Assyrian Trade and its Terminology* (Studia et documenta ad Iura Orientis antiqui pertinentia, X), Leiden, 1972.

VON BRANDENSTEIN, *Bildbeschreibungen* = C.G. VON BRANDENSTEIN, *Hethitische Götter nach Bildbeschreibungen in Keilschrifttexten*, *MVAeG* 46/2, 1943.

VON SCHULER, *Kask.* = Einar VON SCHULER, *Die Kaskäer, Ein Beitrag zur Ethnographie des alten Kleinasien* (UAVA, 3), Berlin, 1965.

VON SCHULER, *Wb.* = Einar VON SCHULER, *Kleinasien. Die Mythologie der Hethiter und Hurriter* (Wörterbuch der Mythologie, I, p. 143 sqq.), Stuttgart, 1965.

WEIDNER, *PD* = Ernst F. WEIDNER, *Politische Dokumente aus Kleinasien* (BoSt, 8-9), Leipzig, 1923.

WERNER, *Gerichtsprotokolle* = R. WERNER, *Die hethitischen Gerichtsprotokolle* (*StBoT*, 4), Wiesbaden, 1967.

WZKM = *Wiener Zeitschrift für die Kunde des Morgenlandes*, Vienne.

ZA = *Zeitschrift für Assyriologie und Vorderasiatische Archäologie*, Berlin.

ZDMG = *Zeitschrift der Deutschen morgenländischen Gesellschaft*, Berlin.

ZGUSTA, *Klein. Pers.* = Ladislav ZGUSTA, *Kleinasiatische Personennamen* (Monografie Orientálniho Ústavu, 19), Prague, 1964.

Note : Dans cette liste bibliographique, nous nous sommes limité à relever les principaux ouvrages utilisés pour mener à bien la présente étude ; le lecteur trouvera les références occasionnelles détaillées au bas des pages.

PREMIÈRE PARTIE

SYNTHÈSE DES DOCUMENTS

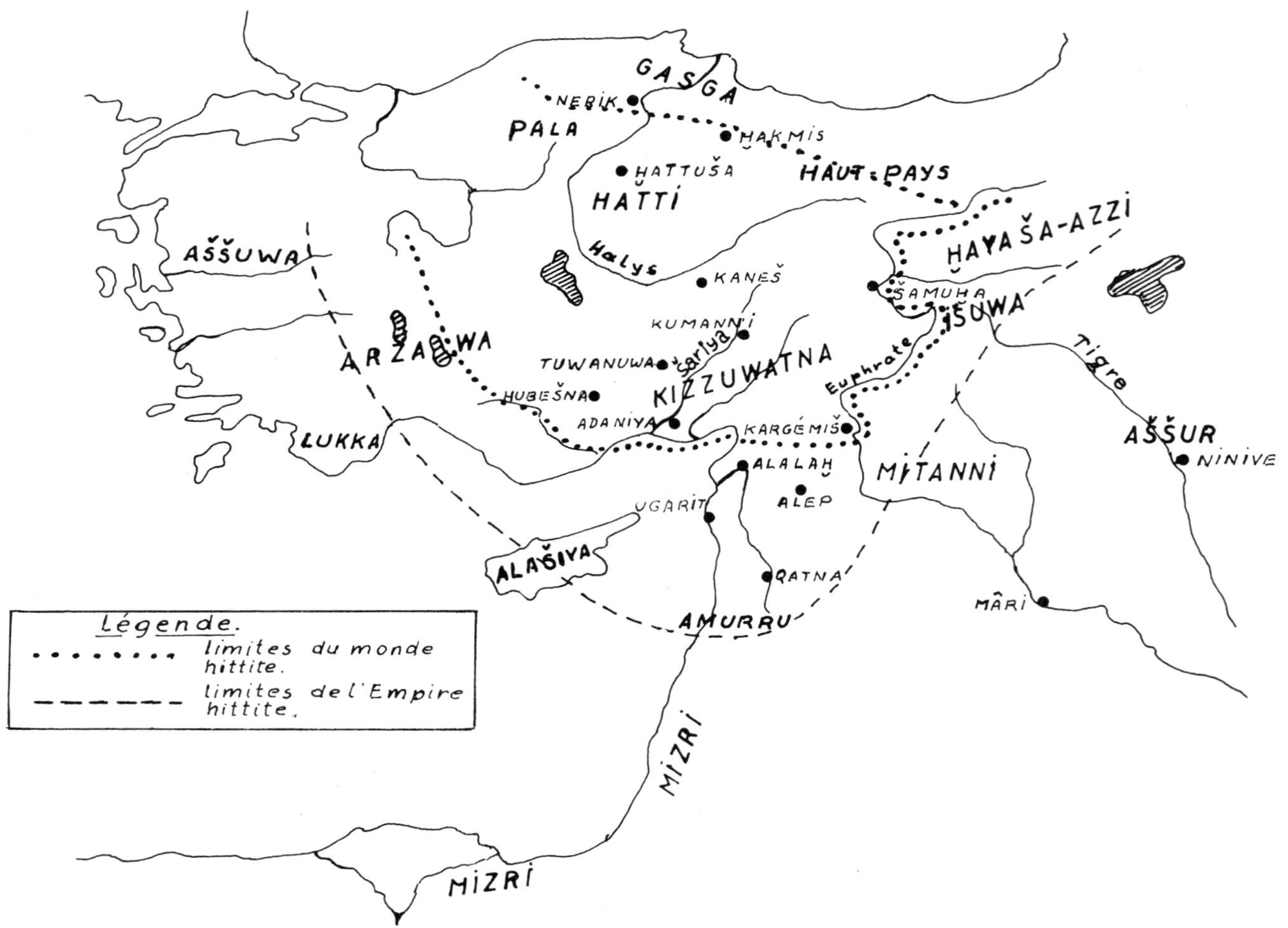
GASGA
NERIK
PALA
HAKMIS
HATTUŠA
HATTI
HAUT-PAYS
HAYAŠA-AZZI
AŠŠUWA
Halys
KANEŠ
ŠAMUHA
IŠUWA
KUMANNI
Šarlya
ARZAWA
TUWANUWA
KIZZUWATNA
Euphrate
Tigre
HUBEŠNA
ADANIYA
KARGEMIŠ
AŠŠUR
NINIVE
LUKKA
ALALAH
ALEP
MITANNI
UGARIT
ALAŠIYA
QATNA
MÂRI
AMURRU
MIZRI
MIZRI
Légende.
limites du monde hittite.
limites de l'Empire hittite.

CHAPITRE I

LA VILLE DE SAMUHA

§1. Le problème géographique

La localisation d'une ville hittite offre un intérêt non seulement pour obtenir une meilleure compréhension de l'histoire politique, économique et militaire de celle-ci, mais aussi pour arriver à situer correctement son panthéon; religion et géographie sont intimement liées dans le monde hittite vu la manière dont le panthéon hittite s'est élaboré; l'expansion de l'Empire hittite vers le sud provoqua une évolution constante du panthéon officiel de sorte que scribes et théologiens classèrent les divinités selon les cités et les pays où elles furent adorées. La position géographique d'une ville permet également de mieux saisir les influences dont elle a été l'objet.

Malheureusement, le nombre restreint de textes hittites à caractère purement géographique explique les difficultés éprouvées par les spécialistes pour localiser les quelque 1500 toponymes connus à ce jour, dont à peine une quinzaine peut être située sur la carte. L'on est ainsi contraint pour la plupart des villes, en l'occurrence Samuha, de chercher à les localiser avant tout dans une zone ou une province et d'examiner s'il est possible d'établir des coordonnées et des évaluations kilométriques au départ des villes localisées avec certitude. Généralement, de tels renseignements sont obtenus par l'analyse attentive de certains textes historiques et d'itinéraires religieux ou économiques [1]. L'on peut ensuite s'arrêter à l'analyse linguistique du toponyme; sa finale peut être révélatrice de la région dans laquelle il convient de le rechercher; dans certains cas, la survivance du toponyme à l'époque gréco-asianique peut constituer un auxiliaire précieux, bien qu'une très grande prudence s'impose ici et qu'il ne faille pas se laisser égarer par de faux rapprochements; le cas de Tawiniya est à cet égard très significatif [2]. Lors des fouilles, la découverte *in situ* de certains édifices et objets peut contribuer à l'identification d'un site.

[1] Ainsi l'on retiendra la relation des campagnes de Suppiluliuma I et Mursili II, des décrets royaux situant des frontières, les récits de procession tels celui de la fête de la «hâte» si le roi se rend en chariot d'une ville à l'autre du Hatti proprement dit et parcourt par jour une trentaine de kilomètres, enfin des textes économiques nous faisant connaître les voies de communication entre les cités de l'Empire et éventuellement le temps nécessaire pour les parcourir, cfr KUB XXXI 79.

[2] La ville de Tawiniya semblait, à première vue, devoir être identifiée avec le classique Tavium, cfr G-G, *Geography*, p. 11-12; néanmoins, cette localisation ne

Contrairement à ce qu'une vue superficielle du problème permettrait de supposer, il n'est guère possible de recourir aux listes de divinités témoins de traités ou énumérées dans des prières pour localiser une cité hittite; en effet, l'énumération des dieux s'effectue par groupes; à l'intérieur de chaque groupe, l'on retrouve quantité de dieux locaux nommés sans aucun ordre géographique; ainsi, un dieu de l'orage du Hatti proprement dit [3] précédera un dieu du Kizzuwatna lequel sera immédiatement suivi d'une divinité palaïte; la raison de ce désordre réside dans la modification de ces listes au départ d'un foyer religieux strictement anatolien; le hasard des conquêtes impériales ou des défections des provinces annexées amenait les scribes de l'Empire à souvent ajouter et parfois à retrancher les dieux d'une cité donnée.

Compte tenu de ces observations préalables, il est nécessaire de reprendre le problème de la localisation de Samuha à sa base et de réunir à son sujet la documentation la plus complète susceptible de procurer des indications géographiques. Cet examen s'avère d'autant plus utile que les hypothèses relatives à la position de Samuha sont très souvent assorties d'un point d'interrogation ou mal étayées. C'est pourquoi, notre principal objectif sera de réaliser dans ce paragraphe la mise au point à partir de laquelle de nouvelles hypothèses pourront s'élaborer et à laquelle toute nouvelle information devra s'intégrer.

Avant de passer à l'examen du sujet, nous proposons un bref aperçu des opinions émises par les hittitologues au sujet de la localisation de Samuha, ceci afin de mieux déceler les théories en présence :

a) localisation dans la zone de l'Euphrate supérieur :

J. Garstang, *JNES* I (1942), p. 400-459 : près de Malatya,

S. Alp, *Anatolia* I (1956), p. 77 sqq. : entre Pertek et l'embouchure du Murad-Su sur l'Euphrate,

Ph. Houwink ten Cate, *Records*, p. 62 rem. 31 : sur l'Euphrate ou le Murad-Su,

P. Garelli, *Proche-Orient*, p. 348-349,

H. G. Güterbock, *JNES* XX (1961), p. 96,

H. Z. Koşay, *Belleten* 36 (1972), p. 463-467.

b) localisation de Samuha sur l'Halys :

F. Cornelius, *Or. NS* XXVII (1958), p. 375, *RHA* 65 (1959), p. 116,

G-G, *Geography*, p. 36 : près de l'actuelle Zara,

résista pas à l'examen des textes, notamment parce que Tavium se trouve au sud de Hattusa, alors que la porte de Tawiniya conduit vers le nord; comme H. G. Güterbock, *JNES* XX (1961), p. 87, l'a démontré, il faut identifier Tawiniya avec la gréco-asianique Etōnia/Tōnea.

[3] Autrement dit le plateau anatolien compris dans la boucle du Kızıl-Irmak.

A. Goetze, *JCS* 14 (1960), p. 47,
H. Klengel, *Die Hethiter*, p. 61 : sur l'Halys supérieur,
F. Cornelius, *Anatolica*, I (1967), p. 73.

c) localisation de Samuha dans une région comprise entre le Haut-Halys et le Haut-Euphrate :

M. Riemschneider, *Die Welt der Hethiter*, Zurich, 1954, p. 87 : dans le Taurus,
A. Goetze, *Kleinasien*², p. 72,
E. von Schuler, *Die Kask.*, p. 35, note 188,
E. Laroche, *NH*, p. 270 : dans une région comprise entre Sivas et Malatya.

Ceci suffit à montrer combien les avis sont partagés et que certains spécialistes n'hésitent pas à revoir leur opinion.

Nous savons de manière certaine que Samuha est à rechercher dans le Haut-Pays, c'est-à-dire dans la région comprise à l'intérieur du quadrilatère formé par les villes modernes de Sivas-Kayseri-Malatya-Erzinçan, une zone intermédiaire entre le Hatti et les régions hourritisées qu'étaient l'Azzi, l'Išuwa, et le Hanikalbat[4]. Le début du décret de Hattusili III, KBo VI 28, permet d'établir que Samuha se trouvait à hauteur du pays Azzi puisque, lors des incursions effectuées dans le Hatti par les gens de l'Azzi, d'Išuwa et d'Armatana selon une direction générale est-ouest, Samuha devint ville frontière entre le Hatti et l'Azzi; d'après le même passage, il ressort que Samuha se situait au nord de Tégarama que l'on place habituellement dans l'arrière-pays de Malatya, près de l'actuelle Gürün[5].

[4] La position de Samuha dans le Haut-Pays est confirmée par *Hatt.* III 56-60, IV 1-3 et le parallèle KBo VI 29 18-20 et par KBo VI 28 11-12. Pour la délimitation du Haut-Pays, cfr E. Laroche, *NH*, p. 267.

[5] KBo VI 28 11-14; pour ce passage, cfr A. Goetze, *Kizzuwatna*, p. 221 sq.; nous reprenons ici le tableau de Goetze établissant les conquêtes réalisées par les ennemis du Hatti :

Ennemi	Province affectée	Ville frontière établie par l'ennemi
1 Gasga	Régions du Hatti	Nenassa
2 Arzawa	Bas-Pays	Tuwanuwa et Uda
3 Araunna	Kassiya	
4 Azzi	Haut-Pays	Samuha
5 Išuwa	Tégarama	
6 Armatana	Régions du Hatti	Kizzuwatna

Pour la localisation de Tégarama, voir :
E. Bilgiç, *AfO* XV (1945-1951), p. 29 : dans l'arrière-pays de Malatya, G-G, *Geography*, p. 38 : à Gürün,
H. Lewy, *CAH*² 40, p. 23 : à Gürün,
F. Cornelius, *Anatolica* I (1967), p. 74 : à l'ouest d'Elbistan,
P. Garelli, *Proche-Orient*, p. 143 et 154 : à Gürün.

D'autre part, les textes nous font connaître les noms de plusieurs villes avec lesquelles Samuha était en communication soit par route, soit par rivière; nous relevons particulièrement :

a) Axe Pattiyarik-Arziya-Samuha : une rivière, en grande partie navigable pour de grosses barques marchandes, reliait ces trois villes, comme l'indique le texte KUB XXXI 79 [6]; nous y constatons que des provisions, en partie pour le pays des Gasgas, sont embarquées à Pattiyarik à destination de Samuha; à un certain endroit, le manque de profondeur de la rivière nécessite le transfert des marchandises sur un bateau plus petit; le passage difficile une fois franchi, les embarcations de Pattiyarik sont rechargées et peuvent arriver sans encombre à Samuha; deux trajets sont nécessaires pour assurer la totalité du transport; de plus, un petit bateau amène également des vivres à Samuha depuis Arziya. L'on déduira aisément que, en raison de sa proximité avec la zone des Gasgas, Samuha se trouve au nord de Pattiyarik et probablement d'Arziya; il reste cependant difficile d'évaluer la distance séparant Samuha de Pattiyarik [7]. Toutefois, nous possédons des indications supplémentaires sur cette dernière; Pattiyarik constitua un point d'arrêt de l'invasion des Gasgas et, d'après les renseignements disponibles, se trouvait près de Sadduppa et Dankuwa, deux villes dont la première était limitrophe de Karahna et Marista, et la seconde du pays Azzi [8]. Marista est elle-même juxtaposée à Samuha dans le Rescrit de Télibinu [9], et formait avec Ishupitta une des marches septentrionales de l'Empire hittite dirigées contre les Gasgas [10]. Il est encore assuré que Pattiyarik est reliée au Hatti central par une route qui passait par Hahhum [11]; enfin, dans le traité conclu avec les gens de Pahhuwa, Pattiyarik est en étroite liaison avec le pays d'Išuwa [12]. En ce qui concerne Arziya, nous ne possédons aucune indication géographique supplémentaire.

b) Axe probable Kaneš-Samuha-Kussar. Un certain Bazia, destina-

[6] Cfr KUB XXXI 79 4-20; voir texte n° 51.

[7] Il est difficile d'évaluer la distance parcourue par un KASKAL sur une rivière, lequel s'effectuait sans doute par halage.

[8] Cfr *AM*, 7e année, 7-9 et 19e année, 3-5; Dankuwa fut une des premières villes du Hatti à avoir été soumise par Anniya, roi du pays Azzi.

[9] Rescrit de Télibinu, III 21.

[10] KBo III 4 I 43-48 et *Hatt.* II 57.

[11] *Hatt.* II 16 sqq.; la documentation relative à Hahhum a été rassemblée par Gelb, *AJSL* 55 (1938), p. 75 sq., qui localise la ville en Syrie du nord; cfr aussi B. Landsberger, *Belleten* 3 (1939), p. 223 rem. 26 : à Divriği; J. Garstang, *JNES* 1 (1942), p. 452 : à Kangal; A. Goetze, *JCS* 7 (1953), p. 68-69 : près d'Elbistan; récemment cfr les pages consacrées à Hahhum par A. Archi, P.-E. Pecorella, M. Salvini, dans *Gaziantep e la sua regione*, Incunabula Graeca XLVIII (1971).

[12] KUB XXIII 72 Vo 77.

taire de la lettre *TCL* IV 10, se trouve vraisemblablement à Kaneš d'où il lui est demandé d'effectuer, si possible, un voyage à Samuha et à Kussar; malheureusement, le temps nécessaire pour accomplir un tel voyage ne nous est pas indiqué et la localisation de Kussar, l'ancienne capitale des Hittites, fait toujours l'objet de controverses [13].

c) Sans qu'il soit possible d'en obtenir d'intéressantes précisions géographiques, il nous faut signaler l'existence des routes suivantes :

— Hattusa-Samuha : itinéraire attesté par KUB XXXII 130; sur cet axe se trouve un carrefour d'où part une route en direction d'Ishupitta dont nous avons déjà établi la position voisine des régions occupées par les Gasgas [14];

— Marassantiya-Samuha : Urḫi-Tešub, résolument poursuivi par les troupes de son oncle, Hattusili, s'enfuit de Marassantiya située sur l'Halys pour chercher refuge à Samuha [15];

— Kizzuwatna-Samuha : le texte concernant le transfert de la déesse noire de Kizzuwatna à Samuha laisse penser qu'une voie de communication existait entre les deux villes et qu'en remontant du Kizzuwatna vers le Haut-Pays, Samuha constituait la première ville offrant toutes les garanties de sécurité pour la déesse [16]; il est fort probable que cette route passait par Lawazantiya et constituait un maillon d'un axe partant de la Syrie du nord en direction du Haut-Pays [17].

Samuha était certainement une ville proche du pays des Gasgas; Suppiluliuma I l'avait choisie comme point de départ des opérations dirigées contre ce pays et en avait fait le lieu de rassemblement des prisonniers gasgas [18]; ceci impliquerait que Samuha se trouve dans la partie du Haut-Pays en contact avec la zone des Gasgas.

Si nous considérons maintenant les listes de villes hittites dressées selon un ordre géographique, nous trouvons des renseignements sur Samuha en KBo I 58 où la ville est en relation avec Hurma et Sarissa, et en KBo IV 13 où l'énumération des villes est fondée sur un itinéraire cultuel et donne la suite suivante : Pattiyarik, Arziya, Hassiggasnawanda,

[13] *TCL* IV 10 1-19; voir E. Bilgiç, *Belleten*, 1946, p. 393-394 et P. Garelli, *Assyriens*, p. 117. Kussar : localisation relativement proche de Hattusa chez E. Bilgiç, *AfO* XV (1945-1951), p. 30 et G-G, *Geography*, p. 36.

[14] KUB XXXII 130 10-13; voir texte n° 5.

[15] *Hatt.* IV 1-3 et KBo VI 29 18-20; localisation de Marassantiya chez E. Laroche, *RHA* 69 (1961), p. 67, n° 45.

[16] KUB XXXII 133 I 1-10; voir A. Goetze, *Kizzuwatna*, p. 24.

[17] Hattusili III revenant de la bataille de Qadeš et remontant vers le Haut-Pays, s'arrêta à Lawazantiya pour honorer Šauška de la steppe, cfr *Hatt.* II 79-82.

[18] *DS* Frgt 10 D 1 6'-13' et Frgt 11 B 2 5'-10'.

Samuha, Zarpinuwa, Kaneš[19]. En ce qui concerne la première liste, nous pouvons dire que Hurma est localisée près d'Elbistan[20], et pour la seconde liste, il est vraisemblable que nous sommes en présence d'un itinéraire en direction de Kaneš, longeant en partie une rivière du Haut-Pays le long de laquelle nous retrouvons les trois villes signalées en KUB XXXI 79, à savoir Pattiyarik, Arziya et Samuha; entre Arziya et Samuha se situerait Hassiggasnawanda que Laroche place au nord de Malatya[21]. Dès lors, l'on peut envisager l'hypothèse selon laquelle Hassiggasnawanda se trouverait sur la même rivière que Samuha et proche de celle-ci; la rivière serait ainsi l'Euphrate supérieur.

Bien qu'aucun argument déterminant n'ait pu être invoqué jusqu'à présent pour localiser Samuha, la synthèse de la documentation réunie permet d'établir les points suivants :

1) Samuha se situe sur une rivière navigable, dans le nord-est du Haut-Pays, au nord de Tégarama, l'actuelle Gürün, en un lieu limitrophe du pays Azzi et de la zone normalement occupée par les Gasgas. La rivière baigne également les villes d'Arziya et de Pattiyarik situées probablement au sud de Samuha.

2) Il paraît très plausible de rechercher Pattiyarik dans l'est de l'Empire hittite, à hauteur du pays d'Išuwa; si l'on place la ville sur le Kızıl-Irmak, même en un endroit assez proche des sources, toute proximité avec le pays d'Išuwa est supprimée et du même coup Samuha, rejetée à l'ouest de Pattiyarik, n'occupe plus une place conforme aux points établis avec certitude en 1.

3) Le culte et la culture de Samuha sont marqués par l'influence hourrite; nous suivons Güterbock lorsqu'il estime qu'une implantation culturelle hourrite aussi importante est difficilement envisageable dans la région de l'Halys supérieur[22].

4) Des voies de communication relient Samuha à Hattusa, Kaneš, à la vallée de l'Halys et au Kizzuwatna; ces axes doivent d'ailleurs correspondre aux itinéraires commerciaux établis par les colons assyriens de Cappadoce; en outre, Samuha est mise en relation avec des cités appartenant à la région de Malatya et d'Elbistan.

La projection de ces données sur la carte conduit à rechercher

[19] KBo I 58 5; KBo IV 13 I 36-39 = *CTH* 625 où l'on trouvera la bibliographie concernant ce texte; pour le caractère géographique de la liste, cfr surtout A. Goetze, *RHA* 1 (1930), p. 20 sqq.

[20] Pour la localisation de Hurma, cfr J. Lewy, *HUCA* 33 (1962), p. 52 et P. Garelli, *Assyriens*, p. 110 sq.

[21] Localisation de Hassiggasnawanda, nom signifiant «riche en vergers», cfr E. Laroche, *RHA* 69 (1961), p. 66.

[22] H. G. Güterbock, *JNES* XX (1961), p. 96.

Samuha sur l'Euphrate supérieur, au nord de Malatya, probablement à hauteur du confluent de l'Euphrate avec le Murad-Su.

Or, un récent article du Dr. Koşay nous apprend que, sur la rive droite de l'Euphrate supérieur, se trouve un site en ruines près de Kemaliye, au pied d'une vallée débouchant sur l'Euphrate [23]; ce lieu porte en turc le nom de Samuka et serait connu depuis le moyen âge. Une fouille sommaire à mis à jour des tessons de l'époque ottomane, byzantine et de la période du bronze ancien, ainsi que des blocs de pierre cyclopéens, hittites probablement, placés en bordure des champs; l'occupation de l'endroit remonte donc à une très haute antiquité. Le rapprochement entre le toponyme hittite Samuha et le turc Samuka apparaissant dès le moyen âge, est très séduisant; l'altération phonétique du nom hittite se limiterait au passage de ḫ hittite à k turc, ce qui ne fait guère difficulté; de plus, la localisation du site de Samuka correspond à la zone dans laquelle il convient de rechercher la ville hittite qui nous occupe.

L'occasion se présente d'étudier quelque peu le toponyme *Šamuḫa*; son origine et sa signification nous échappent, comme l'observait, voici quelques années, E. Bilgiç [24]. Tout au plus, pouvons-nous relever une finale en *-muḫa* que nous retrouvons dans le nom de ville *Taggalmuḫa*, mais nous ignorons l'emplacement de cette cité et l'élément *-muḫa* n'est toujours pas interprété [25]. D'autre part, nous refusons de considérer la graphie ^{URU}*Ša-am-ma-ḫa* comme une variante de *Šamuḫa* [26]; la notation ^{URU}*Ša-am-ma-* pour ^{URU}*Ša-ma-* autant que la finale *-maḫa* pour *-muḫa* font en effet difficulté. Notons encore que Samuha offre un bon exemple de l'alternance anatolienne *m/p* ou *b* avec la variante *Šapuḫa* qui serait le résultat de l'influence hourrite plutôt que le souvenir d'une graphie ancienne, les textes assyriens de Kültepe comportant *Šamuḫā* [27]. Ceci s'expliquerait d'autant mieux vu l'intensité culturelle hourrite existant à Samuha,

[23] H. Z. Koşay, *Belleten* 36 (1972), p. 463-467.

[24] E. Bilgiç, *AfO* XV (1945-1951), p. 13: «Samuha ... nicht zu analysierende Ortsnamen».

[25] Faut-il envisager la finale *-muḫa* comme une sorte de suffixe ou faut-il la décomposer en *-mu* + *ḫa*, ce dernier élément *-ḫa* se retrouvant dans plusieurs toponymes anatoliens? La question reste encore sans réponse.

[26] ^{URU}*Šammaḫa*: KBo III 4 III 45; G-G, *Geography*, p. 30-31, admet l'équation ^{URU}*Šamuḫa* = ^{URU}*Šammaḫa*, tout comme F. Cornelius dans les articles consacrés à *Šamuḫa*.

[27] Variante ^{URU}*Šapuḫa* en KUB XXV 32 + XXVII 70 II 54, XXX 56 21, XXXI 76 Ro 17', KBo XII 136 I 2, XVII 79 9', XXII 47 Vo? 9', IBoT I 22 4, 85/g Vo 6, 434/s II 6'. Étude de l'alternance m/b ou p chez : F. Sommer, *AU*, p. 244; A. Goetze, *Madduwattas*, p. 112; E. Laroche, *OLZ* 1957, p. 137 et *RHA* 84/85 (1969), p. 95.

dont la composition du panthéon offre, nous le verrons, un parfait exemple.

Šamuḫa occupe aussi une place dans l'anthroponymie hittite. Nous connaissons deux composés : ᵐ*Ša-mu-ḫa*-LÚ et ᵐ*Ša-pu-ḫa-za*/ZA. Le premier nom est attesté dans deux textes datables du règne de Hattusili III ou de Tudhaliya IV [28]; il s'avère ainsi qu'un scribe portait ce nom ainsi que le plaignant d'un procès, mais nous ne pouvons déterminer s'il s'agit de la même personne. ᵐ*Šamuḫa*-LÚ correspond à la lecture ᵐ*Šamuḫa-ziti*: «homme de Samuha»; les composés en *-ziti* sont nombreux durant la dernière grande période de l'Empire hittite et correspondent à l'époque de louvisation intensive de l'Empire hittite au départ du Kizzuwatna. Laroche et Benveniste ont insisté sur le fait que le type sémantique «homme de x» n'est pas représenté dans le monde indo-européen [29]; de plus, le mot *ziti-* doit cacher une origine prélouvite ou de substrat anatolien; cette constatation amène Laroche à conclure que de tels noms sont originaires du sud anatolien [30] et confirment le déplacement des populations louvites du Bas-Pays, des Hourrites ciliciens et syriens. Le nom ᵐ*Šamuḫa-ziti* peut révéler l'identité d'un homme d'ascendance louvite ayant vécu à Samuha, ou refléter la louvisation de la langue hittite sous Hattusili III - Tudhaliya IV de sorte que tout composé comportant le mot «homme» était formé en *ziti-*. De toutes manières, le fait qu'un scribe ait porté le nom «homme de Samuha» est révélateur de la présence intellectuelle de certains Samuhéens.

Le second anthroponyme est attesté comme étant le nom du scribe auteur de la tablette KBo I 42; la graphie pose néanmoins un problème; faut-il lire ᵐ*Ša-pu-ḫa-za* ou ᵐ*Ša-pu-ḫa*-ZA [31]? La première graphie ne peut s'interpréter comme composé; la seconde comporterait le sumérogramme ZA = «homme» [32]; nous obtiendrions dès lors une variante de ᵐ*Šamuḫa*-LÚ et il ne serait guère exclu que le scribe de KBo I 42 et celui de Bo 6632 ne sont qu'un unique personnage.

[28] KBo XVI 61 Ro 1 et Vo 4', cfr E. Werner, *Gerichtsprotokolle*, p. 60-62. Bo 6632 4, cfr nº 53.

[29] É. Benveniste, *BSL* 48, 2 (1952), p. 32, et E. Laroche, *NH*, p. 325.

[30] E. Laroche, *NH*, p. 325 : «... leur intrusion massive dans l'onomastique impériale révèle. à notre avis, un glissement démographique qui peut être interprété dans le cadre des événements politiques et sociaux».

[31] KBo I 42 VI 2'; E. Laroche, *NH*, p. 157 nº 1112 lit ᵐ*Šapuḫaza*, mais Otten, dans son fichier de Marburg, note ᵐ*Šapuḫa*-ZA.

[32] Pour ZA = «homme», cfr R. Labat, *Manuel*, p. 241, et E. Laroche, *NH*, nº 1733.

§2. Histoire de Samuha

De manière générale, nous possédons peu de détails sur l'histoire des villes hittites; les renseignements dont nous disposons à propos de Samuha suffisent néanmoins pour nous faire deviner l'importance économique, politique et religieuse de la ville.

a) *Période des colonies assyriennes de Cappadoce*

La présence d'une rivière, probablement l'Euphrate, et d'une route firent de Samuha un centre commercial et un point de relais pour les marchands assyriens se rendant en Cappadoce.

Les tablettes de Kültepe nous apprennent que Samuha constituait une *warbartum*, c'est-à-dire un lieu de résidence d'une colonie de commerçants étrangers; ceux-ci comptaient en leur sein principalement des colons assyriens qui amenaient avec eux leurs croyances et ont ainsi introduit à Kaneš, Kussar ou Samuha un culte de type assyrien comprenant certainement celui de l'Ištar assyrienne, à la fois déesse de l'amour et déesse guerrière. De cette époque peut dater un premier syncrétisme entre cette Ištar et sa correspondante anatolienne, même si un certain cloisonnement existait entre les communautés assyriennes et autochtones. Observons aussi que, dès le 19e siècle av. J-C., une présence hourrite, peut-être originaire de Syrie du nord, se manifeste à Kaneš, ce dont témoigne l'anthroponymie des textes de Kültepe et l'existence à Kaneš d'une déesse Kubabat [33]; par conséquent, l'on est en droit de supposer la réalité d'un noyau hourrite à Samuha et d'envisager les conséquences culturelles et religieuses susceptibles d'en découler. Les dirigeants d'une *wabartum* sont à la fois marchands, financiers, administrateurs et juges, mais ils ne jouissent pas d'une totale liberté de mouvement. Il existe une structure hiérarchique des colonies assyriennes d'Anatolie dans laquelle Samuha trouve sa place à titre de *wabartum*; les *wabartum* sont, elles, dépendantes des *karum* locaux qui, à leur tour, sont supervisés par le *karum* central de Kaneš, ce dernier devant se conformer aux instructions des autorités d'Aššur [34]. Par contre, la cité indigène de Samuha menait une existence quasi

[33] A. Goetze, *Kleinasien*², p. 80; Kubabat = féminisation assyrienne du nom de la grande déesse de Kargémiš.

[34] Pour les *wabartum* en Cappadoce, voir A. Goetze, *Kleinasien*², p. 74; H. Lewy, *CAH*² 40, p. 19, note 4; P. Garelli, *Assyriens*, p. 204; K. R. Veenhof, *Aspects*, p. 282 sq., 290, 292 sq.

autonome, à l'écart des tractations commerciales menées par les colons [35].

A côté de la *wabartum*, Samuha comprenait une seconde institution : l'*ekallum* ou centre administratif [36]. On en trouvait aussi à Lawazantiya, Burushattu, Wahsusana, Kaneš et Kussar. L'*ekallum* était la résidence et le siège de l'administration des souverains indigènes; il intervenait dans le commerce assyrien d'Asie mineure : «il exerçait un droit de préemption sur les marchandises transportées; il prélevait des taxes; il était en relation d'affaire avec le *karum* qui lui servait de banque» [37]. Le centre administratif exerçait le rôle de suzerain sur d'autres villes et, normalement, un prince, *ruba'um* ou *šarrum*, devait résider à Samuha et régner sur les cités voisines. Tout un personnel qualifié vivait dans l'*ekallum*. Les soucis financiers et économiques de cette institution consistaient à s'efforcer de vivre du produit de ses terres et des ateliers métallurgiques; l'*ekallum* dépendait ainsi des caravanes assyriennes chargées par exemple d'étain et s'intéressait, d'autre part, aux étoffes des habitants du pays d'Aššur.

b) *Samuha à l'époque hittite*

Sous l'ancien royaume, Samuha dut hériter de l'importance acquise à l'époque des colonies assyriennes de Cappadoce; malheureusement, les renseignements sont presque inexistants, à l'exception de la mention du nom de la ville dans le Rescrit de Télibinu [38].

Pour l'Empire, la documentation est plus fournie et nous offre l'image d'une cité prospère, bien fortifiée, dans laquelle la sécurité paraît assurée à quiconque vient y chercher refuge; évoquons, entre autres, le transfert de la déesse noire de Kizzuwatna à Samuha [39], le fait que Suppiluliuma I fit de la ville une base d'où furent déclenchées les expéditions militaires contre les Gasgas et où il concentra le butin amassé lors de son expédition contre le Azzi-Hayasa [40]; Samuha fut aussi établie comme cité frontière entre le Hatti et le pays Azzi [41], et Urḫi-Tešub cherchant désespérément à échapper à son oncle vint s'y enfermer et subir le siège des troupes de Hattusili III [42]. Une courte indication concernant

[35] P. Garelli, *Assyriens*, p. 207.

[36] Voir ICK I, 1, 52, 56 et VAT 6209; pour ce dernier texte, cfr J. Lewy, *HUCA* 27 (1956), p. 70. Sur le rôle de l'*ekallum*, voir en dernier lieu, K. R. Veenhof, *Aspects*, p. 286.

[37] P. Garelli, *Assyriens*, p. 205

[38] Rescrit de Télibinu, III 21.

[39] KUB XXXII 133 1-10.

[40] *DS* Frgt 10 D 1 6'-13' et Frgt 11 B 2 5'-10'.

[41] KBo VI 28 11-12.

[42] *Hatt.* IV 25-32, KBo VI 29 II 18-20.

l'enceinte de Samuha sous Hattusili III se trouve en KBo VI 29 II 32-33 : «... l'enceinte qui (est) une clôture de 3600 coudées, s'écroula»[43]. Si l'on admet que la coudée vaut environ 50 cm., l'enceinte de Samuha aurait une longueur d'environ 1 km. 800, ce qui ferait de Samuha une ville de dimension moyenne; de toutes manières, depuis le temps des colons assyriens, elle constituait une ville étape pour les caravanes.

En qualité d'administrateur du Haut-Pays et ensuite de grand roi du Hatti, Hattusili III témoigna un grand attachement à Samuha[44]; cette sollicitude royale à l'égard de la ville dut certainement se traduire par une volonté d'embellissement, mais, bien avant le règne de Hattusili III, de nombreux temples devaient se dresser dans la cité; nous connaissons l'existence du grand temple qu'un prédécesseur de Suppiluliuma I, probablement Tudhaliya III, fit bâtir en l'honneur de la déesse noire de Kizzuwatna[45]; ce temple fut aussi l'objet des préoccupations de Mursili II[46], et, si l'on accepte l'identité de DINGIR.GE$_6$ de Kizzuwatna avec l'Ištar de la steppe de Samuha, nous aurions affaire au grand temple de la ville[47]. Hattusili III manifesta une bienveillance toute particulière envers celui-ci en accordant une charte d'immunités dispensant le temple d'Ištar de Samuha du *šaḫḫa-* = «service» et du *luzzi-* = «corvées», dus normalement à l'État; ces sortes d'impôts auxquels étaient astreints les temples, consistaient notamment en dons d'animaux, d'aliments et de matériel de guerre[48]. L'importance du panthéon essentiellement hourrite de Samuha laisse deviner la présence, sous l'Empire hittite, d'une série de temples dont les dieux titulaires se retrouvent dans bon nombre de traités; après celui d'Ištar/Šauška, les temples les plus en vue étaient certes ceux d'Abara et de Tešub. Ainsi, l'activité commerciale de Samuha devait se doubler d'une intense activité religieuse qui arriva à son apogée lorsque Hattusili III fit de la Šauška de Samuha sa déesse tutélaire.

Les textes autobiographiques de Hattusili III nous racontent que, durant le conflit qui l'opposa à Arma-Datta, ce dernier utilisa deux

[43] A. Goetze, *MVAeG* 29/3 (1925), p. 50 transcrivait IZ-ZI-ḪI *gipeššar* et ne pouvait obtenir de sens satisfaisant; nous suivons plutôt E. Cavaignac, *RHA* 20 (1935), p. 127-129, qui estimait que le signe ḪI devait se lire comme étant le sumérien ŠÀR = 3600; néanmoins, s'il s'agit de la hauteur de la palissade et non de sa longueur, l'on peut donner à ḪI sa valeur numérale habituelle = 40; la palissade ou la muraille aurait ainsi une hauteur d'environ 20 mètres. A la place de IZ-ZI lu par Goetze, nous choisissons la lecture ^{GIŠ}ZI = «clôture, muraille, palissade» d'après R. Labat, *Manuel*, p. 137.

[44] Cfr *Hatt.* III 57 : chagrin de Hattusili dépossédé de Samuha par Urḫi-Tešub.

[45] KUB XXXII 133 I 2-7.

[46] KUB XXXII 133 I 7-10.

[47] Pour cette identité, cfr p. 30-31.

[48] *Hatt.* IV 85.

fois des pratiques magiques destinées à ensorceler Samuha[49]; il est difficile d'établir en quoi consistaient exactement ces pratiques et quel en fut le résultat; il est plausible de croire que Samuha fut victime d'une épidémie ou d'un sinistre quelconque et que, par la suite, Hattusili III eut beau jeu d'en attribuer la responsabilité à des actes de magie sympathique exercés par Arma-Datta.

Samuha fut donc une des villes principales du Haut-Pays, constituant un centre administratif, économique et religieux important, dont le rayonnement débuta au 19e siècle avant notre ère et s'évanouit avec la fin de l'Empire hittite. Par sa situation géographique, elle constitua un foyer de culture et de religion hourrite et contribua à la divulgation de celle-ci dans le Hatti sous l'Empire; le rôle stratégique de la ville fut également très grand.

[49] *Hatt.* II 78-79 et KUB XXI 17 I 10 sq.

CHAPITRE II

LE PANTHÉON DE SAMUHA

Le panthéon de Samuha tel qu'il se présentait à l'époque impériale, se trouve résumé dans la grande prière de Muwatalli au dieu de l'orage *piḫaššašši* KUB VI 45 + ; il se répartit de la manière suivante :

— dieux propres à Samuha : Ištar de la steppe, la Dame du sanctuaire, Abara, Hébat, d'autres dieux dont les noms ne sont pas cités, les rivières et les montagnes,

— dieux étrangers vénérés à Samuha : dieu de l'orage *piḫaššašši*, dieu tutélaire de Muwatalli, Tešub et Hébat d'Alep [1]. Cette liste doit faire l'objet d'une analyse détaillée et précisée dans la mesure du possible.

§ 1. Ištar de la steppe de Samuha

Dans la liste des divinités de Samuha dressée par Muwatalli, Ištar se présente comme la déesse principale du panthéon de la ville; cette position ne fera que se confirmer dans la suite et nous aurons l'occasion d'examiner comment la déesse deviendra sous Hattusili III la déesse protectrice du souverain et une des grandes divinités du panthéon national [2]. Cependant, avant d'analyser l'évolution du culte de la déesse et d'en apprécier l'importance, certains points doivent au préalable être bien éclaircis.

a) *Les dénominations d'Ištar de Samuha*

Comme c'est le cas pour plusieurs divinités, de multiples dénominations sont utilisées pour désigner Ištar de Samuha et certaines d'entre elles posent de sérieux problèmes; en fonction d'une heuristique complète, l'on peut dresser le tableau suivant :

^{d}*IŠTAR*.LÍL ^{URU}*Šamuḫa* : dénomination la plus utilisée,

^{d}*IŠTAR ṢE-E-RI* ^{URU}*Šamuḫa* : rare; l'akkadien *ṢĒRU* remplace le sumérien LÍL [3],

[1] KUB VI 45 + I 40-42 cfr texte n° 36; nous présentons les divinités de Samuha dans l'ordre d'importance qu'elles semblaient avoir sous Hattusili III.

[2] Cfr p. 56-61.

[3] KUB XXXII 130 1, 7, 12, 25.

^{d}*IŠTAR* ^{URU}*Šamuḫa* : l'aspect guerrier d'Ištar n'est pas mis en évidence; cette dénomination se rencontre assez souvent sous Hattusili III,

awariwi̯ ^{d}*IŠTAR*: le hourrite *awari* remplace le sumérien LÍL ou l'akkadien *ṢĒRU*[4],

^{d}LIŠ ^{URU}*Šam/puḫa* : rare[5],

^{d}*IŠTAR*.LÍL : dans les textes datant de Hattusili III, lorsqu'il s'agit manifestement de la déesse protégeant le roi ou son épouse Puduhépa,

^{d}GAŠAN.LÍL ^{URU}*Šamuḫa*, ^{d}GAŠAN ^{URU}*Šamuḫa*, ou ^{d}GAŠAN.LÍL : ^{d}GAŠAN est un substitut graphique pour ^{d}*IŠTAR*; la déesse est désignée par une épithète suggérant le respect en ce sens qu'elle est la dame par excellence[6],

^{d}*BELAT AYAKKI*: autre épithète pouvant s'appliquer à l'Ištar de steppe de Samuha[7]; elle est la Dame du sanctuaire; ^{d}*BELAT*, état construit de ^{d}*BELTU*, est l'équivalent akkadien de ^{d}GAŠAN.

Dénominations sujettes à discussion :

DINGIR.GE$_{6}$: «déesse noire» est un qualificatif que nous croyons pouvoir appliquer à Ištar de Samuha dans plusieurs textes[8],

^{d}Abara : déesse reine de Samuha[9],

^{d}Lelwani : certains auteurs ont cru reconnaître dans cette déesse le nom hittite d'Ištar de Samuha, mais cette hypothèse doit être aujourd'hui abandonnée[10].

Dans aucun texte, nous ne trouvons la forme **gimraš* ^{d}*IŠTAR* ^{URU}*Šamuḫa*, où les termes LÍL ou *ṢĒRI* seraient remplacés par leur correspondant hittite; en outre, le nom hittite de l'Ištar de la steppe de Samuha ou plus simplement celui d'Ištar/Šauška, reste inconnu; les compléments phonétiques accompagnant les graphies ^{d}GAŠAN ou ^{d}IŠTAR ne sont jusqu'à présent d'aucune aide et ne sont jamais employés lorsqu'il s'agit de l'Ištar de Samuha.

b) *La nature d'Ištar de Samuha*

Ištar de Samuha constitue une hypostase locale de la grande Ištar de Ninive, déesse de la guerre et de l'amour, dont le culte s'introduisit

[4] KUB XXVII 1 I 37.

[5] KBo XIII 225 Vo 10; XXII 47 Vo$^{?}$ 9; KUB XXI 17 + I 11, II 5, III 25; XXX 56 III 21 (^{d}LIŠ.LÍL); XXXI 76 Ro 17'; XL 52 IV 4'.

[6] Cfr E. Laroche, *Recherches*, p. 96.

[7] Cfr p. 25-26.

[8] Cfr p. 30-31.

[9] Cfr p. 26-28.

[10] Cfr p. 36.

dans le monde hittite par l'intermédiaire des Hourrites; en fait, c'est l'Ištar mésopotamienne qui, via le Mitanni ou la Syrie du Nord, fut intégrée au panthéon hittite et vénérée dans plusieurs villes du Kizzuwatna et du Hatti comme Lawazantiya, Hattarina, Ankuwa, Sulluppassa, Sullama, Tamininga et Wasuduwanda; à cette liste, il faut encore ajouter l'Ištar de Ninive qui fut annexée comme telle au panthéon impérial. La réplique hourrite d'Ištar se dénomme Šauška et est toujours assistée des deux servantes hiérodules Ninatta et Kulitta [11]. L'Ištar/Šauška de Samuha hérite donc des caractéristiques fondamentales de l'Ištar de Ninive, à savoir :

— elle est déesse guerrière, reine du champ de bataille et du combat, luttant aux côtés du roi; comme attributs de cette fonction elle possède deux carquois, un arc, une harpè et son animal attribut est le lion [12];
— en second lieu, elle est déesse de l'amour comparable à l'Aphrodite orientale; comme elle, Ištar reste une vierge; c'est aussi par amour qu'elle installe le roi sur le trône, protège sa santé, son existence et le conseille dans ses entreprises [13].
— Ištar est encore déesse de la végétation, garante de la vie humaine et animale.
— Ištar est bisexuée, non pas en tant que divinité de type «Hermaphrodite», mais en ce sens qu'elle peut, en fonction des moments de la journée, revêtir l'un des deux sexes; cette caractéristique se retrouve dans la Šauška du sanctuaire de Yazılıkaya [14];
— l'importance du culte rendu à Ištar va parer la déesse de multiples épithètes tels : Ištar reine, Dame du pays, Dame du temple, Ištar sublime, Ištar souveraine;
— le culte d'Ištar va se répandre d'une part en Syrie, à Mari et à Hadatu, d'autre part le long de l'Euphrate jusqu'à Til-Barsib et

[11] Cfr A. Goetze, *Kleinasien*², p. 133. La nature de l'Ištar babylonienne est mise en évidence dans l'Hymne à Ištar pour la traduction duquel nous renvoyons à Ch.-F. Jean, *Littérature des Babyloniens et des Assyriens*, Paris, 1924, p. 213-217; pour la version hittite d'un hymne à Ištar voir *CTH* 717.

[12] Cfr E. Dhorme, *Religions*, p. 70-71, p. 90 et J. Danmanville, *Iconographie d'Ištar/Šauška*, *RHA* 70 (1962), p. 37-50.

[13] Cfr E. Dhorme, *Religions*, p. 72-74 et J. Bottéro, *Religion*, p. 37-38. Aphrodite est aussi vierge et va régulièrement se purifier en Anatolie pour retrouver son état de jeune fille.

[14] Ištar/Sauška est représentée parmi le groupe des dieux = fig. 38 et parmi le groupe des déesses = relief de Yekbaz ou fig. 55a; Ištar, identifiée à la planète Vénus, est féminine le soir et à ce titre déesse de l'amour, de la volupté, de la fécondité, tandis qu'au petit matin elle revêt son caractère guerrier et pourrait être masculine; cfr J. Bottéro, *Religion*, p. 37-38.

dans le Mitanni; c'est l'Ištar hourritisée de Syrie ou du Mitanni qui fut introduite au Kizzuwatna, notamment à Lawazantiya, et de cette province passa à Samuha [15].

c) *Histoire du culte d'Ištar de la steppe de Samuha*

1) Période antérieure à Suppiluliuma I

Il est assez difficile d'établir la date et les conditions dans lesquelles le culte d'Ištar/Šauška se répandit à Samuha, entraînant le syncrétisme avec la déesse reine locale et l'implantation d'un culte hourrite non négligeable [16]. Même si, à l'époque des colonies assyriennes de Cappadoce, Ištar devait être vénérée dans la communauté assyrienne de Samuha, il est peu probable que ce culte ait laissé une empreinte dans la population autochtone. Nous ne possédons aucune trace d'un culte rendu à Ištar de Samuha sous l'ancien royaume [17], et c'est probablement durant la période obscure qui sépare l'ancien royaume de l'Empire créé par Suppiluliuma I qu'il faut rechercher les premiers indices de l'introduction du culte de Šauška à Samuha; en effet, si l'on retient l'hypothèse selon laquelle DINGIR.GE_6 de Kizzuwatna est égale à Ištar de la steppe de Samuha, le culte d'une Šauška mitanno-syrienne adorée à Kizzuwatna est introduit à Samuha avec un certain éclat durant le règne d'un prédécesseur de Suppiluliuma I, probablement Tudhaliya III; toutefois, le culte de cette déesse reste limité essentiellement à la ville de Samuha. Si l'on fait remonter, d'autre part, la rédaction du texte KUB XXXII 130 à cette période, il faut convenir de l'intérêt que le souverain hittite porte déjà à Ištar de Samuha [18]. Il est également question en KUB XXVII 1 de la reprise par Hattusili III d'un ancien rituel consacré à Ištar *walliwalli-* de Mursili II auquel Hattusili III apporte de légères modifications pour fêter Ištar de Samuha [19]; le canevas de ce rituel pourrait trouver son origine dans la masse des textes amenés de Kizzuwatna à Samuha et consacrés à la déesse noire; par ailleurs, l'on sait que Mursili II s'intéressa à ces textes et fit procéder à plusieurs copies de ceux-ci [20].

[15] Cfr E. Dhorme, *Religions*, p. 78, 93.

[16] Mais est-ce pour cela qu'Abara serait le nom hittite d'Ištar de Samuha? Sur ce problème, voir p. 28.

[17] Par contre, l'Ištar de la steppe faisait déjà l'objet d'un culte.

[18] Cfr commentaire de KUB XXXII 130 p. 170-171. Nous pensons qu'il est préférable de reconnaître dans cette tablette une rédaction contemporaine de Hattusili III ou peut-être de Mursili II effectuée sur la base d'une ancienne tablette provenant de Samuha et concernant les moyens à utiliser pour apaiser Ištar de Samuha.

[19] Cfr introduction et conclusion de KUB XXVII 1+.

[20] KUB XXXII 133 Ro I 1-11.

2) De Suppiluliuma I à Urḫi-Tešub = Mursili III

Le règne de Suppiluliuma I coïncide avec la constitution d'un authentique Empire hittite; cette dernière va de pair avec une hourritisation massive du monde hittite, principalement à la cour impériale et dans le clergé; la cause de ce phénomène réside pour une bonne part dans l'intégration du Kizzuwatna au Hatti [21]. Le culte de Šauška s'intensifie sous différentes hypostases, comme il ressort des listes divines contenues dans les traités conclus par Suppiluliuma I; le groupe des Ištar/Šauska se présente comme suit : Ištar, Ištar de la steppe, Ištar de Ninive, Ištar de Hattarina, Ištar reine du ciel, Ninatta et Kulitta; en revanche, l'on ne relève aucune trace explicite d'Ištar de Samuha, alors que d'autres dieux de Samuha sont nommés, Abara et le dieu de l'orage Tešub, en l'occurrence [22]. Même en admettant l'identité d'Ištar de Samuha avec Abara, il faut reconnaître que la déesse ne s'est pas encore hissée au rang des Ištar nationales, comme l'Ištar de Hattarina.

Les listes divines des traités conclus par Mursili II sont quasi identiques à celles des traités remontant à Suppiluliuma I; en outre, nous constatons que dans le texte des Annales, Ištar de la steppe est parfois nommée aux côtés des grands dieux tutélaires de Mursili, la déesse Soleil d'Arinna et le dieu de l'orage «fort» [23]; il est vraisemblable de reconnaître dans l'*IŠTAR*.LÍL qui assiste Mursili dans ses batailles, l'Ištar *walliwalli* dont il est question en KUB XXVII 1, laquelle se présente comme déesse protectrice de Mursili II, à ne pas confondre avec l'Ištar de la steppe de Samuha [24]. Si la déesse Ištar de la steppe jouit donc d'un réel prestige sous Mursili II, c'est aussi sous son règne que nous rencontrons les premières mentions explicites d'Ištar de Samuha, dont le nom figure dans la prière de Mursili à tous les dieux [25] et dans le texte KUB XXXII 130, si l'on suit l'opinion

[21] E. Laroche, *NH*, p. 356; P. Garelli, *Proche-Orient*, p. 163; l'hégémonie hittite sur la Syrie du nord et la création dans cette zone d'états vassaux dirigés souvent par des membres de la famille royale va aussi contribuer à intensifier la hourritisation et l'introduction de dieux syriens dans le panthéon hittite; dès cette époque, tout le panthéon impérial va devoir être fortement repensé par d'habiles théologiens.

[22] L'Ištar de Samuha est certes comprise implicitement dans la mention d'*IŠTAR*.LÍL; elle est une des *IŠTAR*.LÍL mais n'a pas encore acquis suffisamment de prestige à la cour de Hattusa pour être distinguée parmi les autres Ištar comme c'était le cas pour celle de Hattarina.

[23] Cfr Annales de Mursili II, IV 9-11.

[24] L'Ištar *walliwalli* de Mursili II est seulement invitée à la fête organisée pour Ištar de Samuha.

[25] KUB XXXI 121 IV 12.

de ceux qui veulent reconnaître Mursili II dans le roi qui se porte processionnellement au devant de la statue d'Ištar de Samuha[26]. Les textes autobiographiques de Hattusili III indiquent que, à la fin de sa vie, Mursili II accordait une attention toute spéciale à Ištar de Samuha puisqu'il semble attribuer à cette dernière la guérison de son jeune fils Hattusili et qu'en tous cas il consacre celui-ci prêtre de la déesse[27]. De même, il ne serait guère surprenant que dans le fragment 316/u 12'-13', il faille reconnaître une relation entre le nom de Mursili II et celui de la déesse Ištar de Samuha[28]. Le culte de cette déesse connut donc un début de consécration nationale à la fin de la vie de Mursili II, voire à une période antérieure de la vie du monarque; l'intérêt éprouvé par le souverain à l'égard d'Ištar de Samuha peut être le résultat d'une évolution de la pensée religieuse du roi et de la cour en général sous l'influence des scribes et de dignitaires du clergé[29].

Nous ne pensons pas que Muwatalli ait sensiblement contribué à accroître le prestige de la Šauška de la steppe de Samuha; la documentation contemporaine de ce souverain est réduite, mais néanmoins, les traités conclus avec Talmi-Šarruma d'Alep et Alaksandus de Wilusa comportent un groupe d'Ištar identique à celui rencontré dans les traités conclus par Suppiluliuma I et Mursili II, donc sans mention explicite d'Ištar de Samuha; de plus, le dieu tutélaire de Muwatalli est le dieu de l'orage *piḫaššašši.* D'autre part, la synthèse du panthéon de Samuha insérée dans le texte KUB VI 45 + prouve que l'Ištar/Šauška de cette ville occupait la première place au niveau local; même si, sur la plan national, Ištar de Samuha ne prenait pas encore place parmi les toutes grandes divinités de l'Empire, sa situation se trouvait renforcée par l'intérêt qu'avait manifesté Mursili II et surtout par le fait que le frère de Muwatalli, Hattusili III, alors administrateur du Haut-Pays, vouait à Ištar de Samuha une dévotion toute particulière. Le repli de la cour impériale à Tarhundassa allait de plus renforcer l'influence culturelle exercée par le monde louvite, kizzuwatnien et nord-syrien, et entraîner une sensible modification du panthéon national en raison de l'importance prise par les panthéons locaux de ces régions[30].

[26] Opinion défendue par J. Danmanville, cfr Introduction et commentaire de KUB XXXII 130 p. 167, p. 169-171.

[27] *Hatt.* I 13-20.

[28] Si, comme nous le croyons, le fragment remonte bien à Hattusili III, le terme *ABU-Y*[*A* de 12' pourrait faire allusion à Mursili II.

[29] Il faudrait songer particulièrement à Midannamuwa, chef des scribes, cfr notre analyse du rôle de ce dignitaire p. 38-39.

[30] Cfr E. Laroche, *DLL*, p. 12 § 11 et p. 13 § 13.

Il est très malaisé de se forger une opinion sur l'attitude d'Urḫi-Tešub à l'égard d'Ištar de Samuha notamment en raison de la pauvreté de la documentation contemporaine de ce roi; cependant, le fragment Bo 1623 énumère des serments effectués par un certain Urḫi-Tešub dans lequel il faut probablement reconnaître le successeur de Muwatalli[31]; nous y voyons juxtaposés deux dieux de l'orage, la déesse Soleil d'Arinna, Ištar de Samuha, une divinité au nom perdu en raison d'une lacune dans le texte, et enfin le dieu de l'orage *piḫaššašši-*, ce qui nous amène à penser qu'Ištar de Samuha est rangée, sous Urḫi-Tešub, parmi les grands dieux de l'Empire; par ailleurs, le conflit opposant Hattusili III et Urḫi-Tešub est arbitré conjointement par Ištar de Samuha et le dieu de l'orage de Nérik aux yeux de Hattusili III, et il y a tout lieu de penser que le même arbitrage fut accepté par Urḫi-Tešub; nous nous demandons même dans quelle mesure Hattusili III n'a pas placé l'initiative de son coup d'état dans le chef d'une divinité spécialement vénérée par Mursili III afin de rendre celui-ci plus acceptable et d'insister sur le fait qu'Ištar de Samuha avait désavoué un protégé en ordonnant à Hattusili de le renverser[32]. Malheureusement la vérification de cette hypothèse est impossible aussi longtemps que nous ne disposons pas de titulatures d'Urḫi-Tešub ou de plusieurs textes religieux rédigés durant le règne de ce monarque[33].

L'on peut donc conclure que de Suppiluliuma I à Urḫi-Tešub, le culte d'Ištar de Samuha se développe sans cesse, d'abord au plan local, ensuite au niveau du panthéon national, dès la fin du règne de Mursili II; il faut attendre éventuellement le règne d'Urḫi-Tešub et, en tous cas, la prise du pouvoir par Hattusili III pour assister à la promotion finale d'Ištar de Samuha devenue déesse tutélaire du couple royal et de l'Empire hittite.

3) Ištar de Samuha sous Hattusili III

Il n'entre pas dans nos intentions de brosser ici un tableau du culte d'Ištar de Samuha durant le règne de Hattusili III et de son épouse

[31] Cfr «Petits textes» n° 44. Le voisinage immédiat d'Ištar de Samuha avec la déesse Soleil d'Arinna est significatif de l'importance de la déesse kizzuwatnienne.

[32] En *Hatt.* III 59-60 où il est stipulé qu'Urḫi-Tešub n'enleva pas Hakmis à Hattusili sur l'ordre de la divinité; il serait intéressant de pouvoir déterminer si cette divinité est l'Ištar de Samuha, moyennant quoi l'on posséderait un argument supplémentaire pour souligner le rôle de la déesse auprès d'Urḫi-Tešub.

[33] La *damnatio memoriae* dont fut frappé Mursili III peut expliquer la perte de nombreuses titulatures.

Puduhépa, sujet que nous abordons dans un prochain paragraphe [34], mais bien de mettre en évidence l'importance subitement acquise par une déesse dont le culte était antérieurement assez discret. Toute la vie de Hattusili III fut marquée par la protection incessante d'Ištar de Samuha à son égard et par une grande dévotion de Hattusili à l'égard de la déesse. Dès son enfance, il fut consacré par son père Mursili II comme prêtre d'Ištar de Samuha à laquelle était attribuée la guérison du jeune prince de santé fort délicate [35]. Alors qu'il était administrateur du Haut-Pays, Hattusili déploya le même zèle envers la déesse, bien que l'on puisse se demander si cette piété fut sans faille; en effet, un court passage de KUB XXI 17 laisse deviner une négligence momentanée de Hattusili envers Ištar de Samuha, faute qu'il s'efforcera de réparer au plus vite [36]. De retour d'Égypte, Hattusili fera halte à Lawazantiya afin d'honorer la déesse et d'épouser, sur son conseil, la princesse kizzuwatnienne Puduhépa, fille de Bentibšarri, prêtre d'Ištar/Šauška dans cette ville [37]. Dès ce moment, la ferveur de Hattusili sembla s'accroître et il n'est pas interdit d'y reconnaître l'influence de son épouse [38]; le couple fit preuve d'une totale soumission à la divinité et plaça tous ses actes sous le patronage de celle-ci. Hattusili consacra sa personne, sa famille, son patrimoine à Ištar de Samuha et entreprit une série d'actions destinées à magnifier le culte de la déesse; ses ennuis trouvèrent une solution dans les conseils prodigués par Ištar, comme le montre très bien le conflit qui opposa Hattusili à Arma-Datta et plus tard au fils de ce dernier, Sippa-ziti [39]. Le coup d'état entrepris contre Urḫi-Tešub trouve sa pleine justification dans le seul fait qu'il a été ordonné par Ištar de Samuha et que Hattusili, en bon dévôt, ne pouvait se soustraire à l'impératif divin. Parvenu sur le trône de Hattusa, le couple royal plaça toute sa politique dans les mains de la déesse et lui confia la protection de leur personne; Ištar de Samuha veilla constamment sur la santé toujours déficiente du souverain et c'est en ce sens qu'elle fut fréquemment sollicitée par

[34] Cfr Chapitre III, p. 56-65.

[35] *Hatt.* I 13-21; KBo VI 29 I 7-11.

[36] KUB XXI 17 II 5-6.

[37] *Hatt.* II 79 – III 2; KBo VI 29 I 16-21.

[38] Puduhépa était de fait prêtresse de l'Ištar de Lawazantiya, déesse identique à celle vénérée à Samuha; Voir M. Darga, *Puduḫépa, Mélanges Mansel* (1974), p. 941.

[39] KUB XXI 17 I 6-12, II 1-4, 9-10, 18 sqq.; *Hatt.* III 14-30. C'est parce qu'il a suivi scrupuleusement les conseils de la déesse que Hattusili vaincra Arma-Datta et parviendra à l'expulser à Alašiya avec son fils Sippa-ziti; lorsque ce dernier se rangera aux côtés d'Urḫi-Tešub, il s'opposera en réalité à la volonté d'Ištar de Samuha et sera vaincu en même temps que le fils de Muwatalli.

Puduhépa[40]; il s'ensuit de nombreuses offrandes d'importance présentées à titre de demande d'un bienfait ou de remerciement[41] : statues, bustes, vases géants, bijoux sont autant d'offrandes royales dont les textes nous ont conservé le souvenir. De nombreux temples sont édifiés un peu partout dans l'Empire[42]; la littérature politique et religieuse accorde à Ištar de Samuha une place primordiale; le roi et la reine ont constamment recours aux divers oracles de la déesse[43]; des rituels sont composés ou introduits et remaniés en son honneur; certains vieux rituels sont tirés de l'oubli et ^{d}*IŠTAR*.LÍL dont l'importance était grande sous Mursili II, est intégrée au culte d'Ištar de Samuha dont elle ne constitue plus qu'une simple émanation[44]; presque toutes les Ištar locales font partie du *kaluti* d'Ištar de Samuha. A la fin de son règne, Hattusili fut surtout préoccupé d'assurer la perennité du culte rendu à Ištar de Samuha et de voir celle-ci demeurer la grande déesse protectrice de l'Empire et de la monarchie[45].

4) Ištar de Samuha sous les successeurs de Hattusili III

Les textes comportant des éléments biographiques de Tudhaliya IV sont trop peu nombreux et trop fragmentaires que pour pouvoir nous forger une idée objective des conceptions religieuses du roi qui manifesta un intérêt particulier pour tout ce qui touchait à la religion; n'est-ce pas à lui que les Hittites durent plusieurs réformes du culte et le prestigieux sanctuaire de Yazılıkaya? Néanmoins, il apparaît qu'Ištar de Samuha n'occupe plus le rôle de déesse tutélaire du roi; elle est remplacée dans cette fonction par le dieu Šarruma que nous retrouvons dans le nom princier du roi : Ḫišmi-Šarruma[46]. Les sceaux, les scènes rupestres du grand et du petit sanctuaire de Yazılıkaya, les listes divines attestent la sollicitude du dieu fils Šarruma envers Tudhaliya IV[47]; il ne faut pas en conclure pour autant que le culte d'Ištar de Samuha sombra dans l'oubli; nous savons, par exemple, que dans sa jeunesse,

[40] Cfr «Petits textes», textes votifs, n° 44 à 49.

[41] Cfr «Les offrandes exceptionnelles de Hattusili III à Ištar de Samuha et leur signification politique», p. 61-65.

[42] Cfr p. 42-43; des grands temples en l'honneur d'Ištar de Samuha sont connus à Samuha, Hattusa et Urikina.

[43] Cfr «Petits textes», divination, n° 24 à 35.

[44] Cfr KUB XXVII 1.

[45] *Hatt.* IV 81-89.

[46] E. Laroche, *NH*, p. 69 n° 371 3; Šarruma retenait donc l'attention de Hattusili III.

[47] Cfr Yazılıkaya n° 81 : chambre latérale : le dieu tutélaire Šarruma, fils de Hébat et de Tešub, guide Tudhaliya IV serré dans ses bras.

Tudhaliya IV assuma les fonctions de prêtre d'Ištar de Samuha et du dieu de l'orage de Nérik à l'instar de son père qui l'avait d'ailleurs installé à ce poste important[48]. Le texte KBo XVI 36 + souligne la protection dont Ištar de Samuha entoura le jeune prince Tudhaliya dans les combats qui se déroulaient près de la rivière Zuliya[49]; nous évoquons naturellement ici des faits qui concernent la jeunesse de Tudhaliya, et l'on est fondé d'estimer qu'une fois assis sur le trône de Hattusa, après la régence de sa mère Puduhépa, le nouveau souverain manifesta au grand jour l'évolution de sa pensée religieuse. Nous croyons cependant que Tudhaliya, roi, conserva toujours une certaine fidélité au vœu formulé par Hattusili III au soir de sa vie; le traité conclu avec Ulmi-Tešub de Tarhundassa fait ressortir les dieux les plus importants du Hatti au point de vue politique, parmi lesquels nous trouvons l'Ištar/Šauška à identifier peut-être à celle de Samuha[50]. Les vieux rituels remaniés durant le règne de Tudhaliya IV, tels ceux des fêtes de l'ANTAḪŠUM^{šar} et de la «hâte», conservent à Ištar de Samuha la place qui lui est due[51]; par ailleurs, la documentation concernant Tudhaliya IV ne fait aucunement état d'offrandes particulières en l'honneur de la déesse, pas plus que celle-ci ne semble sollicitée par les oracles; de même, il est impossible de savoir ce qu'il advint des temples que Hattusili avait consacrés à la grande déesse de Samuha et du personnel affecté à ceux-ci.

Les textes contemporains d'Arnuwanda III et de Suppiluliuma II sont, hélàs, insuffisants pour se permettre de tirer quelque conclusion relative au culte d'Ištar de Samuha; nous ne possédons jusqu'à présent aucun renseignement susceptible de nous éclairer, mais, comme tous les cultes hittites, celui d'Ištar de Samuha devait se ressentir de l'affaiblissement général de l'Empire hittite.

Nous observons ainsi que le culte d'Ištar de Samuha est bien antérieur au règne de Suppiluliuma I; il vient s'intégrer parmi les cultes syro-kizzuwatniens qui ont déferlé progressivement sur le panthéon hittite et entraîné une hourritisation de la religion hittite. L'importance du culte d'Ištar de Samuha croît surtout à la fin du règne de Mursili II et atteint son apogée sous Hattusili III où elle devient la déesse protectrice de la famille royale tout en partageant cette

[48] *Hatt.* IV 76 : Tudhaliya IV prêtre d'Ištar de Samuha; KUB XXV 21 Ro 13-16 et KUB XXXVI 90 Ro 15 sqq. : Tudhaliya IV prêtre du dieu de l'orage de Nérik.

[49] KBo XVI 36 III 2-3, 9-10.

[50] KBo IV 10 Ro 48.

[51] Cfr textes n° 12 et 13.

prérogative avec le dieu de l'orage de Nérik dont le culte se trouve réanimé par le roi; ce sera l'époque de précieuses offrandes à la déesse. Tout en conservant vraisemblablement un réel prestige sous Tudhaliya IV, la déesse se trouve cependant éclipsée dans son rôle de déesse tutélaire par le dieu Šarruma. Après Tudhaliya IV, le destin de la déesse demeure obscur, et à l'époque syro-hittite nous constatons qu'il ne subsiste plus aucune trace de ce qui constitua un des grands cultes de la religion hittite, celui d'une déesse reine locale parvenue au sommet du panthéon.

§2. Les autres dieux

a) ^{d}*BELAT AYAKKI*

En nous référant à la sommaire énumération du panthéon de Samuha contenue dans le décret de Muwatalli [52], nous constatons que ^{d}*BELAT AYAKKI*: «la déesse maîtresse du sanctuaire» est nommée à la suite d'Ištar de la steppe. Dès lors, il faut soit reconnaître dans ce nom une épithète déterminant Ištar de la steppe en ce sens qu'elle est la divinité par excellence du sanctuaire, soit admettre la réalité d'une déesse d'origine mésopotamienne introduite à Samuha via le Kizzuwatna et désignée par un qualificatif propre à la déesse; dans ce cas, une identification de la déesse s'impose. En faveur de la première alternative, nous retiendrons le fait que l'épithète *BELAT* et l'équivalent sumérien GAŠAN sont souvent attribués à Ištar tant chez les Mésopotamiens que chez les Hittites [53] et que, d'autre part, l'appellation «Dame/Maîtresse du sanctuaire» n'est pas suivie de la mention ^{URU}*Šamuḫa* comme c'est le cas pour les autres dieux de la liste; de plus, dans les tablettes hittites connues à ce jour, il n'existe aucune mention d'une divinité spécifique répondant au nom de ^{d}*BELAT* ^{URU}*Šamuḫa*; nous trouvons par contre des *BELAT* citées dans les énumérations de déesses reines de certaines villes de l'Empire hittite [54], ce qui tend à prouver que *BELAT* recouvre le nom de la déesse principale d'une ville, tout comme GAŠAN ou le hatti ^{d}*Kataḫḫa.* Si nous adoptons la seconde hypothèse, il nous faut reconnaître dans ^{d}*BELAT* la déesse NIN.LÍL, l'épouse du grand dieu sumérien EN.LÍL et supposer qu'une

[52] KUB VI 45 I 40-45.

[53] Pour l'épithète *BELAT* attribuée à Ištar, cfr E. Dhorme, *Religions*, p. 91.

[54] *BELAT* dans le groupe des déesses reines, cfr Traité entre Suppiluliuma I et Mattiwaza, au sein de la liste des dieux témoins, ligne 59: *BELAT* de Landa; il faut aussi relever la mention de *BELAT EKALLI*: «dame du palais». Pour *BELAT AYAKKI*, voir aussi E. Weidner, *PD*, p. 104, van Buren, *AfO* XII, p. 4, E. Laroche, *Recherches*, p. 104.

statue de cette divinité figurait en bonne place dans le grand temple de Samuha. Toutefois, nous voyons plus de raisons valables pour reconnaître dans la «Dame du sanctuaire» une simple apposition au nom d'Ištar/Šauška.

b) *Abara*

En admettant que *BELAT AYAKKI* constitue une épithète d'Ištar de Samuha destinée à magnifier la déesse, Abara occupe la seconde place du panthéon de Samuha, du moins dès le règne de Muwatalli, mais il est probable qu'il en était ainsi depuis le début de l'Empire. Le nom d'Abara est en l'occurrence régulièrement cité dans les listes divines des traités conclus sous l'Empire hittite, exactement de Suppiluliuma I à Tudhaliya IV; ce nom figure au sein d'un groupe constitué par sept déesses reines importantes citées à la suite de différents dieux guerriers; ce sont dans un ordre interchangeable :

Ḫantidaššu de Hurma,
K/Gataḫḫa (ou Ḫataḫḫa) d'Ankuwa,
Abara de Samuha,
la déesse «Reine» de Katapa,
Amuramma de Tahurpa,
Ḫallara de Dunna,
Ḫuwaššanna (ou ^{d}GAZ.BA.A) de Hubesna.

Deux remarques s'imposent immédiatement :

1) Abara est la divinité tutélaire de Samuha;
2) il s'agit d'une déesse [55].

[55] Cfr E. Laroche, *Recherches*, p. 79; A. Goetze, *Kleinasien* ², p. 131; J. Danmanville, *RHA* 70 (1962), p. 57.
Voir, à titre d'exemple, les listes de traités et décrets suivants :
— Règne de Suppiluliuma I : Traité avec Hukkana et le pays de Hayasa = *CTH* 42 Ro I 53 sqq.;
Traité avec Mattiwaza du Mitanni = *CTH* 51 52-60;
KUB XXVI 39 = fragment du traité avec Hukkana? Vo IV 20 sqq.
— Règne de Mursili II : Traité avec Manappa-Datta = *CTH* 69 Vo 14-17;
Traité avec Duppi-Tešub d'Amurru = *CTH* 62 IV 4-6;
— Règne de Muwatalli : Traité conclu avec Alaksandus de Wilusa = *CTH* 76 Ro IV 17-19;
— Règne de Hattusili III : Décret royal relatif au *ḫekur* de Pirwa = *CTH* 88 Vo 38 sqq.;
— Règne de Tudhaliya IV : Traité avec Ulmi-Tešub de Tarḫundassa = *CTH* 106 Vo 1 sqq.;
— Époque incertaine : Traité avec les Gasgas = *CTH* 138 1. Ro 6-8.
Le groupe des déesses reines est cité après celui des dieux guerriers et peut se trouver bouleversé.

En plus des listes des traités et décrets impériaux, d'autres textes mentionnent la déesse :

1. KUB XXIII 75 IV 8' : fragment de liste divine dans lequel Abara figure parmi des déesses reines [56].
2. KUB XXV 32 I 18 : pendant les fêtes de Karahna, un mouton est offert notamment à Ištar de la steppe, Ištar de Taminiga, aux dieux du père et à la montagne Zaha [57]. Dans ce texte, Abara est nommée sans spécification de lieu, ce qui laisse penser que Samuha était l'unique lieu de culte de cette déesse.
3. KUB XXVII 1 70-71 : il s'agit de l'offrande d'une galette à Abara et aux déesses de Samuha, ce qui confirme, si nécessaire, le sexe féminin de la divinité [58].
4. KUB XXXII 85 = KUB XXXII 92 x+1-7' : fragment de liste divine présentant le même groupe de déesses reines que celui relevé dans les listes de traités [59].
5. KBo XI 22 Ro III 12-13 : au cours d'une fête «mixte», le maître du rituel boit en l'honneur d'Abara de Samuha, rompt un gros pain et chante accompagné de la grande lyre [60]; la nature même du texte suppose le culte d'Abara sous le règne de Tudhaliya IV.
6. Bo 3185 10' : mentionne Abara de Samuha au sein d'un groupe de déesses reines où nous reconnaissons Ḫuwaššanna de Hubesna et Kataḫḫa d'Ankuwa [61].
7. 854/z 4' : Abara de Samuha est ici nommée en compagnie d'un groupe original, partiellement perdu, duquel il est possible de dégager les noms de la source Mulili, de la montagne Mahuliya, de ^{d}UTU-*šum-na-aš* et d'une déesse reine [62].

La documentation ainsi réunie autour du nom d'Abara atteste l'existence du culte de la déesse reine de Samuha depuis le début de l'Empire jusqu'au règne de Tudhaliya IV. Il est très possible d'admettre une origine hourrite de la déesse; en effet, sans vouloir anticiper nos conclusions, disons cependant que l'on constatera combien le panthéon

[56] Cfr *CTH* 213.

[57] KUB XXV 32 I
16 1 UDU *A-NA* ^{ÍD}*Ḫa-a-ša-la* 1 UDU *A-NA* ^{d}*IŠTAR*.[LÍL]
17 1 UDU *A-NA* ^{d}*IŠTAR* ^{URU}*Ta-pí-ni-qa* 1 UDU *ad-da-aš* [DINGIR^{M}]^{EŠ}
18 1 UDU *A-NA* ^{d}*A-pa-a-ra* 1 UDU *A-NA* $^{ḪUR.SAG}$*Za-a!-a*

[58] Cfr «Grands textes», nº 1.

[59] Cfr «Petits textes», nº 8; le roi boit après avoir bu à la santé de Kamrušepa et de ^{d}INANNA.É.GAL = Ištar du palais ou *BÉLAT EKALLI*.

[60] Cfr «Petits textes», nº 14.

[61] Cfr «Petits textes», nº 19.

[62] Cfr «Petits textes», nº 58.

de Samuha est hourritisé[63]; nous voyons aussi Abara célébrée en langue hourrite aux côtés des déesses de Samuha en KUB XXVII 1 II 70; en KUB XXV 32 I 16-18 Abara est entourée de divinité hourrites comme l'Ištar de la steppe, l'Ištar de Tamininga, les dieux du père[64]; dans plusieurs rituels aussi, nous constatons que les interventions du chanteur en l'honneur d'Abara s'effectuent en langue hourrite[65]; enfin, il n'est pas sans intérêt de signaler la présence en hourrite d'un terme *abari-* dont malheureusement la signification n'a pu être établie jusqu'à présent[66].

Si l'on peut assez logiquement conclure que le culte d'Abara s'éteignit avec la fin de l'Empire hittite, en revanche le moment de son introduction à Samuha reste énigmatique. Son culte fut-il amené du Mitanni ou du Kizzuwatna et dans quelles circonstances? La question demeure toujours sans réponse. Bien entendu, il serait commode de songer à identifier Abara avec Ištar de Samuha et d'y reconnaître la dénomination hourrite spécifique de la Šauška de Samuha et probablement, si cette hypothèse se vérifiait, de la déesse noire de Samuha. Ceci supposerait que, lors du début de la hourritisation du Hatti ou plus exactement de la zone intermédiaire entre le Hatti, le Kizzuwatna et le Azzi-Hayasa, la déesse reine de Samuha dont le nom hatti reste inconnu, prit la dénomination hourrite d'Abara; un peu plus tard, le culte de l'Ištar hourrite s'introduit à Samuha au départ du Kizzuwatna surtout si l'on admet l'équation DINGIR.GE_6 = Ištar de Samuha, et un syncrétisme s'opère entre Abara et l'Ištar/Šauška nouvellement importée[67]. Cette position rencontre toutefois une objection du fait de la distinction clairement établie dans certains textes entre Ištar de la steppe de Samuha et Abara, notamment durant le règne de Muwatalli, à une époque où Ištar de Samuha ne pouvait encore prétendre au titre de déesse tutélaire du roi et de l'Empire.

c) DINGIR.GE_6 ou *la déesse noire*

Une fois de plus, il s'agit ici d'une divinité désignée par un qualificatif supposant quelque rapport avec sa nature; aussi, l'appellation «déesse

[63] Voir H. G. Güterbock, *Religion und Kultus*, p. 70 et *JNES* XX (1961), p. 96.

[64] Ištar de la steppe ou du champ de bataille = Ištar de Ninive = Šauška; Ištar de Tamininga, cfr J. Danmanville, *RHA* 70 (1962), p. 51 sqq.; *attaš* DINGIR^{MEŠ} (*šiuneš*)': «dieux du père», notion spécifiquement hourrite.

[65] KUB XXVII 1 II 70.

[66] Cfr *a-ba-ri-(im)*, KUB XXIX 8 IV 2; *a-pa-ar-ri*, *ibid.* IV 4; *a-ba-re-en-na*, nom. plur., KBo XIV 131 III 5'. Le nom divin ^{d}*Abara* est sans doute une forme hittite en *-a* du hourrite *abari*.

[67] Pour l'équation DINGIR.GE_6 = Ištar de Samuha, cfr c) DINGIR.GE_6, p. 31.

noire» peut-elle s'appliquer à plusieurs divinités présentant des caractéristiques semblables; une déesse noire est ainsi vénérée à Parnassa, à Lahhurama et vraisemblablement dans d'autres villes du Kizzuwatna [68]; nous nous limitons ici au cas de la déesse noire adorée à Samuha sur laquelle nous possédons plusieurs renseignements; nous avons en effet conservé les rituels de transfert et d'installation de la déesse, ce dernier dans ses deux versions, celle d'Ulibbi et celle de NÍG.BA.^{d}U [69]; les fichiers de la bibliothèque impériale de Hattusa portent la trace de ces rituels [70]. Grâce aux bons soins de Mursili II qui fit recopier ces rituels, nous savons qu'un certain Tudhaliya transféra, avant le règne de Suppiluliuma I, la statue de la déesse noire et tout l'appareil cultuel de celle-ci, depuis le Kizzuwatna jusqu'à Samuha où un temple fut édifié en son honneur et dans lequel furent entreposés tous les rituels kizzuwatniens relatifs à la déesse [71]. Si ces textes mettent en évidence son implantation dans cette ville, en revanche ils ne contribuent guère à une identification précise de la divinité; nous savons uniquement qu'elle est de sexe féminin et que sa statue comportait le fameux *kureššar* [72].

Le texte KBo XVI 97 présente des oracles hépatoscopiques en rédaction non abrégée et doit remonter au règne de Muwatalli [73]; en Ro 13-14, nous voyons la possibilité d'un déplacement de la reine à Samuha pour consulter l'oracle de la déesse noire; un second passage plus important, allant de Vo 12 à Vo 32, relate des cas de consultation hépatoscopique à la suite de l'irritation éprouvée par certaines divinités dont l'ordre de succession est le suivant [74] :

[68] Déesse noire vénérée à Parnassa : KBo II 8 I 17; à Lahhurama : KBo XVI 97 Vo 18; sans autre précision : KBo XXI 34 Ro I 61 où s'agit certainement d'une déesse appartenant au panthéon de Kumanni ou de Lawazantiya.

[69] Indissociable de KUB XXXII 133, KUB XXIX 4 + décrit le rituel d'installation de la déesse noire dans ses deux versions, celle de NÍG.BA.^{d}U = *CTH* 481 A, B, C, et celle d'Ulibbi = *CTH* 481 D.

[70] KUB VIII 71 16 sqq. et KUB XXX 64 1-4, cfr *CTH*, p. 187 et 191.

[71] Voir surtout KUB XXXII 133 Ro 1-11 et pour l'analyse de ce passage, A. Goetze, *Kizzuwatna*, p. 24. Mursili II fit donc recopier plusieurs de ces tablettes; les copies en furent déposées à Hattusa; ce sont celles-ci dont nous avons des exemplaires dans les grands rituels KUB XXIX 4 +, XXIX 7 +; ajoutons la mention de la fin d'une 12e tablette relative à des cérémonies en l'honneur de la déesse noire de Samuha en KUB VIII 71 8-9.

[72] *kureššar* : Cfr A. Kammenhuber, *MIO* II, p. 404-405 et H. Kronasser, *Etym.*, p. 289.

[73] Cfr KBo XVI 97 Ro
3 *ŠA* ^{URU}*I-ya-ga-nu-e-na* GUD$^{ḪI.A}$ UDU[$^{ḪI.A}$] ^{m}*Mu-u-wa-at-ta-al-li-iš*
4 *wa-al-aḫ-zi* NU.SIG$_5$
«Muwatalli frappe les bovidés et [les] moutons de Yaganuena : adverse».

[74] Cfr «Petits textes», Divination, n° 31.

— Ištar de Ninive (Vo 12-14),
— La déesse noire de Samuha (Vo 15-17),
— La déesse noire de Lahhurama (Vo 18-22),
— Ištar de Ninive (Vo 23-25),
— Ištar de Hattarina (Vo 26-27),
— Ištar de sa mère (Vo 28-29),
— Ištar de son père (Vo 30-31),
— Toute autre Ištar (Vo 32).

Il saute aux yeux que les déesses noires de Samuha et de Lahhurama sont insérées dans un groupe d'Ištar/Šauška; l'on est dès lors en droit de se demander si derrière le qualificatif DINGIR.GE_6 il ne faut pas reconnaître une Ištar/Šauška, d'autant plus que, comme nous le soulignerons plus loin, les consultations hépatoscopiques d'Ištar de Samuha entreprises par la reine sont bien attestées [75]; cependant le culte d'une Ištar hourrite à Lahhurama, n'est pas mentionné [76].

Le rituel de Samuha KUB XXIX 7 + qui consiste en une série d'opérations de magie sympathique accomplies chaque jour du mois au temple en vue d'obtenir la purification du roi et de la divinité, fait intervenir le prêtre de la déesse noire laquelle serait la divinité qui domine tout le rituel [77]; la présence dans ce texte du dieu Pirinkir, souvent associé à Ištar, pousse à reconnaître dans la déesse noire la grande déesse de Samuha, autrement dit Ištar [78].

Le fragment 254/d II 8' nous présente la requête d'un prêtre à la déesse noire de Samuha, mais le texte est trop corrompu que pour pouvoir en tirer quelque renseignement sur la nature de la déesse [79].

L'analyse de l'anthroponymie hittite ne nous apporte pas davantage de lumière; en effet, l'alternance des graphies des théophores commençant par ^{d}*Arma-* sous les formes ^{d}SIN ou $^{d}GE_6$ conduit naturellement à poser $^{d}GE_6$ = ^{d}SIN = ^{d}*Arma* = la Lune [80]. Cette observation

[75] Cfr les manifestations oraculaires d'Ištar de Samuha, p. 49-53.

[76] ^{d}*IŠTAR* ^{URU}*La-ḫu*[- en 164/t II 7' doit se compléter en ^{d}*IŠTAR* ^{URU}*La-ḫu*[*-wa-(az)-za-an-ti-ya*].

[77] KUB XXIX 7 + Ro 58, Vo 1.

[78] Pirinkir : divinité au sexe inconnu, mais dont la parenté avec Ištar est bien établie; en KUB XXIX 7 Ro 69 et Vo 5, Pirinkir intervient pour le rite «*šara ḫuittiyawar*»; en KUB XXIX 4 Ro I 13, Pirinkir est le nom d'un disque votif en or.

[79] Cfr «Petis textes», n° 22.

[80] On trouvera dans l'anthroponymie hittite d'autres exemples de l'équivalence ^{d}SIN = $^{d}GE_6$ = ^{d}Arma = ^{d}Kušuḫ = «la lune» dans E. Laroche, *NH*, p. 40-41, n° 140 et 141; plus récemment, le colophon de KBo XIX 128 Vo VI 36 nous donnait une équivalence semblable : ŠU ^{m}DINGIR.GE_6LÚ ^{LU}DUB.SAR *PA-NI* ^{m}*A-nu-wa-an-za* ^{LU}SAG *IŠ-TUR* : «la main d'Arma-ziti, le scribe, a écrit (la tablette) en présence d'Anuwanza, le chef (des scribes)».

ne se fonde naturellement que sur trois théophores et il faut tenir compte de ce que DINGIR.GE_6 peut s'appliquer à plusieurs divinités, sans quoi il faudrait renoncer à toute identification de la déesse noire de Samuha avec Ištar/Šauška.

La documentation que nous avons réunie autour de DINGIR.GE_6 entraîne trois conclusions qui se présentent en fait comme des hypothèses dont la dernière offre un intérêt particulier :

— ou bien la déesse noire de Samuha est à identifier avec la lune si l'on retient la seule équation offerte par l'étude de l'anthroponymie; l'on objectera que *Arma-* n'est pas la seule lecture possible de GE_6 et qu'ensuite, à Samuha DINGIR.GE_6 est une déesse alors que Sin est un dieu;

— une autre solution serait de voir dans DINGIR.GE_6 de Samuha la déesse de la nuit, dont le nom hittite correspondrait à une lecture ^{d}*Išpanzašepa* : «le génie de la nuit»; l'on serait donc en présence d'une divinité de second rang dont le statut est certes peu compatible avec l'importance accordée à la déesse noire dans les textes examinés [81];

— une dernière possibilité consiste à poser l'équation DINGIR.GE_6 de Samuha = Ištar/Šauška de Samuha; cette hypothèse est fort séduisante car elle nous permettrait de connaître l'origine du culte d'Ištar de Samuha, de suivre la manière dont celui-ci s'est introduit à Samuha et de savoir à quelle époque ceci s'est effectué. L'origine kizzuwatnienne du culte d'Ištar de Samuha se trouverait ainsi confirmée et nous serions en mesure d'établir que, pour une cause encore inconnue, cette déesse aurait trouvé refuge à Samuha durant la période intermédiaire s'échelonnant entre l'ancien royaume et l'Empire. Dans le temple que Tudhaliya III? éleva en l'honneur de la déesse, se trouveraient aussi entreposées toutes les tablettes cultuelles que Mursili II fit recopier plus tard. Ce sont les copies de ces tablettes dont nous avons retrouvé quelques exemplaires.

d) *Le dieu de l'orage*

La présence du dieu de l'orage au sein du panthéon de Samuha n'est pas faite pour surprendre; généralement, il se présente avec la lecture ^{d}U ^{URU}*Šamuḫa*, plus rarement avec celle de ^{d}IM ^{URU}*Samuha* [82]. Ce dieu est très souvent cité dans les listes des dieux témoins des traités impériaux [83]. Sa place parmi les dieux de l'orage de l'Empire

[81] Sur ce point, cfr H. Kronasser, *Die Umsiedlung*, p. 38-39.

[82] ^{d}IM ^{URU}*Šamuḫa* : KBo XXI 26 Ro 9', KUB XXVI 39 9.

[83] — Règne de Suppiluliuma I :
Traité avec Hukkana et le pays de Hayasa = *CTH* 42 I 45, entre le dieu de l'orage de Pattiyarik et celui de Sarissa;

est quasi invariable : entre les dieux de l'orage de Lihzina et de Hurma, et près des dieux de l'orage d'Alep, de Uda, de Kumanni ou du Kizzuwatna [84]. Le duplicat akkadien de certains traités est très important car il assure l'équation ^{d}U ^{URU}*Šamuḫa* = ^{d}Tešub ^{al}Šamuḫa [85]; il ressort ainsi que depuis Suppiluliuma I, le dieu de l'orage vénéré à Samuha est un dieu de l'orage hourrite, comme c'était le cas dans les cités voisines de Samuha [86]. En dehors des traités, l'on trouve mention du dieu de l'orage de Samuha dans des fragments religieux, dans la description de la fête AN.TAḪ.ŠUM : le 17e jour, le couple royal effectue une offrande au dieu de l'orage *piḫaššašši-*, à la déesse Soleil d'Arinna et au dieu de l'orage de Samuha [87]. En KBo XXI 26, qui présente une liste divine appartenant à un texte de nature inconnue, l'on trouve fort probablement en 9' une mention du ^{d}IM de Samuha [88]. L'on s'étonnera naturellement de ne pas trouver trace de ce dieu dans le grand rituel d'Ištar de Samuha, KUB XXVII 1 + ; mais, peut-être, comme le suggère H. G. Güterbock [89], faut-il reconnaître le Tešub de Samuha dans le dieu de l'orage qui, en I 47, débute sans autre spécification la liste des dieux de l'orage invoqués dans cette

I 45 : entre le dieu de l'orage de Pattiyarik et celui de Sarissa;
Traité avec Mattiwaza = *CTH* 52 Vo 42 : entre le dieu de l'orage de Lihzina et de Hurma, non loin du ^{d}U de Nérik;
KUB XXVI 39 9 = *CTH* 43 : fragment du traité conclu avec Hukkana?
— Règne de Mursili II :
Traité avec Manappa-Datta = *CTH* 69 Vo IV 4 : entre le dieu de l'orage de Hissash/sapa et celui de Sapinuwa, à la suite des ^{d}U de Halap, Uda et Kumanni.
Traité avec Duppi-Tešub d'Amurru = KBo XXII 39 III 12'; ordre des dieux de l'orage : Nérik, Samuha, Hurma, Sarissa, dieu de l'orage «assistant», Uda, Kizzuwatna, Ishupitta.
— Règne de Muwatalli :
Traité avec Alaksandu de Wilusa = *CTH* 76 IV 6 : entre le dieu de l'orage de Sapinuwa et celui de Hurma.
— Règne de Hattusili III :
Décret relatif au *ḫekur* de Pirwa = *CTH* 88 Vo 33 : entre le dieu de l'orage de Lihzina et celui de Hurma.
— Règne de Tudhaliya IV :
Traité avec Ulmi-Tešub, roi de Tarḫundassa = *CTH* 106 Ro 53.
Datation incertaine :
KUB XXVI 11 Ro I 10 = *CTH* 259 : instructions militaires d'un certain Tudhaliya, 1re tablette.

[84] Soit parmi des dieux de l'orage kizzuwatniens ou nord-syriens = Tešub.

[85] Par exemple : Traité de Suppiluliuma I avec Mattiwaza Vo 42 ou le traité conclu avec Tette IV 45.

[86] Pattiyarik, Lawazantiya, Kumanni, Hurma notamment.

[87] 17e jour : cfr H. G. Güterbock, *Religion u. Kultus*, p. 65. Autres textes religieux : KBo XVII 82 II 11' = liste divine; KUB XXII 34 7 = texte oraculaire.

[88] Cfr «petits textes» n° 55'.

[89] Cfr H. G. Güterbock, *RHA* 68 (1961), p. 9.

fête [90]. De plus, le décret religieux de Muwatalli, KUB VI 45 +, laisse supposer l'existence à Samuha d'un culte consacré au dieu de l'orage *piḫaššašši-*, dieu tutélaire de ce souverain, ainsi que d'un culte en l'honneur de Tešub d'Alep; ce dernier fait confirme la progression des cultes hourrites depuis la Syrie du nord jusque dans la région de Samuha via le Kizzuwatna [91].

e) *Hébat*

Alors que le dieu de l'orage hourrite de Samuha se trouve généralement mentionné dans les listes divines impériales, l'on ne trouve guère de trace de sa parèdre, Hébat; ceci peut paraître d'autant plus surprenant que des Hébat d'autres cités sont nommées telles celles d'Alep, de Uda ou de Kizzuwatna [92]. L'on rencontre pour la première fois Hébat de Samuha dans le décret religieux de Muwatalli [93], ce qui ne permet cependant pas de conclure à la non-existence de ce culte avant le règne de ce souverain; il est plausible de supposer que la personnalité de la Hébat de Samuha se trouvait éclipsée par celle de Tešub. Sous Hattusili III, l'on possède le témoignage de KUB XXVII 1 II 39 où est signalée l'offrande d'une galette à Hébat de Samuha [94]. La version conservée des fêtes de Karahna dont la rédaction est contemporaine de Tudhaliya IV, laisse supposer une déesse Soleil de Samuha citée après la déesse Soleil d'Arinna [95]. D'autre part, tout comme c'était le cas pour le Tešub d'Alep, il semble que la Hébat de cette ville était également vénérée à Samuha [96].

f) *Ištar de Tamininga*

Importante hypostase d'Ištar/Šauška, Ištar de Tamininga avait l'un de ses foyers cultuels situés à Samuha, tout comme Ištar de Samuha avait également son temple à Hattusa et Urikina, ou le dieu de l'orage de Nérik à Hakmissa; le fait est clairement attesté par la tablette

[90] Cfr KUB XXVII 1 = «Grands textes» n° 1.

[91] KUB VI 45 I 40: «dieu de l'orage *piḫaššašši*, Hébat de Samuha, dieux, déesses, montagnes (et) rivières de Samuha»;
KUB VI 45 I 43: «Tešub d'Alep, Hébat d'Alep» mentionnés dans le groupe des dieux de Samuha.

[92] Ces déesses sont habituellement nommées dans les listes des dieux témoins des traités.

[93] KUB VI 45 I 43.

[94] KUB XXVII 1 II 39.

[95] KUB XXV 32 I 5: 1 UDU *A-NA* ^{d}UTU ^{URU}TÚL-*n*[*a*] 1 UDU [*A-NA* ^{d}UTU ^{URU}*Ša-mu*]-*ḫa*?

[96] Cfr KUB VI 45 I 43.

KUB XII 5 qui reproduit une partie du rituel consacré à cette déesse[97]; l'introduction de la tablette tout comme son colophon indiquent que la reine, au cours de l'année, honore Ištar de Tamininga à Samuha, dans la demeure du grand-père du roi, probablement à l'étage supérieur de celle-ci[98]. Si la tablette KUB XII 5 a été rédigée sous Hattusili III ou Tudhaliya IV, les nombreux archaïsmes qu'elle contient laissent supposer l'existence d'un original plus ancien, ce qui permet de croire que la célébration d'Ištar de Tamininga à Samuha pourrait remonter à une période antérieure à l'Empire[99]. Le texte des fêtes de Karahna, rédigé sous Tudhaliya IV, dont certaines cérémonies avaient lieu à Samuha, montre en I 4-19 une série de divinités appartenant aux panthéons des cités voisines de Karahna; aux lignes 16-18, l'on voit énumérés Ištar de la steppe, Ištar de Tamininga, les dieux du père et Abara[100]; il est très tentant de reconnaître ici les principales divinités hourrites du panthéon de Samuha, l'Ištar de la steppe ou Abara devant ici être identifiée à l'Ištar de Samuha. La raison qui a présidé à l'implantation du culte d'Ištar de Tamininga à Samuha demeure malheureusement toujours obscure. Enfin, dans la grande fête en l'honneur d'Ištar de Samuha, KUB XXVII 1 II 48-50, Ištar de Tamininga fait l'objet d'une offrande en compagnie des Ištar/Šauška d'Ankuwa et de Kuliusna[101].

g) *Ḫuwariyanzipa*

Il s'agit d'un génie hittite ou louvite[102]; nous sommes en présence d'un composé nominal dont le second terme *-ši/epa-* > *-zipa-* après les thèmes à nasale, répond au sens de: «génie, démon, fée»; de tels composés divins ne sont pas rares; évoquons seulement ^{d}*Ašgašepa-*: le génie de la porte, ^{d}*Daganzipa-*: le génie de la terre, ^{d}*Ḫilanzipa-*: le génie de la cour, ou ^{d}*Kamrušepa-*. Pour le nom divin qui nous occupe, nous obtenons donc le sens de «génie du *ḫuriya-/ḫuwariya-*, de sens inconnu; toutefois, ce dernier mot se retrouve dans le nom de source ^{d}*Išḫašḫuriya-* et n'est pas sans rappeler le mot *ḫuwara-* désignant une espèce d'oiseau oraculaire. Le culte de ce génie se trouve attesté à Samuha par les fragments relativement parallèles IBoT II 19,

97 Étude du texte: J. Danmanville, *RHA* 70 (1962), p. 51 sqq.

98 KUB XII 5 I 1-3.

99 Par exemple: *mān* avec valeur temporelle: I 1; *iezzi* pour *iyazzi*: I 3, IV 20; *lukatta-ma* pour *lukatti-ma*: I 5.

100 Pour la célébration de certaines cérémonies à Samuha cfr KUB XXV 32 II 54 = KUB XXVIII 70 II 32': *I-NA* ^{URU}*Ša-pu-ḫa* UD 1.KAM: «A Samuha, le premier jour».

101 Le passage est rédigé en hourrite; cfr Commentaire du passage p. 102.

102 E. Laroche, *Recherches*, p. 67.

KUB XLIV 2+XLIV 3 et Bo 858 [103]. Dans ces trois textes, Huwariyanzipa est cité en compagnie des dieux *Šalawaneš*, génies protecteurs des portails d'une ville, de la rivière *Nakkiliya* et de plusieurs sources, mais les lignes trop fragmentaires dans les trois textes ne permettent pas de se faire une idée plus précise de ce génie protecteur.

h) *Divers*

— Ninatta et Kulitta. Tout comme toutes les hypostases d'Ištar/Šauška, Ištar de Samuha était adorée en compagnie de ses deux servantes hiérodules Ninatta et Kulitta dont le sanctuaire de Yazılıkaya nous a fixé l'iconographie dans les figures 36 et 37; elles y apparaissent comme déesses musiciennes. Plusieurs rituels nous montrent les offrandes dues à Ninatta et Kulitta après que leur maîtresse, Ištar de Samuha, a été gratifiée de présents parfois plus importants [104].
— Les rivières et les montagnes de Samuha. Tout panthéon d'une cité du Hatti comprenait le culte de forces de la nature telles que les rivières et les montagnes; même si la cité était dépourvue de cours d'eau ou d'un relief montagneux, ces puissances naturelles faisaient partie des dieux de la cité; cela constituait en définitive une espèce de procédé littéraire développé sous l'influence religieuse hourrite où les rivières et les montagnes occupaient une grande place [105]. Les montagnes constituent le lieu de séjour de certains dieux et génies, les rivières comme les sources, sont, elles, des déesses [106]; leur adoration représente le souvenir toujours vivant dans les milieux populaires du culte naturiste des «*numina*» locaux. Comme en Anatolie le développement d'une ville est souvent conditionné par l'eau jaillissant d'une anfractuosité rocheuse, l'on ne s'étonnera pas de voir divinisée et généralisée dans tous les panthéons cette paire vivifiante, symbole de prospérité, qu'étaient la montagne et la source. Devant le progrès des conceptions anthropomorphiques, le culte naturiste va se dédoubler à l'époque historique en un dieu de l'orage + une montagne et une déesse mère + une source et une rivière [107]. Nous pouvons observer ce schéma à propos de Samuha en KUB VI 45 I 45 ou encore en KUB XL 52 IV 4'-7' [108].

[103] IBoT II 19 x+1; KUB XLIV 2+XLIV 3 3'; Bo 858 10'.
[104] KUB XXVII 1 I 41-43, II 46-50, III 34-37.
[105] Cfr F. Thureau-Dangin, *RA* 36 (1939), p. 19.
[106] Cfr E. Laroche, *NH*, p. 266 et 275.
[107] Cfr E. Laroche, *NH*, p. 274-275.
[108] L'évocation du panthéon de Samuha dans ces deux passages se termine chaque fois par la mention des montagnes et des rivières de la cité; le cas de la ville de Lihsina

— Il faut encore ajouter une série de divinités secondaires habituellement désignées par les termes : «dieux et déesses de Samuha» [104], cette expression traduisant, bien entendu, le souci de n'omettre aucun dieu. L'évocation en langue hourrite du panthéon de Samuha en KUB XXVII 1 II 27 et 71 laisse conclure que ces divinités non nommées étaient hourrites pour la plupart [110].

— Lelwani. Si nous évoquons en dernier lieu le cas de cette déesse infernale, c'est parce qu'un doute subsiste sur l'existence d'un culte de cette divinité hattie [111] à Samuha. En effet, nous ne disposons à ce jour d'aucune mention explicite d'une Lelwani vénérée à Samuha; le seul passage troublant et sujet à discussion se situe en KBo IV 6, une supplique à la déesse, où est signalée la vision que la princesse Gassuliya, fille de Hattusili III, eut de la déesse Lelwani lors d'un rêve à Samuha [112]; ce songe ne permet pas pour autant de conclure à la réalité d'un culte voué à cette déesse mais ne l'infirme pas davantage; aussi, la sagesse recommande-t-elle ici d'obtenir des informations plus significatives avant de pouvoir trancher dans un sens ou dans l'autre. De plus, les anciennes hypothèses qui recevaient il n'y a pas si longtemps encore l'agrément de certains hittitologues, et par lesquelles l'on tentait d'identifier Ištar de Samuha à Lelwani, doivent être abandonnées aujourd'hui, surtout depuis l'article que H. Otten a consacré à la question [113]. Néanmoins, l'on retiendra l'importance que la déesse Lelwani acquit durant le règne de Hattusili III/Puduhépa; tout comme Ištar de Samuha, mais à un degré moindre, elle joue le rôle de déesse

coïncide encore plus directement avec ce schéma : cfr KUB VI 45 II 8-9 = VI 46 II 51 : «dieu de l'orage de Lihsina, Tašimi, dieux, déesses, montagnes, rivières de Lihsina».

[109] KUB VI 45 I 44-45 = 46 II 10-12; KUB XL 52 IV 6'; KBo IV 13 I 38.

[110] KUB XXVII 1 II 27 : .... DINGIR^{MEŠ} URU-*ni-bi-na* ^{URU}*Ša-mu-u-ḫa-ḫi-na*
KUB XXVII 1 II 71 : .... DINGIR^{MEŠ}-*na* ^{URU}*Ša-mu-u-ḫi-na*

[111] Pour Lelwani, reine des dieux infernaux hattis et son cercle, cfr surtout H. Otten, *JCS* 4 (1950), p. 119 sqq. et tout récemment E. Laroche, *Dénominations des dieux «antiques» dans les textes hittites*, dans Anatolian Studies presented to Hans Gustav Güterbock on the occasion of his 65th birthday, p. 175-185; voir aussi E. Laroche, *RHA* 57 (1955), p. 112 et A. Kammenhuber, *RHA* 70 (1962), p. 5.

A haute époque, les Hittites ont assimilé Lelwani = Soleil de la terre hittite = «divinité antique»; plus tard, avec l'annexion progressive, au début de l'Empire, du Kizzuwatna s'établit un syncrétisme entre Lelwani et Allani, la déesse antique hourrite, cfr E. Laroche, *Dénominations des dieux «antiques» dans les textes hittites*, *op. cit.* p. 184-185.

[112] KBo IV 6 Ro 18-22.

[113] Il faut donc rejeter l'équation Lelwani = Ištar de Samuha trouvée dans E. Laroche, *Recherches*, p. 75 et 96 lequel a changé d'avis après l'étude de H. Otten en *JCS* 4; A. Goetze, *ANET*^{2}, p. 393 rem. 4; E. von Schuler, *Wb. Myth.*, p. 180; F. Imparati, *I Hurriti*, p. 107.

tutélaire du couple royal et se verra souvent invoquée pour protéger la santé du roi et, en guise de remerciement, pourvue des plus somptueux cadeaux [114].

Samuha constitua donc un foyer religieux extrêmement important de la région sud du Haut-Pays, cette zone intermédiaire située entre le Hatti et le Kizzuwatna et ouverte aux diverses influences du monde hourrite. Tel que nous pouvons le connaître, le panthéon de Samuha ne porte aucune trace de culte hatti en dehors de l'existence problématique d'un culte rendu à Lelwani laquelle serait toutefois adorée en tant qu'équivalente d'Allani. Par contre, le caractère hourrite des dieux de Samuha est très net; si l'on ne peut fixer la date du début de la hourritisation de Samuha, nous pouvons cependant penser qu'elle s'est principalement effectuée au départ du Kizzuwatna et de la Syrie du nord et fut particulièrement intense durant la période se situant entre l'ancien royaume et l'Empire; un des faits marquants de cette époque est notamment constitué par l'introduction à Samuha du culte kizzuwatnien de la déesse noire. En bien des points, le panthéon de Samuha est semblable à celui de la ville kizzuwatnienne de Lawazantiya, autre foyer religieux important, où l'on adorait surtout une Ištar/Šauška identique à celle de Samuha, Tešub et sa parèdre Hébat, et probablement une déesse reine dont le nom nous est toujours inconnu.

§3. Les causes du développement du culte d'Ištar de Samuha

L'examen historique du culte d'Ištar de Samuha a mis en évidence le brusque essor pris par cette divinité locale d'essence hourrite-kizzuwatnienne à la fin de la vie de Mursili II et sous Hattusili III pour lequel elle devint la déesse tutélaire et, en compagnie du dieu de l'orage de Nérik, une des principales divinités du panthéon impérial; il nous a paru dès lors intéressant de nous interroger sur les causes qui ont assuré le rapide succès d'une Ištar hourrite, plus particulièrement celle de Samuha, de préférence aux autres hypostases locales de Šauška.

Puisque le développement spectaculaire du culte d'Ištar de Samuha semble essentiellement lié à la personne de Hattusili III, essayons de déterminer les facteurs susceptibles d'avoir influencé la pensée reli-

[114] Voir H. Otten & Vl. Souček, *Gelübde* et KUB XXI 27.
Il est probable que Puduhépa vénérait Allani sous le vocable de Lelwani en raison du syncrétisme survenu à cette époque; Lelwani = Allani était adorée à Lawazantiya, la ville d'origine de Puduhépa, comme le prouvent KUB XVI 8 Vo 2, KUB XXXI 69 Vo 6, 12.

gieuse du souverain; la lecture de la documentation réunie à propos de Hattusili nous pousse à retenir avant tout le rôle joué par les scribes tant dans l'éducation du jeune prince que dans l'influence exercée sur son père, ensuite la place tenue par Puduhépa dans la vie religieuse hittite, et enfin la signification de la ville de Samuha aux yeux de Hattusili lui-même.

a) *L'influence des scribes*

Depuis Mursili II, le rôle dévolu aux scribes était considérable et l'estime dont ils étaient entourés, était appréciable; ils étaient les intellectuels de l'Empire et se voyaient éventuellement chargés de l'éducation des enfants princiers. L'activité de la grande bibliothèque impériale de Hattusa devenait intense; en outre, le chef des scribes ou «GAL DUB.SAR^{MEŠ}» remplissait la fonction de premier ministre et devenait par le même fait un des personnages les plus influents de l'Empire. Or, ces scribes étaient essentiellement d'origine hourrite; leur influence se traduisit progressivement dans la hourritisation des sphères dirigeantes à laquelle on assistait depuis Suppiluliuma I qui avait annexé à l'Empire le Kizzuwatna et la Syrie du nord[115]. L'onomastique, par exemple, nous montre quantité de personnages hourrites qui servaient les rois soit à la cour, soit dans la haute administration, soit dans les temples[116]. Les princes et les princesses portèrent des noms hourrites et, de plus en plus, les dieux furent désignés d'après une appellation hourrite réalisée dans le cadre d'un vaste syncrétisme hourrito-hittite; cette tendance atteignit son apogée sous Hattusili III et Tudhaliya IV.

A la fin du règne de Mursili II, le chef des scribes était Midannamuwa, le père du nom moins fameux UR.MAḪ-*ziti* dont nous reparlerons. Midannamuwa exerça aussi ses fonctions sous Muwatalli et c'est lui qui va s'occuper du jeune Hattusili dont l'état de santé causait bien des inquiétudes[117]. L'analyse du nom Midannamuwa prouve l'origine

[115] Jusqu'au règne de Suppiluliuma I, le Kizzuwatna conserva une certaine autonomie à l'égard du Hatti même si des liens très étroits unissaient les deux régions; le traité conclu par Suppiluliuma I et Sunassura du Kizzuwatna fit de ce dernier un authentique vassal du souverain hittite.

D'autre part, trois campagnes furent nécessaires à Suppiluliuma pour assujettir la Syrie; les différents roitelets devinrent à leur tour des vassaux, et le sommet de la stratégie de Suppiluliuma fut de placer ses fils Télébinu et Piyassili respectivement comme roi d'Alep et de Kargémiš.

[116] Cfr E. Laroche, *NH*, p. 357-358.

[117] D'après KBo IV 12 Ro 13-19, Muwatalli, par reconnaissance envers Midan-

mitannienne du chef des scribes et, par conséquent, sa culture hourrite [118], et le texte KBo IV 12 montre à suffisance de quel prestige il devait jouir auprès de Mursili II et du jeune Ḫattusili. Lorsque ce dernier devint adulte et que le conflit avec son neveu Urḫi-Tešub atteignit sa phase critique, Midannamuwa exerça encore une profonde influence sur son protégé [119]. Il est très significatif de relever le parallélisme existant sur ces points entre KBo IV 12 et le grand récit autobiographique dont les préoccupations apologétiques ne sont certes pas absentes; ainsi, dans *Hatt.* nous remarquons que :

— Hattusili, jeune malade, est confié par son père à Ištar de Samuha qui le protège et le guérit; ceci entraîne une gratitude profonde du jeune prince envers la déesse;
— lors du conflit avec Urḫi-Tešub, Hattusili prend les armes sur le conseil d'Ištar de Samuha [128].

En regard de ceci, en KBo IV 12, texte dont les préoccupations apologétiques sont nettement moins marquées, nous constatons que :
— à l'occasion de la maladie du jeune Hattusili, Mursili II confie son fils au chef des scribes Midannamuwa, lequel en prend grand soin et finit par le guérir, d'où se comprend la reconnaissance du prince envers son bienfaiteur;
— pendant les hostilités avec Urḫi-Tešub, Hattusili ne reste pas impassible sur le conseil de Midannamuwa [121].

De cette comparaison, il ressort que le rôle prêté à Ištar de Samuha dans les récits apologétiques où le roi veut légitimer ses actes par l'appui de cette déesse, correspond à celui tenu par le chef des scribes Midannamuwa dans un récit sans volonté de justification. La question se pose dès lors de savoir s'il ne faut établir aucun lien entre la personne de Midannamuwa et la subite importance du culte d'Ištar de Samuha. En souvenir de ce chef des scribes, sans doute grand adorateur de Šauška, Hattusili fut porté à placer sa vie, sa famille et ses biens sous la protection toute spéciale de la grande déesse de Samuha, cette ville étant, dans la zone intermédiaire entre le Haut-Pays et le Kizzuwatna, le centre de la dévotion à Šauška.

namuwa, le déchargea de sa fonction et lui donna le gouvernement de Hattusa; son fils Purandamuwa lui succéda comme chef des scribes.

Pour les soins prodigués à Hattusili par Midannamuwa, cfr KBo IV 12 5-9.

118 Cfr E. Laroche, *NH*, p. 322-324.

119 KBo IV 12 22-26.

120 *Hatt.* I 14-21, III 63.

121 Cfr KBo IV 12 Ro 5-9, 13-19.

b) *L'influence de Puduhépa*

La place tenue par Puduhépa dans la vie politique et religieuse du Hatti conjuguée à l'importance accrue du culte d'Ištar de Samuha pose la question de savoir dans quelle mesure l'épouse de Hattusili III contribua au renforcement du mouvement de hourritisation de l'Empire hittite et au développement du culte de la déesse Ištar de Samuha.

Le nom même de l'épouse de Hattusili III se présente comme un théophore hourrite bâti sur le nom de la déesse Hébat qui était fort honorée dans la province de Kumanni [122]. D'autre part, Puduhépa était originaire de Lawazantiya, important centre religieux du Kizzuwatna dans lequel étaient célébrés Tešub, Hébat et une Šauška identique à celle de Samuha [123]. Le père de cette princesse kizzuwatnienne, Bentibšarri, était grand-prêtre de la Šauška de Lawazantiya, tandis que Puduhépa assumait les fonctions de prêtresse de la déesse [124]. L'appartenance de Puduhépa à la culture hourrite ne fait ainsi l'objet d'aucun doute tout comme l'intérêt qu'elle a dû porter depuis sa plus tendre enfance au culte de Šauška, réplique hourrite de l'Ištar de Ninive.

Même si avant son mariage, Hattusili s'avéra être déjà un dévôt d'Ištar de Samuha, encore qu'il manifestât quelque temps une relative négligence envers la déesse, son union avec Puduhépa n'a pu que renforcer son attachement à la déesse; cette dernière est d'ailleurs présentée dans les textes comme la grande inspiratrice du mariage, Puduhépa étant aux yeux de la divinité la seule personne susceptible de convenir à Hattusili [125].

Il est maintenant bien établi aussi que la reine hittite jouissait de pouvoirs quasi égaux à ceux du roi, ainsi qu'en font foi notamment les sceaux et la correspondance hittite [126]. Comme elle était aussi étroite-

[122] Kumanni était un grand centre de dévotion en l'honneur de Tešub et de Hébat; observons que Tešub et Hébat de Kumanni sont vénérés à Mâri d'après *ARM* X, n° 92, l. 22-23; sur ce point, cfr J-R. Kupper, *Dieux hourrites à Mâri*, *RA* 65 (1971), p. 171-172.

[123] Voir par exemple KBo XXI 34 = Fête pour Tešub et Hébat de Lawazantiya, troisième tablette; fragment de la quatrième tablette en Bo 6871. La Šauška de Lawazantiya est citée aux côtés de celle de Samuha dans plusieurs rituels : ainsi KUB VI 15 II 9-10, Bo 5251 4'-5'.

[124] *Hatt.* III 1-2.

[125] KBo VI 29 I 18-20; *Hatt.* III 1-2.

[126] La reine hittite, spécialement Puduhépa, dispose de son sceau personnel; plusieurs traités portent les sceaux du roi et de la reine; les correspondances adressées par un souverain étranger comportent souvent deux exemplaires identiques, l'un pour le roi, l'autre pour la reine; ainsi, le traité conclu avec l'Égypte comporte d'un côté le sceau de Hattusili III et de l'autre, au milieu de la tablette, le sceau de Puduhépa : voir à ce sujet

ment associée à la vie religieuse de l'Empire, il ne serait pas surprenant que Puduhépa, une fois devenue l'épouse de Hattusili, ait exercé sur ce dernier une influence de plus en plus forte dans le domaine religieux comme dans le domaine politique. L'activité en matière de littérature religieuse fut intense sous Hattusili III et nous savons que plusieurs rituels kizzuwatniens furent introduits dans la religion hittite par les soins de Puduhépa [127]. La rédaction même de ces rituels fut confiée par la reine au grand scribe UR.MAḪ-*ziti*, le fils de Midannamuwa; une parfaite continuité existait ainsi dans la fonction de chef des scribes, si l'on excepte la parenthèse occasionnée par le règne d'Urḫi-Tešub, et l'influence hourritisante du Kizzuwatna ne faisait que s'amplifier [128]. L'action religieuse de la reine Puduhépa ne peut être dissociée de la personne d'UR.MAḪ-*ziti* lequel se présentait comme un véritable guide spirituel de la reine [129]. Il est par ailleurs certain que la plupart des rituels relatifs à Ištar de Samuha ont été rédigés, recopiés ou remaniés à cette époque et qu'un exemplaire de ceux-ci fut déposé sur les étagères de la grande bibliothèque impériale de Hattusa.

c) *La prépondérance de l'Ištar de Samuha sur les autres Ištar locales*

Puisque l'on a pu se rendre compte de l'importance croissante du culte d'Ištar/Šauška en territoire hatti, le problème est de déterminer les raisons pour lesquelles certains notables et, à leur suite, Mursili II et surtout Hattusili III ont accordé à l'Ištar de Samuha une place d'honneur au sein du panthéon officiel de préférence à d'autres Ištar comme celles de Hattarina, Ankuwa, Tamininga ou Lawazantiya. Il est clair qu'un prince tel que Hattusili, désireux de concilier l'ouverture au monde hourrite avec la tradition hattie, optait pour l'hypostase d'Ištar de Samuha; celle-ci était bien une divinité hourrite,

J. Friedrich, *Artibus Asiae* VI (1937), p. 177 sqq.; sur 39 lettres émanant de Ramsès II, 26 sont adressées à Hattusili et 13 à Puduhépa dont plusieurs ont un thème politique ou constituent des duplicats de la lettre au roi. Notons encore qu'avant la majorité de Tudhaliya IV, et immédiatement après la mort de Hattusili, Puduhépa exerça la régence. Au sujet du rôle exercé par les reines hittites, on lira avec intérêt : A. Edel, *Die Rolle der Königinnen in der ägyptisch-hethitischen Korrespondenz von Bogaz-Köy*, *IF* 60 (1952), p. 72 sqq.

[127] Cfr KUB XX 74 + 12-16 = colophon de la 6e tablette de la fête *išuwa*; il est semblable à celui de la 5e tablette que l'on trouvera dans A. M. Dinçol, *Die fünfte Tafel des Isuwas-Festes*, *RHA* 84-85 (1969), p. 32; sur le rôle spécifique de Puduhépa dans l'introduction des cultes kizzuwatniens à Hattusa, cfr E. Laroche, *Le panthéon de Yazılıkaya*, *JCS* 6 (1952), p. 115-123.

[128] Urḫi-Tešub écarta Midannamuwa du poste de chef des scribes et lui substitua des gens favorables à sa cause : cfr KBo IV 12 Ro 20-30.

[129] Cfr par exemple KUB XV 30 III 4'-5'; on lira aussi avec intérêt E. Laroche, *La bibliothèque de Hattusa*, *Arch. Or.* XVII (1949), p. 11-12.

réplique de l'Ištar de Ninive, mais offrait l'avantage d'appartenir au monde proprement hittite à la différence de celle de Lawazantiya. D'autre part, Samuha représentait aux yeux de tous la ville par laquelle le culte de la Šauška hourrito-kizzuwatnienne s'était introduit dans le Hatti; elle constituait donc le foyer de culte par excellence d'Ištar; c'était à Samuha que les anciens rituels kizzuwatniens se trouvaient entreposés. Au départ de Samuha, le culte d'Ištar/Šauška s'est répandu dans différentes villes hittites, de sorte que plusieurs Ištar locales ne furent en fait que des émanations d'Ištar de Samuha; il en était ainsi pour l'Ištar de Tamininga [130].

Nous ajouterons que la fonction d'administrateur du Haut-Pays que Hattusili occupa durant de nombreuses années, mit ce dernier en étroit contact avec les centres religieux et économiques de cette région; Samuha était une de ces cités aux côtés de Hakmis et Nérik, cette ville sainte que Hattusili s'appliqua à restaurer [131]; Nérik et Samuha représentaient dans la région administrée par Hattusili l'esprit de tradition religieuse et d'ouverture. Nul doute que ceci renforça Hattusili dans ses intentions de magnifier le culte d'Ištar de Samuha et par ailleurs de ressusciter le culte vieillissant du dieu de l'orage de Nérik.

§4. Les institutions et manifestations religieuses relatives à Ištar de Samuha

A. *Les temples et le clergé d'Ištar de Samuha*

L'existence de temples consacrés à Ištar de Samuha n'est explicitement mentionnée que pour deux villes : Samuha et Urikina, les temples de cette dernière cité ayant été édifiés par Hattusili III vraisemblablement avant son accession au trône [132]; l'existence du temple de Samuha est naturellement plus ancienne et une fois de plus, si l'on admet l'équation DINGIR.GE_6 de Samuha = Ištar/Šauška de la steppe de ladite ville, nous pouvons établir qu'un temple tout neuf et de dimensions importantes fut édifié avant Suppiluliuma I, probablement sous Tudhaliya III [133]; ce temple renfermait une bibliothèque kizzuwatnienne comportant le texte des fêtes de la déesse, des rituels,

[130] Cette déesse est vénérée à Samuha d'après KUB XII 5.
[131] Cfr V. Haas, *K.v.N.*, p. 20-40 et P. Cornil & R. Lebrun, *Hethitica* I (1972), p. 15-30.
[132] KUB XXI 17 II 7-8 et XVI 17 II 4'-6'.
[133] Cfr KUB XXXII 133 I 1-11; KUB XXIX 4 = Rituel d'installation de la déesse noire à Samuha.

des oracles [134]. Toutefois, il serait assez surprenant que Hattusili III n'ait pas veillé à ce que sa déesse tutélaire possédât un temple dans la capitale de l'Empire, fût-ce au prix d'un quelconque syncrétisme [135]; ainsi, si l'on reconnaît que le grand temple était dédié au dieu de l'orage, il n'est pas exclu d'envisager qu'un des quatre temples groupés au sud de la ville fut celui d'Ištar de Samuha ou tout au moins de l'Ištar de Ninive = Šauška, ce temple comprenant alors les hypostases locales de cette déesse. Nous soulignerons à nouveau le fait que Hattusili III dispensa «le» ou «les» temple(s) d'Ištar de Samuha des services et corvées dus à l'État tels la fourniture de bétail, orge, paille ou matériel de guerre.

Le clergé de la déesse, pour l'essentiel, ne différait pas de celui attaché aux autres divinités; l'on y retrouve donc :

— le roi et la reine présidant séparément ou ensemble les grandes fêtes et rituels en l'honneur de la déesse [136];
— le ^{LÚ}ḪAL : «devin ou magicien»; il aide notamment le roi dans la célébration des cérémonies, prend les oracles hépatoscopiques de la déesse, effectue les préparations des offrandes et procède à certaines libations [137];
— le trio habituel à diverses fêtes de fond anatolien constitué par le ^{LÚ}ALAM KA x UD ou «bouffon, jongleur», le *palwatalla* et le prêtre *kita* [138];
— les chanteurs qui exécutent leurs chants en hourrite ainsi que les musiciens jouant de l'«instrument d'Ištar»;
— la «vieille» et l'augure intervenant régulièrement dans la consultation des oracles de la déesse [139];
— les fonctionnaires ou serviteurs attachés au service du palais mais aussi du temple : chef de la garde, échanson, cuisinier, gens de la table [140];

134 D'après KUB XXXII 133 I 4-11, Mursili II fit procéder à la copie de plusieurs de ces textes pour éviter toute modification de la part des scribes; KUB XXIX 4, 7 sont les copies d'originaux déposés à Samuha; de même les nombreux fragments oraculaires relatifs à Ištar de Samuha trouvent leurs modèles dans la bibliothèque de Samuha.

135 Ceci est d'autant plus vraisemblable que Hattusili avait fait ériger des statues de la déesse dans une grande partie des villes de l'Empire.

136 KUB XXVII 1 +, KUB XXXII 130, KBo XI 28 +.

137 KUB XXVII 1 +, fragments oraculaires tels KUB XVIII 8 Vo 10', KBo VIII 57.

138 KBo XI 28 +, *passim*; ces personnages sont sans doute représentés sur le vase d'Inandig et sur les reliefs «des jongleurs» à Alaca Höyük.

139 KBo VIII 57 IV 11'.

140 Le GAL *MEŠEDI* intervient dans le déroulement des oracles en KUB XVIII Vo 9', 11'. Voir aussi, pour l'ensemble des fonctionnaires, KBo XI 28+, *passim*.

— enfin, en admettant toujours que la déesse noire de Samuha n'est autre que l'Ištar/Šauška de cette cité, il faut relever le prêtresse «son nez fendu, fin ou rusé» et les prêtresses acolytes *šilalluḫi* dont la fonction est essentielle dans les rituels de purification [141].

B. *Les fêtes* = EZEN : cérémonie à caractère officiel et inscrite au calendrier

— Grande fête en l'honneur de l'Ištar guerrière de Samuha : une partie nous est conservée par KUB XXVII 1 + ; cette fête a été créée par Hattusili III afin de remercier la déesse de l'aide qu'elle a apportée et continue d'apporter au roi dans ses campagnes militaires; l'*Ištar walliwalli* de Mursili II est associée à la fête, ce qui ne surprend pas puisque ce sont les cérémonies propres à cette déesse qui furent adaptées au culte d'Ištar de Samuha. La fête se célébrait sans doute en automne si Hattusili était parti en campagne; dans le cas contraire, on se contentait de la fête prévue au calendrier de l'année en cours. En tous cas, la grande fête en l'honneur d'Ištar de Samuha revêtait un caractère très solennel, mais l'on ne peut encore préciser si elle se célébrait à Hattusa ou à Samuha même; comme nous le soulignons dans le commentaire de KUB XXVII 1, le déroulement des cérémonies reflète les idées politiques de Hattusili soucieux de ménager les diverses populations composant son Empire.

— Fête d'automne : cfr KBo XI 28 + KUB XX 26 [142].

L'automne constituait une période de festivités en l'honneur de plusieurs dieux dont Ištar de Samuha; la grande fête était incontestablement la fête *nuntarriyašḫaš* ou fête de la «hâte» qui consistait en un voyage cultuel des souverains durant plusieurs jours avec étapes dans la capitale et plusieurs villes du Hatti proprement dit [143]. Il est possible que nous possédons dans les deux tablettes mentionnées le détail des rites accomplis en l'honneur d'Ištar de Samuha. Le roi préside les cérémonies, mais même si nous ignorons le lieu où elles se déroulent, l'on peut supposer qu'il s'agit de Hattusa [144].

[141] KUB XXIX 7 Ro 1,

[142] Cfr p. 151-166.

[143] La fête *nuntarriyašḫaš* était souvent célébrée lorsque le roi revenait d'une campagne ou d'une tournée d'inspection, celle-ci s'effectuant à la bonne saison. Pour plus de détails, voir E. Laroche, *CTH*, nº 626 et H. G. Güterbock, *JNES* 20 (1961), p. 90; *NHF* (1964), p. 68 sq.; «*Some Aspects of hittite festivals*», *Actes XVIIe RAI*, Bruxelles (30 juin-4 juillet 1969), p. 177-178.

[144] Supposition basée sur l'existence de plusieurs cérémonies à Hattusa et la présence dans cette ville d'un temple d'Ištar de Samuha.

— La tablette KUB XXXII 130 fait aussi état d'un voyage rituel du roi; elle signale trois EZEN se déroulant respectivement à Samuha, lors du départ de l'idole d'Ištar/Šauška avec l'envoyé du roi, ensuite au lieu de rendez-vous de l'idole avec le roi qui s'est porté au-devant de la déesse, enfin lors du retour de la déesse à Samuha [145].

— Hattusili III recommanda que chacun de ses descendants célèbre en l'honneur d'Ištar de Samuha le *šeanan marnan* [146]; l'on ne peut établir s'il s'agit véritablement d'un EZEN, l'expression hapax ne comportant pas la précision EZEN, et son sens nous échappant encore; E. Laroche croit dans l'origine louvite de cette expression [147].

— Le fragment fort abîmé 220/e comporte sur une de ses lignes les termes *aššulaš* EZEN se rapportant à Ištar de Samuha; il est difficile de saisir la nature exacte de cette fête qui pourrait répondre au sens de : «fête de la salutation» [148].

C. *Les* SISKUR

Ce sumérogramme a deux valeurs chez les Hittites :

— d'une part, SISKUR ou plus souvent le pluriel SISKUR. SISKUR$^{(\text{ḪI.A})}$ désigne les offrandes présentées à la divinité en vue de la satisfaire, de l'apaiser, de la remercier ou d'attirer son attention; SISKUR correspond dès lors au hittite *mukeššar* ou *malteššar* [149]; cette valeur est conforme à celle que les Sumériens et les Babyloniens donnaient à SISKUR [150],

— d'autre part, SISKUR correspondant au hittite *aniur* : «action», constitue une cérémonie exécutée dans une circonstance particulière afin d'obtenir magiquement l'élimination d'une situation anormale [151].

En ce qui concerne Ištar de Samuha, les SISKUR dont nous effectuons le relevé, appartiennent aux deux valeurs énumérées.

1) SISKUR *pupuwalannaš* : le SISKUR du *pupuwalatar* [152]. Si le

[145] KUB XXXII 130 8, 19, 23-24.

[146] *Hatt.* IV 79-80.

[147] Cfr E. Laroche, *DLL*, p. 68 et 87.

[148] 220/e 11'.

[149] J. Friedrich, *HWb* Erg. 3, p. 42.

[150] J. Bottéro, *Religion*, p. 119.

[151] E. Laroche, *CTH*, p. 69.

[152] VBoT 25 I 3-4, KUB VI 15 II 13 bien que, dans ce dernier texte, il soit difficile de déterminer si le SISKUR du *pupuwalatar* concerne directement Ištar de Samuha ou Ištar de Lawazantiya; *pupuwalatar* ne déterminant pas SISKUR se trouve en KUB XXI 27 II 32; XXIV 7 I 41'.

sens de *pupuwalatar* demeure inconnu, l'on peut toutefois établir qu'il s'agit d'un abstrait formé sur le verbe *pupuwalai-* [153]; H. Kronasser reconnaît dans le terme un délit sexuel condamné par le droit hittite, mais Goetze récemment encore, refusait toute traduction [154]. Il est naturellement possible de choisir comme point de départ de l'analyse le terme ^{LÚ}*pupu-* : «amant», lequel serait emprunté à l'akkadien *BUBU* [155]; à côté de ce substantif, il nous faut ranger le mot ^{LÚ}*pupuwatar*, nom d'agent désignant l'auteur d'un sacrilège qui représenterait la forme hittitisée du terme akkadien emprunté. Sur *pupu-*, un thème verbal serait obtenu par adjonction d'un suffixe *-ala(i)-*, ce qui aboutit à la forme *pupuwala(i)-*; à partir de ce verbe est formé le substantif abstrait *pupuwalatar* qui pourrait désigner, comme le pense Kronasser, un délit sexuel; la cérémonie du *pupuwalatar* concernerait peut-être la purification d'un délit sexuel. Ištar de Samuha y jouerait son rôle de déesse érotique.

2) SISKUR ^{GIŠ}TUKUL-*an-za* : offrande ou rituel de la masse [156].

Ištar de Samuha paraît avoir été particulièrement vénérée par ce présent; celui-ci correspondait parfaitement à la nature de la Šauška de Samuha qui s'est surtout distinguée comme déesse guerrière dont un des attributs principaux est précisément le ^{GIŠ}TUKUL [157].

3) SISKUR *dupšaḫi-* : offrandc *dupšaḫi-*.

Ce rite semble essentiellement lié à la déesse noire de Samuha en qui il faut probablement reconnaître Ištar/Šauška [158]; d'après KUB VI 15 II 15, ce genre de cérémonie concerne aussi bien l'Ištar de Samuha que celle de Lawazantiya [159]; d'autre part, l'on connaît un Tešub et une Hébat du *dupšaḫi-* [160]. Le terme, vraisemblablement d'origine hourrite, se rencontre dans les rituels kizzuwatniens où il désigne une cérémonie d'offrandes pouvant notamment se dérouler en dehors du temple, dans le ^{É}*apuzzi* : «entrepôt», et consistant principalement en offrandes alimentaires et sanglantes, telles un agneau ou une petite

[153] *pupuwalaizzi* en KUB XXIV 7 I 41' : 3e p. s. Ind. prés. V.A. < *pupuwalai-*. Pour la valeur abstraite de *pupuwalatar*, cfr A. Kammenhuber, *MIO* II, p. 421.

[154] A. Goetze, *JCS* 23 (1970), p. 78.

[155] H. Kronasser, *Etym.*, p. 297 et J. Friedrich, *HWb*, p. 173.

[156] VBoT 25 I 5, 12.

[157] Cfr l'iconographie d'Ištar/Šauška étudiée par J. Danmanville dans *RHA* 70 (1962), p. 37-47.

[158] Les mentions du SISKUR *dupšaḫi* sont nombreuses en KUB XXIX 4 et 7 +.

[159] Cfr texte n° 24.

[160] KUB XXX 31 + XXXII 114 IV 42.

chèvre [161]. Souvent, la cérémonie du *dupšaḫi-* figure parmi d'autres cérémonies comme celles du *šara ḫuittiyawar*, du *zurki*, du *šarlatt-* ou à l'*ambašši-* [162]. Les textes dont nous disposons actuellement ne permettent pas d'en savoir davantage sur le sens de la cérémonie.

4) SISKUR à l'*ambašši* et au *keldi*.

Bien que l'on puisse envisager séparément une cérémonie à l'*ambašši* et au *keldi*, les deux termes sont souvent associés; ces cérémonies sont mentionnées dans les rituels d'Ištar de Samuha mais aussi d'autres divinités hourrito-kizzuwatniennes et une fois de plus, c'est dans la sphère religieuse du Kizzuwatna qu'il faut trouver l'élaboration de ces rites.

Le terme *ambašši* désigne, croyons-nous, essentiellement un lieu d'offrandes; ce lieu doit se situer normalement à l'intérieur du temple et il semble que ce soit l'endroit où l'on procède à la mise à mort et à la cuisson des animaux offerts en sacrifice à la divinité : bovidés, moutons, chiens, boucs, oiseaux; l'*ambašši* se situe normalement à l'intérieur du *ḫilammar*, c'est-à-dire dans une pièce du propylée lequel se dressait devant le naos du temple et n'était guère éloigné de la grande porte [163].

[161] Énumération d'animaux, d'aliments et d'objets nécessaires pour célébrer la cérémonie *dupšaḫi-* en KUB XXIX 4 Ro II 2-8, XXXII 133 I 11-16. Pour la célébration à l'extérieur du temple, cfr KUB XXIX 4 II 22-23, XXIX 7+Ro 60-63.

[162] Cfr *passim* en KUB XXIX 4 et XXIX 7 +.

[163] *ambašši-* : parfois *am-ši* par abrègement graphique.
Bibliographie : J. Friedrich, *HWb*, p. 20 et 319 : = «enclos»; W. von Soden, *AHw*, p. 42; *CAD* «A», p. 44; H. Kronasser, *Etym.*, p. 40 et 191; H. Hoffner, *RHA* 80 (1967), p. 65; M. Kummel, *StBoT* 3, p. 40; A. M. Dinçol, *RHA* 84-85 (1969), p. 34, rem. 12; H. Wittmann, *Die Sprache* XIX Band 1 Heft (1973), p. 40.
Nous réunissons ici quelques passages susceptibles d'éclairer la valeur du terme :
— KUB V 10
21 .... UR.KU-*wa-kán*
22 ^{É}*ḫi-lam-ni* UGU *pa-it nu-wa-ra-aš am-ba-aš-ši-ya-aš kat-ta-an a-ar-aš*
23 *na-an-kán* ŠÀ ^{É}*ḫi-lam-ni-pát ku-e-en-ni-ir*
21 «............... un chien
22 est monté au *ḫilammar*; il est alors descendu dans l'*ambašši*
23 et on l'a tué dans le *ḫilammar* même».
— KUB X 63 I
32 [*na-at am-ba-aš*]-*ši ḫu-u-ub-ru-uš-ḫi-ya wa-ar-nu-an-zi*
32 «[alors,] on rôtit [cela à l'*ambaš*]*ši* dans une terrine».
— KUB XV 31 III
58 .... *nu A-NA* 9 ÍD^{MEŠ}
59 2 MUŠEN 9 NINDA.SIG^{MEŠ}-*ya am-ba-aš-ši wa-ra-a-ni*
60 *ke-el-di-ya-ya* 3 MUŠEN 9 NINDA.SIG^{MEŠ}-*ya ši-pa-an-ti*
58-59 «........... alors, il rôtit pour les neuf rivières deux oiseaux et neuf galettes dans l'*ambašši*
60 et il offre trois oiseaux et neuf galettes au *keldi*».

L'*ambašši* ne paraît pas avoir été construit en dur, mais au contraire il fait l'objet d'un aménagement à chaque cérémonie. L'association régulière des lieux *ambašši* et *keldi* laisse supposer pour le mot *ambašši* un sens proche de celui de *keldi* = «santé, prospérité»[164], et que d'autre part les lieux sacrificiels *ambašši* et *keldi* devaient voisiner. Ainsi, l'on se trouve en présence d'un de ces cas où le terme spécifiant l'intention du sacrifice a donné son nom au lieu où ce sacrifice est normalement effectué.

Parmi les divinités hourrito-kizzuwatniennes autres qu'Ištar de Samuha auxquelles des SISKUR *ambašši* et *keldi* sont adressés, relevons Ištar de Ninive, Išḫara, Allani, Tešub de Manuziya, Pirinkir, Tešub, Šarma, Lelluri, la déesse noire de Samuha que nous sommes porté à identifier avec l'Ištar de Samuha[165].

5) Des SISKUR.SISKUR = «cérémonies, offrandes» sans autre spécification sont mentionnées en KUB XXI 17 et KUB XXXII 130; d'après ce texte, des cérémonies sont quotidiennement célébrées en l'honneur d'Ištar de Samuha lors du voyage aller-retour effectué par la

— KUB XV 32 II

19 *nam-ma A-NA* 9 *a-a-pí-ti* 9 MUŠEN$^{ḪI.A}$ 1 SILÀ-*ya am-pa-aš-ši*

20 *ši-pa-an-ti*

19-20 «en outre, dans neuf fosses à offrandes, il sacrifie à l'*ambassi* neuf oiseaux et un agneau».

— KUB XXV 22

1 [ ] GEŠTIN *kar-pa-an-zi na-aš-kán še-er ḫi-lam-ni an-da*

2 [ ]x *am-ba-aš-ši-iš i-ya-an-za*

1 [«] on enlève du vin; alors, en haut, à l'intérieur du *ḫilammar*

2 [ ] un *ambašši* qui a été construit (nom.)».

— KUB XXVII 16 III

16 .... *na-aš-ta ma-aḫ-ḫa-an I-NA* É.[DINGIR^{LIM}]

17 *am-pa-aš-ši-iš kar-ap-ta-ri*

16 «.......... alors, lorsque dans le te[mple]

17 l'*ambašši* est enlevé».

— KUB XXX 38 + II

11 1 SILÀ-*ma I-NA* É.DINGIR^{LÍM}-*kán an-da ke-el-di-ya*

12 *am-ba-aš-ši wa-ar-nu-an- zi*

11-12 «et on fait rôtir un agneau à l'intérieur du temple dans le *keldi* (et) dans l'*ambašši*».

Il est possible de voir dans *ambašši* un terme emprunté par les Hourrites à l'akkadien *AMBAŠŠU*, d'autant plus que le *keldi* auquel il est souvent associé trouve son correspondant et son modèle dans l'akkadien *ŠULMU*. Nous exprimons par contre des réserves à l'égard de la théorie de Wittmann lequel propose de rapprocher *ambašši* du sanskrit *ambhaś*: «eau»; aucun rapport direct n'existe d'après les textes connus entre l'eau et le lieu dénommé *ambašši*.

164 *keldi*: cfr E. Laroche, *OLZ* 1957, p. 135; id., *Ugaritica* V, p. 507, 513, 515, 526; id., *RA* 64 (1970), p. 132, 137; I. M. Diakonoff, *H.u.Ur.*, p. 73.

165 Cfr KUB XXIX 7 et Chapitre II: «Le panthéon de Samuha», §2 rubrique DINGIR.GE$_6$, p. 28-31.

statue de la déesse depuis Samuha jusqu'à un endroit relativement proche de Hattusa où le roi se porte au-devant de l'idole [166].

6) Si l'on admet l'identification de la déesse noire de Samuha avec Ištar/Šauška, il faut mentionner les grands rituels kizzuwatniens relatifs à cette déesse; nous avons d'abord les diverses versions du rituel de transfert de la déesse noire depuis le Kizzuwatna jusqu'à Samuha [167]; ce rituel d'installation est destiné à attirer la divinité dans son nouveau temple et à assurer toute une ambiance susceptible de la combler. D'autre part, il faut retenir le grand rituel de purification KUB XXIX 7 +, où, grâce à diverses aspersions et à des opérations de magie sympathique, l'on purifie la déesse noire et le roi ou la reine des négligences diverses que les souverains ont commises envers la divinité [168].

D. *Les manifestations oraculaires d'Ištar de Samuha*: elles ont lieu notamment au cours de certains rituels.

Comme toutes les divinités importantes du panthéon hittite, Ištar de Samuha fut particulièrement sollicitée par voie oraculaire durant le règne de Hattusili III; les oracles se répartissent selon les divers procédés, à savoir les oracles KUŠ ou examen des entrailles, les oracles MUŠEN ou examen du vol des oiseaux, et les oracles KIN ou consultation par le sort; en général, les Hittites paraissent avoir eu recours simultanément aux trois modes d'oracles afin d'augmenter leur certitude à propos des actes à accomplir; nous ajouterons aussi les manifestations oniriques par lesquelles Ištar de Samuha fut censée faire connaître directement sa volonté au roi ou à la reine; chacune des consultations se déroule avec l'assistance d'un clergé très spécialisé, bien entraîné aux subtilités de la mantique. Les oracles d'Ištar de Samuha furent très nombreux à en juger d'après les fragments qui nous sont parvenus [169]; les consultants sont habituellement le roi ou la reine, entendons normalement Hattusili III et son épouse Puduhépa. Ils consultent la divinité pour savoir si la déesse est bien disposée à leur égard ou par quel présent apaiser sa colère; malheureusement, tous les textes dont nous disposons actuellement sont fort abîmés et nous ne pouvons obtenir de plus amples précisions sur les circonstances de la consul-

166 KUB XXI 17 III 18' sqq.; KUB XXXII 130 13-14, 21-22.
167 KUB XXIX 4+.
168 Cfr texte n° 2.
169 Cfr la 2e partie : «Les petits textes», rubrique «Divination» = n° 25 à 35.

tation ou les raisons profondes de la colère d'Ištar de Samuha[170]. Il arrive que l'on ait recours à l'oracle de la déesse au cours de la célébration d'une fête; elle semble alors surtout interrogée sur l'aide qu'elle est disposée à apporter au roi au cours des campagnes militaires de ce dernier[171].

A la pratique de la divination se rattache les manifestations oniromantiques par lesquelles Ištar de Samuha, tout comme Tešub, Hébat et le dieu de l'orage de Nérik, fait connaître directement au roi ce qu'elle attend de lui ou de son épouse soit en lui apparaissant en songe, soit en se manifestant à un intermédiaire qu'elle charge d'avertir ensuite le roi; relevons au préalable que la majorité des textes oniromatiques remonte au règne de Hattusili III et fait intervenir principalement des dieux hourrites et kizzuwatniens.

Les textes que l'on peut qualifier de biographiques relatifs à Hattusili III nous font connaître plusieurs manifestations oniriques d'Ištar de Samuha :

— apparaissant dans un songe pour Mursili II, la déesse fait savoir que le roi doit lui consacrer son fils Hattusili, moyennant quoi la santé de ce dernier sera protégée[172];
— dans un rêve, Ištar de Samuha assure Hattusili de son appui dans la lutte menée contre Arma-Datta[173];
— lors de la lutte contre Urḫi-Tešub, se manifestant en songe à Puduhépa laquelle connut par ailleurs beaucoup de révélations oniriques, la déesse s'engage à protéger Hattusili dans toutes les difficultés futures[174];
— le mariage de Hattusili avec Puduhépa semble aussi avoir été ordonné par Ištar de Samuha dans un songe à celui qui était toujours roi du Haut-Pays[175];
— l'on trouve aussi un bon exemple de rêve à prétention politique lorsque Ištar de Samuha apparaît en songe aux féodaux ayant fait allégeance à Urḫi-Tešub pour leur annoncer son intention de confier les pays du Hatti à Hattusili; le coup d'état est ainsi

[170] KUB XXXII 130 1-3; Bo. 388/i II 7'-14', III 1-4. Il est question de pénitence et d'amende, ce qui suppose réparation d'une faute, en KUB XVIII 8 4'-5'; KUB XXII 59 Ro 6'.

[171] KUB XXVII 1 I 11, 27.

[172] *Hatt.* I 13-14.

[173] *Hatt.* I 36-40.

[174] *Hatt.* IV 8-10.

[175] *Hatt.* III 1-2; KBo VI 29 I 18-21.

justifié en tant qu'exécution fidèle des volontés de la Šauška de Samuha[176];
— la conduite adoptée par Hattusili dans le conflit avec Arma-Datta, à savoir la confiscation de la moitié des biens de ce dignitaire et leur offrande à Ištar de Samuha, est dictée dans un songe par la déesse elle-même[177].

Plusieurs textes, assez fragmentaires par ailleurs, nous montrent la déesse tutélaire de Hattusili faire connaître sa volonté dans des rêves de Puduhépa et du roi; il s'agit souvent de cadeaux à offrir à la divinité ou des récriminations de celle-ci parce que les offrandes sont exécutées avec retard, qu'il s'agisse de petits animaux votifs en argent ou d'un char équipé d'un carquois rempli de flèches[178].

Il convient donc de distinguer les rêves «cultuels» dans lesquels Ištar de Samuha révèle la nature des offrandes qui lui sont agréables et les rêves autobiographiques grâce auxquels bon nombre d'actes essentiels de la vie de Hattusili III se trouvent justifiés et légalisés par l'obéissance à la divinité; le caractère apologétique de ces derniers est évident et leur honnêteté dès lors suspecte. Cependant dans les deux cas, nous sommes en présence du premier témoignage de «rêve-message» émanant d'une civilisation appartenant dans ce domaine à la sphère religieuse mésopotamienne[179]; de plus, de toute la littérature proche-orientale, nous possédons ici le seul exemple connu de «rêves-messages» détaillés adressés à une femme; c'est que

Hatt. III
1 *nu-za* DUMU.SAL ^{m}*Be-en-ti-ib-šar-ri* ^{LÚ}SANGA ^{f}*Pu-du-ḫé-pa-an*
2 *IŠ-TU* INIM DINGIR^{LIM} DAM-*an-ni da-aḫ-ḫu-un*
«Sur l'ordre de la déesse, je pris pour épouse Puduhépa, la fille de Bentibšarri, le prêtre».

KBo VI 29 I
18 .... *nu-za a-pu-u-un-na*
19 *AŠ-ŠUM* DAM$^{UT\text{-}TIM}$ *mar-ri Ú-UL da-aḫ-ḫu-un*
20 *IŠ-TU* KA DINGIR^{LIM}-*za-an da-aḫ-ḫu-un* DINGIR^{LIM}-*an-mu* Ù-*it*
21 *ḫi-en-ek-ta*
18 «.......... et celle-là(= Puduhépa)
19 je ne l'ai pas prise comme épouse de ma propre initiative,
20-21 je l'ai prise sur ordre de la déesse; la déesse me l'avait présentée dans un rêve».

La confrontation des deux passages parallèles fait apparaître que l'ordre d'Ištar de Samuha peut se faire connaître dans un rêve de sorte que lorsque l'on trouve dans un texte qu'une action s'effectue sur l'ordre d'une divinité, sans autre précision, il est toujours possible de supposer que la connaissance de l'ordre divin a été réalisée par voie onirique.

[176] *Hatt.* IV 20-21.

[177] KUB XXI 17 II 9-10.

[178] KUB XV 5 I 18-19, III 15-29; Bo 2828 I 15'-16'.

[179] L. Oppenheim, *Rêve*, p. 73.

normalement, aŭ Proche-Orient, les révélations oniriques étaient l'affaire des hommes [180]; l'on mesurera sur ce point l'originalité de la littérature hittite par rapport à la tradition mésopotamienne et nous estimons qu'il faut y voir la conséquence du statut élevé qu'occupait la femme dans la société hittite et, en particulier, une reine telle que Puduhépa, étroitement associée aux affaires de l'état.

Nous avons dit que la divinité s'adresse directement au roi ou à la forme d'apparition prise par Ištar de Samuha dans ses interventions oniriques. Arrêtons-nous, par exemple, au début du grand texte de l'«Apologie» de Hattusili III où il est dit qu'Ištar de Samuha envoya Muwatalli à Mursili II dans ou grâce à un rêve pour faire savoir que le jeune Hattusili devait lui être consacré [181]; Ištar n'apparaît donc pas au vieux roi sous sa forme divine, mais il faut supposer que, soit Ištar apparut à Muwatalli sous une forme inconnue et lui a fait part de ses intentions au sujet de son jeune frère, soit elle apparut à Mursili II sous les traits de Muwatalli; cette seconde interprétation recueille la préférence de L. Oppenheim lequel se demande pourquoi la déesse ne se serait pas adressée directement au roi [182]; l'ambiguïté d'interprétation naît bien entendu de la valeur à donner à l'instrumental Ù-*it* et au fait que les intermédiaires sont assez nombreux dans les songes; nous préférons ne pas opter pour l'instant, mais nous remarquerons que, dans le cas de la seconde hypothèse, la manifestation onirique se rattacherait à une tradition étrangère au Proche-Orient mésopotamien, c'est-à-dire qu'elle appartiendrait à une conception du rêve retrouvée dans la littérature grecque épique la plus ancienne; ainsi, chez Homère, Zeus irrité contre les Grecs, envoie à Agamemnon un rêve dont le «démon» revêt l'apparence physique du roi-sage Nestor de Pylos [183]; il faut noter que la seconde interprétation suppose qu'Ištar change de sexe, mais ceci ne pose pas de gros problèmes vu la bisexualité de la déesse guerrière et que des cas de changement de sexe sont aussi constatés dans l'œuvre d'Homère [184]. Lorsque la divinité s'adresse directement au roi, à la reine, ou à un inter-

[180] L. Oppenheim, *Rêve*, p. 55.

[181] *Hatt.* I

13 *nu* ^{d}*IŠTAR* GAŠAN-*YA A-NA* ^{m}*Mur-ši-li A-BI-YA* Ù-*it* ^{m}NIR.GÁL-*in* ŠEŠ-*YA*

14 *u-i-ya-at*

«Alors, Ištar, ma maîtresse, envoya en songe Muwatalli, mon frère, à mon père Mursili».

[182] L. Oppenheim, *Rêve*, p. 76.

[183] Homère, *Iliade*, II 1-35; ce «démon» est chargé de répéter scrupuleusement les paroles de Zeus.

[184] Par exemple, chez Homère, Nausicaa prend une apparence masculine; souvenons-nous d'autre part que Šauška est rangée parmi les dieux et les déesses à Yazılıkaya.

médiaire, rien ne nous autorise à croire qu'elle se manifeste toujours par une vision authentique dans laquelle elle revêtirait par exemple une forme anthropomorphique conforme à son iconographie; tout au plus, l'on peut affirmer qu'une voix est censée se faire entendre dans le songe.

L'on peut penser que la soudaine importance prise par les rêves sous Hattusili III, que ceux-ci émanent d'Ištar de Samuha ou de Tešub, Hébat, du dieu de l'orage de Nérik, Allani, Yarri ou en tous cas souvent de divinités hourrito-kizzuwatniennes, trouve son origine dans l'action de certains scribes au sein de la cour impériale; le rôle politique joué par certains chefs des scribes est indéniable et la mention de rêves-messages à portée politique ne doit pas être étrangère à la pensée de ceux-ci [185].

Les intermédiaires occupent une place non négligeable dans les rêves à portée purement religieuse; leur rôle ne doit pas être mésestimé; il peut s'agir, en effet, de personnes qui, en plein accord avec le palais, ont intérêt à promouvoir les cultes d'Ištar de Samuha et d'autres dieux kizzuwatniens et à voir ceux-ci gratifiés de présents réguliers et précieux; ils peuvent aussi avoir pour mission de rappeler sous une forme élégante des promesses royales malencontreusement négligées [186]. Ces intermédiaires sont surtout des prêtres et des prêtresses portant des noms hourrites qui prennent l'initiative ou auxquels on prête l'initiative de soumettre aux souverains les revendications divines. Les plus souvent mentionnés dans les textes contemporains de Hattusili III/Puduhépa sont Ḫešmiya, Arumura et Ḫépapiya; ces gens font partie des conseils du roi; la personnalité de Ḫešmiya reste obscure, tandis que Arumura et Ḫépapiya sont des prêtresses dont les interventions sont bien connues [187].

[185] Cfr le paragraphe consacré à l'influence exercée par les scribes dans le développement du culte d'Ištar de Samuha p. 38-39; les chefs des scribes sont d'authentiques «premiers ministres» parmi lesquels distinguons Midannamuwa et UR.MAḪ-ziti; l'utilisation de rêves-message constituait un excellent moyen d'accroître le prestige d'Ištar de Samuha et d'assurer la réalisation d'objectifs politiques liés à la personnalité de la déesse.

[186] Les souverains hittites devaient faire face à de multiples obligations et activités religieuses; ils devaient donc se faire aider par des dignitaires capables de dresser et de faire respecter un calendrier des activités royales afin que l'omission de l'une d'entre elles n'entraîne pas l'irritation du dieu; cfr KUB XV 5 I 18-19; XV 5 III 15-29.

[187] *Hešmiya*: cfr E. Laroche *NH*, p. 68 n° 370; uniquement connu par KUB XV 5 III 15; à partir de ce nom propre, nous avons deux théophores hourrites: [m]*Ḫišmi-Šarruma* et [m]*Ḫišmi-Tešub*.
[f]*Arumura*: cfr E. Laroche, *op. cit.*, p. 43 n° 155; y ajouter Bo 2828 I 13'.
[f]*Ḫépa-piya* écrit aussi [f]*Ḫépa*-SUM : cfr E. Laroche, *op. cit.*, p. 68 n° 365.

E. *Les matières d'offrandes rituelles.*

Par cet intitulé, nous entendons désigner les aliments ou objets habituellement offerts au cours des EZEN ou SISKUR adressés à Ištar de Samuha.

1) Les animaux.

Comme pour les autres divinités, les bovidés, moutons et boucs constituent les animaux régulièrement sacrifiés en l'honneur d'Ištar de Samuha; de ces animaux, ce sont les moutons qui semblent le plus prisés et l'on peut voir jusqu'à seize moutons ainsi offerts à la déesse [188]. Après l'égorgement de la bête, le sang de celle-ci était recueilli et offert en libation à Ištar de Samuha; après quoi, la viande préalablement purifiée, était soit rôtie ou laissée crue, et seuls quelques morceaux étaient sélectionnés à l'intention de la déesse, notamment le cœur, le foie, la poitrine, l'épaule, la tête ou les pattes [189]; les autres morceaux étaient consommés par les participants au sacrifice au cours d'un repas cultuel [190].

2) Les pâtisseries.

Nous rassemblons ici tous les NINDA ou préparations au four qui furent présentées à la Sauška de Samuha :

— NINDA.SIG : «galette», fréquemment utilisée dans les célébrations de fêtes et de rituels; les NINDA.SIG peuvent être comparés à nos actuels «toasts ou sandwichs» puisque l'on y dépose des morceaux de viande agrémentés de sauce; dans la tablette de la grande fête en l'honneur d'Ištar de Samuha, cette dernière se voit gratifiée de 9 NINDA.SIG, ses suivantes Ninatta et Kulitta de 2 galettes, pour une aux autres dieux [191].

— NINDA.KUR$_4$.RA = hitt. ^{NINDA}*ḫarši-* : «gros pain, pain de sacrifice», aussi utilisé dans les rituels que la «galette»; ces gros pains pouvaient revêtir des formes différentes, en particulier être thériomorphes [192].

[188] KUB XX 26 11'; XXI 17 III 19; XXV 32 I 16'-18'; Bo 1623 5'-9'.

[189] KUB XXVII 1 I 15-16.

[190] A. Götze, *Kleinasien*^{2}, p. 164.

[191] KUB XXVII 1 I 37, I 42, I 47 sqq.
Voir aussi l'état de la question chez H.A. Hoffner Jr, *Al. Heth.*, p. 200, 203.

[192] KUB XX 26 VI 12'-13'; IBoT II 20 +10'.
Cfr H.A. Hoffner Jr, *op. cit.*, p. 156 et 200; pour les aspects thériomorphes des gros pains, cfr Bo 2710 Ro 8 : 1 NINDA.KUR$_4$.RA GUD 9 NINDA.KUR$_4$.RA UDU 30 NINDA.KUR$_4$.RA *ŠA* GAL : «1 gros pain en forme de bovidé, 9 gros pains en forme de mouton, 30 gros pains de la grande espèce»; en KBo XIV 142 Ro II 24, il est aussi question d'un gros pain en forme de mouton.

— ^{NINDA}*dannaš* : espèce de pâtisserie encore difficile à préciser ; souvent, on n'en offre qu'une à chaque divinité ; dans les offrandes de ^{NINDA}*dannaš*, Ištar de Samuha voisine avec celle de Lawazantiya ou le dieu de l'orage de Nérik [193].

— NINDA.ERÍN$^{\mathrm{HI.A}}$: «pains de fantassins» ; une quantité de ces pains est offerte en même temps que des galettes à Ištar de Samuha dans les cérémonies de la grande fête célébrée en son honneur [194].

3) Les boissons.

A l'instar des autres dieux du panthéon hittite ou des panthéons du Proche-Orient, Ištar de Samuha fut l'objet de nombreuses libations de vin et de bière effectuées tantôt par le roi, tantôt par le ^{LÚ}ḪAL ; ces diverses libations sont faites à l'aide de cruches en or ou de simples cruches en céramique [195] ; aucune trace de libations à l'aide de *tawal*, *marnuwan* ou *walḫi* ne nous est encore parvenue.

4) Varia.

Bien que la valeur exacte du terme *zammuri-* nous soit toujours inconnue, il se peut qu'un tel objet fût offert à Ištar de Samuha dans son grand temple à la fin des cérémonies de la grande fête célébrée en son honneur [196]. D'autre part, il s'avère presque certain qu'une masse et autres instruments de guerre étaient présentés à Ištar de Samuha lorsqu'elle était vénérée en tant qu'*IŠTAR*.LÍL c'est-à-dire comme grande déesse du champ de bataille [197].

[193] KBo IX 138 6; KUB XLI 49 16'; Bo 5251 4'; *dannaš* représente un substantif neutre à thème en -s; cfr H. A. Hoffner Jr, *Al. Heth.*, p. 185.

[194] KUB XXVII 1 III 70; NINDA.ERÍN$^{\mathrm{HI.A}}$ = hitt. ^{NINDA}*tuzzi-*; cfr H. A. Hoffner Jr, *op. cit.*, p. 194.

[195] Vin : KUB XXI 17 II 13-15, III 2-3; KUB XXVII 1 I 40, 44, IV 47 Bière : 103/r 4'.

[196] KUB XXVII 1 III 69.

[197] KUB XXVII 1 I 46; peut-être en KUB XL 22 10'-11'.

CHAPITRE III

HATTUSILI III ET IŠTAR DE SAMUHA

§1. La protection accordée par Ištar de Samuha à Hattusili III et Puduhépa

Les documents officiels que sont les sceaux royaux et les intitulés de décrets mettent l'accent sur la protection toute spéciale qu'Ištar de Samuha accorda à Hattusili III autant qu'à son épouse Puduhépa; cependant, dans ces mêmes documents, la fonction tutélaire est partagée avec la déesse Soleil d'Arinna et le dieu de l'orage de Nérik [1]. Cette dernière remarque revêt toute son importance lorsque l'on connaît la valeur politique des sceaux et des décrets; les trois divinités tutélaires sont officiellement citées dans un ordre hiérarchique :

1. déesse Soleil d'Arinna,
2. dieu de l'orage de Nérik,
3. Ištar de Samuha.

Cet ordre semble se fonder surtout sur l'ancienneté des dieux:

[1] Les sceaux :
412/c = *SBo* I 45 :
NA4KIŠIB *ta-ba-ar-na* m*Ḫa-at-tu-ši-li* LUGAL KUR URU*Ḫa-ti* UR.SAG *NA-RA-A*[*M* dUTU URUTÚL-*na* dU URU*Ne-ri-ik* d*IŠTA*]*R* URU*Ša-mu-ḫa*: «Sceau du *Tabarna* Hattusili, roi du Hatti, héros, proté[gé de la déesse Soleil d'Arinna, du dieu de l'orage de Nérik (et) d'Išt]ar de Samuha».
194/n = Th. Beran, *Glyptik*, 229a :
Légende cunéiforme :
[d*IŠTAR*] URU*Ša-mu-ḫa* UR.SAG *NA-R*[*A-AM*,
légende hiéroglyphique :
dUTU*ŠI* ḫá x li LUGAL.GAL pu-tu-hé-pa SAL.LUGAL.GAL
Décret : KBo VI 28 ou décret de Hattusili III sur le *ḫekur* de Pirwa :
Ro 1 *UM-MA ta-ba-ar-na* m*Ḫa-a*[*t*]*-tu-ši-li* LUGAL.GAL LUGAL KUR URU*Ha-at-ti* UR.SAG
2 *NA-RA-AM* dUTU URU*A-ri-i*[*n-na*]dU URU*Ne-ri-ik Ù* dIŠTAR URU*Ša-mu-ḫa*
Traduction, cfr 412/c.
D'autres textes mettent en relief la protection de la déesse d'Arinna et du dieu de l'orage de Nérik sur Hattusili III en dehors de celle d'Ištar de Samuha, par exemple :
KUB XXI 8 II 13'-14' : le dieu de l'orage de Nérik apparaît en songe à Hattusili lors de son avènement comme roi de Hakmis,
KUB XXI 11 Vo 5'-6' : le dieu de l'orage de Nérik installe Hattusili et son épouse sur le trône de Hakmis.
KUB XXI 27 I 10-15, II 20-21 : protection de la déesse Soleil d'Arinna,
A ce sujet, il ne faut pas oublier l'ardeur avec laquelle Hattusili restaura Nérik et son culte, cfr *Hatt.* III 45-48, KUB XXI 8; 9; 11; 27 IV 35-45; XXII 25 Ro 32; tout aussi remarquable est le fait que Hattusili ait appelé un de ses fils *Nerikkaili*: «le Nérikien».

d'abord, deux dieux hattis/anatoliens représentant la tradition, ensuite, une déesse kizzuwatnienne d'introduction récente. Dans les listes divines, la déesse Soleil d'Arinna est toujours nommée en tête, quasi protocolairement; Hattusili sacrifie à la tradition d'autant plus facilement qu'à son époque elle est assimilée à la hourrite Hébat [2]; d'autre part, Hattusili est prêtre du dieu de l'orage de Nérik et d'Ištar de Samuha [3]; ces deux divinités jouèrent un grand rôle dans sa vie et se partagèrent la protection de Hattusili dans les grands moments de son existence; Hattusili fit énormément pour le culte de ces deux divinités, d'une part en ressuscitant et restaurant le vieux culte anatolien du dieu de l'orage de Nérik, d'autre part en propageant avec éclat le culte kizzuwatnien d'Ištar de Samuha. Ainsi, la triade tutélaire du roi reflète les préoccupations politico-religieuses du roi :

— la sauvegarde des traditions religieuses anatoliennes et la récupération par le roi de Hattusa des populations du Hatti qui lui avaient échappé sous Muwatalli,
— l'ouverture de plus en plus marquée au monde religieux kizzuwatnien et, par là-même, l'intégration complète de ces populations dans l'Empire hittite, populations grâce auxquelles Hattusili pouvait réaliser sa reconquête [4].

Les dieux protecteurs du roi reflètent cette recherche d'équilibre souhaité par le roi entre les deux grandes composantes de son Empire afin d'assurer la cohésion de celui-ci. L'on pourrait dresser le tableau suivant des dieux tutélaires de Hattusili III, dont se dégage un parfait équilibre :

Tradition anatolienne/Hatti	Monde kizzuwatnien
Déesse Soleil d'Arinna : Hattusili en est le prêtre en tant que LUGAL.GAL ; elle est vénérée	
↙ Comme Wurušemu	↘ Comme Hébat
Dieu de l'orage de Nérik : dieu, Prêtre et propagandiste : Hattusili III	Ištar de Samuha : déesse, Prêtre et propagandiste : Hattusili III

Nous savons par le traité d'Ulmi-Tešub qu'une première version du traité rédigée sous Hattusili III comprenait la liste divine suivante :

[2] KUB XXI 27 I 6.

[3] Hattusili III, prêtre du dieu de l'orage de Nérik à Hakmis : *Hatt.* III 60-61, KBo VI 29 I 25-26, KUB XXI 27 I 11-12.

[4] La reconquête est entreprise par Hattusili avec l'aide des Louvites et des provinces à l'est du Lac salé qui ont échappé aux Gasgas.

1) le dieu de l'orage *piḫaššašši* :	dieu louvite, dieu personnel de Muwatalli, certainement adoré à Tarhundassa,
2) Déesse Soleil d'Arinna + dieu de l'orage du Hatti :	couple divin traditionnel du grand temple de Hattusa,
3) Dieu de l'orage de Nérik :	dieu réhabilité par Hattusili III,
4) Ištar de Samuha et Ištar de Lawazantiya :	déesses kizzuwatniennes, deux hypostases locales de Šauška ; Hattusili était prêtre de la Šauška de Samuha, son épouse Puduhépa et le père de celle-ci servaient la Šauška de Lawazantiya.

Ces six dieux distingués des «mille» autres se présentent donc comme les garants spécifiques du traité et, par le même fait, comme les protecteurs des actes internationaux de Hattusili ; la mention du dieu de l'orage *piḫaššašši* fait naturellement référence au roi de Tarhundassa [5].

Les textes de Hattusili III appelés biographiques, apologétiques ou non, ainsi que les fragments votifs placent toute l'existence de ce grand roi et en partie celle de son épouse sous le signe de la *para ḫandandatar* = providence d'Ištar de Samuha [6] ; le roi franchit les grandes étapes de sa vie, triomphe des épreuves, de ses ennemis et voit sa santé protégée car il marche dans la main de la déesse à laquelle le dieu de l'orage de Nérik prête parfois assistance. La collation des principaux textes permet de résumer les grandes interventions d'Ištar de Samuha de la manière suivante :

1. La guérison de Hattusili enfant s'explique parce que la déesse a remarqué le jeune malade et a signifié que la consécration de ce dernier à son service mettrait un terme à ses souffrances [7].
2. Lorsque Arma-Datta, jaloux d'être dépossédé de son commandement du Haut-Pays, se met à déblatérer Hattusili auprès de

[5] KBo IV 10 Ro
48 *ke-e-da-ni-ma me-mi-ni* ^{d}U ḪI.ḪI-*aš-ši-iš* ^{d}UTU ^{URU}TÚL-*na* ^{d}U ^{URU}*Ḫa-at-ti* ^{d}U ^{URU}*Ne-ri-ik* ^{d}*IŠTAR* ^{URU}*Ša-mu-ḫa* ^{d}*IŠTAR* ^{URU}*La-wa-za-an-ti-ya LI-IM*
49 DINGIR^{MEŠ} *ŠA* KUR ^{URU}*Ḫa-at-ti ku-ut-ru-e-eš a-ša-an-du*
«et que le dieu de l'orage *piḫaššašši*, la déesse Soleil d'Arinna, le dieu de l'orage du Hatti, le dieu de l'orage de Nérik, Ištar de Samuha, Ištar de Lawazantiya (et) les mille dieux du Hatti soient témoins de cette parole-ci».

[6] *Hatt.* I 5.

[7] *Hatt.* I 9-21 ; KBo VI 29 I 7-11 = KUB XXI 15 II 10-12.

Muwatalli au point qu'il tombe en disgrâce, le différend entre les deux frères est réglé par la déesse qui promet de ne jamais abandonner Hattusili à une divinité hostile [8].

3. Dans les différents combats menés par Hattusili avant la campagne d'Égypte contre des contrées révoltées comme les régions de Pišḫuru, d'Išḫupitta, de Daištipašša et dans les débuts de reconquête depuis Pattiyarik (proche de Samuha) des territoires hittites ravagés par les Gasgas, Ištar du champ de bataille de Samuha précède toujours Hattusili au combat et lui prête assistance comme dans les combats homériques [9].
4. Ištar de Samuha fut certes aux côtés de Hattusili lors du conflit avec les Égyptiens, car, lorsqu'il revient de cette guerre et atteint le Kizzuwatna, son premier geste est de fêter la déesse [10].
5. Le mariage de Hattusili avec Puduhépa apparaît comme dicté à la fois par Ištar de Samuha, le dieu de l'orage de Nérik et sa mère Hébat = déesse Soleil d'Arinna; ceci est d'autant plus évocateur si l'on reconnaît la signification politique d'une telle union, à savoir le scellement de l'intégration définitive du Kizzuwatna et des régions voisines à l'Empire [11].
6. L'installation de Hattusili et de Puduhépa comme LUGAL et SAL.LUGAL de Hakmis est également l'œuvre conjuguée d'Ištar de Samuha et du dieu de l'orage de Nérik [12].
7. Dans le conflit de plus en plus aigu qui oppose Hattusili à Arma-Datta et, plus tard, à son fils Sippa-ziti, c'est Ištar de Samuha qui indique au roi du Haut-Pays et de Hakmis l'attitude à adopter [13].
8. Muwatalli décédé, le pouvoir échoit à Urḫi-Tešub, neveu de Hattusili; les conceptions politiques des deux hommes devaient diverger et comporter chacune leurs adeptes; l'un était partisan d'une entente avec les Gasgas, l'autre de la défaite de ce peuple par trop remuant. Urḫi-Tešub multiplia les vexations envers

[8] *Hatt.* I 28-41; KUB XXI 17 I 6-12.

[9] *Hatt.* II 24, 30, 45-47.

[10] *Hatt.* II 79-82. Il semble que sur le chemin du retour, Hattusili ait fait halte à Lawazantiya pour y honorer Ištar de Samuha dont la nature était identique à celle d'Ištar de Lawazantiya.

[11] *Hatt.* III 1-2; KBo VI 29 I 16-21; dans ces deux passages, le mariage est inspiré par Ištar de Samuha; KUB XXI 27 I 10-12.

[12] *Hatt.* III 9-13; KUB XXI 8 II 14'-15'; KUB XXI 11 Vo 5'-6'; la royauté de Hakmis est octroyée par le dieu de l'orage de Nérik. Cette promotion de Hattusili est donc présentée comme si Muwatalli obéissait à un ordre émanant soit d'Ištar de Samuha, soit du ^{d}U de Nérik.

[13] *Hatt.* III 14-30; KBo XXI 17 II 1-4, 9-10, 18 sqq.

Hattusili, le dépossédant de plusieurs territoires du Haut-Pays, mais sur l'ordre d'Ištar de Samuha, il laissa à Hattusili Hakmis et Nérik; plus tard, il va transgresser cette prescription divine, et ce sera la guerre ouverte entre les deux hommes placée sous le jugement d'Ištar de Samuha et du dieu de l'orage de Nérik [14].

9. La victoire finale de Hattusili sur Urḫi-Tešub, teintée de clémence envers le vaincu, et son accession au trône de Hattusa sont présentées comme s'inscrivant dans les plans qu'Ištar de Samuha nourrit envers son protégé; l'unité retrouvée de l'Empire hittite est directement attribuée à la déesse [15].

10. De nombreux textes font état de la protection qu'Ištar de Samuha ainsi que d'autres divinités comme Lelwani, accordèrent à la santé de Hattusili et à celle de son épouse; ce dernier aspect complète la vision d'une déesse tutélaire qui marqua son influence non seulement dans le domaine politique ou public mais aussi dans la vie privée de ceux qu'elle entoura de son affection [16].

Les rois hittites, traditionnellement protégés et serviteurs de la déesse Soleil d'Arinna et du dieu de l'orage du Hatti, vont, à partir de Suppiluliuma I, s'adjoindre un ou deux dieux personnels plus proches de leur personne et plus accessibles à leurs préoccupations fondamentales publiques et privées; le choix de ces dieux n'est donc pas le fruit du hasard; il reflète souvent la réalité d'une situation politico-religieuse et les préoccupations du souverain qui en découlent. Suppiluliuma I eut comme divinité tutélaire le dieu de l'orage de l'armée parfois assisté de l'Ištar guerrière, Mursili II le dieu de l'orage NIR.GÁL ainsi que l'Ištar guerrière, Muwatalli le dieu de l'orage *piḫaššašši*, Hattusili Ištar de Samuha et le dieu de l'orage de Nérik, Tudhaliya IV essentiellement Šarruma mais encore Ištar de la steppe [17]. Cette liste des dieux tutélaires principaux fait apparaître

[14] *Hatt.* III 59-60 : Urḫi-Tešub dépossède Hattusili du Haut-Pays, sauf de Nérik et Hakmis.
*Hatt.*III 64-66 : Urḫi-Tešub enlève Hakmis et Nérik à Hattusili.
Hatt. III 72-73; KBo VI 29 II 1-11.

[15] *Hatt.* IV 7-30; en IV 18 et 23, insistance sur la *para ḫandandatar* de la déesse; relevons que dans ce passage Ištar de Samuha, dans un songe, assure à Puduhépa que son époux obtiendra la victoire finale, deviendra grand-prêtre de la déesse Soleil d'Arinna et grand roi d'un Empire hittite désormais uni; voir aussi pour la capture d'Urḫi-Tešub KBo VI 29 II 28-40 = KUB XXI 15 II 29-32.

[16] Cfr les textes votifs n° 45 à 50; pour Lelwani protectrice de la santé de Hattusili, cfr H. Otten & Vl. Souček, *Gelübde* I 1-9 et KUB XXI 27 III 14-42.

[17] La liste des grands dieux témoins sous Tudhaliya IV peut se fonder sur KBo IV 10 Vo 26-27; l'on y relève le dieu de l'orage, roi des cieux, la déesse Soleil d'Arinna, Dame de l'Empire hittite, Šarruma, fils du dieu de l'orage et Ištar; comme l'on sait

une certaine permanence du dieu de l'orage et de l'Ištar de la steppe = Ištar de Ninive; les variantes sont constituées par les hypostases du dieu de l'orage anatolien ou louvite et de l'Ištar guerrière. Les monarques hittites recherchent donc leurs dieux personnels dans une même catégorie religieuse; toutefois, dès Muwatalli, les dieux locaux prennent de plus en plus d'importance, preuve du rôle que les régions de l'Empire appartenant à des traditions culturelles différentes entendent jouer; le roi devra ménager les dignitaires de ces régions et leurs grands dieux pour assurer la cohésion et la sécurité de l'Empire. Le règne de Hattusili illustre, comme simple LUGAL du Haut-Pays et LUGAL.GAL, cette évolution politico-religieuse. L'on constate que la protection royale est avant tout assurée par Ištar de Samuha et ensuite par le dieu de l'orage de Nérik, c'est-à-dire par les deux grandes divinités des régions clefs auxquelles Hattusili doit consacrer toute son attention : une région située au nord du Hatti, récupérée sur les Gasgas et gardienne d'un vieux fond religieux anatolien d'une part, une région à l'est et au sud-est du Hatti, d'autre part, appartenant à la tradition kizzuwatnienne ou ouverte à celle-ci dont des personnages se font de plus en plus influents à la cour impériale; des villes comme Samuha, Pattiyarik, Lawazantiya, Kumanni sont les grandes représentantes de cette zone; l'on n'éprouvera par conséquent aucune peine à voir Hattusili se placer sous la garde de la Šauška de Samuha, symbole du Kizzuwatna et des régions voisines à bien intégrer au Hatti, et du dieu de l'orage de Nérik, symbole des territoires hattis repris aux Gasgas; l'une traduit l'ouverture à des tendances religieuses novatrices, l'autre le respect de la tradition anatolienne. La place occupée par les dieux personnels va insensiblement contribuer au développement des cultes syro-kizzuwatniens dans la capitale elle-même.

§2. Les offrandes particulières de Hattusili III à Ištar de Samuha et leur signification politique

La sollicitude dont Ištar de Samuha fut censée avoir entouré Hattusili III ainsi que son épouse Puduhépa, suscita de la part de ce roi l'accomplissement d'une série d'offrandes remarquables destinées

que Hattusili III consacra son fils comme grand-prêtre d'Ištar de Samuha et qu'il prit de nombreuses dispositions pour assurer la vitalité du culte de la déesse, l'on est en droit de reconnaître Ištar de Samuha dans l'Ištar de cette liste, d'autant plus que la divinité dont les rois furent les grand-prêtres avant leur accession au trône, devint souvent leur divinité tutélaire, par exemple dans le cas de Hattusili. Dès lors, pour Tudhaliya IV, Šarruma occuperait la place du dieu de l'orage de Nérik.

d'une part à remercier la divinité et d'autre part à l'inviter à poursuivre son assistance. Nous observerons aussi que le caractère particulier de ces offrandes correspond à une politique dont nous essayerons de dégager les lignes de force.

a) Le «Réquisitoire contre Arma-Datta» indiquerait que, du vivant de Muwatalli, Hattusili ne marqua pas un grand intérêt à l'égard de la déesse. Revenu à des sentiments de ferveur envers Ištar de Samuha, fait auquel les préoccupations politiques et une hostilité croissante envers Urḫi-Tešub et ses alliés ne furent pas étrangères, Hattusili s'efforça d'effacer ses négligences par la construction de plusieurs temples à Urikina comportant une belle statue de la déesse dans l'adyton, par l'érection de plusieurs statues dans les grandes cités de l'Empire ainsi que d'un bétyle à l'extérieur de chaque ville du Haut-Pays ayant appartenu à Arma-Datta, enfin par l'offrande régulière d'un «pithos» de vin et de grain [18]; de telles mesures officialisaient le culte d'Ištar de Samuha à travers l'Empire et constituaient un excellent début de propagande et de défense de la politique de Hattusili attribuée en fait à l'inspiration de sa déesse tutélaire.

b) Dès qu'il eut épousé la kizzuwatnienne Puduhépa, Hattusili décida de consacrer sa «*domus*» au service d'Ištar de Samuha [19]. Bien plus, dans les péripéties de son coup d'état, estimant que la victoire remportée sur Arma-Datta et plus tard sur son fils Sippa-ziti, était due à l'intervention d'Ištar de Samuha, Hattusili, soi-disant sur l'invitation de la déesse, offrit à cette dernière, dans un premier temps, la moitié des biens d'Arma-Datta et, plus tard, la seconde moitié dont Sippa-ziti avait hérité entretemps avant d'être mis en fuite par Hattusili [20]. Une telle générosité royale devait valoir à l'époux de Puduhépa une protection sans réserve d'Ištar de Samuha.

[18] Négligence vis-à-vis d'Ištar de Samuha : KUB XXI 17 II 5-6.

Constructions de temples à Urikina, érection de statues dans les villes, offrandes de pithos de vin et de grain : KUB XXI 17 II 7-14, III 2-4. Bétyles dans les cités dirigées par Arma-Datta : *Hatt.* IV 71-73; pour les bétyles/pierres divines, cfr la récente mise au point de M. Darga, *Über das Wesen des Huwasi-Steines*, *RHA* 84-85 (1969), p. 5-24. Il n'est pas inutile de rappeler qu'Arma-Datta, furieux de ce que Muwatalli l'avait remplacé par Hattusili en tant que LUGAL du Haut-Pays, essayait de provoquer mille difficultés à ce dernier; quant à Sippa-ziti, fils d'Arma-Datta et, peut-être par rancune, allié d'Urḫi-Tešub, il ne manqua aucune occasion de manifester son hostilité à Hattusili; lors du coup d'état, Urḫi-Tešub le rappela notamment d'Alasiya où il avait cherché refuge, pour le lancer dans le Haut-Pays contre les armées de son oncle.

[19] *Hatt.* III 4-7, IV 79; KBo VI 29 I 14-16; KUB XXI 12 Vo II 10, II 19; KUB XXI 15 IV 10.

[20] *Hatt.* IV 66-73; KUB XXI 17 II 1-11; plus spécialement, pour l'offrande des

c) A la fin de sa vie, Hattusili prit plusieurs mesures exceptionnelles destinées à assurer une parfaite continuité du culte de la Šauška de Samuha. Ainsi, il accorda une charte d'immunités au temple d'Ištar de Samuha [21]; bien que le texte hittite ne soit pas tellement explicite, il est probable que cette mesure concernait tout temple d'Ištar de Samuha et ne se limitait pas à celui de Samuha ou de Hattusa; cette exemption d'impôt constituait une importante arme de propagande pour le nouveau culte et avantageait ce dernier par rapport aux autres cultes. D'autre part, le É *ḫešti* ou «mausolée» que Hattusili se fit construire à Hattusa, fut placé sous la protection directe d'Ištar de Samuha; on perçoit l'intérêt d'une telle mesure: quiconque aurait osé toucher le mausolée et porter ainsi atteinte à la mémoire de Hattusili III, se voyait aussitôt poursuivi par la colère divine [22].

d) Hattusili consacra également le prince héritier comme prêtre d'Ištar de Samuha, ce qui constituait une mesure adéquate pour présenter la déesse comme protectrice définitive de la monarchie hittite; Tudhaliya est tenu d'avoir la même divinité tutélaire que son père et de suivre la même ligne politico-religieuse; il devra témoigner du même soin dans l'administration des biens de la déesse [23]. Hattusili, dans son Apologie, n'hésite d'ailleurs pas à souligner la punition divine à laquelle s'exposerait tout descendant qui négligerait le culte et les biens d'Ištar de Samuha [24]; dans un geste prospectif, ce sont tous ses successeurs que Hattusili offre à sa déesse bien aimée.

biens de Sippa-ziti à Ištar de Samuha qui, ensuite, accorde à Hattusili une aide totale, cfr *Hatt.* IV 36-40.

Pour le conflit qui opposa Hattusili III à Arma-Datta et à son fils Sippa-ziti, cfr A. Archi, *The propaganda of Hattusilis III*, *SMEA* XIV (1971), p. 198-202.

[21] *Hatt.* IV 85.

[22] *Hatt.* IV 75-76; nous nous tenons à la traduction littérale de É *ḫešti*: «ossuaire, mausolée», cfr H. Otten, *OLZ* 1955, p. 389-392; des renseignements complémentaires sur le rôle de ce bâtiment peuvent être extraits de KBo XVII 15 avec duplicat du Ro 9 sqq. en KBo XVII 40 IV, KBo XVIII 190 = KUB XXX 32, KBo XVIII 191, 192.

[23] *Hatt.* IV 76-79.

[24] *Hatt.* IV 81-89.

81 «A l'avenir, que le descendance de Hattusili (et) de Puduhépa qui se dérobera
82-83 au service d'Ištar, (qui) convoîtera la nourriture du grenier, les instruments (ou) l'aire à battre d'Ištar de Samuha,
84 soit responsable de son procès avec Ištar de Samuha».
86 «Et qu'à l'avenir, le fils, le petit-fils, le lointain descendant
87 de Hattusili (et) de Puduhépa qui accédera
88-89 au pouvoir, soit, parmi les dieux, plein de crainte envers Ištar de Samuha».

Pour le terme ^{É}*garupaḫi-* = IV 82, nous adoptons le sens de «grenier» proposé par E. Laroche, *RA 54* (1960), p. 198 sq.

e) Non moins remarquables sont les dons ou la promesse d'offrandes d'objets précieux faite par Hattusili à la suite de circonstances dans lesquelles Ištar de Samuha manifesta sa grande sollicitude envers son protégé, par exemple les batailles ou l'état de santé du souverain.

1. Lors de ses premiers succès guerriers, en l'occurrence contre les gens du Pišḫuru, Hattusili offrit, probablement à Wistawanda, une arme qu'il avait fait préalablement encadrer [25]; une telle offrande ne pouvait qu'être agréée par une divinité dont l'un des attributs principaux était justement le ^{GIŠ}TUKUL [26].
2. De nombreux textes font état de l'offrande de statues du roi et de la reine en argent avec les yeux, mains et pieds en or; ces statues étaient généralement déposées devant l'idole de la déesse; la reine Puduhépa promit souvent de tels dons afin de s'assurer la protection de la santé du couple royal, Hattusili ayant notamment manifesté tout au long de sa vie une santé délicate [27]. Les statues ainsi offertes pouvaient être grandeur nature; il est également intéressant de noter que des offrandes semblables furent proposées par Puduhépa aussi bien à Lelwani, Hébat, Allani qu'à Ištar de Samuha ou au dieu de l'orage de Nérik, et ce aux mêmes intentions [28].
3. A la place d'une statue, l'on trouve aussi le don à la déesse d'un GAB = «buste»; il y a tout lieu de supposer aussi que d'autres cadeaux étaient également effectués, comme des armes ou des colliers [29].

f) Enfin, l'importance de la littérature religieuse consacrée à Ištar de Samuha ne peut être passée sous silence et doit être considérée comme un éloquent témoignage de la piété de Hattusili III envers la déesse. Plusieurs rituels sont composés en son honneur tandis que d'autres, plus anciens, souvent d'origine kizzuwatnienne, sont soit recopiés, soit, par une espèce de transfert, adaptés à la personnalité d'Ištar de Samuha; c'est à cette époque que débute également la rédaction de fêtes «mixtes» dans lesquelles l'on trouve des dieux hourrites et kizzuwatniens insérés au milieu de dieux appartenant au vieux fond religieux anatolien; de plus, fait qui n'est pas le moins

[25] *Hatt.* II 46-47.

[26] Cfr J. Danmanville, *Iconographie d'Ištar/Šaušga*, *RHA* 70 (1962), p. 37-47.

[27] KUB XV 28 6'-10'; KUB XXI 17 II 14; 543/u 3'-5'; 1506/u x+1-8'.

[28] Lelwani: cfr KUB XXI 27 III 36'-42'; «Vœu de Puduhépa» I 6-9; Allani: cfr KUB XV 11 II 12.

[29] KUB XV 30 III 4'-7' pour ce qui concerne l'offrande d'un buste; Bo 5153: armes, colliers et autres objets difficiles à identifier.

significatif, l'on assiste à un nombre croissant des consultations oraculaires de la grande déesse de Samuha; dans les moments d'adversité, c'est vers Ištar de Samuha et ses oracles que Hattusili et son épouse se tournent pour connaître la volonté exacte des dieux et les moyens pour se concilier leurs faveurs [30].

De tout ceci il ressort que l'ensemble des présents, assez remarquables s'il faut encore le souligner, contribue à consolider l'image de marque d'Ištar de Samuha en tant que toute grande déesse de l'Empire hittite, protectrice et guide du roi et par là-même garante et ultime responsable aux yeux du peuple de la politique défendue par Hattusili III et, espérait-il, par ses successeurs. Celle-ci consistait, comme nous l'avons déjà souligné, dans la recherche d'un équilibre entre les différentes parties de l'Empire et les tendances culturelles qui s'y manifestaient alors : la culture hattie, légèrement en régression, la culture hittite indo-européenne et enfin la culture du sud et sud-est anatolien, ou le monde louvite/kizzuwatnien, grâce auquel Hattusili put commencer à reconquérir les territoires perdus par Muwatalli. La parfaite intégration du Kizzuwatna et du Haut-Pays à l'Empire hittite garantissait les frontières de ce dernier contre toute invasion à partir du couloir syro-palestinien et des territoires des Gasgas. La promotion du culte d'Ištar de Samuha, l'éclat des offrandes reviennent à intégrer complètement, voire à mettre en évidence le Kizzuwatna et les zones du Haut-Pays soumises à l'influence de ce dernier; de même promouvoir le culte du dieu de l'orage de Nérik revenait à s'assurer la sympathie des territoires situés au nord du Hatti et du Haut-Pays contre le traditionnel ennemi gasga et en même temps à garantir la survie des traditions religieuses anatoliennes menacées par la vogue croissante des cultes hourrites et kizzuwatniens.

[30] Ainsi, KBo XI 28+, peut-être KUB XXXII 130 : nouveaux rituels; KUB XXVII 1 + : Ištar de Samuha substituée à Ištar *walliwalli* de Mursili II; KBo XI 22, IBoT II 20+ : fêtes mixtes; KUB XX 74 12-16+ colophon de KUB XXXIV 116 : sur l'ordre de Puduhépa, UR.MAḪ-ziti, chef des scribes, est appelé à Hattusa pour rechercher, recopier et cataloguer les tablettes kizzuwatniennes; nombreux textes oraculaires KUŠ, MUŠEN et KIN que nous publions dans la partie consacrée aux «petits textes».

DEUXIÈME PARTIE

LES DOCUMENTS

LES TEXTES

Avant d'entreprendre l'étude philologique des textes concernant à divers titres la ville de Samuha et ses cultes, nous dresserons pour la facilité du lecteur un relevé de tous les textes utilisés dans le présent travail; les tablettes ayant déjà fait l'objet d'une publication et d'une étude exhaustive sont précédées du signe «*» et ne sont bien entendu guère analysées d'un point de vue philologique dans la présente partie; pour ces dernières, nous renvoyons à *CTH* et aux travaux que nous avons suivis.

A. *Les grands textes*

Sous cette rubrique, nous regroupons les tablettes traitant essentiellement de la ville de Samuha ou d'Ištar de Samuha et qui, par ailleurs, présentent un bon état de conservation.

*[1] Autobiographie de Hattusili III, = *Hatt.*, *CTH* 81 : cfr principalement
A. Goetze, *Hattusilis* (1925) et *Neue Bruchstücke* (1930);
E. Laroche, dans «*Les écrivains célèbres*», l'Orient ancien, Paris (1961).

* Documents relatifs au conflit avec Urḫi-Tešub = *CTH* 85 1 A et B.

Réquisitoire contre Arma-Datta : KUB XXI 17 + KUB XXXI 27 = nº 3[2]

Fête d'automne pour Ištar de Samuha : KBo XI 28 + KUB XX 26 = nº 4

Fête d'Ištar de Samuha : = nº 1,
- KUB XXVII 1, KUB XXVII 3, KBo VIII 120, IBoT II 50
- KUB XXVII 6

* Rituel du transfert de DINGIR.GE_6 = *CTH* 481

Rituel de Samuha : KUB XXIX 7 + KBo XXI 41 = nº 2

Mursili II honore Ištar de Samuha : KUB XXXII 130 = nº 5

* Transfert de DINGIR.GE_6 à Samuha par Mursili II = *CTH* 482.

B. *Les petits textes*

Nous entendons réunir ici les fragments ou les passages de grands textes qui citent la ville de Samuha, ses cultes ou Ištar de Samuha;

[1] *: sigle par lequel nous renvoyons simplement aux études énumérées dans E. Laroche *CTH*.

[2] nº : renvoie au numéro du texte dans la présente publication.

l'on trouvera donc des passages concernant des fêtes, des offrandes, des oracles, des passages à caractère historique et géographique.

KBo I 42 VI 2 : texte scolaire = *CTH* 303 1

KBo IV 6 Ro 18-22 : Prière à Lelwani en faveur de Gassuliyawiya = n° 38

*KBo IV 10 I 48-49 : Traité avec Ulmi-Tešub de [d]U-assa = *CTH* 106

KBo IV 13 I 36-39 : Fragment de l'AN.TAḪ.SUM[ŠAR] = *CTH* 625

KBo VIII 57 : Fragment d'oracles = n° 30

KBo IX 138 : Fragment de l'AN.TAḪ.ŠUM[ŠAR] = n° 12

KBo X 18 : Fête de la hâte = n° 13

KBo XI 22 Ro III 1-22 : Fête mixte = n° 14

KBo XII 136 I 1-7 : Liste divine = n° 15

KBo XIII 225 Vo x+2-12' : Liste de dieux témoins = n° 54

* KBo XVI 36 + KUB XXXI 20 = *CTH* 83 3 : Sur les campagnes de Suppiluliuma I

* KBo XVI 61 : Procès = *CTH* 295 9; cfr R. Werner, *Gerichtsprotokolle*, *StBoT* 4 (1967), p. 60-62

KBo XVI 97 Ro 10-14 et Vo 12-32 : Oracles hépatoscopiques = n° 31

KBo XVII 79 x+1-12' : Liste divine = n° 16

KBo XXI 26 : Liste divine = n° 55

KBo XXI 41 : cfr A. Grands textes : Rituel de Samuha

KBo XXII 11 : Fragment historique = n° 41

KBo XXII 39 III 12'-14' : Liste divine; cfr H. Otten, *StBoT* 16, p. 50

KBo XXII 47 : Liste divine = n° 56

KBo XXII 73 : Fragment historique = n° 42

KUB I 12 I 1-8 : Fragment de fête = n° 6

KUB II 13 VI 13-26 : Fête du mois = n° 7

KUB VI 15 II 1-18 : Fragment d'oracles = n° 24

KUB VI 45 I 40-45 : Prière de Muwatalli à [d]U *piḫaššašši* = n° 36

* KUB VIII 71 Ro 8'-9' : Catalogue de tablettes = *CTH* 276 9; cfr aussi *CTH*, p. 187.

* KUB XXII 5 II 1-3 et IV 17-21 : Rituel pour Ištar de Tamininga = *CTH* 713

* KUB XIV 13 + XXIII 124 : Prière de Mursili II au sujet de la peste = *CTH* 378 IV. 4[e] version

* KUB XV 1 : Songes de la reine = CTH 584 1

* KUB XV 5 : Songes du roi = *CTH* 583

KUB XV 28 + IBoT III 125 : Songes et ex-votos = n° 25

KUB XV 30 : Songes et ex-votos = n° 26

KUB XVI 17 II 1-9 : Oracles mixtes = n° 27

KUB XVIII 8 Vo x+1-13' : Oracles mixtes = n° 28
* KUB XIX 8 + KUB XIX 9 : Hattusili III sur les campagnes de Suppiluliuma I = *CTH* 83 1 A et B
KUB XX 26 VI 2'-5' : cfr KBo XI 28 A. Grands textes
KUB XXII 59 : Fragment d'oracles = n° 29
* KUB XXV 32 + I 14'-19' et II 50-54 : Fêtes de Karahna = *CTH* 681
* KUB XXX 56 III 21-22 : Catalogue de tablettes = *CTH* 279 1; cfr aussi *CTH* p. 180
* KUB XXXI 76 + Ro 12'-21' : Procès = *CTH* 294 1; cfr R. Werner, *Gerichtsprotokolle*, *StBoT* 4 (1967), p. 21-28
KUB XXXI 79 1-20 : Texte géographique et économique = n° 51
KUB XXXI 121 IV 7-15 : Prière de Mursili II à tous les dieux = n° 37
KUB XXXII 85 = KUB XXXII 92 Ro x+1-7' : Liste divine = n° 8
KUB XL 22 Ro x+1-11' : Fragment de nature inconnue = n° 52
KUB XL 52 IV x+2-9' : Liste divine = n° 9
KUB XL 98 x+1-7' : Fragment d'oracles = n° 53
KUB XLI 49 Ro x+8-18' : Fragment de fête = n° 10
KUB XLIV 2 : Fragment de rituel = n° 11 1
KUB XLIV 3 : Fragment de rituel = n° 11 1
KUB XLV 32 : Fragment de rituel = n° 18
IBoT II 19 : Fête aux dieux KAL de la rivière = n° 11 2
IBoT II 20 + I 22 + KUB XX 60 : Fête mixte = n° 17
IBoT III 125 : cfr KUB XV 28
VBoT 25 I 1-17 : Fragment d'oracles = n° 32
Bo 858 : Fête aux dieux KAL de la rivière = n° 11 3
Bo 1623 : Serments d'Urḫi-Tešub = n° 44
Bo 1974 : Fragment d'oracles = n° 33
Bo 2828 : Rêves de la reine = n° 50
Bo 3185 : Liste divine = n° 19
Bo 5153 : Texte votif = n° 45
Bo 5251 : Fragment de rituel = n° 20
Bo 5804 : Fragment de rituel = n° 39
Bo 6002 : Fragment de rituel = n° 21
Bo 6447 : Fragment historique = n° 43
Bo 6632 : Lettre d'Ušdiḫéma au roi = n° 53
Bo 7840 : Fragment d'oracles = n° 34'
254/d II x+1-12' : Fragment de rituel = n° 22
220/e : Texte votif = n° 46
388/i : Texte oraculaire = n° 35
103/r : Fragment de rituel = n°23

434/s II 1-11 : Instructions au personnel? = n° 57
316/u col. gauche x+4-15' : Fragment autobiographique de Hattusili III = n° 40
543/u : Rêves et ex-votos = n° 47
1309/u : Texte votif = n° 48
1506/u : Texte votif = n° 49
248/w : Fragment autobiographique de Hattusili III = n° 44
854/z : Liste divine? = n° 58.

Il convient d'ajouter encore à cette liste les séries de dieux témoins énumérés dans les traités conclus par les souverains hittites; pour cette énumération, nous nous référons, selon les cas, aux ouvrages de E. Weidner, *PD* ou de J. Friedrich, *SV*.

A. LES GRANDS TEXTES

N° 1. Grande fête en l'honneur d'Ištar de la steppe de Samuha = *CTH* 712

Textes :

A. KUB XXVII 1 : 2e tablette, fin du 1er jour ;
B. KUB XXVII 3 = A II 19 sqq., II 65-III 13 ;
C. IBoT II 50 = A II 62-III 2 ;
D. KUB XXVII 6 : I = A III 31 sqq. ; IV : suite et fin, 3e tablette ;
E. KBo VIII 120 : I = A IV 21 sqq.

Bibliographie : Pour le texte A, l'on trouve l'interprétation de certaines lignes chez :

F. Thureau-Dangin, *Syria* 12 (1931), p. 250 sqq. (d'après copie transmise par H. Ehelolf),
C. G. von Brandenstein, *ZA* 46 (1940), p. 89 sqq. *passim*.

La rédaction du texte de cette longue fête remonte à Hattusili III lequel s'était servi d'un rituel composé sous Mursili II afin de célébrer l'Ištar *walliwalli* protectrice du roi au combat. L'identité fondamentale de l'Ištar *walliwalli* de Mursili II et de l'Ištar de la steppe de Samuha permit à Hattusili III d'adapter sans difficultés cette fête au culte de sa déesse tutélaire, moyennant l'apport de certains correctifs généralement signalés dans le rituel ; l'Ištar *walliwalli* ne sera pas complètement écartée puisqu'elle sera spécialement invitée à la fête. Cette fête est exceptionnelle et ne figure pas au calendrier des fêtes régulières ; on la célèbre uniquement lorsque le roi part en campagne ; il faut alors vénérer particulièrement Ištar/Šauška de la steppe de Samuha et consulter ses oracles ; toutes les régions de l'Empire sont associées à ces cérémonies par l'intermédaire de leurs dieux ; elles sont invitées à reconnaître la volonté d'Ištar de Samuha, c'est-à-dire à cautionner la politique de Hattusili III. Les cérémonies se déroulaient au cours de plusieurs journées et leur description se trouve consignée dans plusieurs copies dont chacune comprenait au moins trois ou quatre tablettes ; chacune de celles-ci comportait quatre colonnes, deux au recto, deux au verso, d'une longueur moyenne de 70 lignes. La deuxième tablette dont nous pouvons reconstituer presque l'entièreté, concerne les cérémonies de la fin du premier jour ; ainsi, deux tablettes étaient certainement nécessaires pour indiquer les rites d'une journée.

A la lecture du texte, l'on se rend immédiatement compte que ce rituel porte la marque d'un syncrétisme hittito-hourrite très poussé, voire plus accentué que dans un foyer religieux comme Kumanni[1]; ceci reflète les composantes ethniques et culturelles de l'Empire sous Hattusili III et la recherche d'équilibre que cette situation imposait. L'influence culturelle kizzuwatnienne dont Hattusili hérita par son éducation, par l'installation provisoire de la monarchie à Tarhundassa et son mariage avec Puduhépa, trouve une parfaite illustration dans cette fête en l'honneur de l'Ištar guerrière de Samuha[2].

[1] Cfr E. Laroche, *Yazılıkaya*, *RHA* 84-85 (1969), p. 109.

[2] Sur la personnalité de Puduhepa, voir maintenant M. Darga, *Puduhepa*, *Mélanges Mansel* et bientôt H. Otten, *Puduḫepa, eine hethitische Königin in ihren Textzeugnissen*, Wiesbaden, 1975.

Ro I

A

1 *[nu]-kán ma-a-an* MU$^{ḪI.A}$ *iš-tar-na pa-an-te-eš nu-kán A-NA* ^{d}*IŠ[TAR]*
2 *an-na-al-li an-na-al-la-an* SISKUR *ḫa-pu-ša-an-zi A-NA* ^{d}*IŠT[AR]*
3 *wa-al-li-wa-al-li-ma ŠA* ^{m}*Mur-ši-i-li an-na-al-la[-an]*
4 SISKUR *Ú-UL ḫa-pu-ša-an-zi A-NA* ^{d}*IŠTAR* ^{URU}*Ša-mu-ha-aš-k[án]*
5 EZEN x ŠE-*ni an-da aš-šu-li ḫal-zi-ya-an-za* ^{m}*Mur-ši-li-ša-at*
6 *A-BI* ^{d}UTU^{ŠI} *ki-iš-ša-an i-ya-an ḫar-ta*

---

7 LUGAL-*uš-ma ku-i-e-eš gi-im-ri-uš la-aḫ-ḫi-eš-ki-it*
8 *nu ma-ši-e-eš gi-im-ru-uš la-aḫ-ḫi-ya-an ḫar-zi iš-tar-na-kán*
9 *ku-i-e-eš* MU$^{ḪI.A}$ *pa-an-te-eš ku-it-ma-an-za* DINGIR^{LIM} *i-ya-an-zi*
10 *nu-za a-pé-e-da-aš gi-im-ra-aš še-er* SISKUR *am-ba-aš-ši-in ke-el-di-an-na*
11 *ma-al-te-eš-šar-ra a-ri-ya-an-zi nu-uš-ši ku-it* SI x SÁ-*ri*
12 *nu-kán am-ba-aš-ši-in an-na-al-li am-ba-aš-ši an-da ši-pa-an-ti*
13 *ḫa-pu-ša-an-zi-ma-an-kán Ú-UL A-NA* ^{d}*IŠTAR*.LÍL ^{URU}*Ša-mu-u-ḫa*
14 *ma-aḫ-ḫa-an-ma ke-el-di-ya-an ši-pa-an-du-u-wa-an-zi zi-in-na-i*
15 *nu šu-up-pa ḫu-u-i-ša-wa-za* ^{UZU}GAB ^{UZU}ZAG.LU ^{UZU}SAG.DU
16 ^{UZU}GÌR^{MEŠ} *PA-NI* DINGIR^{LIM} *ti-an-zi*

---

17 *A-NA* ^{d}GAŠAN.LÍL *wa-al-li-wa-li-at ŠA* ^{m}*Mur-ši-li a-pé-da-aš* LÍL$^{ḪI.A}$-*aš*
18 *še-er* SISKUR *Ú-UL e-eš-zi A-NA* ^{d}*IŠTAR*.LÍL ^{URU}*Ša-mu-ḫa-aš-kán*
19 *an-da aš-šu-li ḫal-zi-ya-an-za*

---

20 *ma-a-an-kán* MU$^{ḪI.A}$-*ma ku-i-e-eš iš-tar-na pa-an-te-eš nu* LUGAL-*uš*
21 *la-aḫ-ḫi Ú-UL ku-wa-pí-ik-ki pa-an-za nu* SISKUR *Ú-UL ku-it-ki*
22 *e-eš-zi* MU.KAM$^{ḪI.A}$-*pát-kán me-e-na-aš* SISKUR *ḫa-pu-ša-an-zi*
23 LUGAL-*uš-ma a-pé-e-da-ni* MU-*ti ku-e-da-ni* LÍL-*ri pa-iz-zi*
24 DINGIR^{LIM}-*za ku-e-da-ni* MU-*ti i-ya-zi nu-za* LUGAL-*uš a-pé-da-ni*
25 LÍL-*ri še-er A-NA* ^{d}*IŠTAR*.LÍL ^{URU}*Ša-mu-ḫa an-na-al-li* SISKUR.SISKUR
26 *am-ba-aš-ši ke-el-di-ya ma-al-te-eš-šar-ra IŠ-TU* DINGIR^{LIM}
27 *a-ri-ya-an-zi nu ku-it* SI x SÁ-*ri na-at A-NA* ^{d}*IŠTAR*.LÍL ^{URU}*Ša-mu-ḫa*
28 *an-na-li pí-an-zi*

---

29 *A-NA* ^{d}*IŠTAR*.LÍL *wa-al-li-wa-al-li-aš-ma ŠA* ^{m}*Mur-ši-li* SISKUR *am-ba-aš-ši*
30 *ke-el-di-ya a-ri-ya-an-zi nu-uš-ši ku-it* SIxSÁ-*ri nu a-pa-a-at pí-an-zi*

A

31 *ma-al-de-eš-šar-ma-aš-ši Ú-UL e-eš-zi ma-a-an* LUGAL-*uš-ma ku-e-da-ni*

32 MU-*ti* LÍL-*ri Ú-UL pa-iz-zi nu-uš-ma-aš* LÍL-*ri pa-a-u-wa-aš A-NA* ^{d}*IŠTAR*.LÍL

33 ^{URU}*Ša-mu-ḫa* SISKUR.SISKUR *am-ba-aš-ši ke-el-di-ya ma-al-de-eš-šar-ra Ú-UL*

34 *e-eš-zi* LUGAL-*uš ku-it gi-im-ri Ú-UL pa-a-an-za*

---

35 *nu ma-aḫ-ḫa-an am-ba-aš-ši ke-el-di-ya-an-na ḫu-u-i-ša-wa-za zé-ya-an-da-zi-ya*

36 *ši-pa-an-ti nu* LUGAL-*uš* EGIR SISKUR *ti-ya-zi nu-uš-ši-kán* ^{LÚ}ḪAL ^{GIŠ}ERIN ŠU-*i da-a-i*

---

37 *ta* ^{LÚ}ḪAL 9 NINDA.SIG^{MEŠ} *a-wa-ri-wi$_{i}$* ^{d}*IŠTAR pár-ši-ya še-er-ra-aš-ša-an ŠA* GUD UDU UZU.YÀ

38 ^{KAM}BA.BA.ZA ^{KAM}*kán-ga-ti da-a-i na-aš-ta a-na-ḫi pí-ra-an ar-ḫa da-a-i*

39 ^{UZU}*wa-ap-pu-uz-zi-ya te-pu da-a-i ḫu-u-ub-ru-uš-ḫi da-a-i a-pád-da-ya*

40 *A-NA* DINGIR^{LIM} *da-a-i* ^{LÚ}ḪAL GEŠTIN *ši-ip-pa-an-ti*

---

41 2 NINDA.SIG ^{d}*Ni-na-at-ta* ^{d}*Ku-li-ta pár-ši-ya še-er-ra-aš-ša-an* GUD UDU

42 ^{UZU}NÍG.GIG ^{UZU}ŠÀ ^{KAM}BA.BA.ZA ^{KAM}*ga-an-ga-ti da-a-i na-aš-ta a-na-ḫi*

43 *pí-ra-an ar-ḫa da-a-i* ^{UZU}*ap-pu-uz-zi-ya te-pu da-a-i ḫu-u-ub-ru-uš-ḫi*

44 *da-a-i a-pád-da-ya A-NA* DINGIR^{LIM} *da-a-i* ^{LÚ}ḪAL GEŠTIN *š[i-pa-an-ti?*

45 *ši-pa-an-ti* 1 NINDA.SIG *wa$_{a}$-an-da-an-ni ša-ú-ri* ^{d}GAŠAN-*wi$_{i}$ pár-ši-ya* KI.MIN *na-at-k[án]*

46 *PA-NI* ^{GIŠ}TUKUL$^{ḪI.A}$ ZAG-*az* LUGAL-*uš ši-pa-an-ti* LUGAL-*uš ḫu-u-up-pár* GUŠKIN *ši-pa-an-ti*

---

47 1 NINDA.SIG ^{d}U-*ub* DU-*aš pár-ši-ya* KI.MIN *na-at PA-NI* DINGIR^{LIM} *da-a-i*

48 1 NINDA.SIG ^{d}U *ŠA* KI.KAL.BAD KI.MIN 1 NINDA.SIG ^{d}U AN^{I} KU-*aš* KI.MIN

49 1 NINDA.SIG ^{d}U ḪI.ḪI DU-*aš* KI.MIN 1 NINDA.SIG ^{d}U ^{URU}*Ḫa-at-ti pár-ši-ya* KI.MIN

50 1 NINDA.SIG ^{d}U KI.LAM KU-*aš pár-ši-ya* KI.MIN 1 NINDA.SIG ^{d}U ^{URU}*Zi-ip-pa-la-an-ta*

51 1 NINDA.SIG ^{d}U ^{URU}*Ne-ri-ik* KU-*aš* KI.MIN 1 NINDA.SIG ^{d}U É^{TI}

52 1 NINDA.SIG ^{d}U TIL KI.MIN 1 NINDA.SIG ^{d}U ^{URU}*Ḫi-iš-ša-aš-pa* KI.MIN

A

53 1 NINDA.SIG ^{d}U ^{URU}*Ku-li-ú-iš-na* KI.MIN

---

54 1 NINDA.SIG ^{d}U ^{URU}*Ḫu-u-la-aš-ša* KI.MIN 1 NINDA.SIG ^{d}U ^{URU}*Ša-ri-iš-ša* KI.MIN
55 1 NINDA.SIG ^{d}U ^{URU}*Pát-ti-ya-ri-ga* 1 NINDA.SIG ^{d}U ^{URU}*Li-iḫ-ši-na* KI.MIN
56 1 NINDA.SIG ^{d}U ^{URU}*Ḫa-at-ra-a* KI.MIN 1 NINDA.SIG ^{d}U ^{URU}*A-ri-in-na* KI.MIN
57 1 NINDA.SIG ^{d}*Ḫu-ul-la* KU-*aš* KI.MIN 1 NINDA.SIG ^{d}U ^{URU}*Ḫa-la-ap* KI.MIN
58 1 NINDA.SIG ^{d}U ^{URU}*Ku-wa-li-ya* KI.MIN 1 NINDA.SIG ^{d}U ^{URU}*Kum-ma-an-ni* KU-*aš* KI.MIN
59 1 NINDA.SIG ^{d}*Ta-ši-iz/miš* KU-*aš* KI.MIN 1 NINDA.SIG ^{d}*IŠTAR* AN$^{!}$ KU-*aš* KI.MIN
60 1 NINDA.SIG ^{d}*Ku-mar-bi* KU-*aš* KI.MIN 1 NINDA.SIG ^{d}*A-a* KU-*aš* KI.MIN
61 1 NINDA.SIG ^{d}EN.ZU KU-*aš* KI.MIN 1 NINDA.SIG ^{d}UTU KI.MIN 1 NINDA.SIG *a-ú-ri-ya-aš* ^{d}UTU-*i* KU-*aš*
62 1 NINDA.SIG ^{d}*Aš-ta-bi* KI.MIN 1 NINDA.SIG ^{d}*Nu-pa-ti-ik* 1 NINDA.SIG ^{d}U.GUR
63 *ša-um-ma-ta-ar* KU-*aš* KI.MIN

---

64 1 NINDA.SIG LUGAL ^{d}*Zi-it-ta-ḫa-ri-ya-aš* KI.MIN 1 NINDA.SIG SAL.LUGAL ^{d}*Zi-it-ha-ri-ya-aš* KI.MIN
65 1 NINDA.SIG ^{d}KAL.LÍL KI.MIN 1 NINDA.SIG ^{d}KAL ^{URU}*Ḫa-at-ti* ^{d}*Kar-zi* ^{d}*Ḫa-pa-ta-li-ya* KU-*aš* KI.MIN
66 1 NINDA.SIG ^{d}KAL ^{KUŠ}*kur-ša-aš* KI.MIN 1 NINDA.SIG ^{d}KAL.LUGAL KI.MIN
67 1 NINDA.SIG ^{d}KAL ^{URU}*Ka-ra-aḫ-na* KI.MIN 1 NINDA.SIG ^{d}KAL ^{URU}*Ḫur-ma* KI.MIN
68 1 NINDA.SIG ^{d}*Pí-ri-kar* KU-*aš* KI.MIN 1 NINDA.SIG ^{d}ZA.BA$_{4}$.BA$_{4}$ KU-*aš* KI.MIN
69 1 NINDA.SIG UDU.SÍG.SAL$^{\text{ḪI.A}}$-*aš* ^{d}UTU-*i* KU-*aš* KI.MIN 1 NINDA.SIG *ne-pí-ši* KI-*pí* KI.MIN
70 1 NINDA.SIG ḪUR.SAG^{MEŠ} ÍD^{MEŠ} KU-*aš* KI.MIN 1 NINDA.SIG ^{d}U-*ub ḫu-u-bi-ti* ^{d}*Šar-ru-um-ma-aš* KU-*aš* KI.MIN

---

71 1 NINDA.SIG DINGIR^{MEŠ}-*na ad-da-ni-wi$_{i}$-na* ^{d}GAŠAN-*wi$_{i}$-na* KU-*aš* KI.MIN 1 NINDA.SIG DINGIR^{MEŠ} *ad-da-ni-wi$_{i}$-na*
72 ^{d}U-*ub-wi$_{i}$-na* KU-*aš* KI.MIN 1 NINDA.SIG DINGIR^{MEŠ}-*na ad-da-ni-wi$_{i}$-na tu-ru-uḫ-ḫi-na*
73 KU-*aš* KI.MIN 1 NINDA.SIG ^{GUD}*Še-ra-aš* ^{GUD}*Ḫu-ra-aš* KI.MIN 1 NINDA.SIG *Nam-ni Ḫa-az-zi*

A

74 ḪUR.SAG^{MEŠ} KI.MIN 1 NINDA.SIG *te-e-er-ra* ^{d}U-*ub-wi*$_{i}$-*na* KI.MIN

75 1 NINDA.SIG *a-ri mu-ud-ri i-e-ni e-ri-ri* ^{d}U-*ub-wi*$_{i}$-*na* KU-*aš* KI.MIN

Ro II

A

1 1 NINDA.SIG ^{d}*Il-mi pár-ni ta-*[ ]-*wi*$_{i}$ ^{d}[

2 1 NINDA.SIG ^{d}*Ḫa-nu-ma-an-zi i*[*š*$^{?}$-]-*ta-an-zi* x [

3 *ga-me-er-ši šar-ra-aš-ši ma-li na-an-ki e*[-

4 *pa-a-ḫi-i pa-an-ta-ni ḫi-ra-a-ḫi* ^{d}U-*ub-bi* KU-*aš* [KI.MIN]

---

5 1 NINDA.SIG *še-ra-am-mi-na wu*$_{ú}$-*ru-ul-la* KI.MIN 1 NINDA.SIG x [

6 *ú-i-ra-am-mu-um* KI.MIN 1 NINDA.SIG ^{d}*Na-an-ki-ni-wi*$_{i}$ *ir-x* [

7 ^{d}*IŠTAR-wi*$_{i}$ KI.MIN 1 NINDA.SIG ^{d}*Na-an-ki-ni-wi*$_{i}$ *ni-ḫa-a-ar*[

8 1 NINDA.SIG ^{GIŠ}BAN-*ti* GI-*ri iš-pa-an-ti ka-ú-bi ku*[-

9 *ša-ri-ya-an-ni ul-le-e-eš-hi ḫa-a-še-e-ri ku-x*[

10 *ta-še ni-iḫ-ḫu-ni-we*$_{e}$ *ta-še šu-um-mu-un-ni-we*$_{e}$[

11 *ta-še ḫa-al-li-im-ki-ni-we*$_{e}$ *il-te-na ta-a-x*[

12 *ka-ri ar-te-ni-we*$_{e}$ *ka-ri a-wa-ar-ri-we*$_{e}$ *ku-un-*[

13 *a-ar-ru-un-ni šu-u-i pa-an-da-ni šu-u-i šap-ḫa-a*[*l-ti*

14 *šu-u-i šu-u-i-ṇi-bi-ma še-et-ḫi* KU-*aš* KI.MIN

---

15 1 NINDA.SIG *aš-ta-aš-ḫi ta-ḫa-aš-ḫi* ^{d}GAŠAN-*we*$_{e}$ KI.MIN

16 1 NINDA.SIG *ḫu-la-an-ši ši-x-ur-ši* ^{d}*IŠTAR-we*$_{e}$

17 [1] NINDA.SIG ^{d}*Un-du-ru-um-ma-an* ^{d}*IŠTAR-we*$_{e}$ ^{d}SUKKAL

B III

18 [1] NINDA.SIG ^{d}*Te-nu* ^{d}U-*ub-bi šu-uk-kal-li* KU-*aš*

19 1 NINDA.SIG ^{d}*Mu-ki-ša-nu* ^{d}*Ku-mar-bi-ni-wi*$_{i}$ ^{LÚ}SUKKAL

20 1 NINDA.SIG ^{d}*Iz-zum-mi* ^{d}*A-a-we*$_{e}$ ^{LÚ}SUKKAL KU-*aš*

21 1 NINDA.SIG ^{d}*Li-ip-pa-ru-ma* ^{d}UTU-*we*$_{e}$ ^{LÚ}SUKKAL

22 1 NINDA.SIG ^{d}*Ḫu-pu-uš-du-kar-ra* ^{d}*Ḫi-šu-u-e-ni-we*$_{e}$ ^{LÚ}SUKKAL KU-*a*[*š*]

---

23 1 NINDA.SIG ^{d}*Ir-šap-pí-ni-iš dam-kar-ra-a-ši* KI.MIN

24 1 NINDA.SIG DINGIR^{MEŠ} *ma-aḫ-ḫé-er-ra-ši-na-aš* KI.MIN

25 1 NINDA.SIG *na-aḫ-na-zu*[1] *ma-at-ta-ra-ši* KI.MIN

26 1 NINDA.SIG ^{d}*Ša-an-ta-lu-uq-qa-an ú-šu-un-da-an-ni* KU-*aš* KI.MIN

27 1 NINDA.SIG DINGIR^{MEŠ} [2] URU-*ni-bi-na* ^{URU}*Ša-mu-u-ḫa-ḫi-na du-ru-uḫ-ḫi-na* KI.MIN

28 1 NINDA.SIG DINGIR^{MEŠ}-*na* URU-*ni-bi-na* ^{URU}*Ḫa-at-te-ni-we*$_{e}$-*na du-ru-uḫ-ḫi-na* KI.MIN

App. Crit. : 1 B ^{d}*Na-aḫ-na-zu* — 2 B DINGIR^{MEŠ}-*na*

A B

29 1 NINDA.SIG DINGIR^{MEŠ}-*na ú-me-in-ni-bi-na* ^{URU} ^{GIŠ}PA-*ni-we$_{e}$-e-na du-ru-uḫ-ḫi-na* KI.MIN

---

30 1 NINDA.SIG *du-ú*[*-ni*][3] *tab-ri ge-eš-ḫi a-ta-a-ni* ^{d}*IŠTAR-we$_{e}$* KI.MIN

31 1 NINDA.SIG *du-ú*[*-ni*[4] *tab-ri*] *ge-eš-ḫi a-ta-a-ni* ^{d}U-*ub-bi* KI.MIN

32 1 NINDA.SIG DINGIR^{MEŠ}-*na* [*ḫi-ya-ru-u*]*n-na*[5] *du-ru-uḫ-ḫi-na* KU-*aš* KI.MIN

33 1 NINDA.SIG DINGIR^{MEŠ}-*n*[*a*] *ma-ri-iš-ḫi-i-na* DINGIR^{MEŠ}-*na ši-i-ḫa-a-e-na* KI.MIN

34 1 NINDA.SIG DINGIR^{MEŠ}-*na ku-la-aḫ-ḫe-e-na* DINGIR^{MEŠ}-*na ku-lu-pa-te-na du-ru-ḫi-na* [6] KI.MIN

35 DINGIR^{MEŠ} LÚ^{MEŠ} *QA-TI*

---

36 1 NINDA.SIG ^{d}UTU ^{URU}TÚL-*na* [7] KI.MIN 1 NINDA.SIG ^{d}*Me-zu-ul-la* DU-*aš* KI.MIN

37 1 NINDA.SIG ^{d}*Ḫé-bat mu-uš-ni* KI.MIN 1 NINDA.SIG ^{URU} ^{GIŠ}PA-*ni-we$_{e}$* ^{d}*Ḫé-bat mu-uš-ni* KI.MIN

38 1 NINDA.SIG ^{d}*Ḫé-bat mu-uš-ni* ^{URU}*U-da-ḫi* [D]U-*aš* KI.MIN 1 NINDA.SIG ^{d}*Ḫé-bat mu-uš-ni*

39 ^{URU}*Ki-iz-zu-wa-at-na-ḫi* KI.MIN 1 NINDA.SIG ^{URU}*Ša-mu-ḫa-ḫi* ^{d}*Ḫé-bat mu-*[*uš*]*-ni*

40 1 NINDA.SIG ^{d}*Ḫé-bat* ^{d}*Šar-ru-um-ma* 1 NINDA.SIG ^{d}*Al-la-an-zu* KU-*aš* KI.MIN

---

41 1 NINDA.SIG ^{d}*Da-ar-ru* [8] ^{d}*Da-ki-du* [9] KU-*aš* KI.MIN

42 1 NINDA.SIG ^{d}*Ḫu-te-na* [10] ^{d}*Ḫu-ti-il-lu-ur-ra* KU-*aš* KI.MIN

43 1 NINDA.SIG ^{d}*Iš-ḫa-ra-an* 1 NINDA.SIG ^{d}*Al-la-an-ni* KU-*aš* KI.MIN

44 1 NINDA.SIG ^{d}*Um-bu* ^{d}*Nin-gal* KU-*aš* 1 NINDA.SIG ^{d}IŠTAR-*bu-uš-ga*

45 1 NINDA.SIG ^{d}*Ni-na-at-ta* ^{d}*Ku-li-it-ta* KU-*aš* KI.MIN

---

46 1 NINDA.SIG ^{URU}*Ḫa-at-ta-ri-na-ḫi* ^{d}GAŠAN-*an* ^{d}*Ni-na-ta-an* ^{d}*Ku-li-ta-an*

47 1 NINDA.SIG É-*ni-bi* ^{d}GAŠAN-*an* ^{d}*Ni-na-ta-an* ^{d}*Ku-li-ta-an*

---

48 1 NINDA.SIG ^{URU}*Ta-me-ni-ga-ḫi* ^{d}GAŠAN-*an* ^{d}*Ni-na-ta-an* ^{d}*Ku-li-ta-an*

49 1 NINDA.SIG ^{URU}*An-ku-wa-ḫi* ^{d}*IŠTAR-an* ^{d}*N*[*i-na-ta-an* ^{d}]*Ku-li-ta-an*

— 3 B *tu-ú*[*-ni* — 4 B *tu-ú*[*-ni* — 5 B *ḫi-ya*[- — 6 B *tu-u-ru-uḫ-ḫi-na* — 7 B ^{URU}*A-ri-in-na* — 8 B ^{d}*Da-a-ru* — 9 B ^{d}*Da-a-ki-du* — 10 B *Ḫu-u-te-na*.

A

50 1 NINDA.SIG ^{URU}*Ku-li-uš-na-ḫi* ^{d}*IŠTAR-an* ^{d}*Ni-na-t*[*a-an* ^{d}*K*]*u-li-ta-an*

---

51 1 NINDA.SIG *Na-bar-bi* KI.MIN 1 NINDA.SIG *Šu-u-wa-la* KI.MIN 1 NINDA.SIG ^{d}*Dam-ki-na*

52 1 NINDA.SIG ^{d}*A-ya-an* ^{d}*E-kal-du-un* 1 NINDA.SIG ^{d}*Ša-a-lu-uš bi*[*-ti*]*-in-ḫi*

53 1 NINDA.SIG ^{d}*A-dam-ma* ^{d}*Ku-pa-pa* ^{d}*Ḫa-šu-un-tar-ḫi* KU-*aš* KI.MI[N]

---

54 1 NINDA.SIG ^{d}*Za-al-mi* ^{d}NIN.É.GAL 1 NINDA.SIG ^{d}*Ur-šu-u-i iš-k*[*al-li*]

55 1 NINDA.SIG ^{d}*Ti-ya-pí-in-ti* ^{d}*Ḫé-bat-ti* ^{LÚ}SUKKAL KU-*aš* KI.MIN

---

56 1 NINDA.SIG ^{d}*Za-ap-pí* x-*ga* 1 NINDA.SIG ^{d}*Tu-ur-ra šu*$^{?}$*-ub-be-e-na*

57 1 NINDA.SIG *ši-in-ta-al-wu*$_{u}$*-ri* 1 NINDA.SIG *ši-in-ta-al-ir-ti* KU-*aš*

---

58 1 NINDA.SIG ^{d}*Ta-ma-al-ku*$^{?}$ 1 NINDA.SIG *e-li-bur-ni* 1 NINDA.SIG *na-ḫa-šu-te-e-ni*

59 1 NINDA.SIG *ḫu-u-ri ḫa-aš-ta-ri* 1 NINDA.SIG ^{d}*Na-at-ḫi* ^{d}*Na-mu-ul-li*

60 1 NINDA.SIG ^{d}*Da-a-ya a-az-za-a-al-*   *li*

---

61 1 NINDA.SIG *ḫu-ub-bi ki-in-ni-ti* 1 NINDA.SIG *še-e-ri še-e-ya-ni* 1 NINDA.SIG *ḫa-wa-x*[

62 *ḫa-li-iš-tar-ni* ^{d}*IŠTAR-wi*$_{i}$ 1 NINDA.SIG *aš-ta-aš-ḫi ta-ḫa-aš-ḫi ni-ḫa-ar-ši* KU-*aš* KI.MIN

C III

---

63 1 NINDA.SIG ^{KUŠ}*ku-ul-gul-li* ^{d}*IŠTAR-wi*$_{i}$ KU-*aš* KI.MIN 1 NINDA.SIG ^{d}*E-ri-ša-an-ki* [1]

64 *ki-nu*$^{?}$*-ú-zi* ^{d}GAŠAN-*wi*$_{i}$ 1 NINDA.SIG ^{d}*U-x-un-na* [2] ^{d}*Tu-u-ul-la* KU-*aš* KI.MIN

B IV

65 1 NINDA.SIG ^{d}*Šu-uḫ-ḫa-an-ti* ^{d}*Zi-il-la-an-ti* 1 NINDA.SIG ^{d}*Tu-mu-un-na*

66 *ḫu-ru-mu-un-na* ^{d}GAŠAN-*aš* [3] ^{d}U-*aš za-pí-mu-wa-mu-na* KU-*aš* KI.MIN

---

67 1 NINDA.SIG *ku-u-li-na* [4] ^{d}GAŠAN-*wi*$_{i}$*-na* KU-*aš* KI.MIN 1 NINDA.SIG *e-ki* [5]

68 *tar-ma-ni* ^{d}*IŠTAR-wi*$_{i}$ *na-at-ša-an* TÚL-*i*   *da-a-i*

App. critique : 1 C *e-ri*[- — 2 C ^{d}*U-š*[*u-* — 3 C ^{d}IŠTAR-*aš* — 4 C *ku-le-e*[- — 5 C *i-ki*

B IV
A C III

70 1 NINDA.SIG *tu-u-ni tab-ri ge-eš-ḫi a-da-ni* 1 NINDA.SIG ^{URU}*Ša-mu-u-ḫi* ^{d}*A-ba-ra*
71 DINGIR^{MEŠ}*-na* ^{URU}*Ša-mu-u-ḫi-na* [7] *aš-du-ḫi-na* [8] DINGIR^{MEŠ}*-na* *a-ar-ti-ni-we$_{e}$-na* [9]
72 ^{URU}*Ḫa-at-ti-ni-bi-na* DINGIR^{MEŠ}*-na ú-mi-ni-bi-na*
73 ^{URU}*Ḫa-at-te-ni-bi-na aš-du-ḫi-na* [10] KU-*aš* KI.MIN

B IV
A C III

Verso III

1 1 NINDA.SIG DINGIR^{MEŠ}*-na-ši-na šu-wa-ra-še-na* [1] *du-ra-aḫ-ḫi-še-na* [2]
2 *te-er-ra* KU-*aš* KI.MIN

---

3 1 NINDA.SIG *ma-a-ri-iš-ḫi-na* DINGIR^{MEŠ}*-na ši-i-e-ḫa-e-na* [3] *du-uḫ-ḫi-e-na* [4]
4 DINGIR^{MEŠ}*-na il-ru-un-na aš-du-uḫ-ḫi-na* DINGIR^{MEŠ}*-na* *ku-la-aḫ-e-na*
5 DINGIR^{MEŠ}*-na ku-ú-pa-te-na* [5] *aš-du-uḫ-ḫi-na* KU-*aš* KI.MIN

---

6 1 NINDA.SIG *zu-uš-ši te-eḫ-ḫe-e-ni* [6] ^{d}[*IŠTAR*]*R-wi$_{i}$*
7 ^{DUG}*aḫ-ru-uš-ḫi ḫu-ub-ru-uš-ḫi* [7] *ni-ra-am-bi ša-la-an-ni*
8 ^{d}*IŠTAR-wi$_{i}$* 1 NINDA.SIG ^{d}*A-bi-ni-ta* [8] KU-*aš* KI.MIN

---

9 *ta-aš-ta* LUGAL-*i a-bi* ŠU-*za* [9] *ar-ḫa da-a-i* 1 NINDA.SIG-*ma*
10 *a-a-bi da-a-i nu-za QA-TI-ŠU šu-up-pí-aḫ-ḫi* [10] *ta-aš-ta* ^{LÚ}ḪAL
11 LUGAL-*i* ^{GIŠ}ERIN *ki-iš-ša-ri-i* *da-a-i*

---

12 1 NINDA.SIG ^{d}*Ši-ḫa-bi-na-aš-ta na-at pa-ra-a pé-e-da-i*
13 *nu-za QA-TI-ŠU šu-up-pí-aḫ-ḫi an-da-kán ú-iz-zi ke-el-di*
14 *ḫal-za-a-i na-aš-ta* ^{DUG}*ḫu-u-up-pa-a-ri*$^{ḪI.A}$ *IŠ-TU* GEŠTIN *šu-un-na-i*
15 *tu-pa-an-za-ki-uš-ša IŠ-TU* GEŠTIN KAŠ *ta-wa-li-it šu-un-na-i*
16 *ta-aš-ta* ^{LÚ}ḪAL LUGAL ^{GIŠ}ERIN *ar-ḫa da-a-i* LUGAL-*uš* *UŠ-KE-EN*
17 *nam-ma* LUGAL-*uš A-NA* DINGIR^{LIM} *pa-ra-a* ^{GIŠ}[ ] *ku-it a-aš-šu*
18 *na-at-kán A-NA* DINGIR^{LIM} *an-da me*[-] ^{UZU}*wa-al-la-aš ḫa-aš-ta-i*

— 6 C [*ši*]-*i*[*-ya* — 7 B *Ša-mu-u-ḫa-ḫi-na* — 8 C *aš-du-uḫ*[- —
9 B]*ar-te-ni-bi-na* — 10 C *aš-du-u*[*ḫ*-.

App. critique Vo III : 1 B *šu-w*]*a-ra-a-ši-na* — 2 B *tu-u-ru-uḫ-ḫe-e-na* — 3 B *ši-i-ḫa-e-na* — 4 B *aš-du-uš-ḫe-e-na* — 5 B]*-a-te-na* — 6 B]*tu-u-e-ni* — 7 B *ḫu-ub-ru-*<*uš*>*-hi* — 8 B ^{d}*A-a-bi-ni-ta* — 9 B ŠU-*az* — 10 B *šu-up-pi-ya-aḫ-ḫi*.

A

19 GUD UDU DUG.KAM-*it zé-i-ya-an* [ ] LUGAL-*i pa-ra-a e-ep-zi*

20 LUGAL-*uš-za* GÍR ZABAR *da-a-i nu-k*[*án*] ^{UZU}*wa-la-an ḫa-aš-ta-i*

21 ^{UZU}*e-ek-x a-wa-an ar-ḫa ku-ir-zi nam-ma-kán a-wa-an ar-ḫa wa-a-ki*

22 ŠU-*an-ma-aš-ša-an an-da Ú-UL pé-ḫ*[*u-d*]*a-i ta-aš-ta* ^{LÚ}ḪAL

23 *ki-iš-ša-an an-da me-ma-i ki-i* [^{UZU}]*wa-al-la-aš ḫa-aš-ta-i*

24 *ma-aḫ-ḫa-an a-ra-aš-ša iš-tar*[*-na*]*-wa-kán A-NA* LUGAL^{MEŠ}

25 *iš-tar-na QA-TAM-MA* x [ ]^{UZU}*wa-al-la*[*-aš*]

26 *ḫa-aš-ta-i ma-aḫ-ḫ*[*a-an* *-i*]*š-ša-wa* [

27 LUGAL-*i me-na-aḫ-ḫa*[*a-an-da*]^{MEŠ}[

28 *na-aš-ma-kán* x [

29 x-x EN$^{?}$-*aš* x [

30 x [ ]*a-u*[

D

31 [^{d}*IŠTAR*.] LÍL *wa-al-li-wa-al-li-ya-aš*

32 [-] *zi nu-kán a-pí-ya-ya ka-lu-ti-*[*-ya*]

---

33 [*ki-iš-ša-an ši-pa-an-t*]*i*

---

34 [*a-wa-ar-ri-wa$_{a}$* ^{d}*IŠTAR*]*-ga* ^{d}*Ni-na-ta* ^{d}*Ku-li-it-ta*

---

35 [x *kur-kur-ri-wi$_{i}$* ^{d}*IŠTAR*]*-ga* ^{d}*Ni-na-ta* ^{d}*Ku-li-it-ta*

---

36 [*e-ki-ni-wi$_{i}$* ^{d}*IŠTAR-ga*]^{d}*Ni-na-ta* ^{d}*Ku-li-it-ta*

---

37 [*ta-ḫa-ši-ya* ^{d}*IŠTAR-ga* ^{d}*Ni*]*-na-at-ta* ^{d}*Ku-li-it-ta*

---

38 *pu*[*-nu-ḫu-un-zi-ya* ^{d}*IŠTAR*]*-ga* ^{d}*Ni-na-at-ta* ^{d}*Ku-li-it-ta*

39 *ga-m*[*i-ir-ši-wi$_{i}$* ^{d}*IŠTAR-ga* ^{d}*N*]*i-na-at-ta* ^{d}*Ku-li-it-ta*

---

40 *ú$^{?}$-pu-k*[*ar-ši-ya* ^{d}*IŠTAR-ga* ^{d}*Ni-na-a*]*t-ta* ^{d}*Ku-li-it-ta*

---

41 *pa-ta-ni š*[*a-ú-ri* ^{d}*IŠTAR-wi$_{i}$* ^{d}]U-*ub-bi ḫu-ru-ub-bi* ^{d}*Aš-ta-bi*

42 ^{d}*Nu-pa-ti-i*[*k* ^{GIŠ}BAN-*ti* GI-*ri iš-pa-ti* ^{d}*N*]*u-pa-ti-ik-wi$_{i}$*

---

43 ^{d}*Pí-ri-in-kir* [^{d}*Ḫé-e-šu-u-i* ^{d}*Ša-an-da-lu-ug-ga-an*]

44 *ḫa-at-ni* ^{d}*Pí-š*[*a-ša-ap-ḫi e-še ḫa-bur-ni* ḪUR.SAG^{MEŠ}*-na a-wa-a*]*r-ri-bi-na*

45 ^{d}*IŠTAR-ga-bi-n*[*a šar-ra-aš-ši-ya ḫu-ri-x*]

DI

D15 = A46 *a-wa-ri-wi$_{i}$-na* [^{d}*IŠTAR-ga-bi-na* ^{d}*Pa-ir-ra* ^{d}*U-du-uk-ki-na*

16 *a-wa-ar-ri-bi-na* ^{d}*IŠTAR-ga-bi-na ul-mi ga-lu-bi ša-a-aḫ-ḫ*[*a*

17 *zu-zu-ma-ki x-x-zu-ub-bi ku-up-ti ša-aš-šu-pa-a-ti ḫa-a-ši-ya-t*[*i*

18 GI-*ri iš-pa-ti šar-y*[*a*]*-ni gur-bi-ši a-ar-ru-mi mu-ul-du* [

19 *ta-še* ḪUR.SAG-*ni ta-še* [*ḫa*]*l-li-im-ki-ni-bi ta-ši ši-in-ta*[

20 ^{d}*IŠTAR-ga-bi šu-ú-ni e-a ḫa-a* [*-z*]*i-pa-ri-ma-aš-ši-na a-wa-ar*[-

A DI

21 ^{d}*IŠTAR-ga-aš ḫa-a-ar-ra-ši-na* x-*pa-a*[-]-*na ú-bu-ti n*[*a-*
22 *a-wa-ar-ri-wi$_{i}$-ni-bi* ^{d}*IŠTAR-ga-bi še-e*[ ]*wu$_{u}$-ru*[-
23 *il-mi-na pa-ra-al-la ta-a-ar du-x* [
24 ^{d}*IŠTAR-ga-bi-na* DINGIR^{MEŠ}-*na wa-an-da-an-na* [
25 DINGIR^{MEŠ}-*na a-be-e-bi-na* DINGIR^{MEŠ}-*na ú-ru-un*[-*ni-bi-na*
26 ^{d}*IŠTAR-ga-bi-na* DINGIR^{MEŠ}-*na at-ta-an-ni-b* [*i-na*
27 *a-wa$_{a}$-ar-ri-wi$_{i}$-ni-wi$_{i}$-na* ^{d}*IŠTAR-ga*[-*bi-na*
28 *aš-du-uḫ-ḫi-na du-ru-uḫ-ḫi-na* ^{d}*x*[
29 DINGIR^{MEŠ}-*na zi-il-la-an-te-ḫi-na* [
30 *šu-uḫ-a-an-ti a-wa$_{a}$-ar-ri-wi$_{i}$-na* [
31 *ge-eš-ḫi a-da-a-ni na-aḫ-ḫi-ti* [
32 *ú-e-ma-aš-ši ša-la-an-ni ši-i*[-
33 *ḫu-ub-ru-uš-ḫi am-ba-aš-ši-ya x* [
34 DINGIR^{MEŠ}-*na x-x-x-na wu$_{u}$-ru-ul* [-
35 [ ]*x-i za-ak*[-
36 [ ]*ḫu-u-x* [

60' [ ]*en*[
61' [ ]*x-ḫi am*[-
62' [ ]*x-ku ti*[-
63' [ ]DINGIR^{MEŠ}-*na ḫal-mi-x*[
64' [ ]-*ši am-ba-aš-ši-ya-x*[
65' [ ]*x-ni-ta x-x ta-a*[-
66' [ ]*x-wa ši-e-ḫa-e-na*[
67' [ ]x

68' *nu* x-x-GAL *I-NA* É ^{d}*IŠTAR*.LÍL ^{URU}*Ša-mu-ḫa pa*[-*iz-zi*]
69' *nu za-am-mu-ri-in ŠA* $^{1}/_{2}$ *ŠA-A-TI* *da-a-i*

70' *nu* NINDA.TUR EREM^{MEŠ} NINDA.KU$_{7}$$^{ḪI.A}$ *ku.e* *pár-ši-i-ya-an-na-i n*[*am-ma*]
71' [*a-n*]*a-ḫi pí-ra-an ar-ḫa da-aš-ki-iz-zi na-at* x[
72' [ ]-*ik-ki-iz-zi* LUGAL-*uš ḫa-an-te-ez-zi* *p*[*al-ši*]
73' [*wa-al*]-*li-bi* ^{d}*Nu-pa-ti*-<*ik*>KU-*aš* 1-*ŠU e-ku-zi* 1 NINDA.[SIG *pár-ši-ya* KI.MIN]

Verso IV

A

1 EGIR-*ŠU-ma* LUGAL-*uš* DU-*aš* ^{d}*IŠTAR*.LÍL ^{d}*Ni-na-at-ta* ^{d}*Ku-li-ta*
2 *pa-an-ta-ni ša-ú-ri* ^{d}*IŠTAR-bi* 3-*ŠU e-ku-zi* KI.MIN

---

3 EGIR-*ŠU-ma* LUGAL-*uš* ^{d}*IŠTAR*.LÍL ^{d}*Ni-na-at-ta* ^{d}*Ku-li-it-ta*
4 *pa-a-ta-ni ša-ú-ri* ^{d}*IŠTAR-bi* ^{d}U-*ya* DU-*aš*
5 2-*ŠU e-ku-zi* 1 NINDA.SIG *pár-ši-ya*

A

6 *nu* KAM$^{\text{ḪI.A}}$ *ú-da-an-zi* LUGAL-*uš ku-e* EGIR-*an-da na-at A-NA* DINGIR^{LIM}

7 *ke-el-di-ya da-a-i ka-lu-ti-ya ḫu-u-ma-an-ti-ya ti-an-zi*

---

8 *A-NA* ^{d}*IŠTAR*.LÍL *wa-al-li-wa-al-li ŠA* ^{m}*Mur-ši-li* KAM$^{\text{ḪI.A}}$

9 *ti-ya-u-wa-an-zi Ú-UL e-eš-zi*

---

10 *nam-ma ku-u-uš ka-lu-ti-uš* DINGIR^{MEŠ} LÚ^{MEŠ} DINGIR^{MEŠ} SAL^{MEŠ} *ak-ku-uš-ki-iz-zi*

11 *nu ma-a-an* LUGAL-*i a-aš-šu nu* 3 DINGIR^{MEŠ} 45 DINGIR^{MEŠ} *an-da ḫar-pa-an-da*

12 *ak-ku-uš-ki-iz-zi pí-ra-an-ma* $^{\text{LÚ.MEŠ}}$NAR *iš-ḫa-mi-ya-u-wa-an-zi*

13 ^{d}*IŠTAR*.LÍL-*pát* ^{d}*Ni-na-at-ta* ^{d}*Ku-li-it-ta pa-an-ta-ni*

14 *ša-ú-ri* ^{d}*IŠTAR-bi ḫu-u-i-nu-uš-kán-zi*

---

15 *ma-aḫ-ḫa-an-ma-kán* GAL$^{\text{ḪI.A}}$ *ŠA* É ^{d}*IŠTAR*.LÍL ^{URU}*Ša-mu-u-ḫa*

16 *aš-ša-nu-wa-an-zi nu* LUGAL-*uš I-NA* É ^{d}GAŠAN.LÍL *wa-al-li-wa-al-li*

17 *ŠA* ^{m}*Mur-ši-li wa-ga-an-na pa-iz-zi nu-kán a-pí-ya-ya*

18 GAL$^{\text{ḪI.A}}$ *ki-iš-ša-an aš-ša-nu-uš-ki-iz-zi*

---

19 LUGAL-*uš ḫa-an-te-ez-zi pal-ši wa-al-li-bi* ^{d}*Nu-pa-ti-ik* KU-*aš*

20 1-*ŠU e-ku-zi* 1 NINDA.KUR$_4$.RA *pár-ši-ya* $^{\text{LÚ.MEŠ}}$NAR *ḫur-la-aš* SÌR^{RU}

E I

---

21 EGIR-*ŠU-ma* LUGAL-*uš* ^{d}*IŠTAR*.LÍL *wa-al-li-wa-al-li-ya-aš ŠA* ^{m}*Mur-ši-li*

22 *IŠ-TU BI-IB-RI*[1] GUŠKIN UR.MAḪ DU-*aš* 3-*ŠU e-ku-zi A-NA* 2 GAL

23 3 NINDA.KUR$_4$.RA 9 NINDA.SIG$^{\text{ḪI.A}}$ *pár-ši-ya* EGIR-*zi-ma A-NA* 1 GAL 9 NINDA.KUR$_4$.RA

24 3-*ŠU* 9 NINDA.SIG$^{\text{ḪI.A}}$ *pár-ši-ya* $^{\text{LÚ.MEŠ}}$NAR *ḫur-li* SÌR^{RU}

---

25 EGIR-*ŠU-ma* LUGAL-*uš* ^{d}U *ŠA-ME-E* DU-*aš* 1-*ŠU e-ku-zi* 3 NINDA.KUR$_4$.RA *pár-ši-ya*

26 $^{\text{LÚ.MEŠ}}$NAR *ḫa-at-ti-li*[2] SÌR^{RU}

---

27 [EGIR]-*ŠU-ma* LUGAL-*uš* DINGIR^{MEŠ} LÚ^{MEŠ} *ḫu-u-ma-an-te-eš* DU-*aš* 1-*ŠU e-ku-zi*

28 3 NINDA.KUR$_4$.RA *pá[r-ši-ya]* $^{\text{LÚ.MEŠ}}$NAR *ḫa-at-ti-li* SÌR^{RU}

---

29 EGIR-*ŠU-ma* LUGAL-*uš* ^{d}ZA.BA$_4$.BA$_4$ DU-*aš* 1-*ŠU e-ku-zi* 3 NINDA.KUR$_4$.RA

30 *pár-ši-ya* $^{\text{LÚ.MEŠ}}$NAR *ḫa-at-ti-li* SÌR^{RU}

App. critique : 1 E *BI-IB-RI*$^{\text{ḪI.A}}$ — 2 E *ḫa-at-ti*

A EI

31 EGIR-*ŠU-ma* LUGAL-*uš* ^{d}*IŠTAR*.LÍL [3] *wa-al-li-wa-al-li-ya ŠA* ^{m}*Mur-ši-li*
32 *IŠ-TU BI-IB-RI* GUŠKIN UR.MAḪ DU-*aš* 1-*ŠU e-ku-zi*
33 9 NINDA.KUR$_4$.RA 3-*ŠU* [4] 9 NINDA.SIG$^{\text{ḪI.A}}$ 3 NINDA *a-a-an pár-ši-ya*
34 $^{\text{LÚ.MEŠ}}$NAR *ḫur-la-aš* SÌR^{RU}

---

35 EGIR-*ŠU-ma* LUGAL-*uš* ^{d}*Ni-na-at-ta* ^{d}*Ku-li-it-ta* DU-*aš* 1-*ŠU*
36 *e-ku-zi* 3 NINDA.KUR$_4$.RA *pár-ši-ya* $^{\text{LÚ.MEŠ}}$NAR *ḫur-ri* SÌR^{RU}

---

37 EGIR-*ŠU-ma* LUGAL-*uš* ^{GIŠ}TUKUL *Ú-NU-UT* MÈ *ŠA* ^{d}*IŠTAR*.LÍL DU-*aš*
38 1-*ŠU e-ku-zi* 3 NINDA.KUR$_4$.RA *pár-ši-ya* $^{\text{LÚ.MEŠ}}$NAR *ḫur-ri* SÌR^{RU}

---

39 EGIR-*ŠU-ma* YÀ-*an iš-kán-zi* LUGAL-*uš le-e-li ḫa-a-aš-ša-ri*
40 KU-*aš* 1-*ŠU e-ku-zi* 3 NINDA.KUR$_4$.RA *pár-ši-ya* $^{\text{LÚ.MEŠ}}$NAR *ḫur-ri* SÌR^{RU}

---

41 EGIR-*ŠU-ma* LUGAL-*uš e-li-bur-ni* DU-*aš* 1-*ŠU e-ku-zi*
42 1 NINDA.KUR$_4$.RA *pár-ši-ya* $^{\text{LÚ.MEŠ}}$NAR *ḫur-ri* SÌR^{RU}

---

43 EGIR-*ŠU-ma* LUGAL-*uš* KAS-*ri mu-šu-ni* DU-*aš* 1-*ŠU e-ku-zi*
44 1 NINDA.KUR$_4$.RA *pár-ši-ya* $^{\text{LÚ.MEŠ}}$NAR *ḫur-la-aš* SÌR^{RU}
45 *ta ap-pa-a-i nu* LUGAL-*uš UŠ-KE-EN*

---

46 *nu* LUGAL-*uš I-NA* É ^{d}*IŠTAR*.LÍL *an-na-la-aš* ^{URU}*Ša-mu-u-ḫa*
47 *pa-iz-zi nu* LUGAL-*uš* UDU.YÀ *IŠ-TU* ^{DUG}*KU-KU-UB* GUŠKIN GEŠTIN-*it*
48 *šu-u-wa-an ši-pa-an-ti* LUGAL-*uš UŠ-KE-EN nu-uš-ši ku-wa-pí*
49 *a-aš-šu na-aš a-pí-ya še-eš-zi PA-NI* ^{d}*IŠTAR*.LÍL-*ma e-ša*
50 $^{\text{LÚ.MEŠ}}$NAR $^{\text{LÚ.MEŠ}}$AZU-*ya* GE$_6$-*an la-ak-nu-wa-an-z*[*i*]

---

51 DUB 2.KAM *ŠA* ^{d}*IŠTAR*.LÍL ^{URU}*Ša-m*[*u-ḫa*]
52 *ŠA* UD 1.KAM *QA-TI*

Traduction

Recto I

1-6 Si des années se sont écoulées, on reprend un ancien rite en l'honneur d'Iš[tar], l'ancienne, mais pour Ištar, la puissante,

— 3 E ^{d}GAŠAN.LÍL — 4 E 3-*SÚ*.

de Mursili, on ne reprend pas un anci[en] rite; on lui a seulement adressé le salut au cours de la fête en l'honneur d'Ištar de Samuha; Mursili, le père de «Mon Soleil», l'avait faite ainsi :

7-9 Pour les campagnes où le roi guerroie et pour autant de campagnes où il a guerroyé durant les années qui se sont passées depuis qu'on célèbre la déesse,

10-11 pour ces campagnes-là on a l'habitude de fixer par oracle l'offrande *ambašši* et *keldi* ainsi qu'un vœu; d'après ce qui est fixé à lui,

12 il fait l'offrande *ambašši* dans l'ancien *ambašši*;

13 on la recommence (mais cela) ne concerne pas Ištar de la steppe de Samuha.

14 Lorsqu'il a fini d'effectuer l'offrande *keldi*,

15-16 l'on pose devant la divinité des viandes rituellement pures (et) crues : une poitrine, une épaule, une tête, des pieds.

17-19 Pour ces territoires, l'offrande n'a pas lieu en l'honneur de la Dame de la steppe, à savoir la puissante, de Mursili; on lui a adressé un salut au cours de la (fête) en l'honneur d'Ištar de la steppe de Samuha.

---

20 Mais s'(il y a) des années qui se sont écoulées et que le roi

21 n'est allé nulle part en campagne, alors aucune offrande

22 n'a lieu; on reprend uniquement la cérémonie de l'année en cours;

23 par contre, cette année où le roi part en expédition,

24-28 il célèbre la divinité cette année; au cours des oracles demandés à la divinité, le roi effectue en l'honneur d'Ištar de la steppe de Samuha, l'ancienne, un rituel à l'*ambašši* et au *keldi* ainsi qu'un vœu; ce qui est fixé par oracle, on le donne à Ištar de la steppe de Samuha, l'ancienne.

29-30 D'autre part, on fixe par oracle l'offrande à l'*ambašši* et au *keldi* en l'honneur d'Ištar de la steppe, la puissante, de Mursili; ce qui est fixé pour elle, on le donne;

31-34 mais il n'y a pas de vœu adressé à elle; de plus, s'il s'agit d'une année où le roi ne se rend pas en campagne, le rituel du départ pour une expédition militaire (célébré) en l'honneur d'Ištar de la steppe de Samuha (et qui se déroule) à l'*ambašši* et au *keldi*, ainsi qu'un vœu n'ont pas lieu parce que le roi ne part pas en campagne.

35-36 Alors, lorsqu'il offre les viandes crues et cuites propres au sacrifice à l'*ambašši* et au *keldi*, le roi se tient en arrière du lieu du sacrifice et le devin lui place en main du cèdre.

37-38 Et le devin rompt neuf galettes pour Ištar de la steppe; il dépose dessus de la graisse de bœuf (et) de mouton, de la bouillie (et) une soupe aux herbes *gangati*; il prélève ensuite un morceau
39-40 et il met un peu de suif; il place (le tout) dans une terrine et le présente à la divinité; le devin fait une libation de vin.

41-44 Il rompt deux galettes en l'honneur de Ninatta (et) de Kulitta; sur elles, il pose un foie (et) un cœur de bœuf (et) de mouton, de la bouillie (et) une soupe aux herbes *gangati*; ensuite, il prélève un morceau et met un peu de suif; il place (le tout) dans une terrine et le présente à la divinité; le devin effectue une libation de vin.
45-46 Il rompt une galette en l'honneur de l'arme de droite de Šauška, etc.; le roi l'offre devant les armes de droite; le roi fait une libation (avec le contenu) d'une «fiole» en or.

---

47 Il rompt, debout, une galette pour Tešub, etc.; il le place alors devant la divinité;
48 (il rompt) une galette pour le dieu de l'orage de l'armée, etc.; (il rompt), assis, une galette pour le dieu de l'orage du ciel, etc.;
49 debout, (il rompt) une galette pour le dieu de l'orage *piḫaššašši* etc.; il rompt une galette pour le dieu de l'orage du Hatti, etc.;
50 il rompt, assis, une galette pour le dieu de l'orage du propylée, etc.; (il rompt) une galette pour le dieu de l'orage de Zippalanda;
51 (il rompt), assis, une galette pour le dieu de l'orage de Nérik, etc.; (il rompt) une galette pour le dieu de l'orage du palais;
52 (il rompt) une galette pour le dieu de l'orage, le seigneur, etc.; (il rompt) une galette pour le dieu de l'orage de Hissaspa, etc;
53 (il rompt) une galette pour le dieu de l'orage de Kuliwisna, etc..

---

54 (Il rompt) une galette pour le dieu de l'orage de Hulassa, etc.; (il rompt) une galette pour le dieu de l'orage de Sarissa, etc.;
55 (il rompt) une galette pour le dieu de l'orage de Pattiyarik, etc.; (il rompt) une galette pour le dieu de l'orage de Lihsina, etc.;
56 (il rompt) une galette pour le dieu de l'orage de Hatra, etc.; (il rompt) une galette pour le dieu de l'orage d'Arinna, etc.;
57 (il rompt), assis, une galette pour Hulla, etc.; (il rompt) une galette pour le dieu de l'orage d'Alep, etc.;

58 (il rompt) une galette pour le dieu de l'orage de Kuwaliya, etc.; assis, (il rompt) une galette pour le dieu de l'orage de Kumanni, etc.;

59 assis, (il rompt) une galette pour Tašimiš, etc.; assis, (il rompt) une galette pour Ištar du ciel, etc.;

60 (il rompt), assis, une galette pour Kumarbi, etc.; (il rompt), assis, une galette pour Aa, etc.;

61 assis, (il rompt) une galette pour Enzu, etc.; (il rompt) une galette pour le Soleil, etc.; assis, (il rompt) une galette pour le dieu Soleil de la tour de garde;

62-63 (il rompt) une galette pour Aštabi, etc.; (il rompt) une galette pour Nubadig; assis, (il rompt) une galette pour le dieu U.GUR *šaummatar*, etc..

---

64 (Il rompt) une galette pour le dieu Zitḫariya du roi, etc.; (il rompt) une galette pour le dieu Zitḫariya de la reine, etc.;

65 (il rompt) une galette pour le dieu KAL de la steppe, etc.; assis, (il rompt) une galette pour le dieu KAL du Hatti, de Karzi, de Hapataliya, etc.;

66 (il rompt) une galette pour le dieu-égide, etc.; (il rompt) une galette pour le dieu KAL du roi, etc.;

67 (il rompt) une galette pour le dieu KAL de Karahna, etc.; (il rompt) une galette pour le dieu KAL de Hurma, etc.;

68 assis, (il rompt) une galette pour Pirinkir, etc.; assis, (il rompt) une galette pour Zababa, etc.;

69 assis, (il rompt) une galette pour le soleil des toisons de brebis, etc.; (il rompt) une galette pour le ciel et la terre, etc.;

70 assis, (il rompt) une galette pour les montagnes et les rivières, etc.; assis, (il rompt) une galette pour Šarruma, le veau de Tešub, etc..

71-72 Assis, (il rompt) une galette pour les dieux du père de Šauška, etc.; assis, (il rompt) une galette pour les dieux du père de Tešub, etc.; (il rompt) une galette pour les dieux du père de Šimegi,

73-74 assis, etc.; (il rompt) une galette pour les taureaux Šeri et Ḫuri, etc.; (il rompt) une galette pour les montagnes Namni et Ḫazzi, etc.; (il rompt) une galette pour les *teri* de Tešub, etc.;

75 assis, (il rompt) une galette pour l'*ari-mudri ieni eriri* de Tešub, etc..

Ro II

Pour la traduction des lignes 1 à 14, l'on se référera au commentaire où l'on trouvera, ligne par ligne, la traduction et l'explication des termes susceptibles d'être identifiés.

15 (il rompt) une galette pour la féminité (et) la virilité de Šauška, etc.;
16 (il rompt) une galette pour le *ḫulanši ši-x-ur-ši* de Šauška, etc.;
17 (il rompt) une galette pour Undurumma, le divin vizir de Šauška;
18 (il rompt), assis, une galette pour Tenu, le vizir de Tešub;
19 (il rompt) une galette pour Mukišanu, le vizir de Kumarbi;
20 assis, (il rompt) une galette pour Izummi, le vizir d'Aa;
21 (il rompt) une galette pour Lipparuma, le vizir de Šimegi;
22 (il rompt) une galette, assis, pour Ḫupušdukarra, le vizir de Ḫéšui.

---

23 (Il rompt) une galette pour Iršappa, le marchand, etc.;
24 (il rompt) une galette pour les dieux du marché, etc.;
25 (il rompt) une galette pour Naḫnazu *mattaraši*, etc.;
26 assis, (il rompt) une galette pour Šantaluqqa, le *ušunda*, etc.;
27 (il rompt) une galette pour les dieux masculins de Samuha, etc.;
28 (il rompt) une galette pour les dieux masculins du Hatti, etc.;
29 (il rompt) une galette pour les dieux masculins du pays Hatti (= l'Empire hittite).

---

30 (Il rompt) une galette pour le marche[pied], le fauteuil, le trône paternel de Šauška, etc.;
31 (il rompt) une galette pour le marche[pied, le fauteuil], le trône paternel de Tešub, etc..
32 (il rompt) une galette pour [tou]s les dieux masculins, en étant assis, etc.;
33 (il rompt) une galette pour les dieux *marišḫi*, les dieux *šiḫa*, etc.;
34 (il rompt) une galette pour les dieux *kulaḫḫe* (et) les dieux masculins *kulupate*, etc..
35 Fin (de la liste) des dieux masculins.

---

36 (Il rompt) une galette pour la déesse Soleil d'Arinna, etc.; debout, (il rompt) une galette pour Mezulla, etc.;
37 (il rompt) une galette pour Hébat souveraine, etc.; (il rompt) une galette pour Hébat souveraine du Hatti, etc.;
38 (il rompt), [de]bout, une galette pour Hébat souveraine de Uda, etc.; (il rompt) une galette pour Hébat souveraine
39 du Kizzuwatna, etc.; (il rompt) une galette pour Hébat souveraine de Samuha;

40 (il rompt) une galette pour Hébat-Šarruma; (il rompt) une galette pour Hébat-Allanzu, en étant assis, etc..

---

41 (Il rompt), assis, une galette pour Daru-Da(m)kidu, etc.;
42 (il rompt), assis, une galette pour les Ḫutena-Ḫutellura, etc.;
43 (il rompt) une galette pour Išḫara; (il rompt), assis, une galette pour Allani, etc.;
44 assis, (il rompt) une galette pour Umbu, Ningal; (il rompt) une galette pour Šauška;
45 (il rompt) une galette, assis, pour Ninatta (et) Kulitta, etc..

---

46 (Il rompt) une galette pour Šauška de Hattarina, pour Ninatta (et) Kulitta;
47 (il rompt) une galette pour Šauška du palais, pour Ninatta (et) Kulitta.

---

48 (Il rompt) une galette pour Šauška de Tameninga, pour Ninatta (et) Kulitta;
49 (il rompt) une galette pour Šauška d'Ankuwa, pour N[inatta (et)] Kulitta;
50 (il rompt) une galette pour Šauška de Kuliusna, pour Ninat[ta (et) K]ulitta.

---

51 (Il rompt) une galette pour Nabarbi, etc.; (il rompt) une galette pour Šuwala, etc.; (il rompt) une galette pour Damkina;
52 (il rompt) une galette pour Aya, Ekaldun; (il rompt) une galette pour Šaluš, le v[err]ou;
53 (il rompt), assis, une galette pour Adamma, Kubaba, Ḫašuntarḫi, et[c..]

---

54 (Il rompt) une galette pour Zalmi, pour NIN.É.GAL; (il rompt) une galette pour Uršui, le *išk*[*alli*;]
55 (il rompt) une galette pour Tiyapinti, le vizir de Hébat, en étant assis, etc..

---

56 (Il rompt) une galette pour Zappi *x-ga*; (il rompt) une galette pour les *Turra šubbena*;
57 (il rompt) une galette pour *Šintalwuri*; assis, (il rompt) une galette pour *Šintalirti*.

---

58 (Il rompt) une galette pour Tamalku, une galette pour Eliburni, une galette pour *Naḫašuteni*;
59 (il rompt) une galette pour *ḫuri ḫaštari*, une galette pour le lit de parade, pour le lit;
60 (il rompt) une galette pour Daya *azzalli*.

---

61 (Il rompt) une galette pour *ḫubbi kinniti*, une galette pour le jour, l'eau, une galette pour *ḫawaḫi*
62 *ḫalištarni* de Šauška; (il rompt), assis, une galette pour la féminité, la virilité, les *niḫar*, etc..

63 (Il rompt) une galette, assis, pour le *kulgulli* de Šauška, etc.; (il rompt) une galette pour Erišanki,
64 le *kinuzi* de Šauška; assis, (il rompt) une galette pour Ušunna, Tulla, etc.;
65 (il rompt) une galette pour Šuḫanti, Zillanti, une galette pour Tumunna,
66 *ḫurumunna* Šauška (et) Tešub *zapimuwamuna*, en étant assis, etc..

67 Assis, (il rompt) une galette pour les *kuli* de Šauška, etc.; (il rompt) une galette pour
68 la source *eki* de Šauška et il la met dans la source.

69 (Il rompt) une galette pour la rivière *zalattara* et il la met dans la rivière.

70 (Il rompt) une galette pour le marchepied, le fauteuil, le trône paternel; (il rompt) une galette pour Abara de Samuha,
71 les déesses de Samuha, les déesses du
72 Hatti, les déesses du pays
73 Hatti (= Empire hittite), en étant assis, etc..

Vo III

1-2 Assis, (il rompt) une galette pour les *terra* des divinités masculines *šuwara*, etc..

3 (Il rompt), en étant assis, une galette pour les déesses *marišḫi šieḫa*,
4 les *ilrunna*, les divinités *kulaḫi*,
5 les *kupate*, etc.

6 (Il rompt) une galette pour le *zušši teḫḫieni* de [Šaušk]a,
7 l'encensoir, la terrine, le *nirambi*, le temple
8 de Šauška; assis, (il rompt) une galette pour la «fosse à offrandes», etc..

9-10 Ensuite, il enlève la «fosse à offrandes» de la main du roi et il place une galette dans la «fosse à offrandes»; il se purifie alors la main; ensuite, le devin
11 place du cèdre dans la main du roi.

12 (Il rompt) une galette pour Šiḫabinašta et il l'emmène;
13-14 alors, il se purifie la main; il pénètre à l'intérieur, il crie : «*keldi*»; ensuite, il remplit les «fioles» de vin,
15 et il remplit des récipients avec du vin, de la bière (et) du *tawal*;
16 ensuite, le devin retire le cèdre au roi; le roi se prosterne.
17 En outre, à la divinité le roi [ ]; lorsque cela lui convient,
18-19 il le [ ] à la divinité; le [ ] présente au roi un os de patte de bœuf, de mouton cuit dans une marmite.
20-21 Le roi prend un couteau en bronze e[t] il découpe en morceaux une patte, un os, un *ek*-; en outre, il (les) hache
22 mais il n'y p[or]te pas la main; alors, le devin
23-26 récite ce qui suit : «Tout comme la patte et l'os que voici par-[mi] les [ ], que de la même manière parmi les rois [ ], tout comm[e] la patt[e], l'os [ ]
27 en fa[ce] du roi [ ]les[
28 et lui [
29-30 trop abîmé pour proposer une traduction

---

31 [d'Ištar] de la steppe, la puissante,
32 il [ ] aussi, pour ce cercl[e] divin
33 il [sacrifie de la manière suivante :]

---

34 [Šauš]ka [de la steppe,] Ninatta, Kulitta,

---

35 [Šauš]ka du *kurkur*, Ninatta, Kulitta,

---

36 [Šauška] de l'*eki*, Ninatta, Kulitta,

---

37 [Šauška masculine, Ni]natta, Kulitta,

---

38 [Šaušk]a *pu*[*nuḫunzi*,] Ninatta, Kulitta,
39 [Šauška du] *gam*[*irši*, N]inatta, Kulitta,

---

40 [Šauška] *upuk*[*arši*, Nina]tta, Kulitta,

---

41 l'ar[me] de droite [de Šauška], Tešub à l'épée, Aštabi,
42 Nubadi[g, l'arc, la flèche, le carquois de N]ubadig,

---

43 Pirinkir, [Ḫéšui et Šandalugga]
44-45 Ḫatni-Piš[ašapḫi, le Ciel-Terre, les montagnes] celle[s] de Šauška de la [campagn]e, [la royauté]

---

46 [les Paira et Udukki de Šauška] de la steppe
de 47 à 67' : cfr commentaire.

68' Alors, le grand x x se re[nd] dans le temple d'Ištar de la steppe de Samuha
69' et il prend un *zammuri* d'un demi *ŠATU*.

70'-72' En [outre,] il prélève à plusieurs reprises [un mor]ceau des petits pains de soldats (et) des pains sucrés qu'il rompt et il les [ ]; lors d'une première li[bation,] le roi,
73' assis, boit une fois à la santé de Nubadi<g> [*wal*]*libi*; [il rompt] une gale[tte, etc.]

Vo IV

1-2 Après quoi, le roi, debout, boit trois fois en l'honneur d'Ištar de la steppe, de Ninatta, de Kulitta (et) de l'arme de droite de Šauška, etc..

3-5 Ensuite, le roi, debout, boit deux fois en l'honneur d'Ištar de la steppe, de Ninatta, de Kulitta (et) de l'arme de droite de Šauška et de Tešub; il rompt une galette.

6-7 Alors, on apporte les plats; dans le *keldi*, le roi place pour la divinité ceux qui (sont) derrière lui et on (en) place également pour tout le panthéon.

8-9 La mise en place des plats à l'intention d'Ištar de la steppe, la puissante, de Mursili n'a pas lieu.

---

10 En outre, il boit plusieurs fois à ces groupes divins avec leurs dieux et déesses;
11-14 si cela plaît au roi, il boit plusieurs fois à un groupe de trois divinités distinguées parmi 45 divinités et on fait avancer les chanteurs pour chanter en l'honneur d'Ištar de la steppe elle-même, de Ninatta, Kulitta (et) de l'arme de droite de Šauška.

15-17 D'autre part, lorsque l'on range les coupes du temple d'Ištar de la steppe de Samuha, le roi va prendre une collation dans le temple de la Dame de la steppe, la puissante, de Mursili; là aussi,
18 il dispose les coupes de la manière suivante.

19-20 Lors de la première offrande, le roi, assis, boit une fois à Nubadig *wallibi*, il rompt un gros pain, les chanteurs hourrites chantent.

21-24 Puis, le roi, debout, boit trois fois à Ištar de la steppe, la toute puissante, de Mursili dans un rhyton en or en forme de lion; il rompt trois gros pains (et) neuf galettes dans deux coupes, et lors (de l'offrande) suivante, il rompt neuf gros pains (et) trois fois neuf galettes dans une coupe; les chanteurs chantent en hourrite.

---

25 Après quoi, le roi, debout, boit une fois au dieu de l'orage des nuées; il rompt trois gros pains;

26 les chanteurs chantent en hatti.

27 [Ensui]te, le roi, debout, boit une fois à tous les dieux,
28 il romp[t] trois gros pains; les chanteurs chantent en hatti.

29-30 Sur ce, le roi, debout, boit une fois à Zababa; il rompt trois gros pains; les chanteurs chantent en hatti.

31-32 Après quoi, le roi, debout, boit une fois à la Dame de la steppe, la puissante, de Mursili dans un rhyton en or en forme de lion,
33 il rompt neuf gros pains, trois fois neuf galettes (et) trois pains chauds,
34 les chanteurs hourrites chantent.

35-36 Ensuite, le roi, debout, boit une fois à Ninatta (et) à Kulitta, il rompt trois gros pains, les chanteurs chantent en hourrite.

37-38 Par la suite, le roi, debout, boit une fois à l'arme, à l'instrument de guerre d'Ištar de la steppe, il rompt trois gros pains, les chanteurs chantent en hourrite.

39-40 Après quoi, on consacre du parfum; le roi, assis, boit une fois à *leli ḫaššari*, il rompt trois gros pains, les chanteurs chantent en hourrite.

41 Le roi boit ensuite, debout, une fois à Eliburni,
42 il rompt un gros pain, les chanteurs chantent en hourrite.

43 Par la suite, le roi, debout, boit une fois à la route souveraine,
44 il rompt un gros pain, les chanteurs hourrites chantent,
45 et c'est terminé; alors, le roi se prosterne.

46-48 Alors, le roi pénètre dans le temple d'Ištar de la steppe de Samuha, l'ancienne; le roi offre de la graisse de mouton en même temps qu'une cruche en or remplie de vin; le roi se prosterne et là où cela lui
49 plaît, il se couche mais, devant Ištar de la steppe, il s'assied.
50 Les chanteurs et les devins veill[ent] durant la nuit.

Colophon.

51 La deuxième tablette d'Ištar de la campagne de Sam[uha,]
52 (celle des cérémonies) du premier jour, est terminée.

KUB XXVII 6

Ro I

1 [^{d}IŠTAR.LÍL wa-al-li-wa-al]-li-ya[-aš]

2 [ ] ki-is-š[a-an]

3 [a-w]a-ar-ri-wa$_{a}$ ^{d}IŠTAR ^{d}Ni-na-at-ta ^{d}Ku-li-it[-ta]

4 x kur-kur-ri-wi$_{i}$ ^{d}IŠTAR-ga ^{d}Ni-na-at-ta ^{d}Ku-li-it[-ta]

5 e-ki-ni-wi$_{i}$ ^{d}IŠTAR-ga ^{d}Ni-na-at-ta ^{d}Ku-li-i[t-ta]

6 ta-ḫa-ši-ya ^{d}IŠTAR-ga ^{d}Ni-na-at-ta ^{d}Ku-li-it[-ta]

7 pu-nu-ḫu-un-zi-ya ^{d}IŠTAR-ga ^{d}Ni-na-at-ta ^{d}Ku-li[-it-ta]

8 [g]a-me-er-ši-wi$_{i}$ ^{d}IŠTAR-ga ^{d}Ni-na-at-ta ^{d}Ku-l[i-it-ta]

9 ú$^{?}$-pu-kar-ši-ya ^{d}IŠTAR-ga ^{d}Ni-na-at-ta ^{d}Ku-l[i-it-ta]

10 [pa]-an-ta-ni ša-ú-ri ^{d}IŠTAR-wi$_{i}$ ^{d}U-ub-bi ḫu-u-ru-ub-b[i]

11 [^{d}]Nu-pa-ti-ik ^{GIŠ}BAN-ti GI-ri iš-pa-ti ^{d}Nu-pa-t[i-ik-wi$_{i}$]

12 ^{d}Pí-ri-in-kar ^{d}Ḫé-e-šu-u-i ^{d}Ša-an-da-al-lu-ga[-an]

13 [ḫ]a-at-ni ^{d}Pí-ša-ša-ap-ḫi e-ši ḫa-bur-ni ḪUR.SAG^{MEŠ}-n[a]

14 a-wa-ar-ri-bi-na ^{d}IŠTAR-ga-bi-na šar-ra-aš-ši-ya ḫu-ri-x

15 a-wa-ar-ri-bi-na ^{d}IŠTAR-ga-bi-na ^{d}Pa-ir-ra ^{d}U-du-uk-ki[-na]

16 [a-w]a-ar-ri-bi-na ^{d}IŠTAR-ga-bi-na ul-mi ga-lu-bi ša-a-aḫ-ḫ[a]

17 z[u-zu-ma-k]i x-x-zu-ub-bi ku-up-ti ša-aš-šu-pa-a-ti ḫa-a-ši-ya-t[i]

18 GI-ri iš-pa-ti šar-y[a]-ni gur-bi-ši a-ar-ru-mi mu-ul-du [ ]

19 ta-še ḪUR.SAG-ni ta-še ḫal-li-im-ki-ni-bi ta-ši ši-in-ta [ ]

20 ^{d}IŠTAR-ga-bi šu-ú-ni e-a ḫa-a-[z]i-pa-ri-ma-aš-ši-na a-wa-ar-[ri]

21 ^{d}IŠTAR-ga-aš ḫa-a-ar-ra-ši-na x-pa-a[-]-na ú-bu-ti n[a-]

22 a-wa-ar-ri-wi$_{i}$-ni-bi ^{d}IŠTAR-ga-bi še-e [ ]wu$_{u}$-ru[-]

23 il-mi-na pa-ra-al-la ta-a-ar du-x [ ]

24 ^{d}IŠTAR-ga-bi-na DINGIR^{MEŠ}-na wa-an-da-an-na [ ]

25 DINGIR^{MEŠ}-na a-bi-e-bi-na DINGIR^{MEŠ}-na ú-ru-un[-ni-bi-na]

26 ^{d}IŠTAR-ga-bi-na DINGIR^{MEŠ}-na at-ta-an-ni-b[i-na]

27 a-wa$_{a}$-ar-ri-wi$_{i}$-ni-wi$_{i}$-na ^{d}IŠTAR-ga[-bi-na]

28 aš-du-uḫ-ḫi-na du-ru-uḫ-ḫi-na ^{d}x [ ]

29 DINGIR^{MEŠ}-na zi-il-la-an-te-ḫi-na [ ]

30 šu-uḫ-a-an-ti a-wa$_{a}$-ar-ri-wi$_{i}$-na [ ]

31 ge-eš-ḫi a-da-a-ni na-aḫ-ḫi-ti [ ]

32 ú-e-ma-aš-ši ša-la-an-ni ši-i- [ ]

33 ḫu-ub-ru-uš-ḫi am-ba-aš-ši-ya x [ ]

34 DINGIR^{MEŠ}-na x-x-x-na wu$_{u}$-ru-ul- [ ]

35 [ ]x-i za-ak- [ ]

36 [ ]*x ḫu-u-x* [ ]
Reste de la colonne perdu

Vo IV

x × 1 [ ]x[ ]

2' [$^{U]ZU}$NÍG.GIG [ ]
3' [^{LÚ}]ḪAL 2 NINDA SI[G]
4' [*IŠ*]-*TU* ^{DUG}*KU-KU*[-*UB* GUŠKIN GEŠTIN-*it šu-u-wa-an ši-pa-an-ti*]
5' [ ]x GUŠKIN x [ ]

6' [*wa-g*]*a-an-na ḫal-zi*[-*ya* ^{d}*IŠTAR*.LÍL ^{d}*Ni-na-at-ta*] ^{d}*Ku-li-it-ta*
7' [*pa-an-d*]*a-ni ša-ú-r*[*i* LUGAL-*u*]*š* KU-*aš* 2 NINDA.KUR$_4$.RA *pár-ši-ya*
8' [*ḫa-an-te-e*]*z-zi-ma a-pád-x*[ ]x *pí-ra-an ši-pa-an-ti*
9' [*an-da*]-*ma-kán ḫu-u-da-ak* GEŠT[IN $^{L]Ú}$ḪAL x x x x x
10' [*pa-ra*]-*a pé-e-da-an* [ ] -*zi*

11' DUB 3.KAM *ŠA* ^{d}*IŠTAR*.LÍL $^{U[RU}$*Ša-mu-ḫa Q*]*A-TI*

Traduction :
Pour Ro I 1-14, cfr traduction de KUB XXVII 1 Vo III 31-45; pour Ro I 15-36, cfr Commentaire de KUB XXVII 1 Vo III 46-67', une traduction d'ensemble se révélant trop difficile vu les lacunes et notre connaissance imparfaite du hourrite.

Vo IV

2' [f]oie [ ]
3' [le] devin [verbe] 2 galette[s]
4' [fait une libation av]ec une cru[che en or remplie de vin;]
5' [ ] en or [ ]

6' [Il] cri[e : «col]lation»; [Ištar de la steppe, Ninatta,] Kulitta,
7' l'arm[e de droi]te[le ro]i, assis, rompt deux gros pains
8'-9' lignes trop abîmées pour une traduction; il y est question d'offrandes et de libations.
10' on [em]mène [

11' [F]in (des cérémonies) de la troisième tablette relative à Ištar de la steppe de [Samuha].

Commentaire de KUB XXVII 1+ Ro I :

l. 3 : *walliwalli-ma* : épithète donnée dans le rituel à l'Ištar de la steppe protectrice de Mursili II durant ses différentes campagnes; pour le sens de *walliwalli-* : «fort, puissant», cfr J. Friedrich, *HWb. Erg.* 3, p. 35.

l. 7 : *gimruš* : acc. pl. de *gimra-* = akkad. *ṢĒRU* = sum. LÍL = hourr. *awari*; *gimra-* désigne tout ce qui s'oppose à URU : «ville, village», et, par conséquent, peut se traduire par «steppe, campagne, territoire» et désigner aussi les étendues où les armées rivales s'affrontent, soit le champ de bataille.
laḫḫeškit : 3ᵉ p.s. prétérit V.A. de *laḫḫešk-*, forme itérative/intensive du verbe *laḫḫiya-*, avec réduction de **laḫḫiyašk-* en *laḫḫešk-* conformément à J. Friedrich, *Elem.* I^2, p. 27 nº 14 a) 1.

l. 9 : DINGIR^{LIM} : l'emploi de ce génitif surprend car l'on attend soit l'accusatif DINGIR^{LAM} soit la forme non déclinée DINGIR^{LUM}; il ne faut pas conclure cependant trop vite à une maladresse du scribe mais plutôt envisager un terme EZEN non exprimé que DINGIR^{LIM} déterminerait; même chose pour l. 24.

l. 10 : SISKUR *ambaššin keldianna* : «l'offrande *ambašši* et *keldi*»; il faut comprendre une offrande spécifique qui s'effectue dans les lieux nommés *ambašši* et *keldi*; ces endroits ont donné leur nom à la cérémonie qui s'y déroule et sont ici de simples appositions de SISKUR; pour la définition d'*ambašši* et *keldi*, cfr p. 47-48.

l. 17 : *walliwali-at* : ce pronom enclitique *-at* est difficile à expliquer quant à sa fonction; de même la graphie *walliwali-* au lieu de l'habituel *walliwalli-* étonne; s'agit-il d'une erreur du scribe hittite ou, en ce qui concerne la finale *-at*, d'une mauvaise interprétation du tracé du signe de la part de Ehelolf? En effet, en comparant le début de la ligne 29 parallèle à la ligne 17, on y lit sans difficulté *walliwalli-aš-ma*; sur des tablettes aux signes légèrement abîmés, la confusion entre le signe «*at*» et le groupe «*aš-ma*» peut se comprendre.

l. 19 : A la fin de l. 18 ou au début de l. 19, il faut suppléer logiquement un EZEN-*ni*, sans quoi la proposition ne peut avoir de sens; cfr le parallèle de l. 5.

l. 22 : MU.KAM$^{ḪI.A}$ *me-e-na-aš* : l'expression a déjà été fort discutée; cfr en dernier lieu J. Friedrich, *HWb. Erg.* 3, p. 24 et H. G. Güterbock, *RHA* 81 (1967), p. 142-145. A la suite de

Güterbock, nous croyons qu'il convient de considérer *me(ya)na-* comme un adjectif épithète de MU qui, dans notre texte, se trouve au gén. pl.; il s'agit de la cérémonie prévue au calendrier de l'année en cours.

l. 24 : DINGIR^{LIM}-*za* : cfr l. 9.

l. 27 : *ariyanzi*: l'utilisation d'un pluriel est ici aberrante, le sujet ne pouvant être que LUGAL-*uš* de l. 24; la place lointaine du verbe par rapport au sujet a-t-elle égaré le scribe?

l. 29 : *walliwalli-aš-ma* : génitif, tout comme le nom hittite d'Ištar dont il est complément attributif; cette construction rencontrée en hittite est conforme à la syntaxe akkadienne : la préposition *ANA* ou toute autre préposition + gén.; cfr J. Friedrich, *Elem.* I², p. 180 n° 362.

l. 36 : EGIR SISKUR *tiyazi*: = akkad. *INA ARKI RIKṢI*: «il se tient derrière le lieu où se fait le sacrifice»; pour l'analyse de cette expression, cfr H. Kronasser, *Die Umsiedlung*, p. 48.

l. 37 : *ta* à la place de *nu* révèle un trait d'archaïsme, trahissant sans doute un modèle de rituel plus ancien; cfr A. Kammenhuber, *Thesaurus* 2, p. 42; relevons également la coordination *ta* en IV 45.

awari-wi$_i$ ^{d}*IŠTAR*.LÍL = ^{d}IŠTAR *ṢĒRI* = *gimraš* ^{d}*IŠTAR*; *awari-wi$_i$* est le gén. s. du hourrite *awari*: «steppe, campagne, champ de bataille».

l. 38 : *anaḫi*: «morceau». Ce substantif, traité en hittite comme un neutre, pourrait être d'origine louvite et non hourrite; pour les emplois et la morphologie de *anaḫi(t)-* dans les textes hittites et hourrites, cfr E. Laroche, *RHA* XXVIII (1970), p. 68-70.

l. 39 : *ḫubrušḫi*: «terrine»; ici au locatif; pour la graphie *ḫubrušḫi* préférable à *ḫuprušḫi*, il faut se référer au hourrite alphabétique d'Ugarit où l'on trouve la forme *ḫbršḫ*, notamment dans le directif *ḫbršḫ-n-d* signalé dans *Ugaritica* V, RS 24.715.

l. 47 : ^{d}U-*ub* : le dieu hourrite Tešub dont il est question au début de cette liste de dieux de l'orage, doit représenter le Tešub adoré à Samuha, puisqu'il occupe la place d'honneur et n'est suivi d'aucune détermination; cfr H. G. Güterbock, *RHA* 68 (1961), p. 9.

l. 70 : ^{d}U-*ub* *ḫubiti* ^{d}*Šarrumma*: «Šarruma, veau de Tešub»; la graphie de Tešub déconcerte par l'absence de caractéristique de génitif; conformément aux emplois parallèles des listes divines hourrites et du hourrite hiéroglyphique de Yazılıkaya, on devrait avoir ^{d}U-*ub-bi* < ^{d}*Tešub-bi*, par assimilation de *Tešub-wi*$_i$; Yazılıkaya n° 42 a d'ailleurs *Ti-šu-pí* [*ḫu*]-*bi-ti*. Du point de vue iconographique, il est intéressant de remarquer que Šarruma, fils du dieu de l'orage, lequel est à considérer implicitement comme un taureau, est tout naturellement un veau; d'autre part, comme fils de Hébat, la parèdre de Tešub, il reçoit la forme humaine et se tient debout sur une panthère, comme on l'observe à Yazılıkaya n° 44; pour l'étude du dieu Šarruma, on se référera surtout à E. Laroche, *Syria* 40 (1963), p. 285 sqq. et *RHA* 84 (1969), p. 67 et 69.

l. 73 : Les montagnes Namni et Ḫazzi = mont Casius; derrière le sumérogramme ḪUR.SAG^{MEŠ}, il faut naturellement restaurer la lecture hourrite *papa-na*. Venant à la suite des taureaux serviteurs de Tešub, Šeri et Ḫuri, ces deux montagnes constituent le piédestal classique du dieu de l'orage, cfr E. von Schuler, *Myth.*, p. 171.

l. 74 : *te-e-er-ra* ^{d}*U-ub-wi*$_i$*-na* : «aux *teri*, ceux de Tešub»; *te-e-er-ra* < *ter(i)-na*, la syncope du *i* final du thème entraînant une assimilation progressive de *r* à *n*; de manière générale, l'on peut dire qu'un thème nominal en *-ni*, *-li*, *-ri* + l'article *-ni* (sing.) ou *-na* (plur.) subit la syncope de la voyelle finale qui s'accompagne d'une assimilation progressive : *umini* : «pays» > *uminni* : «le pays», *awari* : «steppe» > *awarri* : «la steppe», *eni* : «dieu» > *enni* : «le dieu». La graphie des consonnes, simple ou double, sourde ou sonore, est donc capitale en hourrite.

l. 75 : *ari mudri* : expression de sens obscur; elle désigne un attribut de Tešub; voir récemment V. Haas et G. Wilhelm, *Riten*, p. 60 et 62.
ieni comme *eriri* désignent aussi des attributs de Tešub; c'est avec cette valeur générale que l'on trouve la suite *i-ni i-ri-ri* en KUB XXXII 61, 8; 84 IV 7; *Murš. Spr.* Ro 33. E. Laroche, *NH*, p. 352, pense qu'il existe deux mots hourrites différents : *eni* : «dieu» et *ini* de sens inconnu.

Ro II

l. 1 : ^{d}*Ilmi(-)parni* : E. Laroche, *Recherches*, p. 50, lit ^{d}*Ilmiparni*, mais ici la graphie cunéiforme sépare nettement ^{d}*Ilmi* de *parni*; quoi qu'il en soit, il est possible de reconnaître le mot *e*/*ilmi* : «serment».

Autres références récentes :
KBo XX 119 Ro I 24 : *i-il-mi pár-ni ta-ak-ru*
KBo XX 119 Vo VI 21' : *elmi-na paralla* ᵈU-*ub-wi*$_i$-*na*.

l. 3 : *gamerši* : sens inconnu, mais en III 39, il est question de Šauška du *gamerši*, voir V. Haas et G. Wilhelm, *Riten*, p. 85.
šarrašši : «royauté», cfr J. Friedrich, *HWb.Erg.* 2, p. 37.
mali : nature et sens inconnu d'après E. Laroche, *NH*, p. 352; en KBo II 9 I 25-27, *ma-a-al-la* < *mali-na*? désigne un attribut d'Ištar de Ninive.
nanki : lieu cultuel d'après E. Laroche, *Ugaritica* V, p. 504; en hourrite alphabétique, nous possédons le locatif sing. *nngy* = ⁺*na-an-ki-ya*; ce terme détermine plusieurs fois le *niḫari* de certaines divinités et peut être lui-même divinisé, cfr KUB XXVII 1 II 6, 7; KUB XXXII 84 IV 11; KBo VIII 86 Ro 17; 141, 11; KBo XVII 86 I 17'.

l. 4 : *paḫi* : «tête»; voir l'analyse de E. Laroche, *RA* 67 (1973), p. 119-122; série *iti paḫi paši irti* bien illustrée en KBo XX 124 II 14'; 126 Ro II 19, Vo III 8', 18'.
pantani : «de droite»; voir aussi IV 2, IV 13; variantes : *pandani* en II 13, *patani* en III 41, IV 4, *wa*$_a$-*an-da-an-ni* en I 45, cfr E. Speiser, *Introduction*, p. 25-26, 36-37, 57; *ḫiraḫi* : désigne une partie du corps, cfr E. Laroche, *RA* 67 (1973), p. 121-122.
L'ensemble de la ligne peut se traduire : «assis, (il rompt une galette) à la tête, au *ḫiraḫi* de droite de Tešub, etc.».

l. 5 : *wu*$_u$-*ru-ul-la* = *purulla* < *puruli-na*, cas absolu avec article au pluriel; l'on remarque l'alternance *w*/*p* habituelle au hourrite et la syncope de la voyelle finale -*i* avec assimilation progressive de *n* à *l*.
šerammi-na : sens de *šerammi* reste problématique.
Traduction de la l. 5 : «(il rompt) une galette pour les *šerammi*, les maisons, etc.; (il rompt) une galette pour [ ]».

l. 6 : *wirammum* : sens inconnu.
Partiellement, la l. 6 peut se traduire : «... (il rompt) une galette pour *ir*[ ] de *nanki*[ ]».

l. 7 : Traduction : «de Šauška, etc.; (il rompt) une galette au *niḫar* de *nanki*, etc.;»

l. 8 : *kaubi* : désigne une arme.
ᴳᴵˢBAN-*ti* = hourr. *ḫašiyati*, GI-*ri* = hourr. *wari*, d'après J. Friedrich, *HWb*, p. 321 et 327.
Traduction : «(il rompt) une galette pour l'arc, la flèche, le carquois, le *kaubi*, le *ku* [

l. 9 : *šariyanni* : < *šariyani-ni* : «la cuirasse».
ullešḫi et *ḫašeri* désignent vraisemblablement des armes, mais le sens précis reste inconnu.

l. 10 et 11 : *taše* : sens incertain; E. Speiser, *Introduction*, p. 198[1], et J. Friedrich, *Handb.d.Orient.*, p. 25 suggèrent le sens de «cadeau», repris récemment par I.M. Diakonoff, *H.u.U.*, p. 77; néanmoins, l'on peut se demander si cette traduction s'adapte bien à notre contexte. Le terme *taše* est successivement déterminé par *niḫḫu-ni-we*$_e$, *šummun-ni-we*$_e$ et *ḫallimki-ni-we*$_e$, trois termes de sens inconnu; peut-être convient-il de rapprocher *šummuni* de *šu(m)mi/u* : «main».
Traduction : «le cadeau$^?$ du *niḫḫu*, du *šummuni*, du *ḫallimki*».
ilte-na : «les *ilte*».

l. 12 : *kari* : sens inconnu; cependant, en RS Ḫḫ II 8 et 9, l'on trouve le mot *kari-wə-ni-wə* = *kariwa-ni-we* : «du grenier».
Traduction : «(il offre une galette) au *kari* de la ville, au *kari* de la campagne, au *kun*[ ]».

l. 13 : *arrunni* : d'après le contexte, il est possible qu'il s'agisse d'une variante pour *urunni* : «postérieur, de l'arrière».
Traduction : «à l'ensemble de derrière, à l'ensemble de droite, à l'ensemble de gauche».

l. 14 : *šui-ni-bi-ma* : *-ma* : particule de valeur identique à l'enclitique *-ma* hittite = gr. δέ, cfr J. Friedrich, *Handb.d.Orient.*, p. 19 § 51; *šuinibima* doit déterminer *šetḫi.*
šetḫi : sens inconnu; finale en *-tḫi* rencontrée par exemple dans *paši-tḫi* : «messager», cfr I.M. Diakonoff, *H.u.U.*, p. 70 et 72.

l. 15 : affirmation de la bisexualité de Šauška.

l. 19 : ^{d}*Kumarbi-ni-wi*$_i$: «du Kumarbi»; l'emploi de la détermination avec un nom divin est remarquable, cfr F. Thureau-Dangin, *RA* 36 (1939), p. 8; on le retrouve avec les noms d'*Ea-šarri*, *Ḫéšui* (l. 22), *Iršappi* (l. 23) ou de *Šimegi* = *Ḫéšui* (l. 22), *Iršappi* (l. 23) ou de *Šimegi* = le dieu égyptien Râ en *Mit.* I 77; la détermination indique que le nom hourrite cache le nom d'une divinité étrangère au pays ou à la ville; le Kumarbi dont il est ici question, doit probablement se confondre avec le sémitique Dagan, cfr E. Laroche, *RHA* 84 (1969), p. 70.

l. 22 : ^{d}*Ḫéšui* = ^{d}U.GUR *šaumatari* = ^{d}ZA.BA$_4$.BA$_4$, cfr E. Laroche, *RHA* 84 (1969), p. 79.

l. 23 : ^{d}*Iršappi-ni-š* : «le Rešef»; ici à l'ergatif; ce dieu marchand est à assimiler au cananéen Rešef, cfr E. Laroche, *Ugaritica* V, p. 521; l'emploi de l'ergatif reste difficile à expliquer; en hourrite alphabétique, on a *eržp* et *eržp-n* = RS 166.41 et 166.42.

l. 24 : *maḫḫerraši-na-š* : « les (dieux) du marché », avec marque de l'ergatif; pour ce sens, cfr E. Laroche, *RA* 48, p. 220.

l. 26 : *ušundanni* : sens inconnu; voir aussi ABoT 38, 9 et RS 24.643 A 16 où l'on a la forme *užtn; ušundanni < ušundani-ni*, cfr E. Laroche, *Ugaritica* V, p. 518.

l. 27 : URU-*ni-bi-na* URU*Šamuḫa-ḫi-na* : « ceux de la ville, les Samuhéens »; comme aux lignes 28 et 29, bon exemple de redétermination nominale. *Samuḫa-ḫi-na* : l'adjonction du suffixe -*ḫi* à un substantif ou à un toponyme donne naissance à un qualitatif, cfr E. Speiser, *Introduction*, p. 96 et 98 sq., repris par J. Friedrich, *Handb.d.Orient.*, p. 13 §21a, I. M. Diakonoff, *H.u.U.*, p. 70-71.

l. 34 : *kulaḫḫe-na* et *kulupate-na* : qualifient aussi bien des dieux que des déesses énumérés en fin de liste, voir Vo III 4, 5; le sens reste obscur.

l. 37 : *muš-ni* : « la souveraine »; épithète fréquente de Hébat; pour le sens, cfr F. Thureau-Dangin, *RA* 36 (1939), p. 22-23, H. Lewy, *Orientalia NS* 28, p. 118-123, I. M. Diakonoff, *H.u.U.*, p. 105.

l. 42 : d*Ḫutena* d*Ḫutillurra* : = dGUL-*šeš* dMAḪ^MEŠ : les déesses du destin et protectrices de la naissance; en hourrite alphabétique *ḫdn ḫdlr*, cfr *Ugaritica* V, p. 526; ces noms divins hourrites sont à décomposer en d*Ḫute-na* d*Ḫute-liluri-na* > d*Ḫutillura* par double syncope; il existe un terme *ḫute*, verbe dont la signification serait : « écrire », cfr E. Laroche, *JCS* 2 (1948), p. 125.

l. 44 : d*IŠTAR-bu-uš-ga* : lire d*Ša-bu-uš-ga* > d*Ša-wu-uš-ga* > d*Šaušga*.

l. 46 sqq. : dGAŠAN-*an*, d*IŠTAR-an* : lire d*Šaušga-n* = « et Šauška », -*n* équivalant à une particule de coordination; interprétation incertaine chez E. Speiser, *Introduction*, p. 175.

l. 51 : *Šuwala* : ici sans déterminatif divin; il s'agit de l'épouse du dieu *Šuwaliyat*, cfr H. G. Güterbock, *RHA* 68 (1961), p. 6 sqq., E. Laroche, *Ugaritica* V, p. 505.

l. 52 : d*Šaluš bitinḫi* : cfr la parédrie kizzuwatnienne *Kumarbi-Šaluš bitinḫi* copiée sur le modèle cananéen *Dagan-Šalaš*, voir E. Laroche, *RHA* 84 (1969), p. 70.

l. 55 : d*Hébat-ti* : « de Hébat », génitif < d*Hébat-wi_i*, avec assimilation de *w* à *t*.

l. 57 : *šintalwuri* et *šintalirti* : bien que privés de déterminatif divin, ces mots doivent désigner des déesses; un élément *šintal* est commun aux deux termes et l'on est tenté de le rattacher à *šinta* : « sept ».

l. 59 : *ḫaštari* : voir l. 67, s.v. *kuli-na*.

l. 61 : *ḫubbi* et *kinniti* : sens inconnu.

l. 62 : *ḫallištarni* : sens inconnu ; désigne un attribut de Šauška. *niḫar-ši* : gén. pl. de *niḫar*$^{?}$ lequel détermine *aštašhi* : «féminité» et *taḫašḫi* : «virilité», ou bien d'après V. Haas et G. Wilhelm, *Riten*, p. 111, abstrait en *-šše* formé sur *niḫari* : «dot».

l. 63 : $^{\mathrm{KU\check{S}}}$*kulgulli* : objet en cuir ou en peau, attribut de Šauška.

l. 66 : *ḫurumunna* : < *hurumuni-na* : «les *ḫurumuni*», sens inconnu. ^{d}GAŠAN-*aš* et ^{d}U-*aš* : deux ergatifs, à lire ^{d}*Šauška-š* et ^{d}*Tešub-aš*. *zapimuwamu-na* : sens inconnu.

l. 67 : *kuli-na* : «les *kuli*» ; ils appartiennent à Šauška, cfr KUB XII 11 IV 27 : «*allai kuli-ni-we*$_{e}$ *kuli ḫaštari* ^{d}*Šaušgai eku-zi*» ; l'on remarque que *kuli* et *ḫaštari* sont associés.

l. 70 : ^{URU}*Šamuḫi* : probablement forme syncopée de ^{URU}*Šamuḫa-ḫi* d'après E. Speiser, *Introduction*, p. 67 ; l'on peut faire la même observation pour l. 71 : ^{URU}*Šamuḫi-na* < ^{URU}*Šamuḫa-ḫi-na*, forme complète donnée dans le passage parallèle KUB XXVII 3 IV 6.

l. 68 : *tarmani* : «source», cfr E. Laroche, *Ugaritica* V, p. 461, I. M. Diakonoff, *H.u.U.*, p. 86 et M. Salvini, *SMEA* XIV (1971), p. 171-180.

Vo III

l. 1-2 : Traduction littérale : «(il rompt) une galette pour les *teri*, ceux des dieux masculins *šuwara*».
DINGIR$^{\mathrm{ME\check{S}}}$*-na-ši-na* : lire *enna-ši-na* < *eni-na-ši-na* qui détermine *terra* < *teri-na* et est déterminé par *šuwara-še-na* et *duraḫḫi-še-na* ; le sens de *šuwara* est inconnu.

l. 3 : *marišhi* : substantif dénominatif de lieu ou d'instrument formé sur *mari*, cfr I. M. Diakonoff, *H.u.U.*, p. 70-71 ; sens incertain ; *marešḫi* en KBo XX 126 Ro II 17.
šihae : «à la manière de *šiḫa*$^{?}$» : au sujet de *-ae* > *-ai* > *-e/i* comme élément casuel «adverbiatif», cfr E. Speiser, *Introduction*, p. 118-120, repris par I. M. Diakonoff, *H.u.U.*, p. 71-72.
duḫḫiena : graphie fautive pour *ašduḫḫie-na* confirmé par le parallèle *aš-du-uš*$^{!}$*-ḫé-e-na* de KUB XXVII 3 IV 12 ; de plus, les lignes 3 à 5 ne traitent que de divinités féminines.

l. 4 : *ilrunna* < *ilruni-na* ; *ilruni* : sens inconnu.

l. 7 : ^{DUG}*aḫrušḫi* : «encensoir» ; en hourrite alphabétique *agršḫ*, cfr *Ugaritica* V, p. 506, 513, 526.
ḫubrušḫi : «creuset, terrine» ; en hourrite alphabétique, *ḫbršḫ*, cfr E. Laroche, *Ugaritica* V, p. 506.

nirambi : variante *ni-ra-am-mi* en KBo XX 109 Vo° 6; sens inconnu.

šalanni : E. Laroche, *JCS* 2 (1948), p. 130, proposait le sens de «temple», mais dans *Ugaritica* V, p. 503, il déclare le mot obscur, «temple» étant rendu par le hourrite *purli*.

l. 8 : ^{d}*Abi-ni-ta* : «pour la fosse à offrandes»; directif déterminé de *abi* qui est ici divinisé en tant qu'objet appartenant à une divinité.

l. 11 : ^{GIŠ}ERIN : «cèdre, et par extension bois de construction, combustible, encens, résine, baume, huile, poudre, charbon», cfr *CAD* «E», p. 274-279 et A. M. Dinçol, *RHA* 84 (1969), p. 34-35; l'on retiendra ici le sens de «encens, résine».

l. 15 : *tawal-it* : instr. sing. de *tawal*, boisson fermentée utilisée dans les rituels avec le vin, la bière et le *walḫi*, cfr E. von Schuler, *AoAT* 1 (1969), p. 317 sqq.

l. 34 : *awarriwa*$_a$: < *awari-ni-wa*$_a$, soit le datif de *awari* là où l'on attendrait un génitif.

l. 35 : *kurkurriwi*$_i$: < *kurkuri-ni-wi*$_i$: «du *kurkuri*»; le mot désigne un attribut de Šauška et, comme il est inséré entre le terme désignant la campagne et le mot *eki*, il n'est pas impossible qu'il s'agisse d'un lieu de la nature.

l. 37 : *taḫaši-ya* : locatif sing., *taḫaši* désigne un lieu propre à Šauška.

l. 38 : *punuḫunzi-ya* : locatif sing. de *punuḫunzi* de sens inconnu.

l. 40 : *pukarši-ya* : locatif sing. de *pukarši*; sens également inconnu.

l. 44 : *Ḫatni* : ici, sans déterminatif divin; il forme groupe avec Pišašapḫi; H. Otten voit dans ce couple divin les deux monstres qui, debout sur le terre, soulèvent le ciel, les bras tendus, cfr H. Otten, *Anatolia* 4, p. 34; nous en avons une représentation dans les figures n° 28-29 de Yazılıkaya; invoquant le fait qu'il n'est pas démontré que Ḫatni et Pišašapḫi représentent des dieux jumeaux ou des divinités différentes, et compte tenu aussi de la place occupée par Pišašapḫi dans le panthéon du Kizzuwatna et d'Ugarit, E. Laroche rejette cette identification; il reconnaît le dieu Pišašapḫi dans la figure n° 26 de Yazılıkaya, cfr E. Laroche *Ugaritica* V, p. 522 et *RHA* 84 (1969), p. 79 et 81.

l. 45 : *šarrašši-ya* : locatif sing. de *šarrašši* : «royauté».

l. 46 : ^{d}*Pairra* : < sans doute de ^{d}*Pair-na*; ainsi que pour ^{d}*Udukki-na*, il s'agit d'attributs divinisés de Šauška.

l. 16 : *ulmi* : adjectif de sens inconnu, cfr E. Laroche, *NH*, p. 353;

il se rencontre dans les théophores *Ulmi-Šarrumma* = *NH* n° 1422 et *Ulmi-Tešub* = *NH* n° 1423.
galubi et *šaḫḫa* : sens inconnu.

l. 17 : *zuzumaki* : terme hourrite intervenant dans les passages relatant des offrandes à une divinité, cfr H. Otten, *StBoT* 15, p. 16. *kupti*, *šaššupati* : désignent vraisemblablement des objets d'ornementation de la Šauška guerrière comme *ḫašiyati*, GI-*ri*, *išpati*, *šariani*, *gurbiši* et éventuellement *arrumi* et *muldu*.

l. 21 : *ḫarrašina* : < *ḫari-na-ši-na* : «ceux des chemins»; l'ergatif ^{d}*IŠTAR-ga-aš* est difficile à interpréter; il doit s'agir d'une faute à corriger en ^{d}*IŠTAR-ga-bi*.

l. 22 : *awarriwi*$_i$*nibi* ^{d}*IŠTAR-ga-bi* : «de Šauška de celle de la campagne»; *awarriwi*$_i$*nibi* < *awari-ni-wi*$_i$*-ni-bi*, avec redétermination en *-bi* en fonction de ^{d}*IŠTAR-ga-bi*.
wu$_u$*-ru*-[: nous pouvons avoir ici le début du mot *wu*$_u$*rulli/a* : «la/les maison(s)»; voir aussi l. 34.

l. 23 : *ilmi-na* : «les serments».
paralla : < *parali-na*; E. Laroche, *RA* 54 (1960), p. 196, signale le terme *par(i)li* : «choc, scandale».

l. 24 : *wandanna* < *wandani-na*; depuis cette ligne jusque l. 29, nous avons une description globale de la manière dont les idoles doivent être disposées.

l. 25 : *urunnibina* : < *uruni-ni-bi-na*.

l. 26 : *attannibina* : < *attai-ni-bi-na*.

l. 29 : *zillanteḫi-na* : probablement adjectif qualitatif en *-ḫi*, cet élément contribuant surtout à former des adjectifs ethniques et géographiques, cfr E. Speiser, *Introduction*, p. 114-115, repris par I. M. Diakonoff, *H.u.U.*, p. 70; l'adjectif serait bâti sur un thème **zillante* de sens inconnu, et qualifie les dieux.

l. 33 : *ambašši-ya* : locatif sing. de *ambašši*; idem l. 64'.

l. 63' : *ḫalmi* : «chant, cantique», d'après J. Friedrich, *HWb*, *Erg*. 3, p. 48.

Vo IV

l. 18 : *aššanuškizzi* : 3e p.s. Ind. prés. V.A. de *aššanušk-*, fréquentatif/inchoatif de *aššanu-*. Sur ce verbe, cfr en dernier lieu Ch. Carter, *JAOS* 93 1 (1973), p. 66-67.

l. 27 : DINGIR^{MEŠ} LÚ^{MEŠ} *ḫumanteš* : à interpréter comme un accusatif pluriel; pour *ḫumanteš* = *ḫumantuš*, cfr J. Friedrich, *Elem.* I^{2}, p. 45 §63 a).

l. 39 : *leli ḫašari* : désigne une réalité religieuse hourrite en l'honneur de laquelle le roi boit, dans les rituels kizzuwatniens; peut-être s'agit-il d'un objet ou d'un concept divinisé, bien qu'il n'y ait pas de déterminatif divin; variante *lili ḫašari* en KBo XXI 34 I 22, 47 où le roi boit à sa santé au milieu de rites et d'offrandes en l'honneur de Hébat.

Résumé de la fête

1) Introduction (Ro I 1-34): Bien qu'il s'agisse de la deuxième tablette, une introduction s'avère cependant nécessaire pour que la tablette jouisse d'une parfaite autonomie et que l'on sache exactement le contenu du texte et les raisons de sa rédaction.

a) Allusion à la reprise par Hattusili III d'un ancien rituel composé sous Mursili II en l'honneur de son Ištar *walliwalli* et délaissé depuis des années; les cérémonies s'adressent désormais à Ištar de Samuha moyennant l'introduction de quelques modifications; l'Ištar *walliwalli* est toutefois invitée à la fête et fera l'objet de quelques rites particuliers (Ro I 1-6).

b) Rappel du schéma général du rituel célébré par Mursili II : recours aux oracles de Šauška pour les campagnes à entreprendre, vœux, offrandes d'animaux à l'*ambašši* et au *keldi*, exposition des viandes offertes à la déesse (Ro I 7-16).

c) Correctif annonçant que le rituel est maintenant adapté au culte de l'Ištar de la steppe de Samuha (Ro I 17-19).

d) Mention des circonstances dans lesquelles on célébrera cette fête grandiose et exceptionnelle, à savoir le départ à la guerre du roi; autrement, on se contentera de la fête régulière prévue au calendrier liturgique; cette grande fête se célébrera avec sollicitation des oracles de la déesse, sera assortie de vœux et ensuite se dérouleront les offrandes au *keldi* et à l'*ambašši*, prélude au festin auquel sont conviés les dieux de l'imposant *kaluti* d'Ištar de Samuha (Ro I 20-28).

e) Bref exposé des cérémonies prévues en l'honneur d'Ištar *walliwalli* dans le cadre du rituel rénové (Ro I 29-34).

2) Le rituel proprement dit (Ro I 35-Vo IV 50).

a) Au moment d'offrir les viandes crues et cuites à l'*ambašši* et au *keldi*, le roi prend place derrière le lieu où vont s'effectuer les offrandes et le devin qui va diriger les rites, lui place un cèdre en main (Ro I 35-36).

b) Offrandes aux dieux : (Ro I 37-Vo III 5).

Elles sont normalement réalisées par le devin en présence du roi selon une structure que l'on peut schématiser ainsi : le devin rompt des galettes sur lesquelles il place divers morceaux de viande agrémentés de sauce ; il en prélève un morceau qu'il place ensuite dans une terrine et offre le tout à la divinité ; il procède ensuite à une libation de vin.

1° Offrandes à la déesse principale, Šauška de la steppe de Samuha (Ro I 37-46) ; elles sont réalisées en deux temps :

— offrandes à la déesse elle-même : on utilise 9 galettes (Ro I 37-40),
— offrandes aux servantes hiérodules Ninatta et Kulitta, avec 2 galettes, et aux armes de Šauška à l'aide d'une galette (Ro I 41-46).

2° Offrandes aux dieux masculins (Ro I 47-Ro II 35).

Ils sont énumérés par types divins ; l'on y trouve un mélange de dieux hattis, hittites, louvites, hourrites ; les villes sont citées dans un ordre non géographique et appartiennent à toutes les régions de l'Empire ; si le début des listes consacrées à une entité divine reflète un souci hiérarchique, il est probable que la suite reflète l'agrandissement du territoire hittite avec les fluctuations que cela suppose. Chaque dieu reçoit 1 galette.

α) les dieux de l'orage (Ro I 47-63) :

— les dieux de l'orage nationaux (Ro I 47-53) : à leur tête un Tešub, probablement celui de Samuha,
— les dieux de l'orage locaux (Ro I 54-58) .

A cette liste vient s'ajouter une série de divinités non locales, d'importance secondaire et d'origine étrangère, en général hourrite ou nord-syrienne ; l'ordre de cette série est celui que l'on retrouve dans de nombreuses listes d'offrandes, mais le lien unissant ces dieux à la réalité du dieu de l'orage ne pouvant être défini, l'on peut conclure que ce groupe divin a été ajouté ici par un scribe de manière artificielle. Nous relevons la série : Tašimiš, l'Ištar du ciel, de sexe masculin en tant que divinité astrale, Kumarbi, Aa, EN.ZU, le Soleil, le Soleil du poste frontière, Aštabi, Nubadig, Ḫešui = forme du dieu de la guerre, (Ro I 59-63).

β) les dieux protecteurs (Ro I 64-70) :

Zitḫariya du roi,
Zitḫariya de la reine,
le dieu KAL de la steppe : hatti,
le dieu KAL du Hatti + Karzi + Hapataliya : hatti,
le dieu-égide : hatti,
le dieu KAL du roi,
le dieu KAL de Karahna,
le dieu KAL de Hurma.

Ici aussi s'ajoute une série de dieux : Pirinkir, ZA.BA$_4$.BA$_4$, le Soleil des toisons de brebis, le couple ciel-terre, les montagnes, les rivières, Šarruma, veau de Tešub; plusieurs dieux sont d'origine hourrite, mais d'autres appartiennent au vieux fond naturiste anatolien.

γ) liste d'attributs divinisés d'Ištar et de Tešub, de dieux serviteurs, évocation des panthéons hourrites de Samuha, de Hattusa, du pays Hatti; tous ces dieux sont hourrites, la langue utilisée est le hourrite (Ro I 71-II 35).

1er groupe :	
(Ro I 71-II 4)	dieux du père de Šauška, dieux du père de Tešub, dieux du père *turuḫḫi*, les taureaux Šeri et Ḫuri, les montagnes Namni et Ḫazzi, les *teri* de Tešub, attribut de Tešub de sens inconnu, parties du corps de Tešub.
2e groupe :	
(Ro II 5-14)	armes et objets attributs de Šauška et de Nanki.
3e groupe :	
(Ro II 15-22)	bisexualité de Šauška, *ḫulansi ši-x-urši* de Šauška, liste de vizirs divins : Undurumma, vizir de Šauška, Tenu, vizir de Tešub, Mukišanu, vizir de Kumarbi, Izzummi, vizir d'Aa, Lipparuma, vizir de Šimegi, Ḫupušdukarra, vizir de Ḫéšui.
4e groupe :	
(Ro II 23-29)	Iršappini, les dieux du marché, Naḫnazu, Šantaluqqa, ensuite évocation de trois grands panthéons hourrites : 1° Samuha, 2° Hattusa, 3° le Hatti.
5e groupe :	
(Ro II 30-35)	Offrande d'une galette à des objets propres à Šauška et Tešub, dont leur trône; également une offrande est adressée aux éléments divins hourrites *ḫiyarunna*, *marišḫi*, *šiḫae*, *kulaḫḫi* et *kulupate*.

La liste des dieux est terminée.

3° Offrandes aux déesses (Ro II 36-Vo III 5).

Même les déesses principales ne reçoivent qu'une galette; elles sont presque toutes hourrites.

α) les Hébat (Ro II 36-40) :

la déesse Soleil d'Arinna, d'origine hattie, mais dans le cadre d'un vaste syncrétisme, elle est assimilée à Hébat sous Hattusili III [1],
Mezzulla, fille de la déesse Soleil d'Arinna : hattie,
Hébat *mušni* : hourrite,
groupe d'hypostases locales de Hébat *mušni* :
Hattusa,
Uda,
Kizzuwatna,
Samuha,
Hébat-Šarruma = Hébat à l'enfant, au dieu fils,
Hébat-Allanzu = Hébat à la déesse fille.
Ces deux dernières hypostases représentent Hébat mère de famille.

β) Déesses protectrices équivalentes des ^{d}KAL (Ro II 41-45) :

Daru-Damkidu,
Ḫuteria-Ḫutellurra,
Išḫara,
Allani,
Umbu-Ningal,
Šauška et ses suivantes Ninatta et Kulitta.

γ) Hypostases locales de Šauška accompagnées chaque fois de Ninatta et Kulitta (Ro II 46-50) :

Šauška de :
Hattarina,
du palais,
Tamininga,
Ankuwa,
Kuliwisna.

δ) Groupes de déesses étrangères transmises par l'intermédiaire hourrite, de dieux ou déesses hourrites au service des grandes déesses (Ro II 51-60) :

1er groupe :
(Ro II 51-53) Nabarbi,

[1] Cfr KUB XXI 27 I 3-6.

Šuwala (sans déterminatif divin),
Damkina,
Aya-Ekaldun,
Šaluš *bitinḫi*, épouse de Kumarbi dans le Kizzuwatna,
Adamma-Kupapa-Hasuntarhi.

2ᵉ groupe :
(Ro II 54-55) divinités auxiliaires :
Zalmi- Nin.é.gal,
Uršui,
Tiyabinti, vizir de Hébat.

3ᵉ groupe :
(Ro II 56-57) Zappi,
Turra *šubbena*,
Šintalwuri, } tous deux sans déterminatif divin.
Šintalirti. }

ε) Caractéristiques de Šauška, objets de Šauška ou déesses gravitant autour de Šauška (Ro II 61-69) :

1ᵉʳ groupe :
(Ro II 61-62) *ḫubbi kinniti*,
šeri šeyani, } pas de déterminatif divin.
ḫawa[ ]*ḫalištarni* de *Šauška* }
féminité, masculinité et *niḫarši* de Šauška.

2ᵉ groupe :
(Ro II 63-66) *kulgulli* de Šauška,
Erišanki, *kinuzi* de Šauška,
Ušunna-Tulla,
Šuḫḫanti-Zillanti,
Tumunna,

3ᵉ groupe :
(Ro II 67-69) les *kuli* de Šauška,
source de Šauška,
rivière *zalattara*.

ζ) — Offrande à des objets propres à Šauška, dont son trône.
— Évocation des déesses de trois grands panthéons hourrites :
1° Samuha, où l'on distingue Abara, déesse tutélaire de la ville,
2° Hattusa,
3° le Hatti.
(Ro II 70-73).

η) — Offrande aux *teri* des dieux *šuwara*.

— Offrande aux déesses hourrites *marišḫi*, *šiḫae*, *ilrunna*, *kulaḫe* et *kupate*; ces déesses ont pratiquement leur correspondant masculin en Ro II 34-35.

(Vo III 1-5).

Les offrandes aux déesses sont ainsi terminées.

Avant de passer à une autre phase du rituel, le devin offre encore une galette aux objets du culte de Šauška (Vo III 6-8).

c) Célébration de l'offrande *keldi* (Vo III 9-Vo III 67') :

1° Le devin procède aux préliminaires de l'offrande (Vo III 9-11).

2° Le roi et le devin procèdent à l'offrande *keldi* vraisemblablement en l'honneur d'Ištar de Samuha, notamment à l'aide de boissons rituelles et de viandes; le devin récite une formule destinée à expliquer à la déesse le sens de l'offrande; lacunes à la fin du passage (Vo III 12-30).

3° Offrande *keldi* à diverses hypostases d'Ištar/Šauška :(Vo III 31-40),

Ištar de la steppe *walliwalli*,
Šauška de la steppe + Ninatta et Kulitta,
Šauška du *kurkur* + Ninatta et Kulitta,
Šauška de la source + Ninatta et Kulitta,
Šauška *taḫašiya* + Ninatta et Kulitta,
Šauška *punuḫunziya* + Ninatta et Kulitta,
Šauška du *gamirši* + Ninatta et Kulitta,
Šauška *upukaršiya* + Ninatta et Kulitta.

4° Offrande *keldi* à des divinités suivant Šauška dans les listes kizzuwatniennes; on ne peut s'empêcher de songer aux dieux n° 33 au n° 14 de Yazılıkaya; l'ordre d'énumération des dieux est le suivant : (Vo III 41-45),

arme de droite de Šauška,
ḫurubbi de Tešub,
Aštabi,
Nubadig, armes de Nubadig,
Pirinkir,
Ḫéšui,
Šandalugga,
Ḫatni-Pišašapḫi,
Eše-ḫaburni,
Papana = les montagnes,
Royauté x d'Ištar de la steppe.

5° En langue hourrite, longue liste d'attributs de Šauška (armes, parures, objets de la déesse), de dieux entourant la déesse dans les scènes iconographiques, mention des dieux du père de Šauška,

(Vo III 46-67′); malheureusement, cette liste comporte plusieurs lacunes que l'on ne peut restaurer.

d) Fin de la cérémonie (Vo III 68′-IV 50).

1° Dans le temple d'Ištar de la steppe de Samuha (Vo III 68′-IV 14).

Le roi pénètre dans le temple d'Ištar de Samuha afin de prendre congé de la déesse, de ses suivantes, de son arme attribut et des dieux faisant partie de son *kaluti*; une ultime collation est servie sauf à Ištar *walliwalli* de Mursili.

2° Dans le temple de l'Ištar de la steppe *walliwalli* de Mursili (Vo IV 15-45).

Tandis que l'on range les coupes du temple d'Ištar de Samuha, le roi se rend dans le temple de l'Ištar guerrière *walliwalli* de Mursili afin d'y vénérer plus particulièrement cette déesse et son *kaluti* selon le processus suivant : le roi boit à la santé du dieu, rompt un gros pain ou une galette, intervention des chanteurs. L'on obtient le tableau que voici :

Position du roi	Nom du dieu	Nombre de fois que le roi boit	Rupture du pain	Langue du chant
Assis	Nubadig *wallibi*	1 fois	1 gros pain	hourrite
Debout	Ištar de la steppe *walliwalli* de Mursili	3 fois dans un rhyton en or	– d'abord 3 gros pains, 9 galettes, – ensuite 9 gros pains, 3 × 9 galettes	hourrite
Debout	dieu de l'orage des cieux	1 fois	3 gros pains	hatti
Debout	tous les dieux hattis	1 fois	3 gros pains	hatti
Debout	$ZA.BA_4.BA_4$	1 fois	3 gros pains	hatti
Debout	Ištar de la steppe *walliwalli* de Mursili	1 fois dans un rhyton en or	– 9 gros pains, – 3 × 9 galettes, – 3 pains chauds	hourrite
Debout	Ninatta/Kulitta	1 fois	3 gros pains	hourrite
Debout	arme et ustensile de guerre d'Ištar de la steppe	1 fois	3 gros pains	hourrite
Assis	*Leli ḫaššari*	1 fois	3 gros pains	hourrite
Debout	Eliburni	1 fois	1 gros pain	hourrite
Debout	Route *mušni*	1 fois	1 gros pain	hourrite

L'on remarquera que d'après cette liste, Ištar *walliwalli* de Mursili se présente d'abord à la tête d'un *kaluti* hatti, ensuite à la tête d'un *kaluti* hourrite, ce qui témoigne d'une volonté de réunion, d'unification des panthéons hattis et hourrites dans la personne de l'Ištar guerrière *walliwalli* qui protégeait Mursili II; cet effort illustre les conceptions politico-religieuses de Hattusili III.

3° Le roi retourne dans le temple de l'Ištar guerrière de Samuha, où, après une ultime libation, il se prépare à passer la nuit (Vo IV 46-50).

e) Colophon (Vo IV 51-52).

Conclusion

Le caractère hourrite de cette fête est rendu évident tant par le nombre de divinités hourrites qui y sont nommées que par les passages rédigés en hourrite et les termes cultuels hourrites; toutefois, il importe de constater que, parmi ces divinités hourrites, viennent s'insérer des dieux hattis et hittites, les dieux de l'orage de Nérik, de Zippalanda, de l'armée, du ciel, par exemple. Le dernier rédacteur de ce texte fait donc preuve de sa volonté de récupérer le vieux fonds religieux anatolien et hittite au sein d'un panthéon hourrito-kizzuwatnien dont le succès dans les sphères dirigeantes ne faisait que croître, et ce depuis Mursili II et Muwatalli [1]. Ce rituel trouve son plan général dans la rédaction qui en avait été faite au temps de Mursili II, en l'honneur de l'Ištar *walliwalli*, celle-là même qui assistait Mursili dans ses nombreuses campagnes; sous Hattusili III, ce même rituel, probablement délaissé par Muwatalli et Urḫi-Tešub, est remis en honneur, mais cette fois pour une autre hypostase de l'Ištar de Ninive, à savoir la Šauška vénérée à Samuha; l'Ištar *walliwalli* est néanmoins associée à la célébration du rituel, en ce sens qu'elle incarne un des aspects fondamentaux d'Ištar de Samuha : la fonction guerrière, et qu'il aurait pu paraître inconvenant que Hattusili rejette une déesse particulièrement sollicitée par son père. Ištar *walliwalli* n'est plus la divinité essentielle du rituel; aussi, le scribe précise-t-il constamment les corrections nécessaires au déroulement du rituel remanié et souligne les modifications différenciant le rituel d'Ištar *walliwalli* d'avec celui d'Ištar de Samuha.

Comme ce fut l'habitude dans les civilisations du Proche-Orient, un lien étroit existe entre politique et religion, et les rituels, dans leurs diverses formes issues de remaniements successifs, sont l'expression même de cette réalité; non seulement, ils révèlent une évolution religieuse incontestable, mais aussi de nouvelles orientations politiques

[1] Cfr H.G. Güterbock, *Hurrian Element*, p. 383-393; le séjour de Muwatalli à Tarhundassa conféra une importance accrue aux princes du sud et du sud-est anatolien.

que les dirigeants du pays veulent rendre admissibles par tous grâce à l'appui fourni par la religion. L'on est, en conséquence, fondé à se demander de quelle tendance politique notre fête est le reflet. Celle-ci se présente en réalité comme un grand repas auquel sont conviés différents dieux nationaux et locaux, au nombre desquels l'on dénombrera une bonne part de dieux kizzuwatniens et syriens, la présidence du banquet étant assurée par Ištar de Samuha, déesse personnelle de Hattusili III; les dieux, et à travers eux les villes dont ils sont les protecteurs, sont ainsi contraints de reconnaître le caractère national et la suprématie d'Ištar de Samuha; d'autre part, tout le personnel religieux qui, à la fin du rituel, se prosterne devant l'idole de la déesse, reconnaît par ce geste l'importance d'Ištar de Samuha; par extension, c'est, via la déesse, toute la politique de Hattusili III à laquelle souscrivent les sujets de l'Empire hittite. En effet, que représente exactement Ištar de Samuha? Nous pensons déceler en elle le symbole divin d'une réalité ethnique et politique bien précise, à savoir les populations de culture hourrite, et plus particulièrement celles de l'est de l'Empire, comprises entre le sud du Haut-Pays et le Kizzuwatna; il était vital que les gens de cette zone tampon, ouverte aux influences hourrites et nord-syriennes, ne manifestent aucune velléité sécessioniste. Comme son père Mursili II, Hattusili III s'efforcera de maintenir la cohésion interne de l'Empire et d'assurer la stabilité et le concours bienveillant des provinces du Haut-Pays et du Kizzuwatna; Muwatalli dut lutter pendant de longues années contre les ennemis de l'Empire tels les Gasgas, l'Egypte et certaines provinces syriennes; le désordre politique était tel qu'il dut abandonner Hattusa et chercher refuge à Tarhundassa, en zone louvite; Hattusili se veut l'homme de la reconquête nationale, notamment en neutralisant les Gasgas et tout ce qui pourrait leur être favorable; parallèlement, il désire sauver les vieux cultes hattis menacés d'une disparition lente, fait qui le conduira à restaurer la ville sainte de Nérik et à accorder une grande importance au dieu de l'orage de Nérik; d'autre part, le roi se rend compte de la nécessité de réserver sans cesse des faveurs aux provinces hourrites, régions de civilisation élevée, qui l'assistent dans son entreprise de reconquête. Le mariage de Hattusili avec Puduhépa, une princesse, kizzuwatnienne, inspiré tant par Ištar de Samuha que par le dieu de l'orage de Nérik, est la concrétisation de l'attention accordée par le souverain aux deux grandes composantes culturelles et ethniques de son Empire et à l'équilibre que cette situation exigeait, d'autant plus que les Hourrites occupaient de plus en plus les postes de commande depuis Suppiluliuma I. Il est très possible que Arma-Datta et son fils Šippa-ziti aient voulu détacher le Haut-Pays de l'Empire hittite et que c'est pour cette raison qu'ils se sont vus dépossédés de leur pouvoir et de leurs biens, ces derniers étant confiés à Ištar de Samuha, grande déesse de cette région et symbole des intérêts hourrites; Samuha occupe à ce point de vue une place de choix en tant que centre religieux, économique, administratif et place-forte entre le Haut-Pays et le Kizzuwatna. En se présentant comme le protégé de la Šauška de Samuha depuis sa plus tendre enfance, Hattusili montre que la volonté de la déesse est que les pays de l'est et du sud-est anatolien soient partie intégrante et active de l'Empire; quiconque s'écarte de cette ligne politique, est déclaré ennemi de la déesse et doit être combattu; en cas de victoire de Hattusili, les biens du vaincu constitueront une offrande votive à l'adresse d'Ištar de Samuha. Le monde de culture hourrite s'incarne ainsi dans Ištar de Samuha, tout comme le vieux monde anatolien s'incarne dans le dieu de l'orage de Nérik, ces deux composantes étant nécessaires à la cohésion de l'Empire hittite; le sanctuaire rupestre de Yazılıkaya constitue, sous Tudhaliya IV, la manifestation de cette volonté d'équilibre entre les deux grands courants culturels et ethniques du monde hittite, même si le courant hourrite semble l'emporter.

Le texte KUB XXVII 1 + est donc une fête à prétention politique; c'est pourquoi, il s'est opéré un glissement dans le rôle de la déesse principale; la substitution à l'Ištar *walliwalli* d'une Ištar hourrite locale n'est pas le fait du hasard, mais répond à une préoccupation politique évidente; observons que le relevé des noms de villes est également très significatif vu l'importance prise par les cités du Haut-Pays et du Kizzuwatna à côté des vieux sanctuaires anatoliens [2].

Comme nous le montre notre rituel, la fête avec son banquet présidé par le roi, grand pontife, n'est pas une fête régulière, tombant à date fixe, qu'elle fût célébrée en l'honneur d'Ištar *walliwalli* ou d'Ištar de Samuha; sa périodicité devait être assez longue, soit tous les ans ou éventuellement tous les cinq ans. L'on peut penser qu'à cette fête importante prenaient part les représentants des diverses villes ou provinces de l'Empire; ceci refléterait dès lors la détermination de Hattusili III de laisser l'illusion d'une certaine autonomie aux mandataires provinciaux, alors qu'ils faisaient en réalité allégeance aux décisions du roi censées être celles de la déesse. La lecture du rituel nous montre que le nombre d'idoles, de prêtres, de serviteurs d'une part, la quantité d'aliments et la longueur des cérémonies d'autre part,

[2] Cfr les listes significatives des dieux de l'orage, des dieux KAL, des Hébat et des Ištar.

nécessitent un vaste emplacement et une ville aux ressources suffisantes pour pouvoir subvenir aux besoins des participants. Ce point ne doit pas être négligé si l'on cherche à déterminer le lieu dans lequel une telle fête pouvait se célébrer. A notre avis, deux cités doivent être retenues, Hattusa, la capitale, et Samuha; d'après ce qu'on en sait [3], la ville de Samuha semble avoir été suffisamment vaste que pour accueillir une foule importante et fournir les aliments nécessaires, et elle nous paraît tout indiquée pour la célébration d'un tel rituel; l'on pourrait remarquer que, puisque le roi préside les cérémonies, un long déplacement royal est peu vraisemblable, d'autant plus que le texte KUB XXXII 130 montre que la statue d'Ištar de Samuha, à l'occasion d'une fête, est amenée de Samuha jusqu'à un endroit peu éloigné de Hattusa, où le roi se porte à la rencontre de la statue [4]; cette objection est certes fondée, mais nous pourrions aussi répliquer que, si la fête a une longue périodicité et ne se déroule, par exemple, que tous les cinq ans, un voyage du roi, Hattusili III en l'occurrence, n'est pas à exclure. D'autre part, il est logique de penser que, sous Hattusili III, un des grands temples de la capitale devait être consacré à Ištar de Samuha; la valeur politique dc notre fête était évidemment mieux mise en valeur si les cérémonies se déroulaient dans la capitale; malheureusement, aucune identification précise n'a pu encore être opérée en ce qui concerne les temples de Hattusa [5].

[3] Cfr p. 13-14.

[4] Cfr KUB XXXII 130 10-15 = texte n° 5.

[5] Le grand temple A était probablement consacré à Tešub.

n° 2 LE RITUEL DE SAMUHA = *CTH* 480

Bibliographie : J. Friedrich, *JCS* 1 (1947), p. 298 sq. ;
A. Goetze, *JCS* 1 (1947), p. 315 sq. ;
A. Goetze, *ANET* (1950), p. 346 ;
Čačatryan, *IFZ* 1964 n° 2, p. 55 sqq.

Textes : A. KUB XXIX 7 + B. KBo XXI 41.

Il s'agit d'un rituel de purification typiquement kizzuwatnien dont le but est la purification de la déesse noire de Samuha, du roi hittite et des affaires de la reine suite aux maladresses commises par le souverain en présence de la déesse [6]. Ces deux tablettes trouvent leur modèle dans le groupe des tablettes amenées du Kizzuwatna à Samuha lors du transfert de la déesse noire dans cette cité, probablement sous le règne de Tudhaliya III. Si une grande ressemblance existe entre notre texte et des rituels de purification comme KUB XXX 31, 38, il est évident qu'on ne peut le dissocier des tablettes KUB XXIX 4 +, soit le rituel d'installation de la déesse noire dans son nouveau temple de Samuha, et KUB XXXII 133 dans laquelle Mursili II nous rappelle le transfert de la déesse et les copies de tous ces rituels kizzuwatniens qu'il a fait exécuter. Comme KUB XXIX 4 + et XXXII 133, nos deux tablettes comportent une seule colonne très large, le recto et le verso comprenant une moyenne de 70 lignes ; les rédactions de KUB XXIX 7 et de KBo XXI 41 pourraient donc être attribuées à NIG.BA-^{d}U ou à Ulibbi. Le rituel de purification était consigné sur plusieurs tablettes et il est plausible de supposer que les cérémonies s'étalaient tout au long du mois ; cependant, nous ne possédons que deux copies fragmentaires de la deuxième tablette se rapportant aux rites purificateurs accomplis du 11e au 15e jour inclus. Le texte de cette deuxième tablette consiste essentiellement en une série d'actions relevant de la magie sympathique accompagnées de supplications, le tout étant destiné à faire recouvrer la pureté à la déesse et au maître du rituel à identifier avec le roi.

[6] Le rituel ne concerne pas un roi hittite déterminé mais peut s'appliquer à n'importe quel souverain.

Ro I

A

1 EGIR-*ŠU-ma* KAxKAK-*ŠU ḫa-at-ta-an-za A-NA PA-NI* KÁ
É.DINGIR^{LI}[^{M} *t*]*i-i-e-zi nu ḫu-u-da-a-ak*

2 DINGIR^{LUM} *IŠ-TU ŠA* LUGAL *ḫu-u-ma-an-da-a-aš ḫu-ur-di-ya-aš*
ud-da-ni-i ga-an-ga-ta-a-iz-zi

3 *Ú-NU-UT* LUGAL-*ma* EGIR-*an Ú-UL ku-wa-at-qa ḫar-kán-zi ŠA*
^{d}UTU^{ŠI}-*kán im-ma* KAxU-*az*

---

4 *an-da a-pé-ni-iš-ša-an me-mi-iš-kán-zi* [*ma*]-*a-an-wa* ^{d}UTU^{ŠI} *ku-iš-ki*
A-NA PA-NI DINGIR^{LIM}

5 *i-da-a-la-u-an-ni me-mi-an ḫar-zi nu-za* DINGIR^{LUM} *a-pé-e-ez*
ud-da-a-na-az pár-ku-iš e-eš

6 ^{d}UTU^{ŠI}-*ya A-NA PA-NI* DINGIR^{LIM} *pár-ku-iš e-eš*[-*t*]*u*

---

7 EGIR-*ŠU-ma IŠ-TU* LUGAL^{RI} *A-NA Ú-NU-UT* SAL.LUGAL
me-na-aḫ-ḫa-an[-*da*] *ḫu-u-ma-an-da-a-aš ḫu-u-ur-di-ya-aš*

8 *ud-da-ni-i ga-an-ga-ta-a-iz-zi* EGIR-*ŠU-ma* DINGIR^{LUM} *IŠ-TU*
Ú-NU-UT SAL.LUGAL *A-NA* LUGAL^{RI} *me-na-aḫ-ḫa-an-da*

9 *ga-an-ga-ta-a-iz-zi* EGIR-*ŠU-ma* DINGIR^{LUM} *IŠ-TU* LUGAL
A-NA [*Ú*]-*NU-UT* SAL.LUGAL *me-na-aḫ-ḫa-an-da ták-ša-an*

10 [*ga*]-*an-ga-ta-a-iz-zi an-da-ma-kán ki-iš-ša-an me-ma-i* [*ma-a*]-*an*
PA-NI DINGIR^{LIM} *ku-iš-ki* LUGAL SAL.LUGAL

11 *i*[-*da*]-*la-u-an-ni me-mi-an ḫar-zi ki-nu-na-az* DINGIR^{LUM} *a-pé-e-ez*
ud-da-a-na-az pár-ku-iš ga-an-ga-ta-a-an-za-aš-ša e-eš

12 LUGAL-*ya* SAL.LUGAL *A-NA PA-NI* DINGIR^{LIM}
ga-an-ga-ta-a-an-te-eš pár[-*ku*]-*wa-e-eš-ša a-ša-an-du*

---

13 *nam-ma* KAxKAK-*ŠU ḫa-at-ta-an-za ga-an-ga-ti*^{ŠAR} *IŠ-TU*
[LUGA]L *pa-ra-a a-pé-e-ni-iš-ša-an e-ep-zi*

14 *Ú-NU-UT* LUGAL-*ma* EGIR-*an Ú-UL ku-wa-at-qa ḫar-kán-zi ŠA*
^{d}UTU^{ŠI}-*kán im-ma a-pé-e-ni-iš-ša-an*

15 KAxU-*az ú-e-ri-ya-az-zi nu* LUGAL^{AM} *IT-TI* DINGIR^{LIM}
ga-an-ga-ta-a-iz-zi EGIR-*ŠU-ma Ú-NU-UT* SAL.LUGAL

16 *IT-TI* DINGIR^{LIM} *ga-an-ga-ta-a-iz-zi* EGIR-*Š*[*U-m*]*a IŠ-TU*
LUGAL *Ú-NU-UT* SAL.LUGAL-*ya ták-ša-an ga-an-ga-ta-a-iz-zi*

17 *nu IŠ-TU ŠA* LUGAL *ku-it ga-an-ga-a-ti*[^{ŠAR}]*ap-pa-an-zi ŠA*
Ú-NU-UT SAL.LUGAL-*ya*

18 *ku-it ga-an-ga-ti*^{ŠAR} *na-at an*[-*da tá*]*k-ša-an-ku-wa-aš-nu-wa-an-zi*

---

19 EGIR-*ŠU-ma ga-an-ga-ti*^{ŠAR} ^{SAL}KAB.Z[U.Z]U ^{SAL}*ši-lal-lu-u-ḫi*
na-ak-ki-u-aš pí-ra-an na-ak-ku-wa-aš-ša da-ma-i

20 *ga-an-ga-a-ti*^{ŠAR} *pa-ra-a e-ep-zi ḫu-iš-wa-an-du-uš-ša ku-i-uš*
^{GIŠ}ERIN-*az ḫar-kán-zi*

A

21 *nu a-pé-e-da-aš-ša da-ma-i ga-an-ga-ti*^{ŠAR} *pa-ra-a e-ep-zi ga-an-ga-ti-ma ḫu-u-da-a-ak*

22 *na-ak-ki-u-aš pa-ra-a IŠ-TU* LUGAL *e-ep-zi Ú-NU-UT* LUGAL-*ma* EGIR-*an Ú-UL ku-wa-at-qa ḫar-kán-zi*

23 ^{d}UTU$^{\check{S}I}$-*kán im-ma* KAxU-*az an-da a-pé-e-ni-iš-ša-an me-mi-iš-ki-iz-zi* EGIR-*ŠU-ma ga-an-ga-ti*^{ŠAR}

24 *IŠ-TU* LUGAL *A-NA Ú-NU-UT* SAL.LUGAL *me-na-aḫ-ḫa-an-da na-ak-ku-wa-aš pí-ra-an pa-ra-a e-ep-zi*

25 EGIR-*ŠU-ma IŠ-TU Ú-NU-UT* SAL.LUGAL *A-NA* LUGAL *me-na-aḫ-ḫa-an-da ga-an-ga-ti*^{ŠAR} *na-ak-ku-wa-aš pí-ra-an pa-ra-a e-ep-zi*

26 EGIR-*ŠU-ma IŠ-TU* LUGAL *A-NA Ú-NU-UT* SAL.LUGAL-*ya ga-an-ga-ti na-ak-ku-wa-aš ták-ša-an pa-ra-a e-ep-zi*

---

27 [*nu-z*]*a* ^{SAL}KAB.ZU.ZU ^{SAL}*ši-lal-lu-ḫi ta-ma-i ga-an-ga-ti*^{ŠAR} *da-a-i nu ḫu-iš-wa-an-du-uš ku-i-uš*

28 [^{GIŠ}ERIN]-*az ḫ*[*ar-k*]*án-zi na-at a-pé-e-da-aš-ša QA-TAM-MA pa-ra-a e-ep-zi na-ak-ku-wa-ša-at ma-a-aḫ-ḫa-an*

29 [*e-n*]*i-i ud-da*[*-ni*]*-i pa-ra-a ap-pí-iš-ki-it da-ma-iš-ma* ^{SAL}KAB.ZU.ZU ^{SAL}*ši-lal-lu-ḫi da*[*-m*]*a-i*

30 *pár-ku-i ga-an-ga*[*-ti d*]*a-a-i na-at A-NA* DINGIR^{LIM} *IŠ-TU ŠA* LUGAL *pa-ra-a e-ep-zi an-da-ma-kán ki-iš-ša-an me-ma-i*

31 *ma-a-an* LUGAL x x[ ]*-an-za na-aš-ma ḫu-iš-wa-an-za PA-NI* DINGIR^{LIM} *i-da-la-u-an-ni me-mi-an ḫar-zi*

32 *ki-nu-na* EN.SISKUR.SISKUR *a*[*-pé-e-ez ud-da*]*-a-na-az pár-ku-iš ga-an-ga-ta-a-an-za-aš-ša e-eš-du* EGIR-*ŠU-ma ga-an-ga-ti*^{ŠAR}

33 *IŠ-TU* LUGAL *A-NA Ú-NU-U*[*T* SAL.LUGAL *pa-r*]*a-a e-ep-zi* EGIR-*ŠU-ma ga-an-ga-ti*^{ŠAR} *IŠ-TU Ú-NU-UT* SAL.LUGAL *A-NA* LUGAL

34 *me-na-aḫ-ḫa-an-da pa-ra-a* [*e-ep-z*]*i* EGIR-*ŠU-ma ga-an-ga-ti IŠ-TU* LUGAL^{RI} *A-NA Ú-NU-UT* SAL.LUGAL *ták-ša-an*

35 *pa-ra-a e-ep-zi nam-ma* [*IŠ-TU* LUGAL SAL.]LUGAL *ga-an-ga-ti*^{ŠAR} *an-da ták-ša-an ku-wa-aš-nu-an-zi*

36 *nu-za wa-ar-pa-an-zi* [E.DINGIR^{LIM}*-ya*]*-kán ḫur-nu-an-zi*

---

37 UD 11.KAM *QA-TI*

---

38 *I-NA* UD 12.KAM-*ma* KAxKAK-*ŠU ḫa-a*[*t-ta-an-za*] *pár-ku-iš* SAL-*za A-NA PA-NI* KÁ É.DINGIR^{LIM} *ti-i*[*-e-zi*]

39 *nu* DINGIR^{LAM} *ŠA* BA.BA.ZA *iš-ni-it* [^{SÍG}*a-li*]*-it-ta na-ak-ku-wa-aš li-in-ki-ya-aš* [KAxU-*az*] *ar-ḫa a-ni-ya-zi*

40 EGIR-*ŠU-ma* DINGIR^{LAM} *na-ak-ku-wa-aš li-i*[*n-ki-y*]*a-aš* KAxU-*az IT-TI Ú-NU-UT* SAL.LUGAL *ŠA* BA.BA.ZA *iš-ni-it*

A

41 ^{SÍG}*a-li-it-ta ar-ḫa a-ni-ya-az-zi* EGIR-*ŠU-ma* DINGIR^{LUM}
na-ak-ku-wa-aš li-in-ki-ya-aš
42 [KAxU]-*az A-NA Ú-NU-UT* <SAL.> LUGAL-*ya ŠA* BA.BA.ZA
iš-ni-it ^{SÍG}*a-li-it-ta ták-ša-an a-ni-ya-az-zi*

---

43 EGIR-*ŠU-ma* DINGIR^{LUM} *ḫu-u-ma-an-da-a-aš ḫu-u-ur-di-ya-aš*
ud-da-ni-i ku-i-e-eš ku-i-e-eš i-da-a-la-u-e-eš
44 DINGIR^{LAM}*ḫur-nu-eš ta-pu-ša-kán ku-i-e-eš a-ra-aḫ-zé-ni* KUR-*ya*
[*ú*]-*da-an-te-eš*
45 *at-ta-aš-ša da-a-an at-ta-a-ša ud-da-ni-i ŠA* BA.BA.ZA *iš-ni-it*
^{SÍG}*a-li-it-ta*
46 *ar-ḫa a-ni-ya-az-zi* EGIR-*an-ma Ú-NU-UT* SAL.LUGAL *ḫar-kán-zi*
nu-za wa-ar-pa-an-zi É.DINGIR^{LIM}-*ya-kán ḫur-nu-an-zi*

---

47 UD 12.KAM *QA-TI*

---

48 *I-NA* UD 13.KAM-*ma* KAxKAK-*ŠU ḫa-at-ta-an-za pár-ku-iš*
SAL-*za A-NA PA-NI* KÁ É.DINGIR^{LIM} *ti-i-e-zi nu* DINGIR^{LUM}
IŠ-TU ŠA LUGAL
49 *ḫu-u-ma-an-da-a-aš ḫu-u-ur-di-ya-aš ud-da-ni-i ŠA* BA.BA.ZA *iš-ni-it*
^{SÍG}*a-li-it-ta*
50 *ar-ḫa a-ni-ya-az-zi Ú-NU-UT* LUGAL-*ma* [EGI]R-*an Ú-UL*
ku-wa-at-qa ḫar-kán-zi ^{d}UTU^{ŠI}-*kán im-ma*
51 KAxU-*az an-da a-pé-ni-iš-ša-an me*[-*mi-i*]*š-kán-zi* EGIR-*ŠU-ma*
DINGIR^{LUM} *ḫu-u-ma-an-da-a-aš ḫu-u-ur-di-ya-aš*

B Ro

52 *ud-da-ni-i IŠ-TU* LUGAL *A-NA Ú-NU-UT* SAL.LU[GAL]
me-na-aḫ-ḫa-an-da ŠA BA.BA.ZA *iš-ni-it* ^{SÍG}*a-li-it-ta*
53 *ar-ḫa a-ni-ya-az-zi* EGIR-*ŠU-ma ḫu-u-ma-an-da-aš ḫu-ur-di-ya-aš*
ud-da-ni-i IŠ-TU Ú-NU-UT SAL.LUGAL
54 *A-NA* LUGAL *me-na-aḫ-ḫa-an-da ŠA* BA.BA.ZA *iš-ni-it*
^{SÍG}*a-li-it-ta ar-ḫa a-ni-ya-az-zi*
55 EGIR-*ŠU-ma* DINGIR^{LUM} *ḫu-u-ma-an-da-aš ḫu-ur-di-ya-aš*
ud-da-ni-i IŠ-TU LUGAL *A-NA Ú-NU-UT* SAL.LUGAL *ták-ša-an*
56 *ŠA* BA.BA.ZA *iš-ni-it* ^{SÍG}*a-li-it-ta ar-ḫa a-ni-ya-az-zi nu-za*
wa-ar-pa-an-zi É.DINGIR^{LIM}-*ya-kán ḫur-nu-an-zi*
57 UD 13.KAM *QA-TI*

---

58 *nam-ma a-pé-e-da-ni-pát* [UD]-*ti* ^{LÚ}SANGA DINGIR^{LIM} GE$_6$
ne-ku-uz me-ḫur še-ḫé-el-li-ya-aš ú-i-da-a-ar da-a-i
59 *ma-a-aḫ-ḫa-an-ma* MUL-*aš wa-at-ku-zi nu-uš-ša-an* DINGIR^{LUM}
ša-ra-a ḫu-it-ti-ya-u-ar ÍD-*i kat-ta pé-e-da-an-zi*
60 *nu-uš-ša-an* [1] *A-NA PA-NI* ÍD *ḫu-u-ur-di-ya-aš du-up-ša*[-*ḫi*]-*ti A-NA*
DINGIR^{LIM} *ša-ra-a ḫu-it-ti-ya-u-ar*

App. critique : 1 B : *nu-uš-ša-an pa-a-iz-zi A-NA PA-NI*

A B Ro

61 *i*[*-e-ez*]*-zi*[2] *du-up-ša-ḫi-ti-kán ku-it an-da ḫu-wa-ši-x* [ ]*x-ta-an*
na-aš-ta *ḫu-u-ur*[*-di-ya*]*-aš ut-tar*
62 *ša-r*[*a-a ḫ*]*u-it-ti-ya-an-zi* EGIR-*ŠU-ma* SISKUR.SISKUR
du-up-ša-ḫi-in i-en-z[*i* *nu ki-iš-š*]*a-an me-ma-i*
63 *ku-iš-kán* EN.SISKUR.SISKUR *A-NA* DINGIR^{LIM} *du-up-ša-ḫi-ti-i*
an-da x[ ]
64 *ki-nu*[*-n*]*a-kán* DINGIR^{LUM} EN.SISKUR.SISKUR-*ya a-pé-e-ez*
ḫu-ur-di-ya[*-aš du-up-ša-ḫi-ya-az*
65 *a*[*r*]*-ḫa ḫu-it-ti-ya-nu-un a-pa-a-ša-kán ḫu-ur-ta-iš d*[*u-up-ša-ḫi-ya-aš*
pa-aḫ-ḫu-e-ni-it
66 *an-da wa-ra-a-nu* DINGIR^{LUM}*-ma-za-kán* EN.SISKUR.SISKUR-*ya*
a-pé-e[*-ez pát-tu-li-ya-az*
67 [*a*]*r-ḫa tar-na-an-te-eš e-eš-ten* EGIR.SISKUR.SISKUR-*ma*
Ú-NU-UT SAL.LUGAL [*ḫar-kán-zi*

---

68 *na-aš-ta ma-a-aḫ-ḫa-an a-ra-aḫ-za A-NA PA-NI* ÍD *aš-nu-zi na*[*-at*

69 *nu A-NA PA-NI* ^{d}*Pí-ri-in-ki-ri-ya ḫu-ur-di-ya-aš du*[*-up-ša-ḫi-in*
ša-ra-a ḫu-it-ti-ya-wa-an-zi
70 SISKUR.SISKUR *du-up-ša-ḫi-in-na QA-TAM-MA i-en-zi*
an-da-y[*a-kán QA-TAM-MA-pát me-ma-i*

71 *A-NA PA-NI* DINGIR^{LIM} *ḫu-ur-di-ya-aš du-up-ša-ḫi-ya-aš* [

72 SISKUR.SISKUR *du-up-ša-ḫi-in-na QA-TAM-MA i-en-zi* [

73 EGIR-*an-ma Ú-NU-UT* SAL.LUGAL *ḫar-kán-zi ma-a-aḫ-ḫa-a*[*n-ma*
UD 13.KAM *lu-uk-kat-ta*

74 *nu-za wa-ar-pa-an-zi* É.DINGIR^{LIM}*-ya-kán* [*ḫur-nu-an-zi*

75 *nam-ma* UD.KAM*-az Ú-UL ku-it-ki* [*i-en-zi*]

Vo

A B Vo

1 *ne-ku-uz-za me-ḫur-ma a-p*[*é*]*-e-da-ni-pát* UD-*ti* [^{LÚ}SANGA
DINGIR^{LIM} GE$_6$ *še-ḫé-el-li-ya-aš ú-i-da-a-ar da-a-i*]
2 *ma-a-aḫ-ḫa-an-ma* MUL-*aš wa-at-ku-uz-zi n*[*u-uš-ša-an* DINGIR^{LUM}
ša-ra-a ḫu-it-ti-ya-u-ar ÍD-*i kat-ta pé-e-da-an-zi*]

2 : ou *i*[*-en*]*-zi*.

A B Vo

3 *nu-uš-ša-an pa-a-iz-zi A-NA PA-NI* ÍD [*ḫu-u-ur-di-ya-aš du-up-ša-ḫi-ti*]
4 *ša-ra-a ḫu-it-ti-ya-u-ar IŠ-TU* LUGAL *i-en*[*-zi du-up-ša-ḫi-ti-kán ku-it an-da*
5 EGIR-*ŠU-ma* SISKUR.SISKUR *du-up-ša-*<*hi*>*-in i-en-zi na-aš-t*[*a* DINGIR^{LUM} EN.SISKUR.SISKUR-*ya ḫu-u-ur-di-ya-aš du-up-ša-ḫi-ya-aš*]
6 *pa-aḫ-ḫu-e-na-az ar-ḫa ḫu-it-ti-an-zi* DINGIR [*nu ki-iš-ša-an me-ma-i*]
7 *ku-iš-kán PA-NI* DINGIR^{LIM} *du-up-ša-ḫi-ti-i an-da* EN.[SISKUR.SISKUR
8 *ki-nu-na-kán ka-a-ša* DINGIR^{LUM} EN.SISKUR.SISKUR-*ya du-up-ša*[*-ḫi-ya-az ar-ḫa ḫu-it-ti-ya-nu-un*]
9 *a-pa-a-ša-kán ḫu-ur-ta-iš du-up-ša-ḫi-ya-aš pa-aḫ*[*-ḫu-e-ni-it an-da wa-ra-a-nu*]
10 DINGIR^{LUM}*-ma-kán* EN.SISKUR.SISKUR-*ya a-pé-e-ez pát-tu-li-ya*[*-az ar-ḫa tar-na-an-te-eš e-eš-ten*]
11 *Ú-NU-UT* LUGAL-*ma* EGIR-*an Ú-UL ḫar-kán-zi* ^{d}UTU^{ŠI}*-kán* K[A x U-*az im-ma a-pé-e-ni-iš-ša-an*]
12 *an-da me-mi-iš-kán-zi Ú-NU-UT* SAL.LUGAL-*ma* EGIR-*an-pát ḫar-kán*[*-zi*

13 *na-aš-ta ma-a-aḫ-ḫa-an a-ra-aḫ-za A-NA PA-NI* ÍD *aš-nu-zi na-a*[*t*
14 *nu ú-wa*[*-a*]*n-zi A-NA PA-NI* ^{d}*Pí-ri-in-ki-ri-ya ša-ra-a ḫ*[*u-it-ti-ya-an-zi*? SISKUR.SISKUR *du-up-ša-ḫi-in-*]*na*
15 *QA-TAM-MA i-e-ez-zi an-da-ya-kán QA-TAM-MA-pát me-ma-i* [
16 *ša-ra-a ḫu-it-ti-ya-u-ar du-up-ša-ḫi-in-na QA-TAM-MA-pát* [*i-e-ez-zi Ú-NU-UT*]
17 LUGAL[*-m*]*a* EGIR-*an Ú-UL ḫar-kán-zi* ^{d}UTU^{ŠI}*-kán* K[A x U-*az im-ma a-pé-e-ni-iš-ša-an*
18 *me-mi-iš*[*-ki-i*]*z-zi Ú-NU-UT* SAL.LUGAL-*ma* EGIR-*an-pát ḫar-kán-zi*

19 *ma-a-aḫ-ḫa-an*[*-ma*] UD 14.KAM *lu-uk-kat-ta nu-za wa-ar-pa-an-zi* É.DING[IR^{LIM}*-ya-kán ḫur-nu-an-zi nam-ma* UD.KAM-*az*]
20 *Ú-UL ku-it-ki i-ya-an- zi*

21 *ne-ku-za me-ḫ*[*ur m*]*a-a-aḫ-ḫa-an a-pé-e-da-ni-pát* UD-*ti* MUL-*aš wa-at-ku-zi nu-uš-ša-an* DINGIR^{LUM} *a-*x[
22 *nu-uš-ša-an A*[*-N*]*A PA-NI* ÍD SISKUR.SISKUR *zu-ur-ki-ya-an-za du-up*[*-š*]*a-ḫi-ya-aš ḫu-ur-di-ya-aš š*[*i-pa-a*]*n-da-an-zi*

A B Vo

23 *A-NA Ú-NU-UT* SAL.LUGAL [*I*]*Š-TU* KU$_6$ SILÁ-*ya*
ši-pa-an-da-an-zi nu Ú-NU-UT SAL.LUGAL *ku-iš* EGIR
SISKUR.SISKUR *ḫar-zi*

---

24 *nu-uš-ši ḫa-šu-wa*[*-a-i*]^{ŠAR} *pí-an-zi na-at an-da pu-uš-š*[*a*]*-iz-zi*
an-da-ma-kán ki-iš-ša-an m[*e-ma-i*]
25 *ma-a-an-wa A-NA PA*[*-NI*] DINGIR^{LIM} *ku-iš-ki*
EN.SISKUR.SISKUR *i-da-a-la-u-an-ni me-mi-an ḫar-zi*
pa-id-du-wa-kán e-da-ni
26 DINGIR^{LIM}*-aš pár-ni an*[*-da*]DINGIR *ḫu-ur-ta-iš li-in-g*[*a*]*-iš*
pa-ap-ra-a-tar-ra ḫa-a-šu-wa-a-ya-aš i-wa-ar ki-ša-ru
27 *nu-wa-ra-at ḫa-a-šu-*[*wa-a-y*]*a-aš*^{ŠAR} *i-wa-ar m*[*i-ya*]*-a-an e-eš-du*
nu-wa-ra-at-za nam-ma i-ya-at-nu-wa-an
28 *ḫa-a-šu-wa-a-i*^{ŠAR}[ ]*x-šu-wa-an-z*[*i l*]*e-e ku-iš-ki tar-aḫ-zi*

---

29 *ki-nu-na-at ka-a-ša*[ ]*e-eš-ta*[ ]*x-at* DINGIR^{LUM}
^{LÚ}ŠE.KIN.KUD*-aš ma-a-aḫ-ḫa-an mi-ya-a-an i-ya-at-nu-wa-an*
30 *ḫa-a-šu-wa-a-i*^{ŠAR}[ ]*-wa-ar-aš-ta nam-ma-at an-da*
pu-uš-ša-a-it i-da-a-lu-ya ut-tar
31 *NI-IŠ* DINGIR^{LIM} *ḫu-u*[*r-ta-iš*] *pa-ap-ra-a-tar ḫa-šu-wa-a-i*^{ŠAR}
ma-a-aḫ-ḫa-an pu-uš-ša-id-du
32 *na-at ḫa-aš-ša-an* [*e-eš*]*-du na-at nam-ma A-NA PA-NI*
DINGIR^{LIM}*-ya le-e A-NA* EN.SISKUR.SISKUR*-ya-at-ša-an*
33 *tu-e-ek-ki-iš-ši le-e nu* DINGIR^{LUM} EN.SISKUR.SISKUR*-ya*
pár-ku-wa-e-eš a-ša-an-du ke-e-ya ḫa-a-šu-wa-a-i^{ŠAR}
34 *ma-a-aḫ-ḫa-an an-da* [*pu-uš-ša-a*]*-it na-at ḫa-aš-ša-an i-ya-at*
i-da-lu-ya ut-tar NI-IŠ DINGIR^{LIM}
35 *ḫu-ur-ta-iš pa-ap*[*-ra-tar-ra Q*]*A-TAM-MA ḫa-aš-ša-aš i-ya-an-za*
e-eš-du DINGIR^{LUM}*-ma* EN.SISKUR.SISKUR*-ya a-pé-e-ez*
ud-da-a-na-az pár-ku-wa-e-eš a-ša-an-du

---

36 EGIR*-an-da-ma-aš-ši šu*[*-up-pí-wa-aš-ḫa*]*r*^{ŠAR} *pí-an-zi an-da-ma-kán*
ki-iš-ša-an me-ma-i ma-a-an-wa A-NA PA-NI DINGIR^{LIM}
37 *ku-iš-ki ki-iš-ša-an me*[*-mi-iš-ki-iz*]*-zi ka-a-aš-wa ma-a-aḫ-ḫa-an*
šu-up-pí-wa-aš-ḫar^{ŠAR} *ḫu-ur-pa-aš-ta-az an-da ḫu-u-la-li-ya-an-za*
38 *nu a-ra-aš a-ra-an ar*[*-ḫa Ú-UL*] *tar-na-i i-da-a-la-u-wa-an-zi-ya*
NI-IŠ DINGIR^{LIM}*-ya ḫu-ur-ta-iš pa-ap-ra-an-na-aš-ša*
39 [*PA*]*-NI* É.DINGIR^{LIM} *šu-up-pí*[*-wa-aš-ḫa*]*-aš i-wa-ar an-da*
ḫu-u-la-li-ya-an ḫar-du ki-nu-na ka-a-ša ku-u-un
šu-up[*-pí-w*]*a-aš-ḫar*^{ŠAR}
40 *ar-ḫa ši-ip-pa-nu-un* [*na-an-š*]*a-an kat-ta* 1 *ka-a-ki-in da-wa-ni-in*
kur-ku-un i-da-a-lu-ya ut-tar NI-IŠ DINGIR[^{LIM} *ḫu-u*]*r-ta-iš*
41 *pa-ap-ra-a-tar A-NA* DINGIR[^{LIM} *pí-ra-a*]*n ar-ḫa QA-TAM-MA*

A

ši-ip-pa-id-du nu DINGIR^{LUM} EN.SISKUR.SISKUR-*ya a-pé-e*[*-ez ud-da*]*-na-az pár-ku-wa-e-eš a-ša-an-du*

---

42 EGIR-*an-da-aš-ši* ŠU.[ŠÈR *pí*]*-an-zi ta-ru-pa-an-ma-at* GÙB-*la-az an-da-ma-kán k*[*i-iš-ša*]*-an*

43 *me-ma-i ma-a-an-wa* [*A-NA PA-N*]*I* DINGIR^{LIM} *ku-iš-ki i-da-a-lu ut-tar NI-IŠ* DINGIR^{LIM} *ḫu-ur-ta-in*

44 *pa-ap-ra-a-tar-ra i*[*-ya-an*] *ḫar-zi na-at* ŠU.ŠÈR-*aš i-wa-ar ta-ru-up-ta na-at A*[*-NA* ŠU.ŠÈR] GÙB-*la-az*

45 *ta-ru-up-ta-at am*[*-mu-g*]*a-at ka-a-ša* EGIR-*pa* ZAG-*az la-a-nu-un nu i-da-a-lu ut-tar NI*[*-IŠ* DINGIR^{LIM}]

46 *ḫu-ur-ta-in pa-ap-ra-a*[*-tar*]*-ra nam-ma A-NA PA-NI* DINGIR^{LIM}-*ya le-e A-NA* EN.SISKUR.SISKUR-*ya-at*

47 *tu-e-ek-ki-iš-ši le-e nu* DINGIR^{LUM} EN.SISKUR.SISKUR-*ya a-pé-e-ez ud-da-na-az pár-ku-wa-e-eš a-ša*[*-an-du*]

---

48 EGIR-*ŠU-ma-aš-ša-an A-NA PA*[*-NI* DINGIR^{LI}]^{M} *iš-tap-pé-eš-šar i-en-zi iš-tap-pé-eš-na-az-ma-kán* PA$_{5}$-*an i-ya-an*

49 [*I*]*-NA* ÍD-*kán an-da i-en*[*-zi n*]*am-ma-kán* ^{GIŠ}MÁ.TUR *IŠ.TU* KÙ.BABBAR GUŠKIN *te-pu ḫa-li-iš-š*[*i-ya-an*]*-da-an*

50 *an-da tar-na-an-zi li-in-g*[*a-iš*]*-ma ḫu-ur-ta-iš-ša ŠA* KÙ.BABBAR GUŠKIN TUR^{TIM} *i-ya-an*[-]

---

51 *na-at-kán A-NA* ^{GIŠ}MÁ.TUR *an-da ti-an-zi na-aš-ta* ^{GIŠ}MÁ *iš-tap-pé-eš-na-aš* PA$_{5}$-*aš iš-tap-pé-eš*[*-na-az*]

52 *pa-ra-a* ÍD-*kán an-da pé-e*[*-en-na-*]*i nam-ma* EGIR-*an-da* YÀ.DÙG.GA LAL-*ya te-pu la-a-ḫu-i*

53 *an-da-ma-kán ki-iš-ša-an me*[*-ma-i k*]*u-u-un ma-a-aḫ-ḫa-an* ^{GIŠ}MÁ ÍD-*aš pa-r*[*a-a p*]*é-e-da-aš*

54 *nu-uš-ši nam-ma u-ur-ke-eš* EGIR-*an Ú-UL du-uq-qa-ri ku-iš-ša PA-NI* DINGIR^{LIM} [*i*]*-da-a-lu ut-tar NI-IŠ* DINGIR^{LIM}

55 *ḫu-ur-ta-in pa-ap-ra-a-tar i-ya-an ḫar-zi nu a-pa-a-at-ta* ÍD-*i pa-r*[*a-a*] *QA-TAM-MA pé-e-da-u*

56 *nu ke-e-da-ni ma-aḫ-ḫa-an A-NA* ^{GIŠ}MÁ *u-ur-ke-eš kat-ta Ú-UL du-uq*[*-qa*]*-a-ri nu nam-ma i-da-a-lu ut-tar*

57 *A-NA PA-NI* DINGIR^{LIM}-*ya le-e A-NA* EN.SISKUR.SISKUR-*at-ša-an tu-e-ek-ki-iš-ši le-e nu* DINGIR^{LUM} EN.SISKUR.SISKUR-*ya a-pé-e-ez ud-da-na-az pár-ku-e-eš a-ša-an-du*

---

58 *ka-a-ša-ma-aš* YÀ.DÙG.GA LAL-*ya* EGIR-*an-da la-a-ḫu-un nu-uš-ma-aš u-ur-ke-eš* EGIR-*an IŠ-TU* YÀ.DÙG.GA LAL-*ya*

59 *iš-kán-an-za nu-kán i-da-a-lu ud-da-a-ar pa-ri-ya-an ne-ya-an e-eš-tu nu* ÍD-*aš ma-a-aḫ-ḫa-an* EGIR-*pa*

A

60 *Ú-UL ar-ši-e-ez-zi ke-e-ya i-da-a-la-u-wa ud-da-a-ar pa-ra-a QA-TAM-MA pé-e-da-u*

61 EGIR-*pa-ma-at le-e ú-iz-zi* EGIR-*ŠU-ma* EN^{LUM} <GAL> KÙ.BABBAR *ŠA* 3 GIN *ša-ra-a e-ep-zi*

62 *nu-uš-ša-an IŠ-TU NAM-MA-TUM* KÙ.BABBAR-*i ŠA* 3 GIN *wa-a-tar la-a-ḫu-i an-da-ma-kán ki-iš-ša-an me-ma-i*

63 *ku-iš A-NA PA-NI* DINGIR^{LIM} *i-da-a-lu me-mi-an ḫar-zi nu ki-i ma-a-aḫ-ḫa-an wa-a-tar da-an-ku-iš ta-ga-an-zi-pa-aš*

64 *kat-ta pa-aš-ta a-pa-a-at-ta i-da-a-lu ut-tar ta-ga-an-zi-pa-aš kat-ta QA-TAM-MA pa-aš-du*

65 [*ke*]-*e ud-da-a-ar pár-ku-i ši-iš-ši-ya-an-na e-eš-tu* DINGIR^{LUM}-*ma* EN.SISKUR.SISKUR-*ya a-pé-e-ez*

66 [*ud-da-a*]-*na-az pár-ku-wa-e-eš a-ša-an*[-*du*]

---

67 [*nu a*]*k-ku-uš-kán*[-*zi* *A-N*]*A Ú-NU-UT* SAL.LUGAL-*ma* 1 GUD.ÁB 1 UDU.SÍG.SAL 1 MÁŠ-*ya tar-na-i*

68 [*nam*]-*ma-kán ki-iš-ša-an me-ma-i ku-it ku-it i-da-a-lu ut-tar NI-IŠ* DINGIR^{LIM} *ḫu-u-ur-ta-iš*

69 [*pa-ap*]-*ra-a-tar PA-NI* DINGIR^{LIM} *i-ya-an na-at ke-e na-ak-ku-uš-ši-e-eš A-NA* DINGIR^{LIM} *pí-ra-an ar-ḫa*

70 [*pé*]-*e-da-an-du* DINGIR^{LUM}-*ma* EN.SISKUR.SISKUR-*ya a-pé-e-ez ud-da-a-na-ˀaz pár-ku-wa-e-eš a-ša-an-du*

71 EGIR-*ŠU-ma-za* EN.SISKUR.SISKUR *IŠ-TU* NINDA.KUR$_4$.RA.TUR GA.KIN.AG.TUR-*ya šar-la-a-iz-zi*

72 EGIR-*an-da-ma zu-ur-ki-ya-aš* UZU *zé-e-ya-an-ti-it ši-pa-an-ti nam-ma ar-na-mi-it-ti*

73 *nu* DINGIR^{LUM} *IŠ-TU* KÙ.BABBAR *ga-an-ga-da-ˀa-iz-zi Ú-NU-UT* EN.SISKUR.SISKUR-*ya IT-TI* DINGIR^{LIM} *IŠ-TU* KÙ.BABBAR *ga-an-ga-da-a-iz-zi*

---

74 DUB 2.KAM *ŠA* SISKUR.SISKUR ^{URU}*Ša-mu-u-ḫa Ú-UL QA-TI* $^{LÚ.MEŠ}$AZU *ma-a-a*[*ḫ-ḫa-a*]*n* SISKUR.SISKUR *i-en-zi*

Traduction :

1 Après quoi, (la prêtresse dénommée) «son nez fin, rusé/fendu» se [p]lace devant la porte du templ[e], et aussitôt

2 elle purifie la divinité au sujet de toutes les imprécations royales,

3 et l'on ne tient pas du tout en arrière les ustensiles du roi; au contraire, sur l'ordre de «Mon Soleil»,

---

4-5 on prononce les paroles suivantes : «[S]i quelque «Mon Soleil» [1]

[1] «Mon Soleil» : il s'agit d'une épithète habituelle donnée au grand roi de Hattusa.

a parlé avec méchanceté devant la divinité, alors, ô divinité, sois purifiée de cette parole,

6 et que «Mon Soleil» so[i]t purifié devant la divinité.

7-10 Elle purifie ensuite rituellement (la divinité) au sujet de toutes les imprécations depuis la personne du roi jusqu'en face des ustensiles de la reine; après quoi, elle purifie la divinité (des impuretés) depuis les affaires de la reine jusqu'en face du roi et par la suite, elle [pu]rifie la divinité (des impuretés) à mi-chemin du roi et des [us]tensiles de la reine; elle prononce les paroles suivantes: «[S]i, en présence de la divinité, quelque roi (ou) quelque reine

11 s'est exprimé avec né[gli]gence, dès cet instant, ô divinité, sois débarrassée et rituellement purifiée de cette parole,

12 et que le roi (et) la reine soient rituellement purifiés et déba[rrass]és (de cette parole) devant la divinité».

---

13 En outre, (la prêtresse dénommée) «son nez fin, rusé/fendu» présente de la part du [ro]i une soupe de la manière déjà indiquée,

14-16 et l'on ne tient pas du tout en arrière les ustensiles du roi; au contraire, sur l'ordre de «Mon Soleil», elle crie de la manière déjà indiquée et purifie rituellement le roi en même temps que la divinité; après quoi, elle purifie les affaires de la reine en même temps que la divinité, et par la [suit]e, elle purifie (la divinité) à mi-distance de la personne du roi et des ustensiles de la reine.

17-18 L'on saisit alors la soupe qui (a été préparée) au nom du roi ainsi que la soupe qui (a été préparée) au nom des ustensiles de la reine et on les mélange l'une à l'autre.

19-20 Après quoi, une prêtresse no[vi]ce, à savoir une *šilalluḫi*, s'en va présenter (une ration) de soupe aux notables et une autre (ration) de soupe aux substituts, et aux (substituts) vivants que l'on tient avec l'encens,

21-22 à ceux-là aussi elle présente une autre (ration) de soupe; sans attendre, elle présente la soupe aux dignitaires de la part du roi et l'on ne tient pas du tout en arrière les ustensiles du roi;

23-24 au contraire, sur l'ordre de «Mon Soleil», elle prononce les paroles déjà indiquées. Elle va ensuite présenter la (ration) de soupe aux gages depuis la personne du roi jusqu'en face des ustensiles de la reine;

25 après quoi, elle s'en va présenter la (ration) de soupe aux gages depuis les ustensiles de la reine jusqu'en face du roi,

26 et, finalement, elle présente la (ration) de soupe aux gages à mi-chemin du roi et des affaires de la reine.

27-29 [Alors,] la prêtresse novice, à savoir une *šilalluḫi*, prend une autre (ration) de soupe; aux (substituts) vivants que l'on main[tien]t avec [de l'encens,] à ceux-là aussi elle la présente de la même manière qu'elle l'a présentée aux gages pour l'aff[ai]re x, et une autre prêtresse novice, à savoir une *šilalluḫi*,

30 [pr]end une au[tr]e (ration) de soupe pure; elle la présente à la divinité au nom du roi et prononce les paroles suivantes:

31 «Si un roi, xx[ ] ou en bonne santé a parlé méchamment devant la divinité,

32-34 que, dés cet instant, le maître du rituel soit débarrassé et rituellement purifié de cet[te paro]le». Après quoi, elle [pré]sente la soupe depuis la personne du roi jusqu'aux ustensiles de la reine, et, par la suite, elle pré[sente] la soupe depuis les ustensiles de la reine jusqu'en face du roi; enfin, elle présente la soupe à mi-chemin du roi et des ustensiles de la reine;

35 en outre, l'on mélange les soupes (préparées) [au nom du roi et des affaires de la rei]ne.

36 Alors, on se lave [et] on asperge [le temple.]

---

37 (Les rites du) onzième jour sont terminés.

---

38 Le douzième jour, (la prêtresse dénommée) «son nez ru[sé], fi[n]/fen[du]», une femme pure, se pla[ce] devant la porte du temple,

39 et, [depuis la bouche] des gages du serment, elle purifie la divinité à l'aide d'une «tarte» et de [lai]ne;

40-42 après quoi, depuis la bouche des gages du s[erme]nt, elle purifie la divinité en même temps que les affaires de la reine à l'aide d'une «tarte» et de laine; sur ce, à mi-chemin de la [bouche] des gages du serment et des ustensiles de la reine elle purifie la divinité à l'aide d'une «tarte» et de laine.

43-46 Par la suite, à l'aide d'une «tarte» et de laine, elle purifie la divinité à propos de toutes les imprécations provenant de n'importe quel méchant et d'autre part de ceux qui ont été [cha]ssés dans un pays étranger pour une affaire de leur père ou de leur grand-père; on tient en arrière les ustensiles de la reine; on se lave et on asperge le temple.

---

47 (Les rites du) douzième jour sont terminés.

48-53 Le treizième jour, (la prêtresse dénommée) «son nez rusé fin/fendu», une femme pure, se place devant la porte du temple;

alors, elle procède à la purification de la divinité avec une «tarte» et de la laine à propos de toutes les imprécations provenant du roi; ensuite, l'on ne tient pas du tout en [arriè]re les ustensiles de la reine; au contraire, sur l'ordre de «Mon Soleil», on [fa]it une récitation de la manière déjà indiquée; après quoi, elle purifie la divinité à l'aide d'une «tarte» et de laine à propos de toutes les imprécations depuis la personne du roi jusqu'en face des ustensiles de la reine. Par la suite, à propos de toutes les malédictions, depuis les ustensiles de la rei[ne]

54 jusqu'en face du roi, elle purifie (la divinité) avec une «tar[t]e» et de la laine.

55-56 Enfin, elle purifie la divinité à propos de toutes les malédictions à mi-chemin du roi et des ustensiles de la reine, à l'aide d'une «tarte» et de laine. Alors, on se lave et on asperge le temple.

57 (Les rites du) treizième jour sont terminés.

---

58 En outre, ce [jour]-là même, le prêtre de la déesse noire, la nuit, prend de l'eau pure,

59 et lorsqu'une étoile filante se manifeste, il descend dans la rivière pour accomplir le rite (consistant) à retirer la divinité;

60-62 alors, face à la rivière, au *dupša[ḫi]* de l'imprécation, on ac[com]plit en l'honneur de la divinité le rite (consistant) à (la) remonter; lorsque dans le *dupšaḫi* [ ] on re[ti]re les paroles de l'impré[cation] et ensuite, [o]n célèbre le rituel *dupšaḫi* [et] il prononce [les paroles sui]vantes :

63 «Le maître du rituel qui pour la divinité dans le *dupšaḫi* [

64-67 Main[te]nant, j'ai [r]etiré la divinité et le maître du rituel de ce [*dupšaḫi* de] l'imprécation [ ] et que cette imprécation soit brûlée [par le feu du] *d[upšaḫi*]; ô divinité et ô maître du rituel, soyez [é]cartés de cette angoisse qui était la vôtre [ ]». [On tient] les affaires de la reine à l'arrière du lieu (où se célèbre) le rituel.

---

68 Ensuite, lorsque, à l'extérieur, devant la rivière il met de l'ordre et que [

69 devant Pirinkir également, [on retire] le *du[pšaḫi]* de l'imprécation[

70 et on célèbre le rituel *dupšaḫi* de la manière déjà indiquée; [il] pro[nonce les paroles mentionnées précédemment,

71 devant la divinité (se déroule) [la remontée] du *dupšaḫi* de l'imprécation [

72 et on célèbre le rituel *dupšaḫi* de la manière déjà indiquée; [sur l'ordre de «Mon Soleil» il prononce les paroles mentionnées précédemment,
73 on tient en arrière les ustensiles de la reine; lorsqu[e le treizième? jour se lève,
74 on se lave et [on asperge] le temple;
75 en outre, on ne fait rien de la journée.

Verso

1 C[e] jour-là même, la nuit, [le prêtre de la déesse noire prend de l'eau purifiée]
2 et lorsqu'une étoile filante se manifeste, al[ors, on descend dans la rivière pour l'accomplissement du rite de la remontée de la déesse].
3-4 Ceci se déroule : face à la rivière, [dans le *dupšaḫi* de l'imprécation, on] accomplit en l'honneur de la divinité (le rite de) la remontée depuis la personne du roi [ ] on remonte la cause de toutes les imprécations.
5-6 Ensuite, on célèbre le rituel *dupšaḫi*; après quo[i,] on retire du feu [du *dupšaḫi* de l'imprécation la divinité et le maître du rituel et il dit ce qui suit :]
7 «Le maître [du rituel] qui devant la divinité, à l'intérieur du *dupšaḫi* [
8 Maintenant, voici que [j'ai soustrait] la divinité et le maître du rituel [au feu du] *dupš[aḫi* de l'imprécation?
9 et que cette fameuse imprécation [soit consumée par] le f[eu] du *dupšaḫi*.
10 Voilà, ô divinité et maître du rituel, [soyez soustraits à] cette angoisse (qui était la vôtre)».
11 On ne tient pas en arrière les affaires du roi; [au contraire, à] la s[uite] de «Mon Soleil», [de la manière déjà indiquée,
12 on fait une récitation et [l'on] tient bien en arrière les ustensiles de la reine.

---

13 Ensuite, lorsque, à l'extérieur, il met de l'ordre devant la rivière et que [
14-16 alors, on vi[en]t et devant Pirinkir (a lieu le rite) de la re[montée du *dupšaḫi* de l'imprécation] et il célèbre de la manière déjà indiquée [le rituel *dupšaḫi*]; il prononce aussi les paroles justement prononcées précédemment; [devant la divinité] (a lieu

le rite) de la remontée [du *dupšaḫi* de l'imprécation], et [on célèbre] le *dupšaḫi* précisément de la manière déjà indiquée; [ ]

17 On ne tient pas en arrière les ustensiles du roi; [au contraire, sur] l'or[dre] de «Mon Soleil» [(et) dans les termes déjà indiqués,

18 il fait une [réci]tation, et l'on tient bien en arrière les ustensiles de la rcinc.

---

19 Lor[s]que le quatorzième jour se lève, on se lave [et on asperge] le tem[ple; en outre, de la journée,]

20 on ne fait rien.

---

21 Ce jour-là même, [l]orsque, la nui[t], une étoile filante apparaît, la divinité x [

22 et de[v]ant la rivière, on e[ffec]tue les offrandes *zurki* du *dup*[*š*]*aḫi* de l'imprécation.

23 On fait une offrande aux affaires de la reine [a]vec un poisson et un agneau; quelqu'un tient les affaires de la reine en arrière du lieu où se célèbre le sacrifice.

---

24 On lui donne alors une plante alcali[ne] et elle la bro[y]e; elle pro[nonce] les paroles suivantes :

25 «Si quelque maître du rituel a parlé avec négligence dev[a]nt la divinité, qu'il vienne à l'intérieur de ce

26 temple et que la mauvaise parole, l'imprécation, le (faux) serm[e]nt et l'impureté deviennent tels que la plante alcaline;

27-28 qu'à l'image de la plante alca[li]ne, tout cela soit [fleuri]ssant et qu'en outre [per]sonne ne parvienne à [ ] cela [ ] la plante luxuriante.

29-31 Maintenant voici qu'elle a été [ ]; tout comme, ô divinité, le moissonneur [a coupé?] la plante alcaline fleurissante (et) luxuriante et qu'en outre il l'a broyée, qu'il broye aussi, tout comme la plante alcaline, la parole négligée, le (faux) serment, l'impré[cation,] (et) l'impureté;

32-35 que tout cela [soit] réduit à l'état de savon; que, de plus, cela n'existe plus devant la divinité ni pour la personne du maître du rituel. Dès lors, que la divinité et le maître du rituel soient purifiés et, tout comme elle a [broyé] la plante alcaline que voici et qu'elle en a fait du savon, que de même la parole négligée, le (faux) serment, l'imprécation [et] l'impu[reté] soient réduits à l'état de savon, et que la divinité et le maître du rituel soient purifiés de cette parole.

---

36 On lui donne ensuite un oi[gno]n, et elle prononce les paroles suivantes : «Si, devant la divinité,

37 quelqu'un [a pa]rlé ainsi (= négligemment), que, comme cet oignon-ci (est) enveloppé d'une pelure,

38 et que l'un [ne] se détache [pas] de l'autre, que la négligence, le (faux) serment, l'imprécation et l'impureté

39-40 comportent [de]vant le temple une pelure à la manière de l'oi[gno]n. Maintenant voici que j'ai pelé complètement l'oi[gn]on; j'[en] ai conservé seulement une tige nue; que, de la même façon, la parole négligente, le (faux) ser[m]ent, [l'impré]cation (et)

41 l'impureté soient également complètement pelés devan[t] la divini[té;] dès lors, que la divinité et le maître du rituel soient purifiés de cet[te pa]role.»

42-44 Ensuite, on lui [don]ne une corde et cette dernière a été tordue à gauche; elle prononce alors ce [qui sui]t: «Si quelqu'un a pro[féré] [devan]t la divinité une parole négligente, un (faux) serment, une imprécation et (a accompli) une impureté, tout cela est tordu comme la corde; après que cela a été tordu à

45 gauche d[e la corde,] voici que m[oi] je l'ai déliée vers la droite; (j'ai alors délié) la parole négligente, le (faux) ser[me]nt,

46-47 l'imprécation et l'impu[re]té; que tout cela n'existe plus ni devant la divinité, ni pour la personne du maître du rituel; dès lors, que la divinité et le maître du rituel soi[ent] purifiés de cette parole.

48-50 Après quoi, on construit de[vant la divini]té un bassin, et, à partir du bassin, on construit un petit fossé [co]nduisant à la rivière; [e]n outre, on y pousse un petit bateau légèrement recou[ver]t d'or et d'argent; (faux) serme[nt] et imprécation [sont] constitués par de petites quantités d'or et d'argent.

51-52 Alors, on place tout cela dans le bateau; après quoi, le fossé de décharge du bassin amè[n]e à la rivière le bateau [depuis] le bas[sin.] En plus, elle verse par derrière un peu de parfum et de miel

51-53 et elle prono[n]ce les paroles suivantes: «Comme la rivière a [em]porté [c]e bateau,

54-55 et qu'en outre sa trace n'est plus visible, que de même il (= le bateau) [em]porte aussi dans la rivière tous ces (actes) de celui qui a proféré devant la divinité une parole [n]égligente, un (faux) serment, une imprécation (et a commis) une impureté;

56 tout comme la trace de ce bateau-ci n'est plus du tout [vi]sible, que de plus (il n'y ait plus) de parole négligente
57 ni devant la divinité, ni pour la personne du maître du rituel, et que, dès lors, la divinité et le maître du rituel soient purifiés de cette parole».

58-60 «Voici que j'ai versé par derrière du parfum et du miel et que derrière eux la trace s'est confondue ensuite avec le parfum et le miel; que la parole négligente soit détournée vers un lieu lointain; que, tout comme la rivière ne revient pas en arrière, elle fasse ainsi également disparaître complètement cette mauvaise parole,
61 et qu'elle ne revienne pas». Par la suite, le maître (du rituel) soulève une coupe en argent de trois sicles,
62 et il verse de l'eau de la coupe en argent de trois sicles et prononce les paroles suivantes :
63-64 «Que pour celui qui a parlé avec négligence devant la divinité, la terre absorbe cette parole négligente de la même manière que la terre sombre a absorbé l'eau.
65-66 Que [ce]tte parole soit purifiée et non souillée, et que la divinité et le maître du rituel soie[nt] purifiés de cette parole».

---

67 [Alors, on b]oit plusieurs fois; [et po]ur les ustensiles de la reine, elle laisse une vache, une toison de brebis et un bouc.
68 [En] outre, elle dit ceci : «Quels que soient la parole négligente, le (faux) serment, l'imprécation (et)
69-70 [l'impu]reté qui ont été accomplis devant la divinité, que ces substituts-ci les [é]cartent complètement de la divinité, et que la divinité et le maître du rituel soient purifiés de cette parole».
71 Après cela, le maître du rituel rend hommage (à la divinité) avec un petit pain de sacrifice et un petit fromage.
72 Ensuite, il effectue l'offrande du *zurki* de viande cuite; en plus, il se prépare.
73 Alors, il purifie rituellement la divinité avec de l'argent et purifie rituellement les ustensiles et le maître du rituel avec de l'argent auprès de la divinité.

---

74 La deuxième tablette du rituel de Samuha n'est pas terminée; (il s'agit de celle) lo[rsqu]e les magiciens célèbrent le rituel.

Commentaire :

l. 1 : KA x KAK-*ŠU ḫattanza* : cfr aussi Ro 38, 48 : littéralement : «son nez fin, subtil, rusé ou fendu» [1] ; cette expression s'applique à la prêtresse magicienne qui accomplit les rites purificateurs et se trouve ainsi désignée par une de ses caractéristiques ; l'origine de l'appellation «son nez fin ou fendu» est peut-être à rechercher dans l'aspect d'un masque porté par la magicienne. Dans le présent rituel, la prêtresse «son nez fin ou fendu» est toujours qualifiée de «*parkuiš* SAL-*za* : femme purifiée», c'est-à-dire qu'elle est lavée de toute faute pour procéder aux rites de purification. Au cours des opérations magiques, elle est assistée d'apprenties *šilalluḫi*, cfr Ro 19, 27, 29 ; les diverses phases du rituel sont accomplies devant la porte du temple. Avec omission de l'enclitique possessif akkadien -*ŠU*, nous trouvons mention de l'expression «KA x KAK *ḫattant-*» dans les deux passages suivants :

— KBo XVI 97 Vo 12 : «*ma-a-an* ᵈ*IŠTAR* ᵁᴿᵁ*Ni-i-nu-wa* KA x KAK *ḫa-at-ta-an-ti ud-da-ni-i še-er kar-tim-mi-ya-an-za* : est-ce que Ištar de Ninive est irritée à cause d'une affaire «nez fin/fendu»?»,

— 1665/u 11' : «[ ]*ᵀᵁᴹ* KA x KAK *ḫa-ad-da-an-za* DINGIR*ᴸᵁᴹ* [» : l'expression «nez fin/fendu» est ici au nominatif ; à la ligne 9', il est question d'un ᴸᵁ́*kirištena*, soit un prêtre attaché au culte d'Ištar. Il faut néanmoins reconnaître qu'en dépit de l'apport de ces deux extraits, la nature exacte de l'expression «(son) nez fin/fendu» demeure obscure. De plus, la lecture BÙZUR-*ŠU* proposée par Čačatrjan doit, à notre avis, être rejetée.

l. 2 : *IŠTU ŠA* LUGAL : «provenant du roi» ; cfr Ro 17, 30, 48 ; l'équivalent *IŠTU* LUGAL*ᴿᴵ* nous est donné en Ro 7 ; l'emploi de *IŠTU ŠA* à la place de la simple préposition akkadienne *IŠTU* semble caractéristique des rituels kizzuwatniens ; qu'il suffise à ce sujet de renvoyer au rituel de purification kizzuwatnien KUB XXX 31 Ro I 13, II 50, 59, III 1, 5, 7 ; *IŠTU ŠA* est également utilisé dans l'akkadien de Mâri : cfr *ARM* 3 1, 22 et 3 12, 21.

l. 2 : *gangataizzi* : 3ᵉ p.s. Ind. prés. < *gangadai-* : «purifier rituellement» ; cette purification s'effectue probablement en badigeon-

[1] Cfr J. Friedrich, *HWb*, p. 64 et 65 ; l'on retiendra la traduction «rusé, fin, subtil» ou «fendu» selon que l'on envisage l'adjectif *ḫattant-* ou le participe du verbe *ḫattai-*.

nant ou en aspergeant l'idole à l'aide d'herbes spéciales désignées par le terme *gangati*ŠAR; sur toute cette question, on se référera utilement à H.G. Güterbock, *Oriens* 10, p. 353 et à H.A. Hoffner JR, *Al. Heth.*, p. 112; signalons enfin qu'un verbe *kangatai-* existe également en louvite d'après E. Laroche, *DLL*, p. 54.

l. 3 : *Ú-NU-UT* LUGAL-*ma* EGIR-*an* *Ú-UL kuwatqa ḫarkanzi* : littéralement : «on ne tient pas du tout en arrière les ustensiles du roi»; une proposition de ce genre se rencontre plusieurs fois dans ce texte ainsi que dans d'autres rituels; en fait, EGIR-*an* = hitt. *appan* doit désigner un lieu situé en arrière de l'endroit où s'accomplit le sacrifice, comme il ressort de la structure équivalente de Ro 67 et Vo 14 : «........ *Ú-NU-UT* SAL-LUGAL *ku-iš* EGIR SISKUR.SISKUR *ḫar-zi* : quelqu'un tient les ustensiles de la reine à l'arrière du lieu du rituel»; pour «EGIR SISKUR.SISKUR» désignant un emplacement situé à l'arrière du lieu où l'on sacrifie, cfr H. Kronasser, *Die Umsiedlung*, p. 48; ainsi, «*Ú-NU-UT*... EGIR-*an* *ḫark-* = *Ú-NU-UT* EGIR SISKUR.SISKUR *ḫark-*.» Au verbe *ḫark-* peut éventuellement se substituer le verbe *ap-* comme nous l'observons en KUB XXX 31 II 51, 53, 60-61, III 2-3, 5, 8.
KA x U-*az* = hitt. *iššaz* constitue un ablatif d'origine qu'il convient de rattacher logiquement au verbe *anda*....*memiškanzi* de la ligne 4.

l. 4 : *apéniššan* : latin «*illo modo*» : «comme cela a été indiqué précédemment»; toutefois, comme il s'agit du début d'une nouvelle tablette, la formule de purification récitée par les assistants et déjà mentionnée dans une tablette précédente, est reprise ici par souci de facilité.

l. 11 : *parkuiš gangatanzašša* : *gangatanzašša* : part. nom. sing. com. < *gangadai-*, suivi de l'enclitique *-a* = «et», ce qui aboutit à la finale *-an-za-aš-ša* selon J. Friedrich, *Elem.* I^2, p. 31 §25 b. La coordination de *parkui-* et de *gangatant-* est intéressante en ce sens que la propreté matérielle = *parkui-* et la purification rituelle = *gangatant-* sont les deux conditions nécessaires à la disparition totale de toute souillure dans le chef d'un individu ou d'un dieu.

l. 18 : *an*[*-da ta*]*kšan* : la reconstitution est fondée par la fin de la ligne 35; quant à *kuwašnuwanzi*, il représente la 3e p.pl. Ind. prés. V.A. d'un verbe *kuwašnu-*, factitif en *-nu-* de *kuwaš-* duquel il possède un sens voisin.

l. 19 : SAL*šilalluḫi* : détermination donnée à la prêtresse acolyte de la magicienne «son nez fin, rusé ou fendu»; H. Kronasser, *Die Umsiedlung*, p. 49 rem. 7, suggère pour ce passage la lecture SALIGI.LAL-*lu-ḫi-iš* et lui attribue le sens de «voyante»; cependant, les graphies SAL*ši-i-la-al-lu-ḫi* en KBo V 2 II 22 et *ši-la-lu-ḫi-ni-ta* en 788/b+KUB XXXII 29 III 25 rendent impossible la lecture de Kronasser comportant la graphie sumérienne LAL; ces deux derniers passages appartenant à des textes hourrites, confirment l'origine hourrite du terme *šilal(l)uḫi*; il existe aussi un nom de femme, f*Šilalluḫi*, d'après E. Laroche, *NH*, p. 350.

A la même ligne, nous sommes confrontés avec le problème posé par les mots *na-ak-ki-u-aš* et *na-ak-ku-wa-aš-ša*;
nakkiuaš : le mot se retrouve aussi à la ligne 22; les postpositions *piran* (ligne 19) et *para* (ligne 22) laissent deviner un datif pluriel de l'adjectif *nakki-* = latin *gravis*; cependant, la morphologie de *nakkiuaš* déconcerte dans ce cas; l'on attend, en effet, une forme *nakkiyaš* ou *nakkayaš*; le développement du *-u-* devant la désinence *-aš* est insolite, mais connaît des parallèles en ce qui concerne l'expression de sens encore obscur: *šarki(u)wali- nakki-* :
KUB XVII 15 II 12 : [*šar-ki-wa-le*]-*e-eš na-ak-ki-ya-aš*,
KUB XVII 15 III 4 : *šar-ki-wa-li-aš na-ak-ki-ya-aš*,
KUB XXXV 145 II 4 : *šar-ki-wa-li-ya-aš na-ak-ki-ya-aš*,
KUB XXXV 145 II 16 : *šar-ki-wa-li-iš na-ak*[*-ki-iš*?,
mais en KUB IX 4 III 45 = 34 I 25, nous lisons : *šar-ki-u-wa-li-i-e-eš na-ak-ki-u-e-eš*, soit un nom.pl.c. avec développement d'un *-u-* entre le thème et la désinence *-eš*, comme nous le constatons dans notre texte. *nakkuwašša* est à décomposer en *nakkuwaš* = dat.pl. d'un thème +*nakku-* + enclitique *-a* = «et»; le contexte des différents passages où ce mot se retrouve autorise à reconnaître dans les +*nakku-* les substituts utilisés dans l'accomplissement des rites de purification magique; nous aurions dès lors une variante de l'habituel *nakkušši* : «substitut» < *nakku* + *(š)ši-*, mentionné d'ailleurs en Vo 58.

l. 28 : *ma-a-aḫ-ḫa-an* : graphie archaïsante correspondant au classique *ma-aḫ-ḫa-an*; sur ce point, cfr Ph. Houwink ten Cate, *Records*, p. 42-49.

l. 44 : *tapuša-kán* : pour *tapuš-a*, directif d'un thème *tapuš-*, cfr E. Laroche, *RHA* XXVIII (1970), p. 30 nº 25.

l. 58 : *šeḫelliyaš uidar* : «eau de pureté»; avec la forme *šeḫelliyaš*, l'on se trouve en présence d'un terme hourrite *šeḫelli* décliné selon la flexion hittite, ici au gén. sing.; le hourrite *šeḫelli* < *šeḫel* + article défini singulier *-ni*; il n'est pas exclu que *šeḫel* provienne du sumérien SIKIL, cfr E. Laroche, *RHA* 54 (1960), p. 196 et M. Vieyra, *RA* 51, p. 96-98. L'on observe ainsi que les rituels kizzuwatniens sont hybrides. Lorsqu'il s'agit de purifications, l'eau pure y joue un rôle important; signalons encore qu'un rituel de l'eau pure est décrit en KUB XXX 38 +, texte d'Ammihatna, prêtre de Kumanni.

l. 59 : MUL-*aš watkuzi*: aussi en Vo 2: littéralement «une étoile saute»; il s'agit fort probablement d'une apparition d'une étoile filante dans le ciel, cfr H. Kronasser, *Die Umsiedlung*, p. 48; en KUB XXIX 4, dont nous avons déjà souligné la parenté avec notre texte, il est également question de rites accomplis lors de l'apparition d'une étoile filante, notamment en II 29, III 1, IV 31; même phénomène dans le rituel de naissance KUB IX 22 II 46.

šara ḫuittiyawar : «le fait de tirer vers le haut, de faire remonter»; cfr aussi Ro 60, 69, 71, Vo 4, 14; il s'agit d'un rite consistant à faire remonter à l'idole la pente d'un chemin menant à une rivière dans laquelle elle a été préalablement plongée; le rite consistant à tirer une idole sur une route peut également s'effectuer au départ d'une montagne, de la mer, ou encore des «sept chemins» = «depuis n'importe quel lieu», cfr KUB XXX 38 I 17-25; par cette pratique de magie sympathique, on espérait faire revenir la divinité du lieu où éventuellement elle s'était rendue et l'amener ainsi à l'endroit du sacrifice; en KBo XV 25 Ro 5-11, l'idole de la déesse Wišuriyanza est également descendue dans la rivière. Les aliments et objets nécessaires au déroulement du *šara ḫuittiyawar* sont énumérés en KUB XXIX 4 I 73-II 2. Pour la promenade des idoles sur les chemins, on se référera toujours utilement à F. Sommer, *KlF* 1 (1929), p. 341 sq.

l. 60 : *dupšaḫiti*: datif-locatif sing. de *dupšaḫi(t)-*, abstrait louvite ou, en supposant que *dupšaḫi* est un adjectif hourrite, finale hybride pour un mot hourrite avec mélange de directif sing. hourrite en *-da* et de datif-locatif hittite/louvite en *-i*.

Pour le sens, toutefois mal assuré, de *dupšaḫi*, cfr p. 46, 47.

l. 61 : *ḫuwaši*: «bétyle», cfr étude de M. Darga, *RHA* 84-85 (1969), p. 5-20.

l. 68 : *araḫza*: «vers l'extérieur»; analyse du mot chez E. Laroche, *RHA* XXVIII (1970), p. 37-38.

l. 69 : ^{d}*Pirinkir* : aussi en ·Vo 14; divinité de nature obscure; elle est habituellement citée après Aštabi, Nubadig et avant ZA.BA_4.BA_4 dans les listes d'offrandes kizzuwatniennes, cfr H. Otten, *Anatolia* 4 (1959), p. 31 sqq.; elle sert d'épithète à la déesse Allai, d'après E. Laroche, *Recherches*, p. 57; ceci revient à dire qu'elle détermine parfois la «Dame» = ^{d}GAŠAN, soit une dénomination habituelle de Šauška; un lien évident est à établir avec Ištar/Šauška [1] et, en raison de ce lien, le sexe de Pirinkir ne peut être déterminé, comme le relève E. Laroche, *RHA* 84-85 (1969), p. 77. De plus, comme en KUB XXIX 4, une relation existe entre la déesse noire et Pirinkir, ce qui revêt une signification particulière si l'on admet que la déesse noire de KUB XXIX 4, XXIX 7 ou XXXII 133 n'est autre qu'Ištar de Samuha.

Vo

l. 15 : *iezzi* : archaïque pour le classique *iyazzi*; cfr notamment H. Otten & Vl. Souček, *StBoT* 8 (1969), p. 75, E. Neu, *StBoT* 12 (1970), p. 52 et Ph. Houwink ten Cate, *Records*, p. 16-17.

l. 22 : *zurkiyanza* : louvisme grammatical acc.pl.c. louvite de *zurki-*, cfr H. Otten, *StBoT* 15 (1971), p. 12; il s'agit d'un terme hourrite passé dans le vocabulaire louvite du sud-est anatolien et de là en nésite; nous possédons le gén.s. dans la forme *zurkiyaš* de Vo l. 72; le sens du mot est toujours incertain; cependant, dans le rituel kizzuwatnien KUB XXX 38 I 56, nous lisons: «*I-NA* UD 2.KAM-*ma u-zi-ya zu-ur-ki-ya ši-pa-an-d*[*a-an-zi*] : et le deuxième jour, [on] sacrifi[e] des viandes et du *zurkiya*»; *uziya*, mot hourrite < sumérien UZU, signifiant «viande», nous nous demandons si *zurkiya* ne pourrait correspondre au sens de «sang».

l. 29 : *miyan* : aussi probablement à la l. 27; cfr E. Neu, *StBoT* 5 (1968), s.v. *miya-*, p. 117 note 8.

l. 36 : *šuppiwašhar*^{ŠAR} : aussi à la l. 37, 39; cfr en dernier lieu H. A. Hoffner JR, *Al. Het.*, p. 108-109.

l. 38 : *idaluwanzi-ya* : louvisme grammatical; nom. pl. com. louvite de l'adjectif hittite *idalu-* : «mauvais».

l. 48 : *ištappeššar* : ce substantif désigne notamment ce qui bloque deux canaux d'irrigation dans la campagne hittite; type de formation en *-eššar-* à partir du verbe *ištap-* : «fermer, bloquer»,

[1] Cfr Rituel pour Ištar-Pirinkir = *CTH* 718.

cfr H. Kronasser, *Etym.*, p. 289. La forme *ištappešnaz-ma-kán* représente un ablatif d'origine dépendant du participe [*i*]-*yan*.

l. 54 : *urkeš* : voir aussi l. 56 : ne pas considérer cette forme comme un nom.pl. mais bien comme un nom. sing. de *urki/e-* comme le laisse supposer le verbe *duqqari* = 3^{e} p. s. Ind. prés. V.M. < *dug-*; il y aurait dès lors un flottement e/i de la voyelle thématique comme on l'observe dans le mot *utne/utni*.

l. 64 : *dankui- taganzipa-* : «la terre sombre» : divinité infernale d'origine louvite-hittite jouant un grand rôle dans les rituels de magie; son rôle consiste essentiellement à retenir fermement enfermé en elle un enchantement ou un mauvais sort chassé par un magicien; voir E. Laroche, *Recherches*, p. 68 et L. Jakob-Rost, *Ritual der Malli*, p. 82.

l. 67 : Nous avons suivi la restauration proposée par N. van Brock, *RHA* 65 (1969), p. 129; qu'il nous suffise de reproduire ici quelques lignes de cet article soulignant la nature du *nakkušši-* : «Le rôle essentiel du *nakkušši-* réside dans l'opération d'enlèvement du mal, et ne comporte pas, comme dans le cas du *tarpalli-*, l'opération de destruction du mal». Dans l'opération même du transfert du mal au *nakkušši-*, la puissance du mal est considérablement amortie (cfr aussi Rituel de Mastigga = *CTH* 404); on ne tue pas le *nakkušši-* à la différence du *tarpalli-*.

l.72 : *arnamitti* : 3e p. s. Ind. prés. V.A. du verbe louvite *arnami-* : «se préparer?», cfr E. Laroche, *DLL*, p. 31 et H. Kronasser, *Die Umsiedlung*, p. 49, qui propose pour ce verbe la traduction que nous suivons avec des réserves.

Plan de la partie conservée du rituel

1° *Le 11e jour*. (Ro 1-37).

a) La prêtresse «Son nez fin, rusé ou fendu» se place devant la porte du temple pour purifier par badigeonnage la déesse noire des imprécations royales; les ustensiles du roi ne sont pas tenus à l'arrière du lieu du rituel.

b) Invocation de l'assistance à l'adresse de la déesse pour qu'elle se considère purifiée des négligences du roi grâce aux rites à accomplir, et que, d'autre part, le roi soit aussi purifié de ses fautes.

c) Rites purificatoires : ils sont accomplis en trois temps :

— la prêtresse purifie rituellement la divinité en effectuant un déplacement depuis la personne du roi jusqu'en face des affaires de la reine;

— la prêtresse poursuit sa purification dans le sens contraire, à savoir depuis les affaires de la reine jusqu'au roi ;
— elle accomplit enfin une ultime purification à mi-chemin du roi et des ustensiles de la reine.

d) La prêtresse s'adresse à nouveau à la divinité pour lui rappeler le sens et l'objet des rites accomplis.

e) Déroulement de rites relevant de la magie sympathique avec utilisation de *gangati*^{ŠAR} et de substituts ; ces rites sont exécutés en différentes phases :

1re phase :
— la prêtresse présente un *gangati*^{ŠAR} pris des mains du roi selon un cérémonial traditionnel ; on ne laisse pas les affaires du roi en arrière du lieu où s'effectuent les rites ;
— sur l'invitation du roi, on procède à l'habituelle invocation à la déesse ;
— rites de purification magique, toujours en trois temps :
  . purification, à l'aide du *gangati*^{ŠAR}, du roi placé à côté de la déesse ;
  . purification semblable des ustensiles de la reine placés à côté de la déesse ;
  . purification effectuée à mi-chemin du roi et des ustensiles de la reine.
— enfin, l'on mélange une quantité du *gangati*^{ŠAR} ayant servi à la purification du roi avec du *gangati*^{ŠAR} ayant servi à la purification des ustensiles de la reine.

2e phase :
— Une novice présente un *gangati*^{ŠAR} aux *nakki-* et un second *gangati*^{ŠAR} aux substituts ; elle en offre un troisième aux substituts$^{?}$ vivants ;
— elle présente aux *nakki-* un *gangati* pris des mains du roi et on ne tient pas les ustensiles du roi en arrière du lieu où se déroule le rituel ;
— sur l'invitation du roi, en effectue l'habituelle invocation à la déesse noire ;
— rites de purification magique :
  . dans son déplacement depuis la personne du roi jusqu'en face des ustensiles de la reine, la prêtresse présente un *gangati*^{ŠAR} aux substituts ;
  . même geste répété dans le sens inverse, donc depuis les ustensiles de la reine jusqu'en face du roi ;

. présentation du *gangati* aux substituts à mi-chemin entre le roi et les ustensiles de la reine.

3e phase :

— La novice prend un autre *gangati*ŠAR pour le présenter aux substituts? vivants; une autre novice prend à son tour un autre *gangati* pur afin de le présenter à la déesse de la part du roi;
— elle rappelle l'objet et le sens des rites accomplis;
— rites de purification magique, toujours en trois temps :
  . la prêtresse présente le *gangati*ŠAR depuis le roi jusqu'aux affaires de la reine;
  . elle accomplit le même geste en sens inverse;
  . elle présente enfin le *gangati* à mi-chemin du roi et des ustensiles de la reine;
— on mélange une moitié du *gangati*ŠAR du roi et de celui des ustensiles de la reine.

f) Cérémonie du lavage rituel et aspersion du temple.

2° *Le 12e jour* (Ro 38-47).

a) La prêtresse «Son nez fin ou fendu» vient se placer devant la porte du temple afin de purifier la divinité avec un «ragoût» ou une espèce de tarte et de la laine depuis la bouche du substitut du serment.

b) Purification de la divinité en deux temps :
— avec la «tarte» et la laine depuis la bouche du substitut du serment reliée aux affaires de la reine;
— même rite, mais il s'effectue à mi-chemin de la bouche du substitut et des affaires de la reine.

c) Purification supplémentaire de la déesse à propos de toutes les imprécations possibles : provenant d'étrangers, d'un père, d'un grand-père par exemple; on utilise toujours la «tarte» et la laine.

d) On tient en arrière du lieu du rituel les ustensiles de la reine; on procède au lavage rituel et à l'aspersion du temple.

3° *Le 13e jour* (Ro 48-57).

a) La prêtresse «Son nez fin ou fendu» vient à nouveau se placer devant la porte du temple afin de purifier la déesse de toutes les imprécations royales à l'aide d'une «tarte» et de laine; on ne tient pas en arrière du lieu de célébration les ustensiles du roi.

b) Sur l'invitation du roi, l'assistance fait l'invocation traditionnelle.

c) Rites purificatoires, en trois temps, au bénéfice de la divinité :
— à l'aide d'une «tarte» et de laine depuis le roi jusqu'en face des ustensiles de la reine;

— mêmes rites, mais accomplis depuis les ustensiles de la reine jusqu'en face du roi;
— les rites de purification sont accomplis à mi-chemin du roi et des ustensiles de la reine.

d) Lavage rituel de l'assistance et aspersion du temple.

4° *Nuit (ou soirée) du 13e jour* (Ro 58-75).

Elle est dominée par la célébration du rituel *dupšaḫi*.

a) Au moment où une étoile filante apparaît, on descend la divinité dans la rivière pour accomplir un rite consistant à retirer depuis la divinité les imprécations contenues dans un *dupšaḫi*; la cérémonie est présidée par le prêtre de la déesse noire.

b) L'on passe ensuite à la célébration du rituel *dupšaḫi*; au préalable, une invocation est adressée à la divinité afin de dégager le sens du rite de magie sympathique consistant à brûler le *dupšaḫi* de l'imprécation.

c) Face à Pirinkir, on accomplit également le rite consistant à remonter de la rivière les imprécations contenues dans le *dupšaḫi*; l'on procède ensuite à la célébration du rituel *dupšaḫi*. L'on tient les ustensiles de la reine à l'arrière.

d) Au lever du jour, on se lave et on asperge le temple; on ne fait rien durant la journée.

5° *Nuit (ou soirée) du 14e jour* (Vo 1-20).

On accomplit des rites semblables à ceux de la nuit précédente, cfr 4°).

6° *Nuit (ou soirée) du 15e jour* (Vo 21-72).

a) Lorsqu'une étoile filante se manifeste, on effectue les offrandes *zurki* du *dupšaḫi* de l'imprécation devant la rivière; aux ustensiles de la reine, on offre également un poisson et un agneau (Vo 21-23).

b) Rites de magie sympathique accomplis avec la récitation d'une formule dont le thème se ramène à l'idée suivante: «Tout comme tel objet subit cette forme de destruction ou de disparition, qu'il en soit ainsi des erreurs royales»; l'on utilise ainsi:
— la plante alcaline, en pleine floraison, que l'on coupe en morceaux et broye par la suite (Vo 24-35);
— un oignon dont on enlève la pelure identifiée aux erreurs du roi (Vo 36-41);
— une corde tordue dans le sens gauche, que l'on laisse ensuite se délier par la droite (Vo 42-47);
— un bassin-écluse relié à la rivière par un petit fossé dans lequel on place un petit bateau censé emporter les fautes du roi au loin; ces

mêmes fautes sont également assimilées aux traces du navire qui s'estompent progressivement après son passage (Vo 48-57);
— évocation significative de la rivière dont le cours ne revient pas en arrière et supplication pour qu'il en soit ainsi des fautes du souverain; de même, l'on espère que les péchés du roi connaîtront un sort identique à l'eau versée sur la terre et absorbée aussitôt par celle-ci (Vo 58-66).

c) L'on effectue encore quelques offrandes et une invocation à la divinité; après quoi, l'on procède à une ultime purification de l'idole, du roi et des ustensiles royaux, bref de tout ce qui a pu être souillé directement ou indirectement (Vo 67-72).

7° *Colophon* (Vo 73-74).

La partie conservée de ce rituel de Samuha ne peut manquer de frapper par la multiplicité des rites de magie sympathique qui accompagnent les opérations de purification effectuées sur la divinité, la personne du roi et les ustensiles de la reine; comme dans la plupart des rituels kizzuwatniens de but semblable, l'on relèvera le rôle du *gangati*^{ŠAR}, du *ŠA* BA.BA.ZA *išnai-* et du ^{SÍG}*ali-*, de l'oignon et de sa pelure, de l'écluse et du petit canal construit à partir de celle-ci, du petit bateau supposé chargé des fautes commises et ensuite emporté par le courant de la rivière, ou enfin de l'huile dont les traces doivent s'effacer dans l'eau. Comme il s'agissait de purifier la déesse noire, à identifier peut-être à Ištar de Samuha, de la parole négligente du roi, et de laver d'autre part celui-ci de ses fautes, l'on comprend aisément que toutes les précautions étaient prises pour garantir le succès des purifications.

Autre caractéristique kizzuwatnienne, la présence de plusieurs termes hourrites et de louvismes; ainsi, pour les termes ou expressions d'origine hourrite, relevons l'apprentie *šilalluḫi* (Ro 19, 27, 29), la *šeḫelliyaš widar* ou «eau de pureté» (Ro 58), le *dupšaḫi-*, le *zurki-*; pour les louvismes grammaticaux, notons les formes *dupšaḫiti* (Ro 60, 61), *idaluwanzi* (Vo 38), *zurkiyanza* (Vo 22); les louvismes ne portent cependant aucun signe de glose, ce qui pourrait indiquer la familiarité du scribe avec la langue louvite et le monde du Kizzuwatna.

Certaines traces d'archaïsme existent dans le texte, tels la graphie *ma-a-aḫ-ḫa-an* au lieu de *ma-aḫ-ḫa-an*, *iezzi/ienzi* pour *iyazzi/iyanzi*, l'emploi du génitif avec les postpositions *para* et *katta*; l'on a donc affaire à une copie effectuée à partir d'un original de date plus ancienne, comme c'est le cas pour beaucoup de rituels kizzuwatniens qui nous sont parvenus ; les copies furent effectuées soit sous Mursili II, notamment pour plusieurs textes entreposés à Samuha, soit sous Puduhépa qui fit exécuter à Hattusa plusieurs copies de textes kizzuwatniens [1].

[1] Pour les copies effectuées d'après d'anciennes tablettes kizzuwatniennes, cfr KBo XXI 37 Vo 14' : «[... ^{URU}*Ki-i*]*z-zu-wa-at-na an-na-al-li-ya-az tup-pí-az Ú-UL ku-it i-ya-an* : ce qui n'a pas été fait à partir d'une ancienne tablette [du Kiz]zuwatna» ou 17' «[... *Š*]*A*$^{?\mathrm{URU}}$*Ki-iz-zu-wa-at-ni an-na-al-li tup-pí ki-iš-ša-an ku-it ki-it-ta*[*-ri* : ce qui est placé de la manière suivante sur une ancienne tablette [d]u Kizzuwatna».

Voir aussi pour Mursili II KUB XXXII 133 I 1-11, et pour Puduhépa KUB XX 74 colophon 12-16.

N° 3. Le réquisitoire de Hattusili III contre Arma-Datta (*CTH* 86).

1. A. KUB XXI 17.
   B. KUB XXXI 27 = A I 13-19.
   Cfr A. Goetze, *OLZ* 1929, p. 832 sqq.; *ANET* (1950), p. 319; E. Edel, *ZA* 49 (1950), p. 212; A. Archi, *SMEA* XIV (1971), p. 198-199.
2. KUB XXXI 26 : fragment analogue à 1.
   Cfr P. Meriggi, *WZKM* 58 (1962), p. 90 sq.

1. Ro I

A

1 *UM-MA ta-ba-ar-na* ^{m}*Ḫa-ad-du-ši-li* LUGAL.GAL
2 *Ù* ^{f}*Pu-du-ḫé-pa* SAL.LUGAL.GAL
3 ^{d}UTU^{ŠI} $^{\text{m d}}$SIN.^{d}U-*aš-ša ḫa-an-ni-tal-wa-eš-šir*
4 ḪUL^{MEŠ}-*šir-ma-at ke-e-da-ni me-mi-ya-ni*
5 KUR UGU^{TIM} *ku-it A-NA* $^{\text{m d}}$SIN.^{d}U *AŠ-ŠUM*
MU-IR-DU-UT-TIM pé-eš-ta GIM-*an-ma-mu*
6 ^{m}NIR.GÁL ŠEŠ-*YA* KUR UGU^{TI} *AŠ-ŠUM MU-IR-DU-UT-TI-IŠ*$^{!}$
7 *pé-eš-ta* $^{\text{m d}}$SIN.^{d}U-*aš-ma-mu-za A-NA* ŠEŠ-*YA* GAM-*an*
8 *pé-eš-ki-u-wa-an da-a-iš*
9 *nam-ma-mu-kán ḫu-wa-ap-pí-iš-ki-it*
10 *nam-ma-mu* SAL^{MEŠ} UḪ EGIR UGU *ti-eš-ki-it*
11 *nu-mu* UḪ-*ir nu-mu* ^{d}LIŠ ^{URU}*Ša-mu-ḫi* GAŠAN-*YA*

B

12 [*A-NA* SA]G.DU-*YA kat-ta-an ar-ta-at*
13 [*ḫa-an-n*]*e-eš-šar pu-nu-uš-ta*
14 [*nu* ^{m}NIR.]GÁL *ku-it* LUGAL KUR *Mi-iz-ri*
15 [KUR] *A-mu-ri-ya la-aḫ-ḫi-ya-at*
16 [*ma-aḫ*]-*ḫa-an-ma-za* LUGAL KUR *Mi-iz-ri* KUR <*A*>-*mur-ri-ya*
17 [*tar-a*]*ḫ-ta nu* EGIR-*pa* KUR *A-ba pa-it*
18 [*ma-a*]*ḫ-ḫa-an-ma-za* ^{m}NIR.GÁL ŠEŠ-*YA* KUR *A-ba tar-aḫ-ta*
19 [ ]*nu-kán* [EGIR-*pa*] *I-NA* KUR ^{URU}*Ḫa-at-ti*
20 [*pa-it*]x *am-mu-uk-ma-kán* ŠÀ KUR *A-ba*
21 [*e-šu-un*]

---

22 [ ]^{URU}*Ḫu-bi-iš-na*
23 [ ]INIM^{MEŠ} ḪUL^{MEŠ} SUD-*at*
24 [Ḫ]UL$^{\text{MEŠ.TIM}}$
25 [^{d}]UTU[^{ŠI}]
26 [*pár-aḫ*]-*ḫi-eš-ki-ir*$^{?}$
27 [ ]x $^{\text{m d}}$SIN.^{d}U-*ya tar-na-aš*
28 [^{d}]UTU^{ŠI}

A

29 [-]*ši-el* UḪ-*tar tar-nir*
30 [^{m}NIR.GÁL] ŠEŠ-*YA*
31 [EG]IR-*an-da ú-i-ya-at*
32 [ ]*a-pí-ya*[ ]x[ ]-*ya*
Reste de la colonne effacé.

Recto II

A

1 *Ú-UL da-aḫ-ḫu-un* [*na*]-*at-za ták-ša-a*[*n*]
2 *šar-ra-an-za da-aḫ-ḫu-un*
3 *ták-ša-an šar-ra-an-ma A-NA* $^{m\ d}$SIN.^{d}U
4 EGIR-*pa pí-iḫ-ḫu-un*
5 *nam-ma-za-kán* ^{d}LIŠ ^{URU}*Ša-mu-ḫi*
6 *A-NA PA-AN* ŠEŠ-*YA šar-ra-aḫ-ḫu-un*
7 *nu-uš-ši* É^{MEŠ}.DINGIR^{MEŠ} *I-NA* ^{URU}*Ú-ri-ki-na*
8 *i-ya-nu-un nu ki-i* É $^{m\ d}$SIN.^{d}U *a-pé-e-da-ni AD-DIN*
9 *nu* INIM É $^{m\ d}$SIN.^{d}U DINGIR^{LUM} *ták-ša-an* Ù-*za IQ-BI*
10 *na-an-kán Ú-UL-pát wa-aḫ-nu-nu-un*
11 *nu-za-kán* DINGIR^{LUM} ŠÀ URU^{MEŠ} ^{DUG}*ḫar-ši-ya-al-li*
12 *te-eḫ-ḫu-un ḫal-ki-ya-aš-ši* ^{DUG}*ḫar-ši-ya-al-li*
13 *te-eḫ-ḫu-un ŠA* GEŠTIN-*ya-aš-ši* ^{DUG}*ḫar-ši-y*[*a-a*]*l-li*
14 *i-ya-nu-un nu-kán* ALAM EGIR-*an* [*i-ya-nu*]-*un*

---

15 *ma-aḫ-ḫa-an-ma-za* ŠE[Š-*YA* ^{m}NIR.GÁL-*iš*]
16 DINGIR^{LIM}-*iš ki-ša*[-*at nu* ^{m}*Ur-ḫi*-^{d}U-*ub-an*]
17 *A-NA* ^{GIŠ}GU.ZA *A*[-*BI-ŠU ti-it-ta-nu-nu-u*]*n*
18 *nu* ^{m}*Ši-ip-pa*-LÚ[-*iš*
19 *nu-kán IŠ-TU*[
20 *na-at-ši-at-kán*[
21 *na-at A-NA* D[INGIR^{LIM}
22 *pí-iḫ-ḫu-un m*[*a-aḫ-ḫa-an-ma*
23 *nu-za* É-*ir i-y*[*a-*
24 *ú-e-ri-y*[*a-*
25 *A-NA* $^{m\ d}$SIN.^{d}[U
26 *na-at-kán* [
27 *ŠA* ^{URU}*Ú-r*[*i-ki-na*
28 *A-NA* ^{m}*Ši-i*[*p-pa*-LÚ-*i*
29 *na-at-kán* x [
30 *ŠA* LUGAL^{UT-TI} [
31 *nu-kán ku-u-uš* [
32 ^{URU}*Ta-na-a*[*k*$^{?}$(-)

A

33 ^{URU}*Ḫa-ak-ku-r*[*a*

34 *nu-kán* É $^{\text{m d}}$SIN.^{d}[U

35 *A-NA* ^{d}*IŠTAR* ^{UR}[^{U}*Ša-mu-ḫa pí-iḫ-ḫu-un*]

36 *ŠA* ^{URU}*Ú-ri-ki-n*[*a*

37 *ku-u-uš-ma-za-kán* ^{URU}[

38 *A-NA* ZI$^{\text{ḪI.A}}$EGI[R-*an*

39 [*a-r*]*a-aḫ-za-an*[*-da*

Vo III

A

x+1 [ ]x x[ ]

2' [*A-NA* ^{d}*IŠTA*]*R* ^{URU}*Ša-mu-ḫi*

3' [^{DUG}*ḫar*]*-ši-ya-al-li te-eḫ-ḫu-un*

4' *ŠA* GEŠTIN *ŠA* 1 *ŠA-A-TI ḫal-ki-y*[*a-aš*]

5' *nu-za-kán* ^{d}*IŠTAR* ^{URU}*Ša-mu-ḫi*

6' *ku-it* ^{URU}*Ḫa-at-tu-ši še-er*

7' ^{URU}*Ḫa-at-tu-ša-aš i-wa-ar*

8' É^{MEŠ}.DINGIR^{MEŠ} *še-er i-ya-nu-un*

9' *nu ma-aḫ-ḫa-an* MU.KAM*-za me-ḫur ti-ya*[*-z*]*i*

10' *še-li-aš šu-un-nu-ma-an-zi*

11' *nu-kán BI-IB-RU ŠA* ^{d}LIŠ ^{URU}*Ša-mu-ḫi*

12' ^{URU}*Ḫa-at-tu-ša-za kat-ta ú-da-an-zi*

13' *nu* ^{DUG}*ḫar-ši-ya-al-li ḫé-e-ša-an-zi*

14' *še-li-uš-ma šu-un-na-an* [*-zi*]

15' *nu-kán* ^{DUG}*ḫar-ši-ya-al-l*[*i*]

16' *ḫal-ki-ya-aš-ša su-un-na-an*[*-zi*]

17' *ŠA* GEŠTIN*-ya-kán šu-un-n*[*a-an-zi*]

18' SISKUR*-ma ki-iš-ša-an* [*i-ya-an-zi*]

19' 1 UDU *A-NA* ^{d}LIŠ ^{URU}[*Ša-mu-ḫi*]

20' 1 UDU ^{d}*Ni-na-at-t*[*a* ^{d}*Ku-li-it-ta*]

21' ^{GIŠ}TUKUL *Ú-NU-TI nu k*[*u-*]

22' *A-NA* ^{d}LIŠ ^{URU}*Š*]*a-mu*[*-ḫi*]

23' *kar-ša-nu-zi A*[*-NA*]

24' *ku-i-e-eš* EGIR*-an*[ ]

25' *na-aš A-NA* ^{d}LIŠ ^{UR}[^{U}*Ša-mu-ḫi*]

26' LÚ DI-*ŠU e-eš-du* [ ]

27' *ma-a-an-ma-kán ki-i-ma* [SISKUR]

28' *ša-ku-un-tar-ri-ya-nu-zi* [ ]

29' *A-NA* Z[I-*Y*]*A-mu-kán ku-iš* [ ]

30' *na-an-za*[*-*]*kat-ta le-e ku-i*[*š-ki*]

31' *ma-a-na-at* [*i*]*-ya-zi*

32' *le-e*[ ]x *ku-iš-ki ša-ak-ki*
33' [*m*]*a-a-na-at Ú-UL-LA i-ya-zi*
34' [*a*]-*pád-da-ya le-e ku-iš-ki ša-ak-ki*
35' [*A-NA*] DINGIR^{LIM}-*ya-at-kán IŠ-TU* ZI-*YA*
36' [*pí-iḫ-ḫ*]*u-* *un*

37' [*UR-R*]*A-AM ŠE-RA-AM* *ke-e-da-aš*
38' [*A-WA-TE*^{MEŠ}-*Y*]*A le-e ku-iš-ki*
39' [*ḫa-an-na*]-*i ku-iš-kán ḫa-an-na-i-ma*
40' [ ]

Vo IV : signes effacés

Traduction :

Ro I

1 Ainsi (parlent) le *Tabarna* Hattusili, grand roi,
2 et Puduhépa, grande reine :
3 «Mon Soleil» et Arma-Datta furent en procès
4 et ils étaient en état d'hostilité pour la raison que voici :
5 comme il avait donné le Haut-Pays en administration à Arma-Datta, quand
6-8 Muwatalli, mon frère, me confia le Haut-Pays en administration, Arma-Datta se mit à me desservir auprès de mon frère;
9 en outre, il fut constamment méchant à mon égard;
10 il établit, de plus, des sorcières derrière moi
11 et elles m'ensorcelèrent; alors, Ištar de Samuha, ma Dame,
12 se tint près de ma [person]ne.
13 On fit l'instruction du [pro]cès,
14-15 [et comme Muwa]talli était parti en campagne contre le roi d'Égypte en Amurru,
16-17 [lors]qu'il eut [vain]cu le roi d'Égypte en <A>murru, il retourna dans le pays Aba.
18 [Lors]que Muwatalli, mon frère, eut vaincu le pays Aba,
19-21 il [retourna] dans le Hatti [ ] et moi [j'étais] dans le pays Aba

---

22 [ ] de Hubesna
23 [ ] elle tira les mauvaises paroles;
24 [h]ostiles
25 [«Mon] Soleil»

26 [ ] ils poursuivirent
27 [ ] Arma-Datta aussi abandonna
28 [ ] «Mon Soleil»
29 [ ] ils abandonnèrent l'ensorcellement;
30 [Muwatalli,] mon frère,
31 [ ] envoya [après] coup.
32 [ ] là

Reste de la colonne effacé.

Ro II

1-2 je ne pris pas; [alors,] j'en pris la moiti[é.]
3-4 Je rendis l'autre moitié à Arma-Datta;
5-6 en outre, j'avais négligé Ištar de Samuha du vivant de mon frère;
7-8 aussi, je lui fis construire des temples à Urikina et je donnai ce bien-ci à ce fameux Arma-Datta.
9 Alors, la déesse évoqua l'affaire du patrimoine d'Arma-Datta dans un songe,
10 et je ne l'ai pas du tout modifié;
11-14 je plaçai la divinité à l'intérieur des villes (et) un vase *ḫaršiyalli*, en son honneur je plaçai un vase *ḫaršiyalli* de grain et je fis un vase *ḫaršiy[a]lli* de vin; ensuite, je fis [faire] une statue.

---

15 Lorsque [mon] frè[re Muwatalli]
16 dev[int] dieu, [Urḫi-Tešub]
17 [je] (l')é[tablis] sur le trône de [son pèr]e;
18 alors, Sippa-ziti [
19 et hors de [
20 cela pour lui [
21 et cela pour x[
22 je donnai; dès[que?
23 [je?]fi[s?] une maison
24 [j'?]appel[ai?
25 pour Arma-[Datta
26 et cela [
27 d'Ur[ikina
28 pour Si[ppa-ziti
29 et cela x[
30 de la royauté [
31 alors, ces (acc. pl.) [
32 Tana[k-
33 Hakkura [

34 aussi, le patrimoine d'Arma-[Datta
35 [je l'offris] à Ištar de [Samuha
36 d'Urikin[a
37 ceux-ci de la ville de [
38 pour les âmes [
39 [de] tous cô[tés

Verso III

x+1 [ ]x x[ ]
2'-4' je plaçai [pour Išta]r de Samuha [un pi]thos de vin (et) d'un *ŠATU* de grai[n.]
5'-8' Puisque Ištar de Samuha se trouve là-haut à Hattusa, j'ai élevé des temples à la manière de (ceux) de Hattusa;
9' lorsque, dans l'année, se présen[te] le moment

10' de remplir les granges,
11'-12' on descend de Hattusa le rhyton d'Ištar de Samuha;
13' on enterre le pithos
14' et [on] remplit les granges.
15'-17' Alors, [on] remplit aussi un pitho[s] à grain et [on] rempli[t] (un pithos) à vin.
18' [On célèbre] le sacrifice de la manière suivante :
19' un mouton pour Ištar [de Samuha,]
20' un mouton pour Ninat[ta (et) Kulitta,]
21' une arme, des instruments [
22' pour Ištar de [S]amu[ha
23' il néglige [
24' ceux qui par la suite [
25'-26' qu'il soit, dans son procès, l'adversaire d'Ištar de [Samuha,]
27'-28' et s'il laisse en paix cette [offrande]-ci
29' celui qui pour [m]on â[me
30' que person[ne] ne le [
31' et s'il le [f]ait,
32' que personne [ ] ne le sache;
33' [s']il ne le fait pas,
34' [c]ela aussi, que personne ne le sache.
35' [ ]et cela à la divinité de moi-même
37' j'ai [donn]é.

37'-39' [A l'ave]nir, que personne [ne prenne une déci]sion [contre m]es [paroles,] mais que celui qui prendra une décision contraire,
40' [périsse.]

Pour le fragment KUB XXXI 26, nous renvoyons à P. Meriggi, *WZKM* 58 (1962), p. 66 sqq.; nous y relevons essentiellement l'allusion à une fondation de Hattusili pour Ištar de Samuha.

Commentaire :

I l. 22 : URU*Ḫubišna* : elle correspond à la gréco-romaine Kubistra, au sud-ouest de Tyane, et ne devait pas être éloignée de Tarhundassa où Muwatalli s'était replié lorsqu'il quitta Hattusa pour gagner le sud anatolien devant la poussée des Gasgas; il s'agit d'un foyer religieux louvite.

III l. 40' : Sur la base des autres formules exécratoires, il faut probablement restaurer une forme *aku* : «qu'il meure, périsse», dans la lacune.

Comme le grand texte autobiographique de Hattusili III, celui-ci répond à une préoccupation apologétique du monarque; le roi veut à tout prix justifier et légaliser son coup d'état et la politique qui en découle en dressant d'une part un réquisitoire contre Arma-Datta et son fils Sippa-ziti, peut-être partisans d'une certaine collaboration avec les Gasgas, et en se présentant d'autre part comme le fidèle serviteur et exécuteur des ordres de la déesse Ištar de Samuha; cette dernière a désavoué Arma-Datta et a, par contre, protégé Hattusili dans toutes les difficultés suscitées par celui-ci; il s'impose donc d'obéir à la déesse, c'est-à-dire d'écarter de la scène politique toute personne dont les vues politiques ne concorderaient pas avec celles de Hattusili, à savoir réserver une place importante dans la vie politique de l'Empire aux régions du sud-est anatolien avec l'aide desquelles Hattusili réalise son œuvre de reconquête du territoire hittite; ces régions sont justement symbolisées dans la personne de Šauška de Samuha. Hattusili se montre néanmoins magnanime à l'égard d'Arma-Datta; il ne lui enlève dans un premier temps qu'une moitié de ses biens qu'il consacre à sa déesse tutélaire, et Hattusili insiste sur le fait que dans toutes les sanctions prises à l'égard d'Arma-Datta, il s'en est tenu scrupuleusement aux instructions d'Ištar de Samuha. Parallèlement à la critique d'Arma-Datta et de son fils, Hattusili insiste sur toutes les initiatives en faveur d'Ištar de Samuha dont il est l'auteur : construction de temples, notamment à Urikina, édification de statues de la déesse dans les villes de l'Empire, offrande de «pithos»; on y trouve également la mention d'un sacrifice à célébrer au moment des moissons, à Hattusa.

Le texte se termine par les exécrations à l'adresse de celui qui ne respecterait pas les dispositions de Hattusili III et se placerait ainsi en état d'hostilité vis-à-vis d'Ištar de Samuha.

N° 4. Fête d'automne en l'honneur d'Ištar de Samuha = *CTH* 711.

Textes : A. KBo XI 28.
B. KUB XX 26 = A III 42 sqq.

Nous sommes ici en présence de la relation d'une partie des cérémonies célébrées en l'honneur d'Ištar de Samuha au cours de la fête régulière de l'automne. Le colophon établit que deux tablettes précèdent celles que nous étudions; chacune comportait six colonnes, trois au recto et trois au verso, d'une soixantaine de lignes environ. Plusieurs copies existaient probablement, mais, à notre connaissance, nous n'avons retrouvé que les fragments de deux d'entre elles. La partie conservée de la fête relate la célébration de rites appartenant à la vieille tradition cultuelle hittite telle qu'elle est notamment évoquée sur le célèbre vase d'Inandig; le roi et la reine président les cérémonies et, au milieu des chants, offrent des pâtisseries et boivent à la santé de plusieurs dieux; pour ce faire, ils sont assistés du personnel habituel à ce genre de cérémonies : échanson, gentilshommes du palais, chanteurs, chef de la garde, soldats de la garde, gens de la table, notables et enfin le trio constitué par l'adorateur de statues/ jongleur, les prêtres *palwatalla* et *kita*. Observons enfin que le scribe a exécuté son travail avec beaucoup de soin; le ductus est très soigné et les paragraphes sont nettement divisés.

Ro I

A

x+1 [
2' [
3' [ ]-*ši-kán*
4' [

5' [ ]-*ti-ya*
6' [^{LÚ}NAR ^{URU}*Ḫur-ri*$^{?}$ S]ÌR^{RU}
7' [^{LÚ}ALAM.KA x UD *me-ma-i* ^{LÚ}*pal-wa*]-*tal-la-aš*
8' [*pal-wa-a-iz-zi* ^{LÚ}*ki-i-ta-aš ḫ*]*al-za-a-i*

9' [ ]
10' [LUGAL-*uš pár-ši-ya* ^{LÚ}SÌLA.ŠU.DU$_8$.]A
11' [LUGAL-*i* x NINDA.KUR$_4$.]RA *e-ep-zi*
12' [*na-an-kán pa-ra-a pé-e*]-*da-i*

13' [*pár-aš-na-a-u-wa-aš-kán ú*]-*iz-zi*

A

14' [LUGAL SAL.LUGAL KU-*aš*] ^{d}*Aš-ta*[-
15' [*a-ku*]-*wa-a*[*n-z*]*i*
16' [LÚ^{MEŠ} *ḫa-al-l*]*i-ya-re-eš* SÌR^{RU}
17' [ ] ^{LÚ}*pal-wa-tal-la-aš*
18' [*pal-wa-a-iz-zi* ^{LÚ}*ki*]-*i-ta-aš ḫal-za-a-i*

19' [^{LÚ}SÌLA.ŠU.DU$_8$ 1 NINDA.KUR$_4$.RA *E*]*M-ṢA* LUGAL-*i pa-a-i*
20' [LUGAL-*uš pár-ši-ya* ^{LÚ}SÌLA.Š]U.DU$_8$.A-*kán* LUGAL-*i*
21' [1 NINDA.KUR$_4$.RA *e-ep-zi na-an-k*]*án pa-ra-a*
22' [*pé-e-da-*]*i*

23' [ ] -*uš*

Reste de la colonne perdu.

Ro II

A

x+1 [^{LÚ}SÌLA.ŠU.DU$_8$.A 1 NINDA.KUR$_4$.]RA *EM-ṢA* LUGAL-*i*
2' [*pa-a-i* LUGAL-*uš*] *pár-ši-ya* ^{LÚ}SÌLA.ŠU.DU$_8$.A-*kán*
3' [LUGAL-*i* 1 NINDA-KUR$_4$.R]A *e-ep-zi*
4' [*na-an-ká*]*n pa-ra-a pé-e-da-i*

5' [*pár-aš-na-a*]-*u-wa-aš-kán ú-iz-zi*

6' [LUGA]L SAL.LUGAL KU-*aš* ^{d}*Ni-na-at-ta-an*
7' [^{d}*K*]*u-li-it-ta-an* ^{GIŠ}TUKUL *Ú-NU-TUM* MÈ
8' [^{GI}]^{Š}TUKUL NIR.GÁL GEŠPÚ NIR.GÁL
9' *a-ku-wa-an-zi iš-qa-ru-ḫi-kán la-a-ḫu-u-wa-an*
10' ^{LÚ}NAR ^{URU}*Ḫur-ri* SÌR^{RU}
11' ^{LÚ}ALAM.KAxUD *me-ma-i* ^{LÚ}*pal-wa-tal-la-aš*
12' *pal-wa-a-iz-zi* ^{LÚ}*ki-i-ta-aš*
13' *ḫal-za-a-i*

14' ^{LÚ}SÌLA.ŠU.DU$_8$.A 1 NINDA.KUR$_4$.RA *EM-ṢA* LUGAL-*i* *pa-a-i*
15' LUGAL-*uš pár-ši-ya* ^{LÚ}SÌLA.ŠU.DU$_8$.A-*kán*
16' LUGAL-*i* NINDA.KUR$_4$.RA *e-ep-zi*
17' *na-an-kán pa-ra-a pé-e-da-i*

18' *pár-aš-na-a-u-wa-aš-kán ú-iz-zi*

19' LUGAL SAL.LUGAL KU-*aš* ^{d}*Ḫé-pát a-ku-wa-an-zi*
20' *iš-qa-ru-ḫi-kán la-a-ḫu-u-wa-an*
21' ^{LÚ}NAR ^{URU}*Ḫur-ri* SÌR^{RU}
22' [^{L}]^{Ú} ALAM.KAxU[D] *me-ma-i* x
23' ^{LÚ}*pal-wa-tal-la-aš pal-wa-a-iz-zi*
24' ^{LÚ}*ki-i-*[*t*]*a-aš ḫal-za-a-i*

A

25′ ^{LÚ}SÌLA.ŠU.D̤U$_8$.A 1 NINDA.KUR$_4$.RA *EM-ṢA* LUGAL-*i* *pa-a-i*

26′ LUGAL-*uš pár-ši-ya* ^{LÚ}SÌLA.ŠU.DU$_8$-*kán*

27′ NINDA.KUR$_4$.RA *e-ep-zi na-an-kán pa-ra-a pé-e-da-i*

28′ ^{NINDA}*zi-ip-pu-la-aš-ši-in ti-an-zi*

29′ GAL *ME-ŠE-DI* ^{NINDA}*ta-pár-wa-a-šu-un*

30′ *tar-kum-m[i-y]a-iz-zi*

31′ *pár-aš-na-a-u-wa-aš-kán ú-iz-zi*

32′ DUMU^{MEŠ}É.GAL-*kán gi-nu-wa-aš* GAD$^{ḪI.A}$

33′ *da-an-zi*

34′ LUGAL SA[L.LUG]AL ^{d}Ụ ^{URU}*Ṇe-ri-ik a-ku-wa-an-zi*

35′ *iš-qa-ru-ḫi-kán [l]a-a-ḫu-u-wa-an*

36′ $^{LÚ.MEŠ}$GẠLA SÌR^{RU} *ar-kam-mi*

37′ *gal-gal-ṭu-u-ri wa-al-ḫa-an-ni-eš-kán-zi*

38′ [^{LÚ}]ALAM.KAxUD *me-ma-i* ^{LÚ}*pal-wa-tal-la-aš*

39′ *[pa]l-wa-a-iz-zi* ^{LÚ}*ki-i-ta-aš*

40′ *[ḫal-za-a-]i*

41′ [ ]x 1 NINDA.KUR$_4$.RA GAL$^?$

42′ [ ] *x-na-za kat-ta-an ar-ḫa*

43′ [ ]x ^{LÚ}SÌLA.ŠU.DU$_8$.A

44′ [ ]x LUGAL-*i*

45′ [ ] ^{LÚ}SÌLA.ŠU.DU$_8$.A-*kán*

Reste de la colonne perdu.

Col. III

A

x+1 ^{LÚ}ALAM.KAxUD *me-m[a-i* ^{LÚ}*pal-wa-tal-la-aš]*

2′ *pal-wa-a-iz-zi* ^{LÚ}*ki-i-ta-aš [ḫal-za-a-i]*

3′ ^{LÚ}SÌLA.ŠU.DU$_8$.A 1 NINDA.KUR$_4$.RA *EM-ṢA* LUGA[L-*i*] *p[a-a-i]*

4′ LUGAL-*uš pár-ši-i*$^{!}$ ^{LÚ}SÌLA.ŠU.DU$_8$.A-*kán* LUGAL[-*i*]

5′ NINDA.KUR$_4$.RA *e-ep-zi na-an-kán pa-ra-a pé-e-d̤a-i*

6′ *pár-aš-na-a-u-wa-aš-kán ú-iz-zi* DUMU^{MEŠ} É.GAL-*kán*

7′ *gi-nu-wa-aš* GAD$^{ḪI.A}$ *ti-an-zi*

8′ LUGAL SAL.LUGAL KU-*aš* ^{d}UTU *ŠA-ME-E a-ku-wa-an-zi*

9′ GIŠ ^{d}INANNA GAL LÚ^{MEŠ} *ḫal-li-ya-re-eš* SÌR^{RU}

10′ ^{LÚ}ALAM.KAxUD *me-ma-i* ^{LÚ}*pal-wa-tal-la-aš*

11′ *pal-wa-a-iz-zi* ^{LÚ}*ki-i-ta-aš ḫal-za-a-i*

A

12' ^{LÚ}SÌLA.ŠU.DU$_8$.A 1 NINDA.KUR$_4$.RA *EM-ṢA* LUGAL-*i* *pa*[-*a*]-*i*

13' LUGAL-*uš pár-ši-ya* ^{LÚ}SÌLA.ŠU.DU$_8$.A-*kán* LUGAL-*i*

14' NINDA.KUR$_4$.RA *e-ep-zi na-an-kán pa-ra-a pé-e-da-i*

15' *pár-aš-na-a-u-wa-aš-kán ú-iz-zi*

16' LUGAL SAL.LUGAL KU-*aš* ^{d}*Ku-mar-bi-in a-ku-wa-an-zi*

17' *iš-qa-ru-ḫi-kán la-a-ḫu-u-wa-an*

18' GIŠ ^{d}INANNA GAL LÚ^{MEŠ} *ḫal-li-ya-re-eš* [SÌ]R^{RU}

19' ^{LÚ}ALAM.KAxUD *me-ma-i* ^{LÚ}*pal-wa-tal-la-aš*

20' *pal-wa-a-iz-zi* ^{LÚ}*ki-i-ta-aš ḫal-za-a-i*

21' ^{LÚ}SÌLA.ŠU.DU$_8$.A 1 NINDA.KUR$_4$.RA *EM-ṢA* LUGAL-*i* *pa-a-i*

22' LUGAL-*uš pár-ši-ya* ^{LÚ}SÌLA.ŠU.DU$_8$.A-*kán* LUGAL-*i*

23' NINDA.KUR$_4$.RA *e-ep-zi na-an-kán pa-ra-a pé-e-da-i*

24' *pár-aš-na-a-u-wa-aš-kán ú-iz-zi*

25' LUGAL SAL.LUGAL KU-*aš* ^{d} [ ]-*an*

26' *a-ku-wa-an-zi iš-qa-r*[*u-ḫi-kán la-a-ḫu-*]*u-wa-an*

27' GIŠ ^{d}INANNA GAL LÚ[^{MEŠ} *ḫal*]-*li* [-*ya-re-eš* SÌR^{R}]^{U}

28' [^{LÚ}ALAM.K]AxUD *me*[-*ma-i* ^{LÚ}*pal-wa-tal-la-a*]*š*

29' *pal-wa̧-a-iz-zi* ^{LÚ}*ki̧-i̧-ta̧*[-*aš ḫal-za-a-i*]

30' [^{L}]^{Ú}SÌ[LA.ŠU.DU$_8$.A 1 NINDA.KUR$_4$.RA *EM-ṢA* LUGAL-*i* *p*]*a-a-i*

31' LUGAL-*uš pár-ši*[-*ya* ^{LÚ}]SÌLA.ŠU.DU$_8$.A-*kán* LUGAL-*i*

32' NINDA.KUR$_4$.RA *e-ep-z*[*i*] *na-an-kán pa-ra-a pé-e-da-i*

33' *pár-aš-n*[*a-*]*u-wa-aš-k*[*á*]*n ú-iz-zi*

34' L[UGA]L SAL.LUGAL KU-*aš* ^{d}KAL *a-ku-wa-an-zi*

35' *iš-qa-ru-ḫi-kán la-a-ḫu-u-wa-an*

36' ^{LÚ}NAR ^{URU}*Ka-ni-eš* SÌR^{RU}

37' ^{LÚ}ALAM.KAxUD *me-ma-i* ^{LÚ}*pal-wa-tal-la-aš*

38' *pal-wa-a-iz-zi* ^{LÚ}*ki-i-ta-aš ḫal-za-a*[-*i*]

39' ^{LÚ}SÌLA.ŠU.DU$_8$.A 1 NINDA.KUR$_4$.RA *EM-ṢA* LUGAL-*i* *pa*[-*a-i*]

40' LUGAL-*uš pár-ši-ya* ^{LÚ}SÌLA.ŠU.DU$_8$.A-*kán* LUGAL-*i*

B

41' NINDA.KUR$_4$.RA *e-ep-zi na-an-kán pa-ra-a pé*[-*e-da-*]*i*

42' LÚ^{MEŠ} ^{GIŠ}BANŠUR $^{[G]IŠ}$*IN-BU ti-an-zi*

43' *pár-aš-na-a-u-wa-aš-kán*[1] *ú-iz-zi*

App. critique : 1. B 2 [*pár-aš-n*]*a-a-wa-aš-kán*.

A B

44' LU[GAL SAL.LUGAL] KU-*aš* ^{d}*Wa-a-ḫi-ši-in a-ku-wa*[*-an-zi*]
45' *iš-qa-ru-ḫi-kán*[2] *la-a-ḫu-u-wa-an*[3]
46' ^{LÚ}NAR ^{URU}*Ḫur-ri* SÌR^{RU}
47' [^{LÚ}]ALAM.KAxUD *me-ma-i* ^{LÚ}*pal-wa-tal-la-aš*
48' [*pal-wa-a-*]*iz-zi* ^{LÚ}*ki-i-ta-aš*[4] [*ḫal-za-a-i*]

B8' = A49' ^{LÚ}SÌLA.ŠU.DU_8.A 1 NINDA.KUR_4.RA *EM-ṢA* LUGAL-*i pa-a-i*
9' [LU]GAL-*uš pár-ši-ya* ^{LÚ}SÌLA.ŠU.[DU_8.A-*kán* LUGAL-*i*]
10' 1 NINDA.KUR_4.RA *e-ep-zi na-a*[*n-kán pa-ra-a pé-e-da-i*]

11' [*pár-aš*]*-na-a-wa-aš-kán* [*ú-iz-zi*]

12' [LUGAL] SAL.LUGAL KU-*aš* ^{d}[

Reste de la colonne perdu.

Vo col. IV

A

x+1 [LUGAL-*uš pár-ši*]*-ya* ^{LÚ}SÌLA.Š[U.DU_8.A LUGAL-*i*]
2' [NINDA.KU]R_4.RA *e-ep-zi na-an-ká*[*n pa-ra-a pé-e-da-i*]

3' *pár-aš-na-a-u-wa-aš-kán ú-iz-zi*

4' LUGAL SAL.LUGAL DU-*aš* ^{d}GAL.ZU *a-ku*[*-wa-an-zi*]
5' *iš-qa-ru-ḫi-kán la-a-ḫu-u-wa-an*
6' GIŠ ^{d}INANNA GAL LÚ^{MEŠ} *ḫal-li-ya-re-eš* [SÌR^{RU}]
7' ^{LÚ}ALAM.KAxUD *me-ma-i* ^{LÚ}*pal-wa-ta*[*l-la-aš*]
8' *pal-wa-a-iz-zi* ^{LÚ}*ki-i-ta-aš ḫal-za-a*[*-i*]

9' ^{NINDA}*zi-ip-pu-la-aš-ši-in pár-ši-ya*

10' *NAP-TA-NIM* LÚ^{MEŠ} DUGUD *ar-nu-wa-an-zi*
11' DUMU^{MEŠ} É.GAL LÚ^{MEŠ} *ME-ŠE-DI*
12' ^{NINDA}*ša-ra-am-ma da-an-zi*

13' *pár-aš-na-a-u-wa-aš-kán ú-iz-zi*
14' DUMU^{MEŠ} É.GAL-*kán gi-nu-wa-aš* GAD${}^{ḪI.A}$ *ti-an-zi*

15' [LUGAL SAL.LUGAL]KU-*aš* ^{d}*Zi-li-pu-ru-ú*
16' [*a-ku-wa-a*]*n-zi iš-qa-ru-ḫi-kán la-a-ḫu-wa-an*
17' GIŠ ^{d}INANNA GAL LÚ^{MEŠ} *ḫal-li-ya-re-eš* SÌR^{RU}
18' ^{LÚ}ALAM.KAxUD *me-ma-i*
19' ^{LÚ}*pal-wa-tal-la-aš pal-wa-a-iz-zi*
20' ^{LÚ}*ki-i-ta-aš ḫal-za-a-i*

21' ^{LÚ}SÌLA.ŠU.DU_8.A 1 NINDA.KUR_4.RA *EM-ṢA* LUGAL-*i pa-a-i*

2. B 4 *iš-qa-ru-kán*; 3. B 4 *la-ḫu-u-wa-an*; 4. B 7 ^{LÚ}*ki-i-da-aš*.

A

22' LUGAL-*uš pár-ši-ya* ^{LÚ}SÌLA.ŠU.DU$_8$.A LUGAL-*i*
23' NINDA.KUR$_4$.RA *e-ep-zi na-an-kán pa-ra-a*
24' *pé-e-da-i*

25' *pár-aš-na-a-u-wa-aš-kán ú-iz-zi*

26' LUGAL SAL.LUGAL KU-*aš* ^{d}*Tu-ḫa-ša-il*
27' *a-ku-wa-an-zi iš-qa-ru-ḫi-kán la-a-ḫu-u-wa-an*
28' GIŠ ^{d}INANNA GAL LÚ^{MEŠ} *ḫal-li-ya-re-eš* SÌR^{RU}
29' ^{LÚ}ALAM.KAxUD *me-ma-i* ^{LÚ}*pal-wa-tal-la-aš*
30' *pal-wa-a-iz-zi* ^{LÚ}*ki-i-ta-aš ḫal-za-a-i*

31' ^{LÚ}SÌLA.ŠU.DU$_8$.A 1 NINDA.KUR$_4$.RA *EM-ṢA* LUGAL-*i* *pa-a-i*
32' LUGAL-*uš pár-ši-ya* ^{LÚ}SÌLA.ŠU.DU$_8$.A-*kán* LUGAL-*i*
33' NINDA.KUR$_4$.RA *e-ep-zi na-an-kán pa*[*-ra*]*-a*
34' *pé-e-da-i*

35' *pár-aš-na-a-u-wa-aš-kán ú-iz-zi*

36' LUGAL SAL.LUGAL KU-*aš* ^{d}*Zi-iz-za-šu-ú*
37' ^{d}*Zu-li-ya-a a-ku-wa-an-zi*
38' *iš-qa-ru-ḫi-kán la-a-ḫu-u-wa-an*
39' GIŠ ^{d}INANNA GAL LÚ^{MEŠ} *ḫal-li-ya-re-eš* SÌR^{RU}
40' ^{LÚ}ALAM.KAxUD *me-ma-i* ^{LÚ}*pal-wa-tal-la-aš*
41' *pal-wa-a-iz-zi* ^{LÚ}*ki-i-ta-aš ḫal-za-a-i*

42' ^{LÚ}SÌLA.ŠU.DU$_8$.A 1 NINDA.KUR$_4$.RA *EM-ṢA* LUGAL-*i* *pa-a-i*
43' LUGAL-*uš pár-ši-ya* ^{LÚ}SÌLA.ŠU.DU$_8$.A-*kán* LUGAL-*i*
44' NINDA.KUR$_4$.RA *e-ep-zi na-an-kán pa-ra-a*
45' *pé-e-da-i*

46' [*pár-aš*]*-na-a-u-wa-aš-kán ú-iz-zi*

47' [LUGAL SAL.LUGAL KU]-*aš* ^{d}*IŠTAR* ^{URU}*Ša-m*[*u-ḫa*

Reste de la colonne perdu.

Vo V

A

x+1 [ ]*-za-an-*[
2' [ ] NINDA.KUR$_4$.RA
3' [*pár-ši-ya* ^{LÚ}NAR ^{URU}*Ḫur-ri*$^{?}$ SÌR^{R}]^{U}

4' [LUGAL SAL.LUGAL KU-*aš* ^{d}*Ni-na*]*-ta-an*
5' [^{d}*Ku-li-ta-an* x-*Š*]*U a-ku-wa-an-zi*
6' [LUGAL-*uš* x NINDA.KUR$_4$.RA]

A

7' [*pár-ši-ya* ^{LÚ}NAR ^{UR}]^{Ū}*Ḫur-ri* SÌR^{RU}

8' [LUGAL SAL.]LUGAL KU-*aš* ^{GIŠ}TUKUL *Ú-NU-TUM* MÈ
9' 1-*ŠU a-ku-wa-an-zi* 3 NINDA.KUR$_4$.RA *pár-ši-ya*
10' ^{LÚ}NAR ^{URU}*Ḫur-ri* SÌR^{RU}

11' LUGAL SAL.LUGAL KU-*aš* ^{d}x *ŠA* ^{d}*IŠTAR* 1-*ŠU*
12' *a-ku-wa-an-zi* 1 NINDA.KUR$_4$.RA *pár-ši-ya*
13' ^{LÚ}NAR ^{URU}*Ḫur-ri* SÌR^{RU}

14' LUGAL SAL.LUGAL KU-*aš* ^{d}x [ ]1-*ŠU* [*a-k*]*u-wa-an-zi*
15' 1 NINDA.KUR$_4$.RA *pár-ši-ya* [^{LÚ}]NAR ^{URU}*Ḫur-ri* SÌR^{RU}

16' LUGAL SAL.LUGAL KU-*aš* ^{d}[ ]-x 1-*ŠU*
17' *a-ku-wa-an-zi* 1 [NINDA.KUR$_4$.RA *pár-š*]*i-ya*
18' ^{LÚ}NAR ^{URU}*Ka-ni-iš* SÌR^{RU}

19' LUGAL SAL.LUGAL DU-*aš* ^{d} *x-ru-ma-aš* 2-*ŠU*
20' [*a*]-*ku-wa-an-zi* 3 NINDA.KUR$_4$.RA *pár-ši-ya*
21' [^{LÚ}]NAR ^{URU}*Ḫa-at-ti-li-iš* SÌR^{RU}

22' [LUGAL SA]L.LUGAL DU-*aš* ^{d}U ^{URU}*Ḫ*[*a-at-t*]*i* 3-*ŠU*
23' [*a*]-*ku-wa-an-zi* 3 NINDA.KUR$_4$.RA *pár-ši-ya*
24' [^{LÚ}]NAR ^{URU}*Ḫa-at-ti-li-iš* SÌR^{RU}

25' [LUGAL] SAL.LUGAL DU-<*aš*> ^{d}*Ḫé-pát mu-uš-ni*
26' [^{d}*Ḫ*]*é-pát* LUGAL-*ma* 3-*ŠU a-ku-wa-an-zi*
27' x NINDA.KUR$_4$.RA *pár-ši-ya*
28' [^{LÚ}]NAR ^{URU}*Ḫur-ri* SÌR^{RU}

29' [LUGAL S]AL.LUGAL DU-*aš* ^{d}U ^{URU}*Ne-ri-ik* 1-*ŠU*
30' [*a-k*]*u-wa-an-zi* 3 NINDA.KUR$_4$.RA *pár-ši-ya*
31' [^{LÚ}N]AR ^{URU}*Ḫa-at-ti-li-iš* SÌR^{RU}

32' [LUGAL SAL.]LU[GAL DU-*aš* ^{d} x]-*aš* 1-*ŠU*
33' [*a-ku-w*]*a-an*[*-zi* x NINDA.KUR$_4$.RA *pá*]*r-ši-ya*
34' [^{LÚ}NAR ^{URU}*Ḫur-ri* SÌR^{R}]^{U}

35' [LUGAL SAL.LUGAL DU-*aš* ^{d} x ^{URU}*Ḫa-a*]*t-ti* 1-*ŠU*
36' [*a-ku-wa-an-zi* x NINDA.KUR$_4$.RA *pár*]-*ši-ya*
37' [^{LU}NAR ^{URU}*Ḫa-at-ti-li-i*]*š* SIR^{RU}

38' [LUGAL SAL.LUGAL DU-*aš* ^{d}*Ku-*]*mar-bi*
39' [*a-ku-wa-an-zi* x NINDA.KUR$_4$.RA *pár*]-*ši-ya*

Reste de la colonne perdu.

Probablement fin de la colonne VI :

B

Vo x+1 [ ]^{LÚ}NAR ^{URU}*Ḫur-ri* SÌR^{RU}

B

2' DUB 3.KAM *QA-TI*
3' *ŠA* ^{d}*IŠTAR* ^{URU}*Ša-mu-ḫa*
4' *ma-a-an-za* LUGAL-*uš zé-ni*
5' ^{d}*IŠTAR* ^{URU}*Ša-mu-ḫa* DÙ-*zi*

Traduction

Ro I

6' [Le chanteur ch]ante [en hourrite?;]
7' [le «chantre» récite; le bat]teur
8' [bat (des mains); le prêtre *kita* cr]ie.

9' [ ]
10' [le roi (le) rompt; l'échan]son
11' saisit x gros [pains pour le roi]
12' [et il l'empor]te.

13' Il v[a s'accroupir].

14' [Le roi (et) la reine, debout,] à Asta[
15' [ils bo]iv[en]t
16' [les chan]teurs chantent.
17' [Le «chantre» récite;] le batteur
18' [bat (des mains); le prêtre *ki*]*ta* crie.

19' [L'échanson] donne au roi [un gros pain ai]gre;
20'-22' [le roi (le) rompt; l'échan]son [saisit un gros pain] pour le roi [et] il [l'emporte.]

Reste de la colonne perdu.

Ro II

x+1-2' [L'échanson donne] au roi [un gros] pain amer; [le roi] (le) rompt; l'échanson
3' saisit [le gros] pain [(des mains) du roi]
4' et [l']emporte.

5' Il va [s'accrou]pir.

6'-9' [Le ro]i (et) la reine, assis, boivent à Ninatta, [K]ulitta, à l'arme, à l'instrument de guerre, [à l'ar]me violente, au GEŠPÚ violent. Après que (le contenu) du vase à sacrifice a été versé,
10' le chanteur chante en hourrite;
11' le «chantre» fait une récitation; le batteur

12' bat (des mains); le prêtre *kita*
13' crie.

14' L'échanson donne au roi un gros pain amer;
15' le roi (le) rompt; l'échanson
16' saisit le gros pain (des mains) du roi
17' et il l'emporte.

18' Il va s'accroupir.

19' Le roi (et) la reine, assis, boivent à Hébat;
20' après que (le contenu) du vase à sacrifice a été versé,
21' le chanteur chante en hourrite;
22' [le] «chantre» fait une récitation;
23' le batteur bat (des mains);
24' le prêtre *ki*[*t*]*a* crie.

25' L'échanson donne au roi un gros pain amer;
26' le roi (le) rompt; l'échanson
27' saisit le gros pain et l'emporte.

28' On place un pain *zippulašši.*

29'-30' Le chef de la garde annonce: «pain *taparwašu*».

31' Il va s'accroupir.
32'-33' Les fils du palais placent les serviettes de genoux.

34' Le roi (et) la r[ei]ne boivent au dieu de l'orage de Nérik;
35' après que (le contenu) du vase à sacrifice a été [v]ersé,
36'-37' les chanteurs chantent; on frappe l'*arkammi* (et) le tambourin.
38' Le «chantre» fait une récitation; le batteur
39' [ba]t (des mains); le prêtre *kita*
40' [cri]e.

41' [ ] un gros pain
42' [ ]
43' [ ] l'échanson
44' [ ] au roi
45' [ ] l'échanson

Reste de la colonne perdu.

Ro III

x+1' Le «chantre» fait une ré[citation; le batteur]
2' bat (des mains); le prêtre *kita* c[rie].

3' L'échanson don[ne au] ro[i] un gros pain amer;
4'-5' le roi (le) rompt; l'échanson saisit le gros pain (des mains) [du] roi et l'emporte.

6' Il va s'accroupir; les fils du palais
7' placent les serviettes de genoux.

8' Le roi (et) la reine, assis, boivent au dieu Soleil du ciel;
9' (on fait résonner) la grande lyre (et) les *ḫalliyareš* chantent;
10' le «chantre» fait une récitation; le batteur
11' bat (des mains); le prêtre *kita* crie.

12' L'échanson don[n]e au roi un gros pain amer;
13'-14' le roi (le) rompt; l'échanson saisit le gros pain (des mains) du roi et l'emporte.

15' Il va s'accroupir.

16' Le roi (et) la reine, assis, boivent en l'honneur de Kumarbi;
17' après que (le contenu) du vase à sacrifice a été versé,
18' (on fait résonner) la grande lyre (et) les *ḫalliyareš* chant[ent]:
19' le «chantre» fait une récitation; le batteur
20' bat (des mains); le prêtre *kita* crie.

21' L'échanson donne au roi un gros pain amer;
22'-23' le roi (le) rompt; l'échanson saisit le gros pain (des mains) du roi et l'emporte.

24' Il va s'accroupir.

25' Le roi (et) la reine, assis, boivent au [dieu
26' après que (le contenu) du vase [à sacrifice a été ver]sé,
27' (on fait résonner) la grande lyre (et) les [*ḫal*]*li*[*yareš* chan]tent;
28' [le «chant]re» fait une réci[tation; le batteur]
29' bat (des mains); le prêtre *kiṭa* [crie].

30' [L']éch[anson don]ne [un gros pain amer au roi;]
31'-32' le roi (le) romp[t; l'é]chanson saisi[t] le gros pain (des mains) du roi et l'emporte.

33' Il va s'acc[rou]pir.

34' Le r[oi] (et) la reine, assis, boivent au dieu KAL;
35' après que (le contenu) du vase à sacrifice a été versé,
36' le chanteur de Kaneš chante;
37' le «chantre» fait une récitation; le batteur
38' bat (des mains); le prêtre *kita* cri[e.]

39' L'échanson don[ne] au roi un gros pain amer;

40'-41' le roi (le) rompt; l'échanson saisit le gros pain (des mains) du roi et l'em[por]te.

43' Il va s'accroupir.

44' Le r[oi] (et) la reine, assis, boi[vent] à Waḫiši;
45' après que (le contenu) du vase à sacrifice a été versé,
46' le chanteur chante en hourrite;
47' le «chantre» fait une récitation; le batteur
48' bat (des mains); le prêtre *kita* [crie.]

(49') 8' L'échanson donne au roi un gros pain amer;
9'-10' le [r]oi (le) rompt; l'éch[anson] saisit le gros pain (des mains) [du roi] et [l'emporte.]

11' [Il va s'accrou]pir.

12' [Le roi] (et) la reine, assis, boivent au [dieu
Reste de la colonne perdu.

Vo IV

x+1-2' [Le roi (le) romp]t; l'échan[son] saisit [le gros] pain (des mains) [du roi] et il l'[emporte.]

3' Il va s'accroupir.

4' Le roi (et) la reine, debout, boiv[ent] à Galzu;
5' après que (le contenu) du vase à sacrifice a été versé,
6' (on fait résonner) la grande lyre (et) les *ḫalliyareš* chantent;
7' le «chantre» fait une récitation; le bat[teur]
8' bat (des mains); le prêtre *kita* cri[e.]

9' Il rompt un pain *zippulašši*.

10' Des notables apportent le repas;
11' les fils du palais (et) les gardes
12' prennent un pain *šaramma*.

13' Il va s'accroupir;
14' les fils du palais placent les serviettes de genoux.

15'-16' [Le roi (et) la reine,] assis, [boiv]ent à Zilipuru; après que (le contenu) du vase à sacrifice a été versé,
17' (on fait résonner) la grande lyre (et) les *ḫalliyareš* chantent;
18' le «chantre» fait une récitation;
19' le batteur bat (des mains);
20' le prêtre *kita* crie.

21' L'échanson donne au roi un gros pain amer;
22'-24' le roi (le) rompt; l'échanson saisit le gros pain (des mains) du roi et l'emporte.

25' Il va s'accroupir.

26'-27' Le roi (et) la reine, assis, boivent à Tuḫašail; après que (le contenu) du vase à sacrifice a été versé,
28' (on fait résonner) la grande lyre (et) les *ḫalliyareš* chantent;
29' le «chantre» fait une récitation; le batteur
30' bat (des mains); le prêtre *kita* crie.

31' L'échanson donne au roi un gros pain amer;
32'-34' le roi (le) rompt; l'échanson saisit le gros pain (des mains) du roi et l'emporte.

35' Il va s'accroupir.

36'-37' Le roi (et) la reine, assis, boivent à Zizzašu (et) Zuliya;
38' après que (le contenu) du vase à sacrifice a été versé,
39' (on fait résonner) la grande lyre (et) les *ḫalliyareš* chantent;
40' le «chantre» fait une récitation; le batteur
41' bat (des mains); le prêtre *kita* crie.

42' L'échanson donne un gros pain amer au roi;
43'-45' le roi (le) rompt; l'échanson saisit le gros pain (des mains) du roi et l'emporte.

46' Il va s'[accrou]pir.

47'-48' [Le roi (et) la reine, as]sis, [boivent] à Ištar de Sam[uha.
Reste de la colonne perdu.

Vo V

x+1 [ ]x[
2'-3' [il rompt x]gros pains; [le chanteur chan]te [en hourrite?].

4'-5' [Le roi (et) la reine, assis,] boivent [x fo]is à [Ninat]ta (et) [Kulitta;]
6'-7' [il rompt x gros pains; le chanteur] chante en hourrite.

8'-9' [Le roi (et) la rei]ne, assis, boivent une fois à l'arme, à l'instrument de guerre; il rompt trois gros pains;
10' le chanteur chante en hourrite.

11'-12' Le roi (et) la reine, assis, boivent une fois à x d'Ištar; il rompt un gros pain;

13' le chanteur chante en hourrite.

14' Le roi (et) la reine, assis, [boi]vent une fois au dieu x;
15' il rompt un gros pain; le [ch]anteur chante en hourrite.

16'-17' Le roi (et) la reine, assis, boivent une fois au dieu x; il [romp]t un [gros pain;]
18' le chanteur de Kaneš chante.

19'-20' Le roi (et) la reine, debout, [b]oivent deux fois au dieu x; il rompt trois gros pains;
21' le [ch]anteur chante en hatti.

22'-23' [Le roi (et) la rei]ne, debout, [bo]ivent trois fois au dieu de l'orage du H[att]i; il rompt trois gros pains;
24' le [chan]teur chante en hatti.

25'-26' [Le roi] (et) la reine, debout, boivent trois fois à Hébat souveraine et à [H]ébat-Šarruma;
27' il rompt x gros pains;
28' le [chan]teur chante en hourrite.

29'-30' [Le roi (et) la rei]ne, debout, [boi]vent une fois au dieu de l'orage de Nérik; il rompt trois gros pains;
31' [le chan]teur chante en hatti.

32'-33' [Le roi (et) la rei]n[e, debout, boiv]en[t] une fois au dieu [ ]; il [romp]t [x gros pains;]
34' [le chanteur chan]te [en hourrite?.]

35'-36' [Le roi (et) la reine, debout, boivent] une fois [au dieu x du Ha]tti; il [romp]t x [gros pains;]
37' [le chanteur] chante [en hatt]i.

38'-39' [Le roi (et) la reine, debout, boivent à Ku]marbi; il [romp]t x [gros pains;]
40' le chanteur chante en hourrite.

Reste de la colonne perdu.

Fin de la colonne VI

x+1 [ ] le chanteur chante en hourrite.

2' La troisième tablette est finie,
3' celle d'Ištar de Samuha,
4'-5' lorsque le roi fête Ištar de Samuha en automne.

Commentaire :

II l. 28' et IV 9' : ^{NINDA}*zippulaššin* : cfr H. A. Hoffner Jr, *Al. Heth.*, p. 192; de même pour tous les aliments mentionnés dans ce texte, l'on se référera utilement à ce dernier ouvrage.

III l. 9' et *passim* : GIŠ ^{d}INANNA GAL LÚ^{MEŠ} *ḫalliyareš* SÌR^{RU} : pour la traduction de cette formule si fréquente dans les descriptions de fêtes et de rituels, voir maintenant H. M. Kümmel, *Gesang und Gesanglosigkeit in der hethitischen Kultmusik*, Festschrift Otten (1973), p. 173-174.

Résumé

Deux parties sont à distinguer dans la tablette conservée de la fête d'automne en l'honneur d'Ištar de Samuha et elles peuvent se ramener au schéma suivant :

1re partie : Le roi et la reine, debout ou assis, boivent à la santé des différents dieux du *kaluti* d'Ištar de Samuha; ce geste est suivi de l'intervention d'un chanteur, du jongleur/acrobate, du *palwatalla* et du *kita*; après quoi, l'échanson donne au roi un gros pain amer que celui-ci rompt; l'échanson reprend le gros pain et le roi? va s'accroupir.

2e partie : Le roi et la reine boivent un certain nombre de fois à la santé des mêmes dieux; le roi rompt un ou plusieurs gros pains et un chanteur exécute une litanie.

Liste partielle des dieux intervenant dans les deux parties :

1re partie :

Nom du dieu	Origine	Position du roi et de la reine	Référence
Ašta[	hatti	assis	I 14'
Šauška	hourrite	——	II x+1-5'
Ninatta et Kulitta + instruments de guerre attributs de Šauška	hourrite	assis	II 6'-18'
Hébat	hourrite	assis	II 19'-33'
^{d}U de Nérik	hatti	——	II 34'-45'
Lacune			
dieu Soleil du ciel	hatti	assis	III 8'-15'
Kumarbi	hourrite	assis	III 16'-24'
dieu x	hatti?	assis	III 25'-33'
un dieu KAL	hittite	assis	III 34'-43'
Waḫiši	hatti	assis	III 44'-52'

dieu x		assis	III 53'
GAL.ZU	hatti : 9e place dans le panthéon hatti adopté par les Hittites	debout	IV 4'-14'
Zilipuru	hatti	assis	IV 15'-25'
Tuḫašail	hatti	assis	IV 26'-35'
Zizzašu & Zuliya	hatti	assis	IV 36'-46'
Ištar de Samuha	hourrite	assis	IV 47'

2e partie :

Nom du dieu	Origine	Position du roi de la reine	Nombre de coups bus	Nombre de gros pains rompus
Šauška ou Ištar de Samuha	hourrite			
Ninatta et Kulitta	hourrite			
Instruments de guerre de Šauška	hourrite	assis	1	3
Objet d'Ištar	hourrite	assis	1	1
dieu x	hourrite	assis	1	1
dieu x	hittite	assis	1	1
dieu x	hatti	debout	2	3
dieu de l'orage du Hatti	hatti	debout	3	3
Hébat *mušni* Hébat-Šarruma	hourrite	debout	3	3
dU de Nérik	hatti	debout	1	3
dieu x			1	
dieu du Hatti	hatti		1	
Kumarbi	hourrite			

Le type de rédaction de cette fête d'automne la range parmi les fêtes «mixtes»; en effet, les divinités honorées se présentent dans un désordre évident caractérisé par le mélange de dieux hourrites, hattis et hittites. Nous avons donc un rituel ancien de structure hattie, adapté au culte d'Ištar de Samuha et aux nouvelles tendances religieuses du règne de Hattusili III et de Tudhaliya IV; c'est à cette époque qu'il convient de faire remonter notre texte puisque la majorité des fêtes «mixtes» fut rédigée sous la direction du chef des scribes, Anuwanza[1]; des entités religieuses d'époque tardive telles Hébat *mušni* et Hébat-Šarruma confirment cette datation; comme la fête est consacrée à Ištar de Samuha, il semble préférable de dater KBo XI 28 + de la fin du règne de Hattusili III. L'on observera enfin que dans la deuxième partie du texte, le rang de chaque divinité se trouve souligné par le nombre

[1] Anuwanza : Seigneur de Nérik et bibliothécaire sous Tudhaliya IV, cfr E. Laroche, *NH*, p. 34.

de fois que l'on boit et la quantité de gros pains rompus en son honneur. D'après la liste divine qui subsiste dans notre rituel, l'on peut établir la hiérarchie suivante : Ištar de Samuha, dieu de l'orage du Hatti, Hébat *mušni* et Hébat-Šarruma, dieu de l'orage de Nérik ; un équilibre est réalisé entre les anciens dieux anatoliens et les divinités hourrito-kizzuwatniennes d'importation plus récente.

N° 5. KUB XXXII 130 = *CTH* 710

Bibliographie : J. Danmanville, *Un roi hittite honore Ištar de Samuha*, *RHA* 59 (1956), p. 39 sqq.; Selçuk Ar, *Türk arkeoloji dergisi* 9 (1960), p. 3-6.

Le texte KUB XXXII 130 constitué par une tablette à une seule colonne large dont il ne subsiste que 35 lignes du Recto [1], présente un cas typique d'«*evocatio*» de la divinité : l'on désire faire sortir celle-ci de son hostilité ou de son silence lors d'une situation difficile dans laquelle l'on est impliqué ; ici, il s'agit d'un roi hittite, Hattusili III ou éventuellement Mursili II, qui a le sentiment qu'Ištar de Samuha est irritée contre sa personne et qu'elle ne lui accordera pas toute l'aide souhaitée, par exemple à l'occasion de campagnes militaires dirigées contre les ennemis de l'Empire hittite; il faut que le roi plaise à tout prix à Ištar de Samuha et que les supplications royales soient entendues de celle-ci; aussi, une procession va-t-elle être organisée au cours de laquelle la statue d'Ištar de Samuha sera véhiculée en direction de Hattusa ; le roi en personne se portera au devant de la déesse, l'invoquera, réclamera sa pitié et fera organiser en son honneur plusieurs cérémonies ; sur la route du retour, chaque jour, on invoquera à nouveau Ištar de Samuha et une fois revenue à Samuha, la déesse sera encore honorée particulièrement par une grande fête ; l'ambiance de ce texte est celle d'un *mugeššar* dont on possède un bel exemple dans le mythe de Télibinu. La lacune dans notre texte se présente au moment où vont débuter les auspices destinés à savoir si la déesse est toujours irritée ou si elle a accueilli avec faveur les requêtes du roi. La ligne 11 permet de supposer que la pratique de ce *mugeššar* avec la procession qu'elle comporte, se situe au printemps, au moment où les routes du Hatti peuvent à nouveau être aisément parcourues et où le roi hittite se prépare à entamer ses tournées d'inspection dans l'Empire et, éventuellement, à affronter un ennemi. Signalons enfin que l'on a conservé certains fragments contemporains de Hattusili III dans lesquels est rapportée la consultation d'oracles à l'occasion d'une colère de la grande déesse de Samuha [2].

[1] Cfr mention de notre texte dans la tablette-fichier KUB XXX 56 Vo III 21-22 = *CTH* p. 181-182.

[2] Cfr «Petits textes», rubrique divination.

Transcription

1 ^{d}*IŠTAR ṢÉ-RI* ^{URU}*Ša-mu-u-ḫa*
2 *kar-di-mi-at-ti ḫa-an-da-a-it-ta-at*
3 *nu* ^{d}UTU^{ŠI} *ki-iš-ša-an a-ri-ya-nu-un*
4 *pa-i-mi-kán* ^{d}UTU^{ŠI} *an-tu-uḫ-ša-an*
5 *I-NA* ^{URU}*Ša-mu-u-ḫa pa-ra-a ne-eḫ-ḫi*

6 *nu-uš-ša-an pa-iz-zi I-NA* ^{URU}*Ša-mu-u-ḫa*
7 *A-NA* ^{d}*IŠTAR ṢÉ-RI mu-ke-eš-šar pé-di-pát pa-a-i*
8 *nam-ma-aš-ši* EZEN-*an i-e-ez-zi*
9 *me-mi-ya-nu-ša PA-NI* DINGIR^{LIM} *aš-šu-li me-ma-i*

10 *ku-wa-pí-ma-kán* KAS ^{URU}*Iš-ḫu-u-bi-it-ta*
11 KAS ^{URU}*Ta-aš-ma-ḫa-ya aš-nu-ut-ta-ri*
12 *nu* ^{d}UTU^{ŠI} *pí-i-e-mi nu-mu* ^{d}*IŠTAR ṢÉ-RI*
13 *kat-ti-mi ú-da-an-zi* EGIR.KAS-*ma-aš-ši*
14 UD-*at* UD-*at* SISKUR.SISKUR *pí-iš-kán-zi*

15 *ma-aḫ-ḫa-an-ma MA-ḪAR* ^{d}UTU^{ŠI}
16 *ar-nu-an-zi na-an I-NA* ^{URU}*Ša-mu-u-ḫa*
17 *ma-aḫ-ḫa-an mu-ke-eš-kán-zi a-pí-ya-ya-an*
18 *I-NA* UD 8.KAM *QA-TAM-MA mu-ga-a-an-zi*
19 *nam-ma-an-za* ^{d}UTU^{ŠI} *i-e-mi*

20 *nam-ma-an a-ap-pa I-NA* ^{URU}*Ša-mu-u-ḫa*
21 *pé-e-da-an-zi nu-uš-ši a-pí-ya-ya*
22 EGIR.KAS UD-*at* UD-*at* SISKUR.SISKUR *QA-TAM-MA pi-iš-kán-zi*
23 *ma-aḫ-ḫa-an-ma-an a-ap-pa I-NA* ^{URU}*Ša-mu-ḫi*
24 *ar-nu-an-zi nu-uš-ši a-pí-ya-ya* EZEN *i-an-zi*

25 *nu ma-a-an A-NA* ^{d}*IŠTAR ṢÉ-RI* ^{URU}*Ša-mu-u-ḫa*
26 *a-pa-a-at a-aš-šu* SISKUR.SISKUR-*az da-a-at-ti*
27 *A-NA* ^{d}UTU^{ŠI}-*kán an-da aš-šu-li*
28 *na-iš-ta-ri kat-ti-mi aš-šu-li ar-ta-ri*
29 *I-NA* KUR ^{LÚ}KÚR-*ya ku-wa-pí pa-i-mi*
30 *nu-mu kat-ti-mi aš-šu-li ar-ta-ri*
31 *am-me-el-za A-NA* SAG.DU-*YA aš-šu-li* TI-*an-ni*
32 *ḫa-an-za ḫar-ši* ^{LÚ}KÚR^{MEŠ}-*ya-mu*
33 *pa-ra-a pí-iš-ki-ši nu-uš*
34 *ḫar-ni-in-ki-iš-ki-mi nu* MUŠEN$^{ḪI.A}$
35 *ḫa-an-da-a-an-du nu ke-e* MUŠEN$^{ḪI.A}$
Tablette cassée.

Traduction

1 Ištar de la steppe de Samuha
2 s'est fixée dans la colère.
3 Aussi, moi, «Mon Soleil», j'ai eu recours à un oracle de la manière suivante :
4-5 Moi, «Mon Soleil», je vais envoyer en mission un homme à Samuha.

6-7 Il ira donc à Samuha déposer sur place une supplique à Ištar de la steppe ;
8 en outre, il organisera une fête en son honneur,
9 et, face à la divinité, il prononcera des paroles de bon augure.

---

10 Dès que les routes d'Ishubitta
11 et de Tasmaha seront en état,
12-14 moi, «Mon Soleil», j'enverrai (l'homme); alors, on m'amènera Ištar de la steppe (pour la placer) à côté de moi; au retour, chaque jour on célébrera en son honneur des cérémonies.

15-18 Et lorsqu'on l'(= statue d'Ištar de la steppe de Samuha) amènera face à «Mon Soleil», alors, on l'invoquera durant huit jours de la même manière qu'on ne cesse de l'invoquer à Samuha;
19 en outre, moi, «Mon Soleil», je la fêterai.

20-22 De plus, on la ramènera à Samuha; à ce moment aussi, chaque jour, on présentera de la même façon une invocation en son honneur sur la route du retour,
23-24 et lorsqu'on l'aura ramenée à Samuha, on organisera également une fête en son honneur.

25-26 Si cela plaît à Ištar de la steppe de Samuha, si, (ô divinité), tu accueilles l'invocation,
27-28 que tu te tournes avec bonté vers «Mon Soleil» et que tu te tiennes debout auprès de moi avec bonté,
29 au moment où j'irai dans le pays ennemi,
30 te tiendras-tu à mes côtés avec bienveillance,
31-33 avec bonté et «en vie» veilleras-tu sur ma propre personne, me livreras-tu mes ennemis, et eux,
34-35 (les) détruirai-je l'un après l'autre? Alors, que l'on fixe les oiseaux, et voici ces oiseaux :

Commentaire

l. 11 : *ašnuttari* : pour cette forme verbale, voir E. Neu, *StBoT* 5 (1968), p. 17 et note.

l. 31 : *ammel-za A-NA* SAG.DU-*YA* : trace d'archaïsme par automatisme de scribe; en effet, le possessif est exprimé deux fois, d'une part par *ammel*: «de moi», et d'autre part à l'aide de l'enclitique akkadien -*YA* = hitt. -*miš*; l'on sait aujourd'hui que le vieux hittite exprime le possessif par l'adjectif possessif hittite correspondant postposé; le génitif d'un pronom personnel ne se rencontre qu'avec une postposition; trois siècles plus tard, l'on utilisera surtout le génitif du pronom personnel préposé, tandis que le louvite et le louvite hiéroglyphique conserveront l'usage de l'adjectif possessif. En adaptant un ancien rituel, le scribe a exprimé la possession comme on le faisait sous Hattusili III ou Tudhaliya IV et a oublié, par simple mécanisme, d'effacer les traces de l'ancienne construction. Pour l'emploi du possessif en hittite archaïque, cfr H. Otten & Vl. Souček, *StBoT* 8 (1969), p. 70-73.

l. 32 : *ḫanza ḫarši*: *ḫanza ḫark-* : «veiller sur»; le sens de cette expression se dégage aussi du Code § 165 : «il prend soin de sa maison»; néanmoins, l'analyse de l'expression reste difficile; *ḫanza* ne peut représenter qu'un nominatif singulier de *ḫant-* : «le front»; quelle est dès lors sa fonction? Faut-il lui attribuer une valeur adverbiale et nous obtiendrions ainsi une structure semblable au grec ἔχω + adverbe?

En invoquant plusieurs arguments plausibles, mais à notre avis non décisifs, Madame Danmanville attribuait ce texte à Mursili II; sans rejeter cette attribution, nous aimerions joindre quelques remarques supplémentaires :
ainsi, les traces d'archaïsme sont assez nombreuses et voisinent avec des caractéristiques de hittite impérial :

a) les verbes :
- l. 8 : *i-e-ez-zi* pour le classique *iyaz(z)i*,
- l. 12 : *pi-i-e-mi* pour le classique *piyami*,
- l. 19 : *i-e-mi* pour le classique *iyami*,
- l. 24 : *i-an-zi* pour l'habituel *iyanzi*,
  ar-nu-an-zi pour le classique *arnuwanzi*,
- l. 28 : *naištari* pour le classique *neyattati* et *ar-ta-ri* au lieu de *artati*, comme à la l. 30.

b) la syntaxe :
- l. 16 : URU*Šamuḫa* : probablement un directif,
- l. 31 : *ammel-za ANA* SAG.DU-*YA* : contamination de la construction archaïque et classique pour exprimer le possessif.

c) graphies :

les sumérogrammes sont relativement peu nombreux en comparaison des textes composés depuis Mursili II : *appa* au lieu de EGIR-pa, *mukeššar* voisine avec SISKUR.

d) ductus :

l'examen de la photo de la tablette effectué à Marburg en compagnie du Professeur Otten révèle que les signes *ta*, *ga* et *ša* sont tracés à l'aide d'un ductus archaïque fort semblable à celui rencontré en KBo XVII 1 par exemple.

L'importance accordée à Ištar de Samuha par le roi et les marques de hittite impérial qui coexistent avec les traces d'archaïsme excluent une datation contemporaine de l'ancien royaume hittite ; au contraire, nous possédons ici un *mugeššar* d'époque impériale refait à partir d'un modèle archaïque et adapté à Ištar de Samuha ; la fidélité du scribe au modèle ancien est telle qu'il truffe son adaptation d'archaïsmes linguistiques mais également de graphies et, pour certains signes, d'un ductus propres à l'ancien royaume. Nous constatons qu'à de rares exceptions près, les textes qui mentionnent Ištar de Samuha ou, à fortiori, qui lui sont essentiellement consacrés, se concentrent sous le règne de Hattusili III ; si, comme c'est le cas ici, un roi hittite est en difficultés, il va normalement se tourner vers sa divinité tutélaire pour essayer par tous les moyens de l'apaiser éventuellement, de connaître les causes de son mécontentement et de veiller à ce que cette divinité ne le quitte plus ; comme le roi se tourne vers Ištar de Samuha, de fortes présomptions invitent à reconnaître dans le souverain Hattusili III ; nous n'écartons cependant pas définitivement l'identification avec Mursili II, mais ce serait alors un Mursili II vieillissant, car ce n'est qu'à la fin de sa vie que le roi paraît avoir été intéressé par Ištar de Samuha.

B. FRAGMENTS ET PETITS TEXTES

I. Fragments de fêtes et de rituels

N° 6 : KUB I 12 = *CTH* 669 1.

I 1 [LU]GAL-*uš* KU-*aš* x x [ ]
2 ^{LÚ}NAR ^{URU}*Ka-n*[*i-iš* SÌR$^{\textit{RU}}$]

---

3 LUGAL-*uš* KU-*aš* DINGIR^{MEŠ} É.DIN[GIR$^{\textit{LIM}}$]
4 ^{LÚ}NAR ^{URU}*Ḫur-ri* SÌ[R$^{\textit{RU}}$]

---

5 LUGAL-*uš* KU-*aš* ^{d}*IŠTAR* ^{URU}*Ša*[*-mu-ḫa*]
6 ^{LÚ}NAR ^{URU}*Ḫa-at-ti-l*[*i* SÌR$^{\textit{RU}}$]

---

7 UD.KAM *tuḫ-ḫu-uš*[*-ta*]

---

8 [*l*]*u-kat-ti-ma A-NA* ^{d}*IŠ*[*TAR*

Traduction :

I 1 Le [r]oi, assis, x x [ ]
2 le chanteur de Kan[eš chante.]

---

3 Le roi, assis, [boit?] aux dieux du tem[ple;]
4 le chanteur chan[te] en hourrite.

---

5 Le roi, assis, [boit?] à Ištar de Sa[muha;]
6 le chanteur [chante] en hatti.

---

7 (Les rites) de la journée [sont] terminés.

---

8 Au [m]atin, en l'honneur d'Iš[tar

Commentaire :

l. 1,3 et 5 : il faut probablement restaurer dans la lacune le verbe «*ekuzi*».
l. 8 : ^{d}*IŠ*[*TAR* : il est possible qu'il s'agisse d'Ištar de Samuha.

N° 7 : KUB II 13 = *CTH* 591 5.A. : fête du mois, 8e tablette, 3e jour, fin.

VI 13 LUGAL-*uš* KU-*aš* ^{d}*IŠTAR* ^{URU}*Šu-lu-pa-aš-ši* GAL-*az*
14 1-*ŠU e-ku-zi* ^{LÚ}NAR ^{URU}*Ḫur-ri* SÌR$^{\textit{RU}}$
15 1 NINDA.KUR$_4$.RA *pár-ši-ya*

---

16 LUGAL-*uš* KU-*aš* ^{d}GAŠAN ^{URU}*Ša-mu-ḫa IŠ-TU* GAL
17 1-*ŠU e-ku-zi* ^{LÚ}NAR ^{URU}*Ḫur-ri* SÌR$^{\textit{RU}}$
18 1 NINDA.KUR$_4$.RA *pár-ši-ya*

---

19 LUGAL-*uš* DU-*aš* DINGIR^{MEŠ} *ḫu-u-ma-an-te-eš* GAL-*az*
20 1-*ŠU e-ku-zi* ^{LÚ}NAR ^{URU}*Ḫa-at-ti-li*
21 SÌR^{RU} 5 NINDA.KUR$_4$.RA 3-*ŠU* 9 NINDA.SIG *pár-ši-ya*

22 LUGAL-*uš* KU-*aš* DINGIR^{MEŠ} *A-BI-ŠU* GAL-*az*
23 1-*ŠU e-ku-zi* ^{LÚ}NAR ^{URU}*Ḫa-at-ti-li*
24 SÌR^{RU}

25 LUGAL-*uš* KU-*aš* DINGIR^{MEŠ} URU^{LIM} GAL-*az*
26 1-*ŠU e-ku-zi* LÚ^{MEŠ} ^{URU}*Ka-ni-eš* SÌR^{RU}

Traduction :

VI 13-15 Le roi, assis, boit une fois dans une coupe à Ištar de Sulupassi; le chanteur chante en hourrite. Il rompt un gros pain.

16-18 Le roi, assis, boit une fois dans une coupe à la Dame de Samuha; le chanteur chante en hourrite. Il rompt un gros pain.

19-21 Le roi, debout, boit une fois dans une coupe à tous les dieux; le chanteur chante en hatti; il rompt cinq gros pains et trois fois neuf galettes.

22-24 Le roi, assis, boit une fois dans une coupe aux dieux de son père; le chanteur chante en hatti.

25-26 Le roi, assis, boit une fois dans une coupe aux dieux de la ville; les chanteurs de Kaneš chantent.

Commentaire :

Comme il s'agit ici d'une fête «mixte» et en même temps d'une fête du mois, la rédaction de la tablette est tardive et est ainsi contemporaine de Hattusili III ou éventuellement de Tudhaliya IV.

Nº 8. KUB XXXII 85 = KUB XXXII 92 = *CTH* 664 1.

Ro
x+1 [^{d}*Ni-na-t*]*a* ^{d}*Ku-l*[*i-ta*]

2' [*a-at*]-*ta-aš* DINGIR^{MEŠ}

3' ^{URU}*Ḫu-u-pí-iš-ša-na-aš* ^{d}*Ḫu-wa-aš-ša-an-na-aš*

4' ^{URU}*Ša-mu-u-ḫa-aš* ^{d}*A-ba-ra-aš*

5' [^{UR}]^{U}*Ka-ta-pa-aš* ^{d}SAL.LUGAL-*aš*

6' [^{URU}*An-ku*]-*wa* ^{d}*Ka-at-taḫ-ḫa-aš*

7' [ ]^{d}*Ka-at-taḫ-ḫa-aš*

Traduction :

Ro

x+1 [Ninatt]a, Kul[itta,]

2' les dieux du [pè]re,

3' Ḫuwaššanna de Hubesna,

4' Abara de Samuha,

5' La déesse reine de Katapa,

6' Kataḫḫa [d'Anku]wa,

7' Kataḫḫa de [ ]

Commentaire :

Il s'agit d'un fragment de liste divine d'époque impériale énumérant les divinités hourrites Ninatta, Kulitta, suivantes de Šauška, et les dieux du père; nous trouvons ensuite le traditionnel groupe des déesses reines; celles de Hubesna, Katapa et Ankuwa ont une origine hattie; pour Abara, cfr p. 26-28.

N° 9. KUB XL 52 = *CTH* 664 2.

IV

x+2 [^{URU}U]-*ra-u-na* ^{d}U x

3' [ ] KUR^{MEŠ} ÍD^{MEŠ}

4' [ ] x ^{d}LIŠ ^{URU}*Ša-pu-ḫa*

5' [ ] ^{d}LIŠ.LÍL

6' [DINGIR^{MEŠ}.LÚ^{M}]^{EŠ} DINGIR^{MEŠ}.SAL^{MEŠ}

7' [KUR^{MEŠ}ÍD^{MEŠ} ^{UR}]^{U}*Ša-mu-ḫa*

8' [ ]^{URU}*Pát-ti-ya-ri-qa*

9' [^{URU}*Š*]*a-ri-iš-ša*

Traduction :

IV

x+2 [d'U]rauna, le dieu de l'orage x

3' [ ] montagnes, les rivières,

4' [ ] x Ištar de Samuha,
5' [ ] Ištar de la steppe,
6' [les dieu]x, les déesses,
7' [les montagnes, les rivières] de Samuha,
8' [ ] ḍe Pattiyarik,
9' [de S]arissa.

Commentaire :

La liste divine contenue dans ce fragment évoque plusieurs divinités du panthéon de Samuha; voir KUB VI 45 + I 43-45.

Nº 10. KUB XLI 49 = *CTH* 670

Ro
x+8 [ ] ^{LÚ}*pal-wa-t[al-la-aš pal-wa-a-iz-zi]*
9' [^{LÚ}*ki-i-ta-aš*] *ḫal-za-a-i* [

10' [ ] x ^{NINDA}*dan-na-aš* [
11' [ ] *e-ep-zi* LUGAL-*uš* [
12' [ ] x 7 ^{NINDA}*dan-na-aš* [
13' [ ] *Ạ-NA* ^{d}U AN^{E} *pár-ši[-ya*
14' [ ] *Ạ-NA* DINGIR^{MEŠ}.LÚ^{MEŠ}[
15' [ ] *A-NA* DINGIR^{MEŠ}.SAL^{MEŠ}[
16' [ ] *A-NA* ^{d}*IŠTAR* ^{URU}*Ša-mu-ḫa*[
17' [ ] *A-NA* ḪUR.SAG^{MEŠ} ḪUR.SAG^{MEŠ}[
18' [ ] *Ạ-NA* ^{d}U ^{URU}*Ne-ri-ik* [

Traduction :

Ro
x+8 [ ]le batt[eur bat (des mains),]
9' [le (prêtre) *kita*]crie.

10' [ ] des pains *danna* [
11' [ ] présente; le roi [
12' [ ] 7 pains *danna* [
13' [il] rompt pour le dieu de l'orage des cieux [
14' [ ] pour les dieux [
15' [ ] pour les déesses [
16' [ ] pour Ištar de Samuha [
17' [ ] pour les pays, les montagnes, [
18' [ ] pour le dieu de l'orage de Nérik [

Commentaire :

Dans ce fragment de rituel, l'on observera qu'Ištar de Samuha et le dieu de l'orage de Nérik sont étroitement associés; la rédaction du texte doit remonter au règne de Hattusili III; pour l'offrande de pains *danna* à Ištar de Samuha, l'on se référera aussi à KBo IX 138 et Bo 5251; en KBo IX 138, Ištar de Samuha est également nommée près du dieu de l'orage de Nérik.

N° 11. Fête aux dieux KAL de la rivière = *CTH* 684 3

1. A. KUB XLIV 2 = B. KUB XLIV 3.

B

A

x+1 [^{TÚ}]^{L}*Pí-i*[*n-na-at*
2' [^{TÚ}]^{L}*Ka-re-e̥*[-
3' x x ^{d}*K̥a-a-ri-pa* [1] ^{d}*Ka-aš*[*-ta-ma*
4' *an-da tar-na-an-da-aš* [2] PA$_5$$^{ḪI.A}$[
5' ^{URU}*Ša-mu-u-ḫa-aš* [3] ^{d}*Ḫu-u-wa-ri-an*[*-zi-pa*
6' KÁ.GAL$^{ḪI.A}$*-aš* ^{d}*Ša-la-wa-na-aš* [
7' ^{ÍD}*Na-ak-ki-li-ya-aš* ÍD*-aš-š*[*a*
8' ^{d}KAL*-ri* [4] *ši-pa-an-ti*

9' [ ] x*-a-an* DINGIR^{MEŠ}*-ya* x [
10' [*a*]*r-ḫa da-a*[*-i*
11' [SÌ]R^{R}[$^{U?}$

Il convient de rapprocher de ce texte les deux fragments parallèles IBoT II 19 et Bo 858.

Traduction :

x+1 [la sour]ce Pi[nnat
2' [la source] Kare[-
3' x x Karipa, Kas[tama
4' les canaux qui sont joints les uns aux autres[
5' Huwarian[zipa] de Samuha, [
6' les dieux Salawana des portails[
7' du Nakkiliya [et] de la rivière [
8' il sacrifie au dieu KAL de la rivière [

App. crit. : 1 B : ^{d}*Ka-a*]*-re-e-pa-ti*; 2 B : *tar-na-a*]*n-ta-aš*; 3 B : ^{URU}*Ša-m*]*u-ḫa-aš*; 4 ^{d}KA]L$^{?}$ ÍD.

9' [ ] et les dieux [
10' [il en]lève
11' [chan]te[nt

2. IBoT II 19

---

x+1 [^{URU}*Ša-mu-u-ḫ*]*a-aš* ^{d}*Ḫu-wa-ri-ya-a*[*n-zi-pa*
2' [KÁ.GAL$^{\text{ḪI.}}$]^{A}-*aš* ^{d}*Ša-li-wa-ni-iš* [
3' [^{ÍD}]*Na-ak-ki-li-ya* ÍD-*aš* ^{d}[*I-na-ra-an*
4' [ ]^{MEŠ} *ŠA* ^{d}É.A GUNNI ^{d}x [
5' [ ]*x-li-aš-ši-in ir-ḫa-a*[*-an-zi*?
6' [ ]*ša-al-la-an-du-uš* ^{d}[
7' [ ]*-ḫa a-ku-an-zi* [
8' [LÚ^{MEŠ} NAR]^{URU}*Ka-ni*[*-iš* SÌR^{RU}

9' [ ]x x[

Traduction :

---

x+1 Huwariya[nzipa] de [Samuh]a
2' les dieux Saliwani du [portail]
3' [la rivière] Nakkiliya, [Inara] de la rivière,
4' les [ ]d'Ea, le foyer du dieu [
5' [on] délimite un [
6' les [*x*] *šallandu* (Acc.) [
7' ils boivent [
8' [les chanteurs] de Kane[š chantent

---

3. Bo 858; cfr H. G. Güterbock, *ZA* 49 (1950), p. 345.

Vo
x+3 [^{URU}*Š*]*a-mu-u-ḫa-aš*
4' [ ]*-li-i-li*
5' [ ] $^{\text{ḪUR.SAG}}$x x
6' [*nihil*
7' [ ]^{TÚL}*Pí-in-na-a-at* [
8' [ ] ^{TÚL}*Ka-re-e-pa-a-at nu*? [
9' [*an-da tar-na*]*-an-du-uš* PA$_5$$^{\text{ḪI.A}}$-*uš* [
10' [^{URU}*Ša-mu-u*]*-ḫa-aš* ^{d}*Ḫu-u-wa-ri-ya-an-zi-pa*
11' [^{GIŠ}K]Á-*aš* ^{d}*Ša-li-wa-nu-uš*
12' [^{ÍD}*N*]*a-ak-ki-li-ya* ÍD-*aš* ^{d}*I-na-ra-an*

13' [*an-d*]*ur-za a-ku-wa-an-zi*

14' [^{LÚ}]^{MEŠ}NAR ^{URU}*Ka-ni-eš* SÌR^{RU}
15' [ ]x NINDA.KUR$_4$.RA *EM-ṢA pár-ši-ya*
16' [ ]*x-ša-an* EGIR-*pa iš-ta-na-ni*
17' [ ]x *PA-NI* DINGIR^{LIM} ^{LÚ}AZU *da-a-i*

18' [ ] *ạ-kụ-an-na ú-e-kán-zi*

Traduction :

x+3 [ ]de [S]amuha
4' [ ]
5' [ ] la montagne [
6' [
7' [ ] la source Pinnat [
8' [ ] la source Karepat [
9' les canaux qui se rejoignent les uns les autres [
10' Huwariyanzipa de [Samu]ha [
11' les dieux Saliwana du [por]tail [
12' [la rivière N]akkiliya, Inara de la rivière
13' [ ] ils boivent à [l'inté]rieur.

14' [ ]les chanteurs de Kaneš chantent
15' [ ]il rompt x gros pains amers;
16' [ ] à nouveau sur l'autel
17' [ ] le devin place devant la divinité.

18' [ ] ils souhaitent boire.

N° 12. KBo IX 138 = *CTH* 625

x+1 [*a*]*n-da pa-iz-zi ta* x [
2' [GAL.$^{\text{LÚ.MEŠ}}$ MUḪAL]DIM *tuḫ-ḫu-eš-ni-it* ^{GIŠ}ZAG.GAR.R[A
3' [GAL.$^{\text{LÚ.}}$]^{MEŠ} MUḪALDIM *tuḫ-ḫu-eš-šar* LUGAL-*i pa-ra*[*-a e-ep-zi*]

4' [*ta* LUGAL-*u*]*š ti-yạ-zi ta* ^{NINDA}*dan-na-aš* x [
5' [1 ^{NIN}]^{DA}*dan-na-aš A-NA* ^{d}U ^{URU}*Ne-ri-ik*
6' [1 ^{NIN}]^{DA}*dan-na-aš A-NA* ^{d}*IŠTAR* ^{URU} *Ša-mu*[*-ḫa*]
7' [1 ^{NIN}]^{DA}*dan-na-aš A-NA* $^{\text{ḪUR.SAG}}$*Ḫa-ḫar-wa*
8' [1 ^{NIN}]^{DA}*dan-na-aš A-NA* ^{d}ZA.BA$_4$.BA$_4$
9' 1 ^{NINDA}*dan-na-aš A-NA* DINGIR^{MEŠ} É.DINGIR^{LIM}
10' 1 ^{NINDA}*dan-na-aš A-NA* DINGIR^{MEŠ} ^{URU}*N*[*e-ri-ik*]
11' 1 ^{NINDA}*dan-na-aš-ma A*[*-N*]*A* ÍD[

Traduction :

x+1 [il] pénètre et [
2' [le chef des cuisi]niers [purifie] l'autel avec de la fumée d'encens,
3' [le chef des] cuisiniers [présente] de l'encens au roi.

4' [Le ro]i s'avance et il [ ] les pains *danna*,
5' [un pai]n *danna* au dieu de l'orage de Nérik,
6' [un pai]n *danna* à Ištar de Samu[ha,]
7' [un pai]n *danna* à la montagne Haharwa,
8' [un pai]n *danna* à Zababa,
9' un pain *danna* aux dieux du temple,
10' un pain *danna* aux dieux de N[érik,]
11' un pain *danna* à la rivière [

Commentaire :

l. 2'-3' la reconstitution de ces lignes peut s'appuyer sur KBo XIX 128 Ro I 30-33, par exemple; le terme *tuḫḫueššar* désigne une substance cultuelle de purification, peut-être de l'encens, de la fumée d'encens; étude du mot *tuḫḫueššar* chez H. Kronasser, *Etym.*, p. 104 et H. Otten, *StBoT* 13 (1971), p. 26-27.

Nous avons affaire à un fragment de la fête de l'AN.TAḪ.ŠUM^{ŠAR} appartenant à une copie récente conforme à un original plus ancien; les traces d'archaïsme subsistent en x+1 : *ša-aš* et en 4' : *ta.* Ainsi se trouve attestée l'existence d'un culte en l'honneur d'Ištar de Samuha à une date antérieure à l'Empire, mais il s'agit probablement d'une partie de la fête AN.TAḪ.ŠUM remaniée à la fin de l'Empire avec l'introduction de la kizzuwatnienne Ištar de Samuha, et il faut y reconnaître soit Abara soit la déesse hattie à laquelle Ištar de Samuha fut identifiée; remarquons aussi la suite des divinités : le dieu de l'orage de Nérik, Ištar de Samuha, la montagne Haharwa voisine de Nérik, et Zababa = Wurunkatte = le dieu de la guerre.

N° 13. KBo X 18 = *CTH* 626 V 1 C

x+1 [ ] x *me*[-
2' [LÚ.ALA]M KA x UD *me-m*[*a-i*
3' [ ]x *ŠA* KÁ.GAL [
4' *ta-az* *da-a-i t*[*a*

5' [*k*]*u-it-ma-an-ma an-ta*[-
6' *ú-e-ri-iš-kán-zi* [
7' LÚ^{MEŠ} ^{URU}*A-nu-nu-um-ni-iš-m*[*a*
8' *ḫa-at-ti-li* SÌR^{RU} [

9' ^{GIŠ}*ma-a-ri-uš-ša-an* x [

10' LÚ^{MEŠ} ŠU.I-*kán* x x x [
11' *ša-an-ḫa-an-zi* [

12' *pár-aš-na-u-wa-aš-kán ú-iz-z*[*i*]

13' LUGAL SAL.LUGAL ^{d}*IŠTAR* ^{URU}*Ša-m*[*u-ḫa*]
14' DU-*aš a*[-*k*]*u-wa-an-zi* ^{LÚ}NAR [x x x SÌR$^{RU?}$]
15' LÚ.ALAM KA x UD *me*[-*m*]*a-i* [
16' [^{LÚ}]*pal-wa-tal-la-aš pal-wa*[-*iz-zi*]
17' [^{L}]^{Ú}*ki-i-ta-aš ḫal-za-a-i*

18' [^{LÚ}]SÌLA.ŠU.DU$_8$.A 1 NINDA.KUR$_4$.RA *E*[*M-ṢA*
19' [*a*]-*aš-ka-az ú-da-i* LUGAL-[*uš*
20' [LU]GAL-*uš pár-ši-ya* ^{LÚ}SÌLA.ŠU.[DU$_8$.A
21' [NI]NDA.KUR$_4$.RA *e-ep-zi na-an*[-*kán pa-ra-a*]
22' *pé-e-da-i*

23' [*pár*]-*aš-na-u-wa*[-*aš-kán ú-iz-zi*]

Traduction :

2' [le jon]gleur fait une récita[tion
3' [ ] du portail [
4' et il prend pour lui e[t

5' [Aussi] longtemps que [
6' on appelle [
7' les gens d'Anunumnism[a
8' chantent en hatti; [
9' les lances? (acc.) [

10'-11' Les barbiers sondent [

12' I[l] va s'accroupir.

13'-14' Le roi (et) la reine, debout, b[o]ivent à Ištar de Sam[uha]; le chanteur [chante en
15' le jongleur fa[it] une récitation;
16' le batteur ba[t (des mains);]
17' le prêtre *kita* crie.

18'-19' L'échanson apporte un gros pain ai[gre] depuis le [p]ortail; le roi [ ]
20' [le r]oi (le) rompt; l'échan[son

21' saisit un gros [pain] et
22' il l'emporte.

23' [Il va s'accrou]pir.

Commentaire :

Fragment de la fête de la «hâte» relatant des rites accomplis lors du retour du roi et de la reine d'Arinna à Hattusa; une fois de plus, nous sommes en présence d'une copie récente effectuée à partir d'une tablette plus ancienne; la présence d'Ištar de Samuha parmi les divinités vénérées dans une fête aussi ancienne, caratérisée par la visite de la famille royale à des villes saintes du Hatti, plaide en faveur d'une datation pré-impériale du culte d'Ištar de Samuha, dans laquelle il faut peut-être reconnaître Abara ou l'équivalente hattie d'Ištar de Samuha; l'introduction tardive d'une rubrique consacrée à la Šauška de Samuha n'est pas à exclure, cfr texte n° 12.

N° 14. KBo XI 22 = *CTH* 656 2. : fêtes mixtes.

Ro III
1 EGIR-ŠU-*ma* ^{d}*Šu-wa*[*-li-ya-at*]
2 KU-*aš e-ku-zi* 1 NINDA.KUR$_4$.R[A]
3 *pár*[*-š*]*i-ya* ^{LÚ}NAR ^{URU}*Ḫur-r*[*i*]
4 SÌR^{RU}

---

5 EGIR-ŠU-*ma* ^{d}*Kam-ru-še-pa-an*
6 KU-*aš e-ku-zi* 1 NINDA.KUR$_4$.RA
7 *pár-ši-ya*
8 ^{LÚ}NAR ^{URU}*Ka-ni-iš* SÌR^{RU}

---

9 EGIR-*ŠU-ma* ^{d}NIN.É.GAL
10 KU-*aš e-ku-zi* 1 NINDA.KUR$_4$.RA
11 *pár-ši-ya* GIŠ.^{d}INANNA.GAL SÌR^{RU}

---

12 E[G]IR-*ŠU-ma* ^{d}*A-pa-ra-a-an*
13 *ŠA* ^{URU}*Ša-mu-ḫa* KU-*aš e-ku-zi*
14 1 NINDA.KUR$_4$.RA *pár-ši-ya*
15 [G]IŠ.^{d} INANNA.GAL SÌR^{RU}

---

16 EGIR-*ŠU-ma* DINGIR^{MEŠ} *A-BI-ŠU*
17 *ŠA* ^{d}UTU ^{URU}*A-ri-in-na*
18 KU-*aš e-ku-zi* 1 NINDA.KUR$_4$.RA
19 *pár-ši-ya*
20 ^{LÚ}NAR ^{URU}*ḫur-li-iš*

21 SÌR^{RU}

22 [EGIR-*Š*]*U-ma* [ ] LUGAL

Traduction :

Ro III

1-4 Par la suite, il boit, assis, au dieu Šuwa[liyat]; il ro[m]pt un gros pai[n]; le chanteur chante en hourrit[e].

5-8 Après quoi, il boit, assis, à Kamrušepa; il rompt un gros pain; le chanteur de Kaneš chante.

9-11 Sur ce, il boit, assis, à NIN.É.GAL; il rompt un gros pain; on joue de la grande «lyre» (et) on chante.

12-15 En[s]uite, il boit, assis, à Abara de Samuha; il rompt un gros pain; on joue de la grande lyre (et) on chante.

16-19 Après quoi, il boit, assis, aux dieux du père de la déesse Soleil d'Arinna; il rompt un gros pain;

20-21 le chanteur hourrite chante.

22 [Ensui]te, [ ] le roi

Commentaire :

l. 11 et 15: pour le sens de la formule GIŠ.^{d}INANNA.GAL SÌR^{RU}, cfr en particulier H. M. Kümmel, *Festschrift Otten* (1973), p. 173-174.

KBo XI 22 constitue une tablette de fêtes «mixtes»; celles-ci remontent à la fin de l'Empire et leur description fut mise par écrit sous la direction d'Anuwanza dont l'activité fut contemporaine de Tudhaliya IV; les divinités hatties, hittites, hourrites, mésopotamiennes se trouvent mêlées; l'intervention des chanteurs de Kaneš se fait pour célébrer des divinités hittites, et il y a tout lieu de croire qu'ils chantent en nésite, d'autant plus qu'il est aujourd'hui assuré que Kaneš et Neša sont les deux dénominations d'une même ville, cfr H. Otten, *StBoT* 17, p. 57-58.

N° 15. KBo XII 136 = *CTH* 664 5.

I

1 ^{d}[ ]x-*ḫa*

2 ^{d}*IŠTAR* ^{URU}*Ša-pu-ḫa*

3 ^{d}KAL

4 ^{d}*El-la-ab-ra*

5 ^{d}*A-a*
6 ^{d}*Dam-ki-na-aš*
7 x x

Nº 16. KBo XVII 79 = *CTH* 664 7.

x+1 [ ]
2' [*k*]*a-lu-ti-iš* ^{d}*Ka-x*[
3' [ ]KI.MIN 𒁹 DINGIR.MAḪ ^{d}U É.GAL
4' [^{d}U *pí-ḫ*]*a-aš-ša-aš-ši-iš* ^{d}U KARAŠ
5' [ ] *x-ba-la-aš-ša* 𒁹 ^{URU}[
6' [ ] *x-aš* URU-*aš* *ka-lu-ti-iš* [
7' [-]*aš* URU-*aš* KI.MIN 𒁹 ^{URU}*An-ku-wa* (-)
8' [KI.]MIN 𒁹 ^{URU}*Ḫi-iš-ša-aš-ba-aš* URU-*aš* K[I.MIN]
9' [ ]-*iz-ri* *ka-lu-ti-iš* 𒁹|^{URU}*Ša-p*[*u-ḫa*

10' [ ]|𒁹 1 ṢIR ^{GIŠ}TUKUL𒁹 ^{d}UTU-*aš* 𒁹 [

11' [ ] EZEN ITU-*aš-ši-iš* 1 EZEN [
12' [ ] ^{d}*Tap-pí-nu* 𒁹 ^{d}U ḪI.ḪI 𒁹 [

Commentaire :

La mention d'une fête du mois à la ligne 11' laisse supposer une rédaction tardive de ce texte, soit durant le règne de Hattusili III ou de Tudhaliya IV.

Nº 17. A. IBoT II 20 + B. IBoT I 22 + C. KUB XX 60 = *CTH* 656 4.

A
x+1 [LUGAL-*uš* DU-*aš* ^{d}]KAL *e-ku-zi*
2' [^{LÚ}NAR ^{URU}*K*]*a-ni-iš* SÌR^{RU}
3' [ ] 2 ^{NINDA}*zi-ip-pu-la*[*-aš-ši-in*]
4' [ ] ^{NINDA}*ta-pár-wa$_{a}$-šu-un*
5' [*ti-ya-an*] -*zi*

B
6' LUGAL-*uš* DU-*aš* [^{d}U ^{U}]^{RU}*Ne-ri-ik*[*e-ku-zi*]
7' ^{LÚ}GALÁ SÌR^{RU} 1 NINDA.KUR$_{4}$.RA *pár-ši-ya*
8' ^{NINDA}*ta-pár-wa$_{a}$-šu-un ti-ya-an-zi*

9' LUGAL-*uš* DU-*aš* ^{d}*IŠTAR* ^{URU}*Ša-pu*[*-ḫa e-ku-zi*]
10' ^{LÚ}NAR ^{URU}*Ḫur-ri* SÌR^{RU} 1 NINDA.KUR$_{4}$.R[A *pár-ši-ya*]

11' [LUGAL-*uš* DU]-*aš* ^{d}U KARAŠ *e-k*[*u-zi*]
12' [^{LÚ}NAR]SÌR^{RU} 1 NINDA.KUR$_{4}$.RA *pár*[*-ši-ya*]

13' [LUGAL-*uš* DU-*aš*] 7 ^{d}U$^{ḪI.A}$ ^{d}U [*e-ku-zi*]

La liste des rites en l'honneur des ^{d}U se complète probablement par KUB XX 60 I?

C

x+1 [^{LÚ}] GAL[Á-*aš* SÌR^{RU}
2' [GI]Š ^{d}INANNA GAL [SÌR^{RU}
3' [^{L}]^{Ú} GALÁ-*aš* [
4' [^{d}]U *ŠA-ME-E* ^{d}Ụ [
5' ^{d}U *ku-un-na-aḫ-ḫu-wa*[*-aš*
6' ^{d}U *ḫa-an-da-an-da-a*[*n-na-aš*
7' ^{d}U *wa-ar-ra-ḫi-ta-aš*[*-ša-aš*
8' [GI]Š ^{d}INANNA GAL SÌR^{RU} 1 NINDA.KU[R$_4$.RA *pár-ši-ya*]

9' ^{LÚ}GALÁ-*aš* ^{d}IB *e-ku*[*-zi*
10' [GI]Š ^{d}INANNA GAL SÌR^{RU} 1 NINDA[KUR$_4$.RA *pár-ši-ya*]

11' ^{LÚ}GALÁ-*aš* DINGIR^{MEŠ}.LÚ^{MEŠ} [*e-ku-zi*
12' ^{LÚ}NAR ^{URU}*Ka-ni-iš* [SÌR^{RU}
13' 1 NINDA.KUR$_4$.RA *pár-ši-y*[*a*

Reste de la colonne perdu.

Traduction :

x+1 [Le roi, debout,] boit au [dieu] KAL ;
2' [le chanteur de K]aneš chante ;
3' [ ] un pain *zippula*[*šši*
4'-5' [ ] ils [posent] un pain *taparwašu.*

6' Le roi, debout, [boit au dieu de l'orage de] Nerik ;
7' le prêtre GALÁ chante ; il romp[t] un gros pain ;
8' [o]n pose un pain *taparwašu.*

9' Le roi, debout, [boit] à Ištar de Samu[ha] ;
10' le chanteur chante en hourrite ; [il rompt] un gros pai[n].

11' [Le roi, debou]t, boi[t] au dieu de l'orage de l'armée ;
12' [le chanteur] chante [en] ; il ro[mpt] un gros pain.

13' [Le roi, debout, boit à] sept dieux de l'orage (et) au dieu de l'orage [ ].

x+1 [Le prêtre] GAL[Á chante ;
2' la grande [ly]re [résonne ;
3' [le] prêtre GALÁ [
4' [le] dieu de l'orage des cieux, le dieu de l'orage [

5' le dieu de l'orage metteur d'ord[re,
6' le dieu de l'orage providen[ce
7' le dieu de l'orage secoura[ble
8' la grande [ly]re résonne; [il rompt] un gros pai[n].

9' Le prêtre GALÁ boi[t] au dieu IB; [
10' la grande [ly]re résonne; [il rompt] un gros [pain].

11' Le prêtre GALÁ [boit] aux dieux masculins; [
12' le chanteur de Kaneš [chante;
13' [il] rompt un gros pain.

Commentaire :

Nouvel extrait de fêtes «mixtes» dans lequel nous voyons le dieu de l'orage de Nérik fêté aux côtés d'Ištar de Samuha; la rédaction du texte doit normalement être l'œuvre du scribe Anuwanza.

ligne 3' : ^{NINDA}*zippulašši-* : sorte de gros pain, cfr J. Friedrich, *HWb*, p. 262 et KBo XI 28 II 28'; en dernier lieu voir H. A. Hoffner Jr, *Al. Heth.*, p. 192.

lignes 3', 8' : ^{NINDA}*taparwašu-* : cfr J. Friedrich, *HWb*, p. 211 et KBo XI 28 II 29'.

N° 18. KUB XLV 32 = Bo 2522

Fragment de rituel avec passage en hourrite = III 24'-27'.

III

24' *ke-e-eš-ḫi-ya e-še* [*ḫa-bu-ú*]*r-ni ḫa-a-ši ḫa-a-šu*[
25' *wa*$_a$*-a-ra-u-ur-ši* x[ ]*-uš-ši ḫu-u*[-
26' *ḫa-ap-ti du-ru-uš-ḫ*[*i*]*ma-a-ti ḫa-az-zi-zi*[
27' *ši-la-ḫu ši-ya-ni zi-in-za-a-pu*[
28' 2 NINDA.SIG *pár-ši-ya-ri na-at* ^{LÚ}AZU *pa-a-i*[

Verso IV

x+5 [^{U}]^{RU}*Ša-mu-ḫa*
6' [*-r*]*a-a-az-zi-ya-aš-ša-an*
7' [ ]x ^{URU}*Ta-me-ni-in-ga*
8' [ ]*-zi*
9' [ ]*-x-ta*

N° 19. Bo 3185 : le fragment se caractérise surtout par la liste des dieux.

x+1 [^{É}*ši-na*]*-ap-ši-ya-aš* ^{d}[

2' [^{d}*Me-ez-zu*]*-ul-la-aš* ^{d}[

3' [ ]x ^{d}U ^{URU}*Ša-ri-iš*[*-ša*
4' [ ]x ^{d}*Ša-an-ta-aš*[

5' [ ]^{d}UTU^{ŠI}*-za-kán ku-in* [
6' [ ]*x-za ku-in A-NA* É.DINGIR^{LIM}[

7' [ ]*x-ya ma-an-ni-in-ku-wa*[*-an*

8' [^{d}]MAḪ*-aš* ^{d}*Gul-še-eš* [
9' [ ]*-la-wa-aš* ^{ÍD}*Ma-ra*[*-aš-ša-an-ti-ya*

10' [^{URU}*Ḫu-u-bi-iš-na*]*-aš* ^{d}*Ḫu-u-wa-aš-š*[*a-an-na-aš*
11' [^{URU}*Ša-mu-ḫa-aš* ^{d}*A*]*p-pa-ra-aš* ^{URU}*An*[*-ku-wa-aš* ^{d}*Ka-ta-aḫ-ḫa-aš*]

12' [ ]*ŠA* ^{URU}*Ši-ik*[-
13' [ ]^{d}*Ḫa-ša-a*[*m-mi-li*

Traduction :

x+1 [ ] le dieu [ ] du [*šina*]*pši*
2' [Mezzu]lla, le dieu [

3' [ ] le dieu de l'orage de Saris[sa
4' [ ] Šantaš [

5' [ ] «Mon Soleil» que [
6' [ ] que pour le temple [

7' [ ] court [

8' [ ] les [déesses] MAḪ, les déesses du destin, [
9' [ ] le fleuve Mara[ssantiya,

10' Huwas[sanna de Hubisn]a[
11' [A]para [de Samuha, la déesse reine] d'An[kuwa]

12' [ ] de Sik[-
13' [ ] Hasa[mmili

N° 20. Bo 5251

Col. gauche

x+1 [ ]x LUGAL*-i pa-ra-a*
2' [ ]x *túḫ^{uḫ}-ša*

3' [*-y*]*a-zi ta* 9 ^{NINDA}*dan^{an}-na-aš*
4' [ ]x ^{NINDA}*dan-na-aš A-NA* ^{d}*IŠTAR* ^{URU}*Ša-mu-ḫa*
5' [x ^{NINDA}*dan-n*]*a-aš A-NA* ^{d}*IŠTAR* ^{URU}*La-wa-za-an-ti-ya*
6' [x ^{NINDA}*dan-n*]*a-aš* ^{d}*Ni-na-ta* ^{d}*Ku-li-it-ta*
7' [ ]x *ka-lu-ú-ti*

8' [ ]x *Ú-NU-TE-ŠU* x NIR.GÁL
9' [^{NINDA}*ḫar*]*-za-zu-ta i-ya-an-zi*

Traduction :

x+1 [ ] devant le roi
2' [ ] est terminé.

3' [ ] il [ ] et neuf pains *danna*
4' [ ]x pains *danna* pour Ištar de Samuha,
5' [x pains *dann*]*a* pour Ištar de Lawazantiya,
6' [x pains *dann*]*a* pour Ninatta (et) Kulitta,
7' [ ] pour le panthéon
8' [ ] ses affaires x fort
9' [ ] on prépare [un pain gr[as.

Commentaire :

L'on remarquera particulièrement dans ce fragment l'association, au cours de l'offrande des pains *danna*, des Ištar de Samuha et de Lawazantiya; le fragment remonte vraisemblablement à Hattusili III.

N° 21. Bo 6002.

Recto

3 *ḫa-an-da-a-u-wa*[-

---

4 $^{\text{LÚ.MEŠ}}$TÚG ^{URU}*Ta-aš-ṭa-r*[*i-iš-ša*
5 *pa-a-an- zi* [

---

6 KUR x x ^{URU}*Ša-mu-ḫa* [ ] *ạn-da-a*[*n*
7 1 UDU *a-ša-u-na-i ap-pa-an-zi* [

8-9 *nihil*
10 [$^{\text{LÚ.}}$]^{MEŠ} x ^{URU}*Ta-aš-ta-ri-iš-ša I-NA* UD 2.KAM
11-13 *nihil*
14 *a-da-an-zi a-ku-wa-a*[*n*]*-zi*

---

15 *ma-a-an-ma* DINGIR^{LUM} *ḫu-u-i-nu-uz-zi*
16 10 ^{NINDA}*ḫa-li-iš* 20*-iš* 2 DUG *mạr-nu-an*
17 ^{LÚ}AGRIG ^{URU}*Pí-x-x* [

Traduction :

3 x

---

4 Les tailleurs de Tastar[issa
5 vont [

---

6 pays x x de Samuha [ ] à l'intéri[eur
7 ils saisissent un mouton dans l'enclos [

10 Les [ ] de Tastarissa, le deuxième jour,
14 ils mangent (et) ils boiv[e]nt.

15 S'il engage la divinité à courir (au-devant de lui)
16 dix pains *ḫali*, vingt fois deux cruches de *marnuan*
17 l'administrateur de la ville de Pixx[

Verso

x+3 [^{L}]^{Ú}GUDÚ *pa-a-i*
4' [ ]$^{\text{MEŠ URU}}$*Aḫ-ša-x pí-an-z*[*i*

5' [^{UR}]^{U}*Ḫar-ša-ma* KASKAL$^{\text{ḪI.A}}$ *ap-pa-an-zi*
6' [ ]-*zi*

7' [^{URU}*Ša-mu-ḫ*]*a*? LÚ$^{\text{MEŠ URU}}$*Zi-ik-ki-iš-ki-ra*
8'-9' *nihil*

10' [ ]^{GIŠ}*pu-du-ud-du* ḪUR.SAG-*i pád-da-an-zi*
11' [*ḫa-a*]*z-zi-ú-i i-an-zi*

12' ^{GIŠ}*pu-du-ud-du* URU-*ya an-da-an ú-da-an-zi*
13' *ḫa-az-zi-ú-i i-an-zi*

Traduction :

x+3 [l]e prêtre «oint» donne
4' [ ]les [ ] d'Aḫša[ ] donnen[t

5' [ ] de Harsama saisissent les chemins;
6' il(s)[

7' [Samuh]a les gens de Zikkiškira

10' [ ] on enterre un bois *pududdu* dans la montagne;
11' on célèbre le [ri]te.

12' on amène dans la ville du bois *pududdu*;
13' on célèbre le rite.

N° 22. 254/d

x+1 [*na-a*]*k-ku-uš-ši-uš-ša* x
2' [-*š*]*a-an-zi ḫur-ni-ya-an-zi*
3' [*pa-r*]*a-a ap-pa-an-zi*
4' [ ]*gur-šu-uš* AD.KID *PA-NI* DINGIR^{LIM} *da-a-i*
5' [ ]BA.BA.ZA *iš-na-an* GEŠTIN NINDA.SIG$^{\text{ḪI.A}}$

6' [ ]*pa-ra-a e-ep-zi*
7' [*pa-ra-a*] *e-ep-zi nu ki-iš-ša*[*-an*] *me-ma-i*
8' [^{d}]GE$_{6}$ ^{URU}*Ša-mu-ḫa*
9' [ ]x-*ya ku-u-ru-ur*
10' [-*t*]*a-aš Ù ŠA* ^{LÚ}NIM.[LÀL
11' [ ]x *e-eš-ḫa-aḫ-ru-wa-aš*
12' [ ]*x-ya-ma-aš-ša ku-it-ki* [ ]*-ni*

Traduction :

x+1 [ ] et les [sub]stituts (acc.)
2' [ ] on asperge
3' [ ] on [pré]sente
4' [ ] il place devant la divinité des boucliers de jonc
5' [ ] de la pâte de bouillie, du vin, des galettes,
6' [ ] il présente
7' [ ] il [pré]sente [ ] et parle en [ces] termes :
8' [la déesse] noire de Samuha
9' [ ] ennemi
10' [ ] et de l'api[culteur
11' [ ] d'une larme
12' [ ] et quelque chose [

N° 23. 103/r. Fragment de rituel en l'honneur d'Ištar de la steppe de Samuha; il fait songer à KUB XXVII 1.

x+2 [ ]^{d}*IŠTAR*.LÍL ^{URU}*Ša-mu-ḫa*

3' [ ] KAM GAL 1 NINDA.KUR$_{4}$.RA *UP-NI A-NA* ^{d}VII.VII.BI *ŠA* ^{d}*IŠT*[*AR*

4' [ ]x DUG KAŠ *A-NA* ^{d}*IŠTAR*.LÍL *an-na-l*[*i*

5' [^{d}*IŠTAR wa-al-li-wa*]*-al-li-ya-aš-ma ŠA* ^{m}*Mur-ši*-DINGIR^{LIM}
6' [ ] *ḫar-kán-zi na-an mu-ki-i*[*š-kán-zi*
7' [ ]*na-an A-NA* UD.KAM x x [
8' [ ] *ku-la-mur-ši-ya kiš-an ši-pa-a*[*n-ti*?

9' [^{d}*IŠTA*]*R wa-al-li*[*-wa-al-li-y*]*a-aš ŠA* [^{m}*Mur-ši*-DINGIR^{LIM}

10' [ ] ^{d}VII.VII.BI [*ŠA*] ^{d}*IŠTAR* [

Traduction :

x+2 [ ] Ištar de la steppe de Samuha [

3' [ ] un plat, une coupe, un gros pain d'une poignée pour ^{d}VII.VII.BI d'Ištar,

4' [ ] une cruche de bière pour Ištar de la steppe, l'ancienn[e?

5' [l'Ištar impé]tueuse de Mursil[i
6' [ ] tiennent et [ils] l'invoquent;
7' [ ] et elle pour le jour [
8' [il/on] offre de la manière suivante au *kulamurši*

9' [l'Išta]r impé[tueu]se de [Mursili

10' [ ] ᵈVII.VII.BI [d']Ištar.

Commentaire :

l. 5' et 9' : l'*IŠTAR walliwalli* de Mursili : cfr KUB XXVII 1, *passim.*
l. 8' : *kulamuršiya* : locatif du mot hourrite *kulamurši* qui désigne un lieu où s'effectuent les offrandes, comme le *keldi*, l'*ambašši*, l'*enumašši* ou le *tuwantiḫi*; cfr V. Haas et G. Wilhelm, *Riten*, p. 88.

II Divination

Nº 24. KUB VI 15 = *CTH* 582

II
1 *ma-a-an-ma-kán* DINGIR^MEŠ^ GIG-*ši* ᵈUTU^*ŠI*^[
2 *a-ra-at-te-ni* IŠ-TU ^LÚ^ḪAL ^SAL^ŠU.G[I

3 Ù^*TUM*^ SAL.LUGAL *I-NA* ^URU^*Ut-ru-na I-MU*[*R*
4 [ ]*ar-pu-na-an-ti-iš nu-wa-ra-an* [
5 *nu-wa* ᵈUTU^*ŠI*^ *ma-a-an* SAL.LUGAL-*ya*[-
6 *nu-wa-kán e-da-ni* KASKAL-*ši an-d*[*a*
7 *nu-wa-kán*  *ḫa-aḫ-ḫa-lu-wa-an-ti*[-
8  *tar-ra-wa-u-un-ta nu a-ri*[-
9 ᵈ*IŠTAR* ^URU^*Ša-mu-ḫa* [

10 ᵈ*IŠTAR* ^URU^*La-wa-za*[*-an-ti-ya*
11 *an-na-al-la-aš* [
12 *še-er* SI x SÁ-*at* [

13 SISKUR *pu-pu-wa-l*[*a-na-aš*
14 *IŠ-TU* SISKUR A [
15 SISKUR *du-up-ša*[*-ḫi*
16 *am-ba-aš-ši-i*[*n*
17 GIM-*an-ma* [

Commentaire :

Le fragment, trop incomplet, ne permet pas une traduction cohérente.

Nous observons cependant que, dans les lignes 1-2, il est question de consultations oraculaires en raison d'une maladie du roi en qui il faut sans doute reconnaître Hattusili III. Les lignes 3-9 traitent d'un rêve de la reine, à identifier peut-être à Puduhépa, dans la ville d'Utruna; Ištar de Samuha y fait connaître sa volonté. Quant aux lignes 10-12, elles traitent de l'oracle d'Ištar de Lawazantiya. L'association des Ištar de Samuha et de Lawazantiya est à relever et autorise à dater le fragment du règne de Hattusili III et de son épouse Puduhépa; cette datation est confirmée par les mots louvites du texte.

l. 7 : 𒑱 *ḫaḫḫaluwanti* : dat.s. de 𒑱 *ḫaḫḫaluwant-* : «jaune, vert», voir E. Laroche, *DLL*, p. 37.
l. 8 : 𒑱 *tarrawaunta* : 3 p.pl. prétérit V.A. de 𒑱 *tarawi-* : «abattre», voir E. Laroche, *DLL*, p. 92.
l. 13 : *pupuwalannaš* : gén. s. de *pupuwalatar*; pour le sens de ce mot, cfr p. 51-52.

N° 25. A. KUB XV 28 + B. IBoT III 125 = *CTH* 590 : Oracles et promesses d'offrandes votives à Ištar de Samuha.

A

II
x+1 [ ]*x-iš* [ ]

2' [*a*]-*ú-le-en I-NA* ^{URU}*Zi-it-ḫa-r*[*a*]
3' [ ]x *a-ú-li-iš ḫa-an-ta-it-ta-ri*
4' [ ]x *ŠA* KÙ.BABBAR GUŠKIN DÙ-*mi*
5' [ ] KI.LAL.BI ZI-*za da-aḫ-ḫi*

6' [*A-NA* ^{d}*IŠTAR* ^{UR}]^{U}*Ša-mu-ḫa IK-RU-UB*
7' [LUGAL SAL.LUGAL] TI-*an-te-eš*
8' [ ]x ALAM$^{\text{ḪI.A}}$ KÙ.BABBAR

B

9' [IGI^{Ḫ}]$^{\text{I.A}}$-*ŠU-NU* ŠU$^{\text{ḪI.A}}$-*ŠU-NU*
10' [*n*]*a-at A-NA* ^{d}*IŠTAR* ^{URU}*Ša-mu-ḫa*

11' [*A-NA* ^{d}]*IŠTAR* ^{URU}*Ša-mu-ḫa kiš-an IK-RU-UB*
12' [*A*]-*NA* ^{d}UTU$^{\textit{ŠI}}$ *ke-e-da-ni* KASKAL-*ši*
13' [ ]-*za nu A-NA* DINGIR$^{\textit{LIM}}$ GAŠAN-*Y*[*A*
14' [ ]x *pí-iḫ-ḫi šal-li a*[-
15' [ ]x *pí-iš-kán-z*[*i*

16' [ ]x *ku-wa-pí* ^{d}[
17' [*ku*]-*wa-pí-ik-ki* [
18' [ ]-*li-ya-at* [

B

19' [ ] *x-ul-li-x* [
20' [ ]x x[

Traduction :

2' [un *a*]*uli* (acc.) à Zitḫar[a
3' [ ] un *auli* est fixé par oracle;
4' je ferai un [ ] en argent (et) en or
5' [ ] je fixerai moi-même son poids.

6' Il a promis [à Ištar de] Samuha :
7' [«Le roi et la reine] étant vivants,
8' [ ] des statues en argent
9' [ ] leurs [yeu]x, leurs mains
10' [et] cela (sera) pour Ištar de Samuha».

11' Il a promis [à] Ištar de Samuha ce qui suit :
12' [«P]our «Mon Soleil» sur cette route-ci
13' [ ] alors, à la déesse, m[a] maîtresse,
14' [ ] je donnerai; le grand [
15' [o]n donnera sans cesse [

16' [ ] lorsque [
17' [quel]que part [
18'-20' Lacunes trop importantes pour proposer une traduction.

A

III
x+1

2' [^{d}*IŠTAR* ^{URU}]*Ša-mu-ha A-NA* x [ ]*-ni*
3' [ ] *ma-a-an* ^{d}*IŠTAR*.LÍL GAŠAN-*YA*
4' [ ]-*YA ḫal-zi-iḫ-ḫi*
5' [ ]-*aḫ-ḫi* SAL.LUGAL-*ya-kán*

6' [^{d}UTU ^{URU}TÚ]L-*na an-na-al-liš ŠA* ^{d}UTU^{ŠI}
7' [*A-NA*] ^{d}UTU ^{URU}TÚL-*na an-na-al-li IK-RU-UB*
8' [-*a*]*n-na-aš-mu ku-it še-er ma-al-tu-u-an-zi* SI x SÁ-*at*
9' [*ku-i*]*t-ma-an* EZEN^{MEŠ} *zé-e-na-an-da-aš*
10' [ ]-*YA kar-ap-mi ma-a-an-ma-an-na-aš*
11' [ ]-*za ud-da-na-an-za an-da Ú-UL ku-iš-ki kar-zi*
12' [^{d}UTU ^{URU}TÚ]L-*na ŠA* ^{d}UTU^{ŠI} *an-na-al-li* x [

13' [ ]x ^{d}*IŠTAR* ^{URU}*Ša-m*[*u-ḫa*
14' [*x*

Traduction :

2' [Ištar de] Samuha à [ ]
3' [ ] Si Ištar de la steppe, ma maîtresse,
4' [ ] j'invoquerai [Ištar de Samuha], ma [maîtresse],
5' [ ] je [ ] et la reine

6' [ ] l'ancienne [déesse Soleil d'Arin]na de «Mon Soleil»
7' [à] l'antique déesse Soleil d'Arinna il a promis.
8' [ ] ce qui m'a été fixé (par oracle) de promettre,
9' [aussi] longtemps que les fêtes d'automne
10' je soulèverai ma [ ] et si elle le
11' [ ] personne ne trouvera les mots
12' [ ] l'antique [déesse Soleil d'Ar]inna de «Mon Soleil» [

13' [ ] Ištar de Sam[uha

N° 26. KUB XV 30 = *CTH* 590 : Rêves de la reine Puduhépa; Ištar de Samuha paraît y réclamer un buste.

Vo III

x+1 [ ]*ta-x*[ ]*x-an ú-iz-zi*
2' [*nu* GA]B $^{\text{NA}_4}$ZA.GÍN x [ ]$^{\text{ḪI.A}}$*-ya-wa-kán*
3' *ŠA* $^{\text{NA}_4}$ZA.GÍN *ŠA* ^{d}GE$_6$[ ]x *an-da-an i-ya-an*[*-z*]*i*
4' *UM-MA* ^{m}*Ta-aṭ-ti-ma A-NA* SAL.LUGAL ^{m}UR.MAḪ.LÚ-*iš* [ ]x
5' *me-mi-iš-ta ma-an-wa* ^{d}UTU$^{\check{S}I}$ TI-*eš-zi*
6' *nu-wa ku-u-un* GAB *ki-iš-ša-an a-ša-an-ta-an*
7' *A-NA* ^{d}*IŠTAR* ^{URU}*Ša-mu-ḫa pa-a-i*

8' Ù^{TUM} SAL.LUGAL *I-NA* ^{URU}*Ša-mu-ḫa I-MUR nu-wa-za-x*
9' LÚ^{MEŠ} ^{URU}*Ka-ra*[*-an-d*]*u-ni-ya-aš ku-it* SÌR^{R}[^{U}]

Traduction :

x+1 [ ] il vient
2' [ ] de lapis-lazzuli et des [ ]
3' de lapis-lazzuli de la déesse noire i[ls] font après coup.
4'-5' Ainsi parle Tatti : «UR.MAḪ-ziti [ ] a dit à la reine : «Si 'Mon Soleil' reste en vie,
6'-7' donne à Ištar de Samuha le buste que voici lequel se présente ainsi».

8' A Samuha, la reine a vu un songe : «[
9' que les gens de Kar[and]uniya chante[nt]».

N° 27. KUB XVI 17 = *CTH* 577 I

II

2 . . . . *na-aš-kán* [
3 KASKAL-*ši ti-an-zi INA* ^{URU}*Ša-mu-ḫa-ma-a*[*š*?
4 *ne-an-zi INA* ^{URU}*U-ri-ki-na-ya-kán* [
5 *ṃa-a-an pa-ra-a ne-an-zi nu-kán* ^{d}*IŠ*[*TAR* ^{URU}*Ša-mu-ḫa*
6 *Ù INA* ^{URU}*U-ri-ki-na* ŠÀ É^{MEŠ}.DINGIR^{MEŠ} x [
7 *nu ku-it* DÙ-*ri na-at-kán* KASKAL-*ši t*[*i-an-zi*
8 *ma-a-an-ma* ZI DINGIR^{LIM} *ḫa-an-da-a-u-x*[
9 *ki* 10 ŠÀ.DIR

Traduction :

2 . . . . et eux [
3 mettent en route; mais à Samuha [
4 ils conduisent et à Urikina [
5 s'ils envoyent [ ]; alors, Iš[tar de Samuha
6 et à Urikina dans les temples [
7 et ce qui est fait, [on] le m[et] en route,
8 mais si l'âme du dieu [ ] fixer?
9 *ki*, 10 circonvolutions

N° 28. KUB XVIII 8 = *CTH* 580 : oracles KIN et MUŠEN.

Vo

3' [ ]x *ti-an-zi na-aš-kán* KASKAL-*ši ti*[*-an-zi*]
4' [ ] *kiš-an* BAL-*an-zi za-an-ki-la-tar-kán*
5' [*an*]-*da ar-nu-wa-an-zi nu-za* MUŠEN$^{ḪI.A}$ *ne-a*[*n-zi*]
6' [ ] *ḫar-kiš* NU.SIG$_5$

7' [-*ḫ*]*a ka-a ú-da-an-zi* UKÙ-*an-ma-kán* [
8' [ ]*nu-kán a-ri-še-eš-ni ŠA* ^{d}*IŠTAR* ^{URU}*Ša*[*-mu-ḫa*
9' [-*a*]*n-zi nu-za* GAL *ME-ŠE-DI ku-e* SISKUR$^{ḪI.A}$[
10' [ ]*x-ḫi* ^{LÚ}ḪAL-*ya ar-nu-uz-zi pa-ra*[*-a*
11' [GAL *ME-Š*]*E-DI-kán* É.DINGIR^{LIM} *pa-iz-zi nu-za*[
12' [ ] *pí-ra-an Ú-UL ku-it-ki ti-y*[*a-zi*
13' [ZAG]-*na-az an-ša-an zi* GAR-*ri* 12 [ŠÀ.DIR SIG$_5$]

Traduction :

3' [ ] on pose; alors, [on] les me[t] en route [
4' [ ] on sacrifie de la manière suivante : la pénitence [

5' [ ] on apporte [à l'inté]rieur; les oiseaux s'amè[nent
6' [ ] blanc : défavorable.

7' [ ] on amène ici; un homme (acc.) [
8' [ ] alors, au cours de l'oracle d'Ištar de Sa[muha,
9' on [ ]; les offrandes que le chef de la garde [
10' [ ]x et le devin fait avancer; devan[t
11' [le chef de la gar]de entre dans le temple et [
12' [ ] rien n'[est] pla[cé] devant [
13' effacé à [droi]te, le *zi* est couché, 12 [circonvolutions : favorable.]

Commentaire :

Il est probable qu'il faille rapprocher les circonstances ayant présidé à la rédaction de cette tablette de celles relevées en KBo VIII 57, cfr texte n° 30.

N° 29. KUB XXII 59 = *CTH* 582 : Oracles KIN.

Ro

x+2 [*n*]*a-at A-NA* ^{d}UTU AN^{E}
3' [ ]

4' [ ] *pa-a-u-wa-ar* NU.SIG$_5$ SAL.LUGAL-*ya-za*
5' [ ]x ^{d}*IŠTAR* ^{URU}*Ša-mu-ḫa a-še-ṣ̌a-nu-zi*
6' [^{d}*IŠTAR* ^{URU}*Š*]*a-mu-ḫa* GAM *še-er pár-kán za-an-ki-la-tar-ra*
7' [ ]*x-mi* ^{URU}*Ḫa-at-tu-ša-za-kán*
8' [ ] *pa-a-i-mi-pát* KI.MIN *nu* KIN SIG$_5$-*ru*
9' [ ]x

10' [^{d}]UTU^{ŠI} *Ú-UL pa-a-u-wa-a*[*r* NU.S]IG$_5$
11' [ ] *pa-a-i ma-a-an-ma ku-i*[*t*] x
12' [ ] *x-ma a-pé-e-da-aš* UD.KAM$^{ḪI.A}$-*aš*
13' [ ] *ẹ-eš-zi nu* KIN SIG$_5$-ru

Traduction :

x+2 [e]t cela au dieu Soleil du ciel
3' [ ]

4' [ ] aller : défavorable, et la reine
5' [ ] installe Ištar de Samuha
6'-8' [A Ištar de S]amuha de bas en haut je [ ] l'offrande réparatrice et la pénitence; moi-même j'irai à Hattusa [ ] etc.; alors que le sort soit favorable.

9' [ ]x

10' [ ] «Mon Soleil» ne pas alle[r : défavo]rable.
11' [ ] il donnera; mais si ce qu[i
12' [ ] en ces jours-là
13' il sera? [ ]; aussi, que le sort soit favorable.

Nº 30. KBo VIII 57 = *CTH* 582.

Ro I

x+1 [*ḫ*]*a ú-wa-iz-z*[*i*
2' [ ]*x-an-ḫa-an-zi nu* [
3' [ ] *-uš-ta-zi-ya wa-aḫ-nu-an*[*-zi*
4' BAL-*an-zi* TUKU.TUKU-*aš am-aš-ši-in* [
5' 3-*ŠU ḫa-pu-ša-an-zi BE-LU*^{M}[^{EŠ}
6' *nam-ma BE-LU*^{MEŠ} KAM *A-NA* DINGIR^{LIM} x [
7' x *IŠ-TU* ^{LÚ}ḪAL ^{SAL}ŠU.GI [

8' *ka-ru-ú* ^{m}*Gaš-šú-uš i-y*[*a-*

9' ^{d}*IŠTAR* ^{URU}*Ša-mu-ḫa ku-it ḫar-ká*[*n*
10' GAM *kiš-an a-ri-i-e-er pa-a-an-x* [
11' *šar-ni-ik-zi-il kiš-an pí-an-z*[*i*
12' 1 MA.NA *Ú-NU-UT* ZABAR ^{NA_4}NUNUZ x [
13' *IŠ-TU* ^{LÚ}ḪAL ^{SAL}ŠU.GI [

14' [^{d}]*IŠTAR* ^{URU}*Š*[*a-mu-ḫa*
Reste de la colonne perdu.

Traduction :

x+1 à 3' : trop fragmentaire pour une traduction.
4' on sacrifie; l'*ambašši* (acc.) de la colère [
5' on remplace trois fois; [l]es seigneurs [
6' en outre, les seigneurs [ ] le plat à la divinité;
7' par le devin (et) (la magicienne dénommée) la «Vieille» [

8' Autrefois, Gassu [

9' Puisque Ištar de Samuha [
10' ils interrogèrent (l'oracle) ainsi : [
11' comme réparation, [on] donnera ceci : [
12' une mine d'objets en bronze et en bijoux [
13' par le devin (et) la «Vieille» [

14' Ištar de S[amuha

Vo IV

x+3 [ ]x^{LUM} *IT-T*[*I*
4']SI x ṢÁ-*at* [

5' [^{d}*IŠTAR* ^{URU}]*Ša-mu-ḫa IŠ-TU* SIS[KUR
6' [ ]x *zi-la-aš-*[

7' ^{d}*I*[*ŠTAR* ^{URU}*Š*]*a-mu-ḫa ku-it A-NA* DUMU.NITA x[
8' *še-er QA-TAM ap nu pa-iz-zi* ^{d}UTU$^{\check{S}I}$ *A-NA* [
9' *A-NA* ^{d}*IŠTAR* ^{URU}*Ša-mu-ḫa pár-kán za-an-ki*[*-la-ta-ar-ra*
10' TUKU.TUKU-*aš am-aš-ši-in* BIL-*nu-an-zi* ^{d}UTU$^{\check{S}I}$ [
11' *IŠ-TU* ^{LÚ}ḪAL ^{SAL}ŠU.GI ^{LÚ}IGI.MUŠEN-*ya* [
12' *ka-ru-ú* ^{d}UTU$^{\check{S}I}$*-ya-za-kán ka*[-

Traduction :

x+3 à 6 : trop fragmentaire pour une traduction
7' Puisque I[štar de S]amuha contre le fils [
8' saisis la main; il arrive alors que «Mon Soleil» à [
9' pour Ištar de Samuha, une offrande réparatrice [et] une péniten[ce
10' on brûle l'*ambašši* de la colère; «Mon Soleil» [
11' par le devin, la «Vieille» et l'augure [
12' jadis, «Mon Soleil» se [

Commentaire :

Bien que la majeure partie de la tablette soit perdue, l'on peut établir que Ištar de Samuha est irritée contre un prince royal et que la consultation oraculaire est destinée à fixer les actes réparateurs aux yeux de la déesse.

Ro l. 2' : au début de la ligne, il faut peut-être restaurer *š*]*a-an-ḫa-an-zi* : «on exige».

l. 6' : dans la lacune, il convient de supposer un verbe répondant au sens de «amener, apporter»; la ligne se traduirait dès lors : «en outre, les seigneurs apportent le plat à la divinité».

l. 8' : *i-y*[*a-* : il s'agit du début d'une forme du verbe *iya-* : «faire» ou *iya-/iyannai-* : «marcher», à moins qu'il ne faille supposer un substantif tel que $^{\mathrm{(UDU)}}$*iyant-* : «mouton».

N° 31. KBo XVI 97 = *CTH* 571 : oracles hépatoscopiques, rédaction non abrégée.

Ro

10 *ma-a-an* ^{m}*Ma-la*-LÚ-*iš Ú-UL ku-i*[*t-k*]*i ú-e-mi-ya-at na-at kat-ta-an ar-ḫa*
11 *ki-it-ta-ru ma-a-an wa-aš-túl-ma* [*ku-it*]-*ki ki-ša-ri*
12 *nu* ^{UZU}NÍG.GIG$^{ḪI.A}$ *kal-la-re-eš-du* NU.SIG$_5$

---

13 *ma-a-an* DINGIR.GE$_6$ ^{URU}*Ša-mu-u-ḫa ki-iš-ša*[*-an me*]-*mi-iš-ki-iz-zi* SAL.LUGAL-*wa*
14 ^{URU}*Ša-mu-u-ḫa ú-id-du nu-wa* Š[U^{MEŠ}] *a-pé-e-ez ki-ša-ri* NU.SIG$_5$

Traduction :

10-11 Si Mala-ziti n'a ri[en] trouvé, que cela soit écarté, mais si [quel]que faute se produit,
12 que les foies deviennent mauvais : défavorable.

---

13 Si la déesse noire de Samuha [pa]rle ain[si :] «Que la reine
14 vienne à Samuha, les chai[rs]se manifestent par là : défavorable».

Vo

12 *ma-a-an* ^{d}*IŠTAR* ^{URU}*Ni-i-nu-wa* KA x KAK *ḫa-at-ta-an-ti ud-da-ni-i še-er kar-tim-mi-ya-u-an-za*
13 *ni-pa-šu-u-ri-iš* ZAG *IK-ŠU-UD ke-el-di-iš úr-ni-ir-ni-iš* GÙB [
14 *a-an-ša-an-na* GÙB-*la-az zi-za-ḫi-iš ŠA* ^{UZU}[

---

15 *nu* DINGIR.GE$_6$ ^{URU}*Ša-mu-u-ḫa-ma kar-tim-mi-ya-u*[*-an-za*
16 ^{UZU}ZÉ ZAG-*az ni-ni-in-kán ŠA* x [
17 GÙB-*la-az wa-al-ḫa-an-za zi*[*-za-ḫi-iš*

---

18 *nu* DINGIR.GE$_6$ ^{URU}*La-aḫ-ḫu-u-ra-ma* x [
19 *uk-tu-u-ri-iš-ma še-er ši-in-ta*[*-ḫi-iš*
20 [^{UZ}]^{U}ZÉ ZAG-*az la-a-an* [
21 [*A-NA*] *úr-nir-ni-kán* x [
22 *la-at-ti-iš zi-za-ḫi-iš* [

---

23 *ŠA* ^{d}*IŠTAR* ^{URU}*Ni-i-nu-wa ni-pa-šu-u-ri*[*-iš*
24 *ar-ḫa-ya-an ši-in-ta-ḫi-iš* ^{GIŠ}TUKUL x [
25 *ŠA* ^{d}KAL GÙB-*la-aš* ^{GIŠ}TUKUL KASKAL-*iš zi-za-ḫ*[*i-iš*

---

26 ^{d}*IŠTAR* ^{URU}*Ḫa-at-ta-ri-na ni-pa-šu-u-ri-iš* [
27 *ši-in-ta-ḫi-iš A-NA úr-ni-ir-ni-ma-aš-ša-an* [

---

28 *ŠA* AMA-*ŠU* ^{d}*IŠTAR ni-pa-šu-u-ri-iš* x [
29 *ši-in-ta-ḫi-iš* KÁ.GAL-*kán ḫa-at-ta-an* x [

---

30 *nu ŠA A-BI-ŠU-ma* ^{d}*IŠTAR ke-el-di-iš-pát a-ḫ*[*ar-ri-an-za*
31 *ša-ga-a-iš* NU.GÁL EGIR-*ŠU* [ ]

32 *nu ta-ma-i-iš-ma ku-iš-ki* ^{d}*IŠTAR* SIG_5

Traduction :

12 Si Ištar de Ninive est irritée à cause d'une affaire «nez fendu/rusé»,
13 le foie touchait le bord; santé; le doigt à gauche [
14 et est essuyé à gauche; le *zizaḫi* du [

15 [Si] la déesse noire de Samuha est irrité[e
16 la vésicule est déplacée à droite; de [
17 meurtri à gauche; le *zi*[*zaḫi*

18 La déesse noire de Lahhurama [
19 et normale au-dessus; la présen[ce
20 [l]a vésicule est détachée à droite [
21 [au] doigt [
22 un *latti*; *zizaḫi* [

23 Concerne Ištar de Ninive : foi[e
24 séparément; présence : arme [
25 concerne le dieu KAL : arme de gauche; route; *zizaḫ*[*i*

26 Ištar de Hattarina : foie [
27 présence, mais au doigt [

28 Mère d'Ištar : foie [
29 présence; la *porta hepatis* fendue [

30 Mais en ce qui concerne le père d'Ištar : santé en[censée
31 pas de signe; mais ensuite [

32 Quelque autre Ištar : favorable.

Commentaire :

Pour les termes relatifs à l'haruspicine hittite contenus dans ces passages et les autres fragments mentionnés sous la rubrique «Divination», voir E. Laroche, *Sur le vocabulaire de l'haruspicine hittite*, *RA* 64 (1970), p. 127-139.

N° 32. VBoT 25 = *CTH* 582

I
2 [^{UR}]^{U}*Kar-ga-miš* EGIR-*an na-an-ni-eš-ki-iz-zi*
3 [ ]*ḫal-zi-iš-ša-i A-NA* ^{d}*IŠTAR* ^{URU}*Ša-mu-ḫa-wa-za*
4 [SISKUR] *pu-pu-wa-la-an-na-aš* BAL-*aḫ-ḫi* [^{d}*IŠTA*]*R* ^{URU}*Ša-mu-ḫa*

5 [SISKUR] ^{GIŠ}TUKUL-*an-za* BAL-*u-an-zi* *ša-an*[-*aḫ-mi*]
6 [*nu*] TE^{MEŠ} SIG$_5$-*ru ni ši ki* GÚB-*za*[ ]*zi* GAR-*ri* 12 ŠÀ.DIR

---

7 *IŠ-TU* ^{SAL}ŠU.GI IR$^{\textit{TUM}}$ *QA-TAM-MA-pát* SAL.[LUGAL] *a-aš-šu* M[E-*a*]*n*
8 *na-at* DINGIR.MAḪ-*ni* SUM-*an* *I-NA* UD 2.KAM [ ]*x-an* ZI-*an*
9 NINDA.KUR$_4$.RA *iš-pa-an-du-zi-ya* x[ ]*A-NA* SAL.LUGAL SUM-*an*
10 *I-NA* UD 3.KAM *a-aš-šu* ME-*an nu-ká*[*n*]SIG$_5$

---

11 ^{d}*IŠTAR* ^{URU}*Ša-mu-ḫa ku-it* ^{GIŠ}TUKUL-*an-za* BAL-*u-an-zi* *ša-an-aḫ*[-*mi*]
12 BE$^{\textit{LUM}}$ SISKUR ^{GIŠ}TUKUL-*an-za dam-me-in-za*$^{!}$ *ku-it-ki* *ša-an-aḫ-z*[*i*]
13 *nu* TE^{MEŠ} SIG$_5$-*ru* ZAG-*za* RA$^{\textit{IṢ}}$ NU.SIG$_5$

---

14 *IŠ-TU* ^{SAL}ŠU.GI IR$^{\textit{TUM}}$ *QA-TAM-MA-pát nu* KIN [
15 *mu-kiš-šar* ME-*aš nu-kán* DINGIR$^{\textit{LIM}}$-*ni da-pí-í*[SUM-*an*]

---

16 [*ka*]-*a-ru-ú-ma ku-e* SISKUR ^{GIŠ}TUKUL-*ya* SAL.LUGAL *A-NA* x[
17 [^{G}]^{IŠ}TUKUL-*an-za a-pí-ya ku-it-ki* EGIR [

Traduction :

2 [ ] il retourne [à] Kargémiš;
3-5 [ ] il appelle (en disant) : «Je vais offrir à Ištar de Samuha l'offrande du *pupuwalatar*; je dési[re] vivement offrir à [Išta]r de Samuha l'offrande des armes».
6 [Alors,] que les présages soient favorables; *ni*, *ši*, *ki* à gauche; le *zi* est couché, 12 circonvolutions.

---

7 Par la «Vieille», même question; le bien de la r[eine] es[t pr]is
8 et est donné à la déesse MAḪ; le deuxième jour [ ] une âme,
9 un gros pain et une ration de vin [ ] sont donnés à la reine;
10 le troisième jour, le bien est pris; [ ] : favorable.

---

11 Puisque Ištar de Samuha exi[ge] de lui offrir une arme,
12 [le maî]tre de l'offrande exig[e] une nouvelle offrande des armes;
13 que les présages soient favorables; à droite une meurtrissure: défavorable.

---

14 Par la «Vieille», même question; que le sort [
15 le *mukeššar* est pris et [est donné] à chaque dieu.

---

16 Mais, [ja]dis, ces offrandes d'armes la reine pour [
17 [offrande] d'armes

Commentaire :

l. 4 : SISKUR *pupuwalannaš* : cfr p. 46.

N° 33. Bo 1974.

Colonne de droite.

---

x+1 ^{d}GAŠAN ^{URU}*Ša-mu-ḫa ku-it A-N*[*A*
2' *pí-ra-an* EGIR-*pa ú-wa-wa-an-z*[*i*
3' *nu kiš-an* DÙ-*an-zi mu-kiš-šar* DÙ[-*an-zi*
4' x DINGIR^{LIM} *am-ba-aš-ši-in wa-a*[*r-nu-an-zi*
5' *ú-wa-wa-an-zi ta* GAM-*an ap*[-
6' BAR.SÌL SUM-*an-zi ma-a-an-ma* DINGIR^{LU}[^{M}
7' *nu* SU^{MEŠ} SIG$_5$-*ru ni ši ki* GÙB[-*za*

8' *IŠ-TU* ^{SAL}ŠU.GI KI.MIN *nu* KIN SI[G$_5$-*du*
9' *nu-kán* DINGIR^{MEŠ}-*ni da-pí-i zi-ni* [
10' TI-*tar-ra* ME-*aš* x x [

Traduction :

x+1 Puisque la Dame de Samuha cont[re
2' alle[r] d'avant en arrière [
3' alors, on procède comme suit : [on] fai[t] une requête
4' [on] brûl[e] l'*ambašši* de la déesse [
5' venir et [
6' on donne un diadème, mais si la déess[e
7' alors que les chairs soient favorables; *ni*, *si*, *ki* [à] gauche.

8' Par (la magicienne appelée) la «Vieille», c'est la même chose; alors, que le sort [soit] favora[ble
9' et à chaque dieu [
10' et la vie est prise [

Commentaire :

Ce fragment débute par l'*evocatio* d'Ištar de Samuha; celle-ci est vraisemblablement irritée et il convient de la tirer de son état d'hostilité ou d'indifférence; on effectue des offrandes en son honneur et l'on procède également aux consultations oraculaires par l'examen des entrailles; l'on rapprochera cette tablette de KUB XXXII 130 et 388/i.

N° 34. Bo 7840.

IV 13' [^{d}]*IŠTAR* ^{URU}*Ša-mu-ḫa nu* SU^{MEŠ} NU.SIG$_5$-*du*
[ ] Ištar de Samuha; que les chairs soient défavorables.

N° 35. 388/i : Texte oraculaire dont il ne reste que quatre colonnes (2 au Ro, 2 au Vo) fort mutilées; seuls Ro II et Vo III concernent Ištar de Samuha.

Ro II

x+1 ^{d}*IŠTAR* [^{URU}*Ša-mu-ḫa*
2' DINGIR^{LUM}-*za-ká*[*n*
3' *nu* SU^{MEŠ} NU.[SIG$_5$

4' *ma-a-an-za-ká*[*n*
5' *ki* ^{d}UTU *Ù* [
6' *ni ši ki* [

7' ^{d}*IŠTAR* ^{URU}[*Ša-mu-ḫa*
8' TUKU.TUKU-*at-ṭi* [
9' *I-NA* ^{URU}*Ša-m*[*u-ḫa*
10' *la-ti* GÙB[-

11' *ma-a-an-za-ká*[*n*
12' *I-NA* ^{URU}[
13' *ka-a-ma-za* [
14' TUKU.TUKU-*u-an-za* [

Vo III

1 ^{d}UTU^{ŠI}-*za-kán ḳu* [-
2 TUKU.TUKU-*u-an-ta i-x*[-
3 *I-NA* ^{URU}*Ša-mu-ḫa* [
4 *nu* SU^{MEŠ} NU.SI[G$_5$

---

5 *ma-a-an-za* [
6 x [

Commentaire :

Ces deux colonnes sont trop incomplètes pour effectuer une traduction. Nous sommes néanmoins en mesure d'établir qu'il s'agit d'une consultation hépatoscopique et que celle-ci a lieu en raison de la colère d'Ištar de Samuha, cfr Ro II 8' : TUKU.TUKU-*at-ti*, 14' : TUKU.TUKU-*an-za*, Vo III 2 : TUKU.TUKU-*u-an-ta*.

III. Prières

Nº 36. KUB VI 45 = *CTH* 381 : Prière de Muwatalli au dieu de l'orage *piḫaššašši*.

I

40 ^{d}U ḪI.ḪI ^{d}*Ḫé-pát* ^{URU}*Ša-mu-ḫa* DINGIR.LÚ^{MEŠ} DINGIR.SAL^{MEŠ} ḪUR.SAG^{MEŠ} ÍD^{MEŠ} ^{URU}*Ša-mu-ḫa*

---

41 ^{d}U *pí-ḫa-aš-ša-aš-ši-iš* ^{d}UTU ^{URU}TÚL-*na* ^{d}*Ḫé-pát* SAL.LUGAL *ŠA-ME-E*

42 ^{d}*IŠTAR* DINGIR^{MEŠ} *ŠA* É.GAL *ḫu-uḫ-ḫa-aš*

---

43 ^{d}U ^{URU}*Ḫa-la-ap* ^{d}*Ḫé-pát* ^{URU}*Ḫa-la-ap* ^{d}*IŠTAR*.LÍL ^{URU}*Ša-mu-ḫa*

44 ^{d}*BE-E-LA-AT A-YA-AK-KI* ^{d}*A-pa-a-ra-aš ŠA* ^{URU}*Ša-mu-ḫa* DINGIR.LÚ^{MEŠ}

45 DINGIR.SAL^{MEŠ} ḪUR.SAG^{MEŠ} ÍD^{MEŠ} *ŠA* ^{URU}*Ša-mu-ḫa*

Traduction :

I 40 Le dieu de l'orage étincelant, Hébat de Samuha, les dieux, les déesses, les montagnes (et) les rivières de Samuha.

---

41 Le dieu de l'orage *piḫaššašši*, la déesse Soleil d'Arinna, Hébat reine des cieux,

42 Ištar, les dieux du palais du grand-père.

---

43 Le dieu de l'orage d'Alep, Hébat d'Alep, Ištar de la steppe de Samuha,

44 la Dame du sanctuaire, Abara de Samuha, les dieux,

45 les déesses, les montagnes (et) les rivières de Samuha.

Nº 37. KUB XXXI 121 = *CTH* 379 : Prière de Mursili II à tous les dieux.

IV

7 [ ]-*e-eš* ^{d}*Ḫé-pát* ^{URU}*Kum-ma-an-ni*

8 [*ḫu-u-ma*]-*an-te-eš* ^{d}*Ḫal-ki-iš*

---

9 [ ] x *ḫu-u-ma-an-te-eš*

10 [ ] ^{d}*Ḫé-pát* LUGAL$^{ḪI.A}$ *ḫu-u-ma-an-te-eš*

---

11 [ ]-*ti* ^{d}KAL^{MEŠ} *ḫu-u-ma-an-te-eš*

12 [ ]^{d}UTU^{ŠI} ^{d}*IŠTAR* ^{URU}*Ša-mu-u-ḫa*

13 [ ]^{d}*Te-li-pí-nu-uš*

14 [*ḫu-u-ma-an*]-*te-eš* ^{d}ZA.BA$_4$.BA$_4$

15 [*ḫu-u-ma-a*]*n-te-eš*

Traduction :

IV 7 [ ] Hébat de Kumanni,
8 [to]us les [ ] Halki

---

9 Tous les [ ]
10 [ ] toutes les Hébat des rois?

---

11 [ ] tous les dieux KAL,
12 [ ] «Mon Soleil», Ištar de Samuha,
13 [ ] Telibinu,
14 [tou]s les dieux de la guerre,
15 [[to]us

N° 38. KBo IV 6 = *CTH* 380 : Prière de Mursili à Lelwani en faveur de la princesse Gassuliyawiya.

Ro

18 *na-aš ḫa-ad-du-le-eš-du nam-ma nu u-iz-zi* DUMU.SAL GAL *zi-la-ti-ya*
19 *tu-uk* DINGIR^{LAM} *wa-al-li-iš-ki-iz-zi* SUM-*an-na tu-e-el-pát*
20 *ŠA* DINGIR^{LAM} *me-mi-iš-ki-iz-zi*
21 *I-NA* ^{URU}*Ša-mu-ḫa ku-wa-pí tu-uk* ^{d}*Le-el-wa-ni-in* ^{f}*Gaš-šu-li-ya-aš*
22 *tu-e-el* GEME^{TUM} Ù-*az a-uš-ta*

Traduction :

Ro

18 et qu'elle guérisse ; en plus, il arrivera que désormais la princesse
19-20 te louera sans cesse comme déesse et te nommera souvent par ton nom divin.
21-22 Lorsque, dans la ville de Samuha, Gassuliya, ta servante, te vit en songe, toi Lelwani, ...

N° 39. Bo 5804. Invocation de Hattusili III? à Ištar de Samuha.

Ro?

x+4 [*na*]-*aš-ta ma-a-an* ^{d}*IŠTAR* ^{URU}*Ša-mu-ḫa* [
5' [ ]x *tu-uk-ma-wa* ^{d}*IŠTAR* ^{URU}*Ša-mu-ḫa* [*ku*]-*i-e-eš*
6' [ ]x *ḫar-zi* DUMU^{MEŠ} É.GAL-*wa ku-i-e-eš*
7' [ ]*a-aš-ka-aš-wa ku-i-e-eš*
8' [ ]-*in-ki ša-ra-a e-ep*

9' [^{d}*IŠTAR* ^{URU}*Ša-m*]*u-ḫa IŠ-TU* É-*ŠU kal-la-ri* [*-iš-zi*
10' [ ] DINGIR^{LUM} *-ma-wa-mu ku-it* GAŠAN-*YA* *da-at-ta*
11' [*ti*]*-it-ta-nu-ut*

Vo

3' [ ]*x-da a-ši-ya*
4' [ ]*ša-ki-at*
5' [ ]x SAL.LUGAL-*wa ma-a-an ḫu-u-x*[ ]*-ki-iz-zi*

Traduction du Ro :

x+4 [et] alors, si Ištar de Samuha [
5' [ ] «toi, Ištar de Samuha, les [ ] qui
6' [ ] a; les fils du palais qui [
7' [ ] de la porte qui
8' [ ] élève
9' [Ištar de Sam]uha [est] défavorable hors de son temple,
10' [ ] ce que la déesse, ma Dame, a pris pour moi,
11' [ ] il/elle a [ins]tallé.

Verso : Intraduisible.

Commentaire :

Ro l. 10' : autre traduction possible : «..] ce que la déesse, ma Dame, m'a pris».

N° 40. 316/u

Colonne gauche.

x+4 [*-i*]*š-ki-iz-z*[*i k*]*u-wa-pí ú*[-
5' [ ]*me-ya-nu-wa-an-na*  *ku-wa-ya*[-
6' [ ]*-iš-ki-iz-zi u-uk-ma* [
7' [*ar*]*-ku-wa-ar-wa-za i-ya nu-x* [
8' KASKAL-*aḫ-ḫi a-pa-a-aš-ma me-mi*[*-iš-ta*?
9' *Ú-UL-wa uš-ki-mi ku-it-w*[*a*
10' *ki-nu-un-pát-wa-za ku-wa-pí* [
11' *e-šu-un nu-wa-mu A-NA* x [
12' *Ú-UL tar-na-aš A-BU-Y*[*A*
13' *A-NA* ^{d}*IŠTAR* ^{URU}*Ša*[*-mu-ḫa*
14' *nu-wa-za a-pí-ya* [
15' SISKUR-*eš-šar*

Une traduction partielle est seulement possible pour les lignes 7'-13'.

7' «fais une [pr]ière; alors, [
8' je mettrai en route». Mais celui-là di[t : «]
9' je ne regarde pas; ce que [
10' précisément autrefois lorsque [
11' j'étais; à [ ] moi [
12' elle n'abandonna pas; mo[n] père [
13' à Ištar de Sa[muha

Commentaire :

Le texte reste obscur; cependant, il est question d'une prière à adresser à une divinité et du rappel de la protection accordée par Ištar de Samuha à l'auteur de la tablette que l'on peut identifier avec Hattusili III; les lignes 10'-13' rappelleraient les bienfaits d'Ištar de Samuha envers Hattusili enfant; dans le mot *A-BU-Y*[*A* de la l. 12', il conviendrait dès lors de reconnaître Mursili II.

IV. Fragments historiques

N° 41. KBo XXII 11 : fragment historique datant de Hattusili III.

Ro I

x+1 *ku-e-dạ-nị-x*[

2' *ma-aḫ-ḫa-an-ma-za-kả*[*n* ŠE]Š-*Y*[*A*] ^{m}NIR.[GÁL-*iš*
3' *na-aš šar-ku-uš* L[UGAL-*uš*] *e-eš-ta* ^{d}*IŠTAR*[
4' *tar-aḫ-ḫi-iš-ki-it nạ-aš I-NA* KUR ^{URU}*Kum-ma-an-n*[*i*
5' *pa-it kat-ta-an-ma-aš-ši* ERÍN^{MEŠ} LÚ^{MEŠ} UKU.UŠ[
6' KI.KAL.BAD$^{ḪI.A}$-*ma-kán ḫu-u-ma-an* ANŠU.KUR.RA^{ME}[^{Š}
7' ŠÀ KUR^{TI} *da-a-li-ya-at* EGIR-*az-ma* x [
8' *nu-kán* KUR.KUR$^{ḪI.A}$ *ḫu-u-ma-an-da da-at* [-
9' *ku-ru-u-ur* x [
10' ^{URU}*Ša-ad-du*[-
11' ^{URU}*An-zi-li*[-*ya*
12' *x-x-šu-x* [
13' [ ]x [

Vo

ŠA [

Traduction :

x+1 auquel [

2' Et lorsque m[on frè]re Mu[watalli
3' il fut un r[oi] héroïque; Ištar[
4' vainquit; au pays de Kumann[i
5' il alla et avec lui les fantassins puissamment armés [
6' et toute l'armée [et] l[es] chevaux [
7' il laissa dans le pays; mais après, [
8' il pr[it?] tous les pays
9' ennemi [
10' Saddu [-
11' Anzili[ya

Le reste est trop mutilé pour une traduction.

Commentaire :

l. 2' : Il faut probablement restaurer dans la lacune située à la fin de la ligne : ...^{m}NIR.[GÁL-*iš* *A-NA* ^{GIŠ}GU.ZA *A-BI-YA* *e-ša-at* : «... Mu[watalli s'installa sur le trône de mon père».

l. 3' : il est vraisemblable que l'Ištar mentionnée n'est autre que celle de Samuha, d'autant plus que la rédaction du texte date de Hattusili III.

N° 42. KBo XXII 73 : fragment autobiographique de Hattusili III.

Ro I

1 [*UM*]-*MA* ^{m}*Ḫa*[-*at-tu-ši-li*
2 *Ụ*? ^{d}*IŠTAR* x [

---

3 *IṆA* KUR ^{URU}*Ḫa-at*[-*ti*?
4 *Ù* KUR ^{URU} *Ḫa-an*[-
5 *nu-uš-ma-aš* ^{URU}x [
6 *nu-kán* ^{URU}*Ḫa-ak-m*[*i-iš*

---

7 *ma-aḫ-ḫa-an-ma* ^{m}N[IR.GÁL-*iš*
8 LUGAL-*un i-ya-at* [
9 ^{GIŠ}TUKUL-*it tar-aḫ*[-*ḫu-un*
10 [ ]*x-ta-ra-x* [

---

11 *nu ḫar-ga-an-t*[*a-an*?
12 EGIR-*pa x x a-x*[-
13 ^{URU}*Ga-aš-ga*$^{\mathrm{HI.A}}$ x[
14 *IŠ-TU A-AB*[-*BA*

15 [*x*]-*e-uš-za-ma*[
16 *na-an-za-at* [

---

17 [ ]-*x-u-un* [

Traduction :

1 [Ainsi] parle Ha[ttusili,
2 et d'Ištar x[

---

3 Dans le pays Hat[ti
4 et la région de Han[-
5 alors, à eux la ville de [
6 et la ville de Hakm[is

---

7 Mais lorsque Mu[watalli$^{?}$
8 fit roi, [
9 [je] vain[quis] par les armes
10 x

---

11 Le [ ] détru[it
12 à nouveau [
13 les Gasgas x [
14 depuis la me[r
15-17 : traduction impossible.

Vo

x+1 [ ]x[
2' *Ù* ^{d}x[

3' *ma-aḫ-ḫa-an-m*[*a*
4' *AŠ-RI*$^{\text{ḪI.A}}$-*ya* [
5' *nam-ma QA-TAM-M*[*A*
6' *QA-TAM-MA ir-ḫa-a*[-
7' *nu AŠ-RI*$^{\text{ḪI.A}}$ *ir-ḫa*[-
8' *na-an* UZU *šu-up*[-*pa*(-)
9' *AŠ-RI*$^{\text{ḪI.A}}$-*ya* x[

10' *nu A-NA PA-NI* ^{d}[
11' *BI-IB-RI*$^{\text{ḪI.A}}$-*kán* [
12' *ŠA* 1 *UP-NI pár-ši-a*[*n-zi*

13' LUGAL SAL.LUGAL *e-ša*[-
14' EZEN BURU-*ya-kán* [

15' *am-mu-uk A-NA* ^{m}[^{d}U ^{URU}*Ne-ri-ik*]
16' EN-*YA ka-ni-eš-ta* [

17' *nu A-NA* ^{d}U ^{URU}*Ne*[*-ri-ik*
18' [x] *e-eš-ta nu-uš-š*[*i*
19' [^{f}*P*]*u-du-ḫi-pa-aš-ša* [

20' [ ]x[

Traduction :

x+1 [ ]x[
2' et le dieu [

3' M[ais] tout comme [
4' et les lieux (du sacrifice) [
5' de plus, de la même manièr[e
6' de la même manière [je/il] délimi[tai/ta

7' Alors, les lieux (du sacrifice) délimi[tés?
8' les viandes pure[s] le [
9' et les lieux (du sacrifice) [

10' Alors, face au dieu [
11'-12' [On] les rhytons [et on] rompt [ ] d'une poignée.

13' Le roi (et) la reine s'assey[ent;?
14' et la fête de la récolte [

15'-16' Pour? [le dieu de l'orage de Nérik], mon maître, me reconnut/distingua;
17' aussi, pour le dieu de l'orage de Né[rik,
18' était [ ]; alors, à lu[i
19' et [P]uduhépa [

Colophon.
20' [ ]x[

Commentaire :

Ro I

l. 1-2 : Il est tentant de rapprocher l'introduction de ce texte de celle de KBo VI 28 Ro 1-2 et de la légende de certains sceaux où Hattusili est déclaré «protégé de la déesse Soleil d'Arinna, du dieu de l'orage de Nérik et d'Ištar de Samuha». Il est pratiquement assuré qu'il faut reconnaître à la ligne 2 l'Ištar de Samuha qui assurait la protection du roi avec le dieu de l'orage de Nérik cité en Vo 17'; la mention de Puduhépa au

Vo 19' ainsi que celle probable d'Ištar de Samuha et du dieu de l'orage de Nérik, de la ville de Hakmis en Ro 16 assurent la restauration du nom royal de Hattusili III.

Vo

Le verso de la tablette nous présente un fragment de rituel dont la célébration était présidée par Hattusili III et son épouse Puduhépa; il y est question du dieu de l'orage de Nérik qui, comme nous l'avons vu, partageait avec Ištar de Samuha la protection de la personne de Hattusili III.

Il est d'autre part remarquable de constater que sur une même tablette, nous avons deux textes différents, le premier à caractère biographique et le second à caractère religieux.

N° 43. Bo 6447 = *CTH* 214 : fragment historique.

I

x+2 *ŠA* ^{m}*Pí-ya-ma-ra*[*-du*
3' *ḫar-tág-ga-aš* \ *wa-an-na-x*[
4' *am-me-el-ma-wa-aš-ma-a*[*š*
5' *nu-wa ú-wa-am-mi nu-w*[*a*
6' *wa-an-ti-ya-an-da-a*[*n*
7' *up-pa-an-da-an-ma-wa-an*[*-na-aš*
8' *nu i-ya-an-ni-ya-nu*[*-un*
9' *wa-an-te-eš-ta* ^{d}UTU[^{ŠI}
10' KALAG.GA-*za za-aḫ-ḫi-ya*[*-nu-un*
11' *nu-mu* ^{d}*IŠTAR* ^{URU}*Ša-m*[*u-ḫa*

IV

1 [ ] UGU *pa-a-u-e*[*n*
2 [ ] x *pal-ḫu-iš-ša*[*-an*
3 [ ] *x-nu-nu-un* x [
4 [ ] *x-nu-nu-un* x [
5 [ ] *x-nu-nu-un* [
6 [ ] *-e-eš* x [

Commentaire :

Le fragment est beaucoup trop incomplet pour permettre une traduction; néanmoins les lignes I 8'-11' font état de combats menés par le roi hittite auquel Ištar de Samuha vient prêter assistance.

l. x+2 : ^{m}*Piyamara*[*du* : cfr E. Laroche, *NH*, n° 981 et ajouter KBo XVI 35 3, 7.

V. Textes votifs

N° 44. Bo 1623.

Vo.

x+1 [ ]^{MEŠ} *an-x-an-te-eš* x [
2' [*na-a*]*k-ku-uš-ši-uš* É *da-me-e-da*[*-ni*?

3' [*MA*]*-ME-TUM* ^{m}*Ur-ḫi-*^{d}U*-ub* ^{URU}*U-uš-ša ŠA* ^{d}*Zi-it-ḫa-r*[*i-ya*
4' [*n*]*a-ak-ku-uš-ši-uš tar-na-an-zi* 1 UDU *na-ak-ku-uš-ši*[*-in*

5' [*M*]*A-ME-TUM* ^{m}*Ur-ḫi-*^{d}U 𒁹 ^{URU}*Ga-aš-ta-ma ŠA* ^{d}U ^{URU}x [
6' [ ]*-ya* ^{d}UTU ^{URU}TÚL*-na* ^{d}*IŠTAR* ^{URU}*Ša-mu-ḫa* [
7' [ ]x ^{d}U *pí-ḫa-aš-ša-aš-ši A-NA* DINGIR^{MEŠ}*-ya* [
8' [*na-ak-ku-uš-š*]*i-uš tar-na-an-zi* 1 UDU *na-ak-k*[*u-uš-ši-in*
9' [ ]x *A-NA* DINGIR^{MEŠ} [

Traduction :

x+1 des [ ] [
2' des [subs]tituts [dans?] une autre demeure [

3' [Ser]ment d'Urḫi-Tešub : (concerne) la ville d'Ussa : de Zithar[iya
4' on laissera les [sub]stituts; un mouton comme substitu[t

5' [Se]rment d'Urḫi-Tešub : (concerne) la ville de Gastama : du dieu de l'orage de [
6' de [ ]ya, de la déesse Soleil d'Arinna, d'Ištar de Samuha, [
7' [ ], du dieu de l'orage *piḫaššašši* et pour les dieux [
8' on laissera les [substi]tuts; un mouton comme substi[tut
9' [ ] pour les dieux [

Commentaire :

Ce fragment relate donc une série de serments effectués par Mursili III; toutefois, la rédaction du texte est probablement postérieure au règne du souverain, puisqu'il se trouve désigné par son nom princier, Urḫi-Tešub, signe de la *damnatio memoriae* qui l'avait frappé après la victoire remportée sur lui par son oncle Hattusili III. L'on notera aussi le fait qu'Ištar de Samuha est citée juste à la suite de la grande grande déesse Soleil d'Arinna.

N° 45. Bo 5153.

Ro

x+4 [ ]DÙ*-mi ma-a-an ŠA* GUŠKIN [

5' [ ]^{d}*IŠTAR* ^{URU}*Ša-mu-ḫa* ^{URU}*U-ri-ki*[*-na*
6' ligne effacée
7' [*m*]*a-a-an-ma-kán* DINGIR^{LUM} GAŠAN-*YA* x [
8' [ ]^{d}UTU^{ŠI} 𒑲 *ti-ti-ti-x* [
9' [ ] ^{DUG}*ḫar-ši-ya-al-li* x [

Traduction :

x+4 [ ] je ferai; si [x] d'or

5' [ ] Ištar de Samuha [ ] Urikina
7' [ ] mais [s]i la divinité, ma maîtresse, [
8' [ ] «Mon Soleil» le nez [
9' [ ] un pithos [

Vo

x+5 [*z*]*a-aš-ḫi-ya-wa-za-kán* SAL.LUGAL *I-NA* ^{URU}*A-na-a*[*r*
6' [ ] LUGAL KUR ^{URU}*I-šu-wa I-NA* ^{URU}*Ki-iz-zu-wa-at-na*
7' [ ] *a-pé-e-da-ni ma-al-za-ki-mi*
8' [G]AŠAN-*YA A-NA* ^{m}*Du-ut-ḫa-li-ya*
9' ligne effacée
10' [ ]*-aš-za* KUR.KUR^{MEŠ} ^{LÚ}KÚR NIM.LÀL-*aš* 𒑲 *tu-u-wa-an-ta-an-za*
11' [ ] *nu A-NA* DINGIR^{LIM} 𒑲 *tu-u-wa-an-ta-an-za* KÙ.BABBAR
12' [ ] 𒑲 *ḫi-el-wa-ti-in* GUŠKIN KI.LAL.BI NU.GÁL DÙ-*mi*

13' [ ]-*YA*? *A-NA* ^{LÚ}KÚR^{MEŠ} *E-DA-NU tar-na-at-ti*
14' [ ]*-aš-kán* ŠU-*i da-it-ti*
15' [ ]x KÙ.BABBAR MUŠEN GUŠKIN KI.LAL.BI NU.GÁL SUM-*ḫi*

16' [ ]x *A-NA* ^{LÚ}KÚR$^{\text{ḪI.A}}$ *ŠE-E-TUM tar-na-at-ti*
17' [ ]^{MEŠ} *IŠ-TU ŠE-E-TI* GIM-*an*
18' [ ]*-aš-kán* GAŠAN-*YA A-NA* ^{m}*Du-ut-ḫa-li-y*[*a*
19' [ ] DINGIR^{LIM} *ŠE-E-TUM* KÙ.BABBAR
20' [ ] SUM-*ḫi*

21' [ ]-*YA* ŠÀ ^{GIŠ}SAR
22' [*-n*]*u-um-ma-aš kiš-an IK-RU-UB*

Traduction :

x+5 «[ ] dans un [r]êve de la reine dans la ville d'Ana[r
6' [ ] le roi d'Išuwa au Kizzuwatna
7' [ ] je promettrai à celle-là?
8' [ ] ma [m]aîtresse à Tudhaliya
10' [ ] les pays ennemis des *tuwantanza* (en forme) d'abeille
11' [ ] alors, pour la divinité des *tuwantanza* en argent,
12' [ ] je ferai un *ḫelwati* en or de n'importe quel poids.

13' [ ] tu accorderas aux ennemis un délai,
14' [ ] tu les placeras dans la main
15' [ ] je donnerai un [ ] d'argent (et) un oiseau en or de n'importe quel poids.

16' [ ] tu laisseras aux ennemis un filet/piège?
17' [ ] tout comme les [ ] hors du filet/piège?
18' [ ] ma maîtresse à Tudhaliya
19' [à] la divinité un filet/piège? d'argent
20' [ ] je donnerai

21' [ ] ma [ ] dans le jardin
22' [ ] et à eux elle a fait la promesse suivante :

Commentaire :

Ro 8' : 𒑱 *ti-ti-ti-x* : voir en dernier lieu K. K. Riemschneider, *Préface* de KUB XLIII, p. VI et VII, qui revient à la traduction «nez» au lieu de «pupille, prunelle» proposée par Laroche en *RHA* 63 (1958), p. 102 sq. et en *DLL*, p. 98.

Vo 10' et 11' : 𒑱 *tuwantanza* : terme louvite à l'acc. pl.; probablement, ce mot désigne, comme *ḫelwati-*, un objet, éventuellement en argent, susceptible de servir d'offrande à une divinité; il peut s'agir d'une pièce d'orfèvrerie puisque d'après Vo 10' il existe des *tuwantanza* en forme d'abeilles.

N° 46. 220/e : Fragment mentionnant notamment un vœu à Ištar de Samuha.

x+1 [ ] *ú-iz-zi* ^{d}UTU^{ŠI} [
2' [ ] 3 x *-kán* [

3' [ ] *IK-RU-UB ma-a-an-wa* GAL *ME-ŠE-DI* [
4' [*-w*]*a-ra-aš ma-a-an-wa-kán A-NA* IZI *ki-i*[*t-*
5' [ ]*-at tu-uk A-NA* ^{d}U+DAR ^{URU}*Ša-mu-ḫa* [

6' [ ] *na-a-wi*

7' [ ]*x-pár-zi-ša IK-RU-UB na-a-wi*

8' [ ]x *še-er kiš-an IK-RU-UB*

9' [ ]x *a-ki e-eš-zi-wa-ra-aš*

10' [ ] *aš-šu-la-aš* EZEN DÙ-*mi* x

N° 47.543/u. Fragment de texte votif; il date probablement de Hattusili III.

x+1 [ ] *A-NA* ^{m}*Tu-ut-tụ* [

2' [ ] *x-aš-kán an-da Ú-UL* [

3' [ ] ^{d}*IŠTAR* ^{URU}*Ša-mu-ḫa I-NA* x [

4' [ ]*-a-aš-za-kán kán-ga-at-t*[*a(-)*

5' [ ] ALAM KÙ.BABBAR-*ya-za PA-NI* [

7' [ ] ŠÀ Ù^{TI} *A-NA* ^{d}[

8' [*-w*]*i-ti-i-in ŠA* ^{SAL}[

9' [-]*ẹ-da-ni ŠA* x [

10' [ ]x(-)*ku-ru-ta*[(-)

11' [G]AŠAN-*YA* [

Commentaire :

l. x+1 : ^{m}*Tuttu* : cfr E. Laroche, *NH*, p. 192 n° 1390.

l. 11' : devant G]AŠAN-*YA*, il est possible qu'il faille restaurer ^{d}*IŠTAR* ^{URU}*Šamuḫa*.

N° 48. 1309/u

x+1 [^{d}*I*]*ŠTAR* ^{URU}*Š*[*a-mu-ḫa*

2' [ ] LUGAL GIM-*an* [

3' [ ]*-ra-a* GUB-*ri* [

4' [ ] *x-an-za IK-RU-U*[*B*

5' [ ]*-i-uš* DINGIR^{MEŠ}*-it* x [

6' [ ] x *am-mu-uk-ma-wa-r*[*a-*

7' [ ] *x-aš* 𒑱 *ku-ru-ta-u-wa-an-za* [

8' [^{d}*IŠTA*]*R* ^{URU}*Ša-mu-ḫa kiš-an* [

9' [ ] x SIG$_5$*-in ar-ḫ*[*a*

Commentaire :

l. 7' : 𒑱 *kurutawanza* : ici glosé; le sens est obscur, voir J. Friedrich, *HWb*, p. 119; la forme fait songer à un acc. plur. louvite.

N° 49. 1506/u. Texte signalant des offrandes de statues à Ištar de Samuha.

x+1 [^{d}*IŠTAR* ^{URU}*Ša-m*]*u-ḫa* GAŠAN-*YA*
2' [ ]-*aḫ-ḫi nu PA-NI* DINGIR^{LIM} ALAM KÙ.BABBAR x
3' [ ] x-x-ZU KÙ.BABBAR *i-ya-mi*

4' [*A-NA* ^{d}*IŠTAR*] ^{URU}*Ša-mu-ḫa kiš-an IK-RU-UB*
5' [LUGAL SA]L.LUGAL-*ya* TI-*an-te-eš nu-wa A-NA PA-NI* [
6' [AL]AM$^{ḪI.A}$ KÙ.BABBAR *ŠA* LUGAL SAL.LUGAL DÙ-*u-e-ni* [
7' [ ]x IGI$^{ḪI.A}$-*ŠU* ŠU^{MEŠ}-*ŠU* GUŠKIN [
8' [ ] ^{LÚ}AZU *I-DI*

Traduction :

x+1 [Ištar de Sam]uha, ma maîtresse,
2' [ ] je [ ]; alors, devant la divinité, une statue en argent,
3' [ ] en argent je ferai.

4' [ ] il/elle a promis [à Ištar] de Samuha ce qui suit :
5' [«Si le roi] et [la rei]ne sont en bonne santé, face à [
6' [ ] nous ferons des [sta]tues en argent du roi (et) de la reine;
7' [ ] ses yeux (et) ses mains (seront) en or».
8' [ ] le devin sait.

Comme le vœu concerne la santé du roi et de la reine et qu'il s'adresse à Ištar de Samuha dont on sollicite la protection, il est plausible de dater ce fragment du règne de Hattusili III-Puduhépa.

VI. Songes

N° 50. Bo 2828. Songes du roi et de la reine.

I

x+2 [ ] GUŠKIN [

3' [Ù] SAL.LUGAL INIM Á$^{MUŠE[N}$
4' [*ku*]-*wa-pí an-da nu-za-kán* [
5' [*m*]*a-a-an-wa A-NA* ^{d}UTU^{ŠI} x [
6' *ku-e* ^{d}*Pí-ri-in-ki-ra-aš* [
7' *IŠ-TU* NA$_4$ *mu-uš-nu-wa-an-x* [

8' *la-aḫ-ḫi* Á^{MUŠEN}-*ya ku-i-x* [
9' *ŠA-PAL KAP-PÍ*^{MEŠ} Á^{MUŠEN} ALAM.LUGAL-*ya* [

10' Ù SAL.LUGAL Ù-*it-wa-mu* ^{SAL}*az-zi-in-na*[-
11' ≺ *pa-la-ya-na-al-li-ya-an-za* GAL KÙ.BABBAR-*ya* [
12' *a-ri-ya-u-en nu* ^{d}*IŠTAR* ^{URU}*Ša-mu-ḫa* SI x SÁ[-*it*

13' Ù-*it A-NA* ^{d}UTU^{ŠI} ^{f}*A-ru-mu-ra-aš* GÙB[-
14' *a-ri-ya-u-en nu* ^{d}*IŠ*[*TA*]*R* ^{URU}*Ša-mu-ḫa* SI x SÁ[-*it*

15' *A-NA* SAL.LUGAL ^{d}*IŠTAR* ^{URU}*Ša-mu-ḫa* Ù-*it* [*me-mi-iš-ta*
16' *ka-a-aš-ma-wa-at-ták-kán gur-zi-ib* x [
17' x x x x *nu-wa ú-wa-ši ku-wa-pí nu-x* [
18' [ ]-*a* GUŠKIN-*ya ú-da*[-

19' [ ]*A-NA* ^{d}*IŠTAR* ^{URU}*Ša-mu-ḫa* [
20' [ ]x *IK*[-*RU*]-*UB ma-a-an-wa-mu* [
21' [ ] *ḫu-u-ya-ši nu-wa A-NA* ^{d}[
22' [ ]x 1 UR.MAḪ-*tar* KÙ.BABBAR 20 GÍ[N
23' [ ]-*ši* 1 GUD 8 UDU$^{\text{ḪI.A}}$ *PA-NI* ^{d} x[

24' [ ]x *ku-wa-pí ḫu-up-pí-ya-al* [*(-)*

Traduction :

x+2 [ ]en or[

3' [Rêve] de la reine : Parole de l'aigl[e
4' «[lo]rsque
5' [S]i pour «Mon Soleil» [
6' que Pirinkir [
7' à partir d'une pierre [
8' et l'aigle qui à la guerre [
9' sous les ailes de l'aigle et une statue du roi [

10' Rêve de la reine : «Dans un rêve une femme *azzinna* à moi [
11' *palayanalliyanza* et une coupe en argent [
12' nous avons sollicité un oracle et Ištar de Samuha [a] fixé (sa volonté par oracle).

13' Dans un rêve à «Mon Soleil», Arumura à gauche?[
14' nous avons sollicité un oracle et Iš[ta]r de Samuha [a] fixé (sa volonté par oracle).

15' Dans un rêve à la reine, Ištar de Samuha [a dit :
16' «voici pour toi un collier x [
17' x x x x lorsque tu viendras [
18' et [tu] amèneras un [ ] en or

19' [ ] à Ištar de Samuha [

20' [ ] il/elle a pr[o]mis : «Si moi [
21' [tu] me [pré]cèdes, alors, à la déesse [
22' [ ]x une reproduction de lion en argent, 20 si[cles
23' [ ] un bœuf, 8 moutons devant la déesse [

24' [ ] lorsque un *ḫuppiyal* [

Commentaire :

l. 11' : ⊰ *palayanalliyanza* : non signalé dans J. Friedrich, *HWb* et E. Laroche, *DLL*; le signe de la glose fait songer à un mot louvite à l'accusatif pluriel; il s'agirait d'une offrande.

l. 13' : ^{f}*Arumura* : Cfr E. Laroche, *NH*, p. 43 n° 155; le nom de cette prêtresse se rencontre dans des textes contemporains de Hattusili III ou de Tudhaliya IV, ce qui permet de dater notre fragment de la fin du règne de Hattusili III.

VII. Géographie–Économie

N° 51. KUB XXXI 79 = *CTH* 214 17 : Lettre relative au transport de marchandises à Samuha.

1 [ ]x [
2 [ ] *x-a-nu-un ki-nu-na*[-
3 [ ] É ^{GIŠ}*ša-ma-ma-na-aš* x[ ]

---

4 [^{GIŠ}]MÁ$^{\text{ḪI.A}}$ ^{URU}*Pát-te-ya-ri-ga ḫal-ku-eš-šar* ^{URU}*Ša-mu-u-ḫ*[*a*
5 [ ]1-*ŠU pé-e-te-er nu ḫa-an-te-ez-zi* KASKAL-*ši ki-iš-ša-a*[*n*
6 [ ]ME NINDA.ERÍN^{MEŠ}10-*ti-li-iš* 6 ME NINDA.ERÍN^{MEŠ} ^{URU}*Ga-aš-ga* 16 PA ZÍD.DA.RA
7 [ ]-*uk nu wa-a-tar te-pu ku-it e-eš-ta nu-uš-ša-an A-NA* ^{GIŠ}MÁ
8 [*a*]-*pád-da da-i-e-er ki-nu-na-aš-ša-an u-i-te-e-ni ne-e-ạ-ạt*
9 [*nu* ^{GIŠ}MÁ]$^{\text{ḪI.A}}$ ^{URU}*Pát-te-ya-ri-ga nam-ma da-iš-te-i-e-er*
10 [-*a*]*n A-NA* ^{GIŠ}MÁ$^{\text{ḪI.A}}$ *ki-iš-ša-an da-i-e-er*
11 [ ] 1 ME 20 PA ŠE *nu* ŠU.NIGIN-*ma I-NA* 2 KASKAL^{NI} 1 ME 30 PA ZÍZ
12 [x PA] ŠE 1' LI.IM 50 NINDA.ERÍN^{MEŠ}

---

13 [*ḫa-an-t*]*e-ez-zi pal-ši-ya* ^{GIŠ}MÁ.TUR ^{URU}*Ar-zi-ya-za da-iš-te-ya-an-zi*
14 [*nu-uš-š*]*a-an ki-iš-ša-an ti-ya-an-zi* 50 PA ŠE 6 ME NINDA.ERÍN^{ME}[^{Š}]
15 [ŠU.NIG]IN.GAL *ki-iš-ša-an* ^{GIŠ}MÁ$^{\text{ḪI.A}}$ *ku-it ka*[-
16 [^{UR}]^{U}*Ša-mu-u-ḫa pé-e-ḫu-te-er* 1 LI.IM 6 ME 50 N[INDA.ERÍN^{MEŠ}]

17 ŠÀ.BA 4 ME 50 NINDA.ERÍN^{MEŠ} 10-*ti-li-iš* 1 ME 30 PA ZÍZ [
18 [ ]*x-at* 3 ME PA ZÍZ ŠE[-*ya*

19 [x-x-x]^{GIŠ}MÁ$^{\text{ḪI.A URU}}$*Pát-ti-ya-ri-ga nam-ma* x [
20 [*na*]-*aš a-pí-ya da-iš-te-ya-an-zi*

Traduction :

1 [ ]
2 [ ] j'ai [ ]; à l'aveni[r,
3 [ ] une maison en bois d'arbre *šamamana* [

4-5 [d]es bateaux de Pattiyarik apportèrent une fois [ ] l'approvisionnement à Samuh[a]; aussi, lors d'un premier trajet ils [ ] ce qui su[it :]
6 [x] centaines de pains de soldats de 10 «sicles»?, 600 pains de soldats gasgas, 16 demi mesures de farine,
7-8 et comme il y avait peu d'eau [ ], ils placèrent [ce]la sur un [petit] bateau et dès cet instant, il flotta sur l'eau;
9 [alors,] ils chargèrent en outre les [bateaux] de Pattiyarik;
10 [ ] ils placèrent sur les bateaux ce qui suit :
11 [ ] 120 mesures de grain, et le total (était) pour les deux trajets : 130 mesures d'épeautre,
12 [x mesures] de grain, 1050 pains de soldats.

13 Lors d'un [prem]ier trajet, ils chargeront un petit bateau au départ d'Arziya,
14 [e]t ils y placeront ce qui suit : 50 mesures de grain, 600 pains de soldat[s].
15 Voici [le tot]al de ce que les bateaux [
16 ont amené à Samuha : 1650 pain[s de soldats,
17 dont 450 pains de soldats de 10 «sicles»?, 130 mesures d'épeautre [
18 [ ] 300 mesures d'épeautre [et] de grain.

19 [ ] en outre, les bateaux de Pattiyarik [
20 [et] ils chargeront là.

Commentaire :

Pour des études antérieures de ce passage, cfr F. Cornelius, *Or. NS.* XXVII (1958), p. 373-374 et G-G., *Geography*, p. 33-34.

l. 5 : dans la lacune suivant *kišša*[*n*, il faut supposer un verbe répondant au sens de «ils placèrent».

l. 6 et 17 : lire 10-*ti-li-iš* et non *u-ti-li-iš*; il s'agit d'une indication sur le poids des pains de soldats, cfr H. G. Güterbock, *RHA* 81 (1967), p. 149.

VIII. Varia

N° 52. KUB XL 22 = *CTH* 832 : texte de nature inconnue.

Ro?

x+2 [ ]^{URU}[
3' [ ]*x-za-an* [
4' [ ]*x-e tar-x*[
5' [ ]*x-zi-ya*[(-)
6' [ ]*x-i* KUR.KUR^{MEŠ}-*ši* [
7' [ ]-*du A-NA* KUR^{TI} [
8' [ ]*A-MI-LU-UT-TI-ya-ká*[*n*
9' [$^{\text{GI]Š}}$GU.ZA LUGAL-*UT-TI-ši* [
10' [ ]*x-du* ^{GIŠ}TUKUL$^{\text{ḪI.A}}$-*ši-kán* [
11' [^{URU}*Š*]*a-mu-ḫa* x [

N° 53. KUB XL 98 = *CTH* 582 : liste de villes.

x+1 [^{URU}*Š*]*a-mu-ḫa* D[Ù-
2' *na-at-za* ^{URU}*Ḫur-ma-ma* D[Ù-
3' *na-at-za* ^{URU}*Ú-ri-ki-na* DÙ [-
4' ^{URU}*U-ra-u-na-ma* [
5' ^{URU}*U-da* x [
6' ^{URU}*El-la-ya-m*[*a*
7' ^{URU}*Ḫu-piš-na-m*[*a*

N° 54. KBo XIII 225 = *CTH* 213 : fragment de liste divine.

Vo

x+2 [ ]x$^{\text{MEŠ URU}}$ [
3' [ ]x ^{d}ZA.B[A$_4$.BA$_4$
4' [ ]^{d}U ^{URU}*Zi-ip-pa-la*[*-an-da*
5' [^{d}U ^{URU}*Ne-r*]*i-iq-qa* ^{d}*Ta-ru*[-?
6' [ ]x ^{d}KAL ^{URU}x [
7' [ ] ^{d}*Ḫé-pát* ^{d}x[
8' [ ] ^{d} [
9' [ ] ^{d}U ^{URU}x[
10' [^{URU}*Ša-mu-*]*ḫa* ^{d}LIŠ x [

11' [ ]-*a-ta-pa* x [
12' [ ]x *ti-i-x* [

Nº 55. KBo XXI 26 = *CTH* 664 : Fragment de liste divine.

Ro I

7' ^{d}IM ^{URU}x[
8' ^{d}IM ^{URU}*Pát-t[i-ya-ri-ik*
9' ^{d}IM ^{URU}*Ša-m[u-ḫa*
10' ^{d}IM ^{URU}*Ḫu-ur[-ma*
11' ^{d}IM ^{URU}*Ḫa-la-a[p*
12' ^{d}IM ^{URU}*Li-iḫ-z[i-na*
13' ^{d}IM KARAŠ *tu-x* [
14' *ḫu-u-ma-an-te-eš* DINGIR^{MEŠ} x[

Commentaire :

Nous citons ici un court extrait d'une liste de dieux de l'orage; au groupe des dieux de l'orage hourrites constitué par les Tešub de Pattiyarik, Samuha, Hurma et Alep, succèdent des dieux de l'orage hattis, tels ceux de Lihzina, de l'armée.

Nº 56. KBo XXII 47 : Liste de divinités.

x+1 [ ] x x [
2' [ ]x ^{d}I[M
3' [ ]*x-nu-wa*
4' [ ]x *ták-na-aš* ^{d}UTU-*uš*
5' [^{d}U$^{?}$ ^{URU}]*Ne-ri-ik* ^{d}*Za-aḫ-pu-na-aš*
6' [ ]*x-du* ^{d}*Ta-zu-wa-aš-ši-i*
7' [^{d}KA]L ^{URU}*Ḫa-at-ti*
8' [^{d}]*Ḫa-pa-a-ta-li-aš*
9' [^{d}]LIŠ ^{URU}*Ša-pu-ḫa*
10' [ ]-*ya* ^{d}KAL ^{KUŠ}*kur-ša-aš*
11' [ ] ^{d}GAZ.BA.A.A ^{d}x [
12' [ ]*x-aš* ^{d}DAM.KI.N[A

Traduction :

x+2 [ ] le dieu de l'orag[e
3' [ ]x-*nuwa*

4' [ ] la déesse Soleil de la terre,
5' [le dieu de l'orage?] de Nérik, Zaḫpuna,
6' [ ]*x-du*, Tazuwašši,
7' [le dieu KA]L du Hatti,
8' [ ] Hapataliya,
9' [ ] Ištar de Samuha,
10' [ ]-ya, le dieu égide,
11' [ ] Gazbaa, le dieu [
12' [ ]a, Damkin[a

Nº 57. 434/s.

II

1 ÌR^{MEŠ} LUGAL KUR ^{URU}*I-šu-wa* [
2 *ḫar-kán-zi* [
3 ^{URU}*Ú-i-iš-ta-u-wa-an-da-aš* [
4 KISLAḪ *ŠA* $^{\text{LÚ.MEŠ}}$APIN.LAL [
5 ŠÀ KUR ^{URU}*Ta-wi-ni-ya* [
6 LÚ^{MEŠ} É.GAL ^{URU}*Ša-pu-u*[*-ḫa*
7 *ḫar-kán-zi* [

---

8 ^{URU}*Wa-at-ta-ru-u*[*š-na*
9 *ŠA* ^{LÚ} SIPÁ UDU [
10 ŠÀ KUR ^{URU}*A-l*[*i-ša*
11 LÚ^{MEŠ} É.[GAL

1 Les serviteurs du roi d'Išuwa [
2 tiennent [
3 de Wistawanda [
4 l'aire des laboureurs [
5 au pays de Tawiniya [
6 les gens du palais de Samu[ha
7 tiennent [

---

8 Wattaru[sna
9 du berger [
10 au pays d'Al[isa
11 les gens du pa[lais de

Nº 58. 854/z : fragment mentionnant des déesses reines dont Abara de Samuha, la source Mulili et le mont Mahuliya.

Colonne gauche

x+1 [ ] *kar-ap-pa*
2' [ ]-*li-ya-ra-an al-pa-an*
3' [ ]-*ya-li-in*

4' [^{URU}*Ša-mu-ḫa*?] ^{d}*A-ba-ra-an* ^{TÚL}*Mu-u-li-i-li-in*
5' [ ]x $^{\text{ḪUR.SAG}}$*Ma-a-ḫu-li-ya-an*
6' [^{d}UT]U-*šum-na-aš* ^{d}SAL.LUGAL-*an*
7' [ ]*x-at-ti-in*

INDEX

INDEX ANALYTIQUE

I. MATIÈRES

Anatolie : tradition, 61.

Abara : origine du culte, 27, 28; identité de la déesse, 28.

Alaca Höyük : relief des jongleurs, 43 note 138.

Alternance : en hourrite, *w/b*, 100; en hittite, *m/b* ou *p*, 9.

Arma-Datta : patrimoine, 145-149 et KUB XXI 17 II 34-35.

Aspersion : rite d'aspersion du temple, 140, 141.

Assimilation : en hourrite, 98, 99, 102.

Assyriens : colons en Cappadoce, 8, 18; colons à Samuha, 11; *ekallum*, 12; *karum*, dont *karum* central de Kaneš, 11, 12; marchands, 11; *ruba'um* à Samuha, 12; *šarrum* à Samuha, 12; *wabartum*, 11, 12.

Banquet : banquet divin, 114, 115 et KUB XXVII 1+.

Bateau : rôle de substitut, 142.

Clergé d'Ištar de Samuha : cfr Ištar de Samuha.

Déesse noire = DINGIR GE_6 : transfert et installation de la déesse à Samuha, 12, 18, 29, 49; oracles hépatoscopiques de la déesse noire de Samuha, de Lahhurama, d'Ištar de Ninive, de Hattarina, de la mère d'Ištar, du père d'Ištar, de toute Ištar, 198, 199 et KBo XVI 97 Ro 10-14 et Vo 12-32; purification de la déesse noire de Samuha, 49 et texte KUB XXIX 7+, 254/d x+1-12'.

Déesses de Samuha : offrandes, 110.

Déesses reines = ^{d}*Katahha* ou ^{d}SAL.-LUGAL; liste, 26, 173, 174.

Détermination : en hourrite, 101.

Dieux du Hatti : 58.

Dieux tutélaires des rois : 60, 61; leur signification politique, 61.

Dieux de l'orage : liste, 31, 32, 220 et KBo XXI 26 I 7'-14'.

Dieux de l'orage locaux : offrandes, 107 et KUB XXVII 1 I 54-58.

Dieux de l'orage nationaux : offrandes, 107 et KUB XXVII 1 I 47-53.

Dieu de l'orage de Hattusa : temple, 43.

Dieu de l'orage de Nérik : protecteur de Hattusili III, 56 et note 1, 58.

Divination : 49, 50, 191-202.

Divinités : listes de divinités, 174-179, 182, 183, 220, 221 et KUB XXVII 1+; KUB XLI 49 Ro x+8-18'; KBo XIII 225 Vo x+2-12'; KBo XXII 47 x+1-12'.

Ductus : ductus archaïque de certains signes de KUB XXXII 130, 171.

Ecluse : rôle dans la magie sympathique, 142.

Egypte : guerre égypto-hittite, 59.

Empire hittite : équilibre entre la tradition anatolienne et l'ouverture au monde hourrite, 41, 42, 57, 65, 166; évolution politico-religieuse, 61; rôle des féodaux et des mandataires provinciaux, 50, 115; unité de l'Empire, 60, 114.

Ergatif : en hourrite, 101.

Exécration : malédiction prononcée contre celui qui enfreint la volonté de Hattusili III, 146-150; cfr spécialement *Hatt.*, IV 84-89 et KUB XXI 17 III 23'-40'.

Fêtes : fête de la plante AN.TAḪ.ŠUM, 24, 32 et KBo IX 138; fête d'automne pour Ištar de Samuha, 151-166; fête de la hâte, 24, 181 et fragment de cette fête en KBo X 18 x+1-23'; grande fête en l'honneur d'Ištar de la steppe de Samuha, 44, 73-116 = KUB XXVII 1+; lieu de célébration de KUB XXVII 1+, 116; périodicité de la fête relatée en KUB XXVII 1+, 115; résumé de cette fête, 106-113; fête aux dieux KAL de la rivière, 176-178; fêtes de Karahna, 27, 33, 34; fêtes mixtes, 64, 165, 166,

173, 181, 182, 185; fêtes du mois, 183; fragments de fêtes et de rituels, 172-190.
Hatti : sauvegarde des cultes hattis, 114.
Hattusa : bibliothèque, 38; temple A, 116 note 5.
Hattusili III : conflit avec Arma-Datta, 58, 59, 147; conflit avec Arma-Datta et Sippaziti, 22; conflit avec Urḫi-Tešub, 50; coup d'état, 22, 150; disgrâce, 59, 60; fragments autobiographiques, 206, 207; roi du Haut-Pays et de Hakmis, 56 note 1, 59, 147; mariage avec Puduhépa, 22, 40, 50, 59, 114, 115; piété, 64; prêtre du dieu de l'orage de Nérik et d'Ištar de Samuha, 57; propagandiste du culte de la déesse Soleil d'Arinna, du dieu de l'orage de Nérik et d'Ištar de Samuha, 57; santé, 38, 58, 60, 190, 191, 215; victoire de Hattusili sur Urḫi-Tešub, 60.
Hébat : liste, 109 = KUB XXVII 1 II 36-40; Hébat de Samuha, 33.
Hittite : tradition religieuse, 151.
Hourrite : culture, 8; influence, 10, 14, 17; panthéon hourrite à Samuha, 13; présence hourrite à Kaneš, 11; hourritisation de l'Empire, 19, 24, 33, 38, 40; hourritismes, 142; onomastique hourrite, 38.
Inandig : vase, 151.
Ištar/Šauška : attributs, 108, 111; bisexualité, 52, 108; hypostases, 109 = KUB XXVII 1 II 46-50; offrandes à des attributs de Šauška, 110.
Ištar de la steppe : royauté, 111.
Ištar de Lawazantiya : association avec Ištar de Samuha, 187; oracles, 191.
Ištar de Samuha : aspect politique de la déesse, 150; clergé, 42, 43, 44; colère, 50, 167, 202;
culte :
— continuité, 63;
— développement, 37-42;
— expansion, 17, 18;
— histoire, 18-25;
— origine, 31;
— promotion, 65;
déesse défavorable hors de son temple, 204, 205; dénominations d'Ištar de Samuha, 15, 16; désobéissance à la déesse, 115; épithètes, 17; «*evocatio*» de la déesse, 167, 201; déesse honorée par un roi hittite, 167-171 = KUB XXXII 130; fêtes, 44, 45, 167, 169; jugement d'Ištar de Samuha et du dieu de l'orage de Nérik, 160; *kaluti* de la déesse, 106, 164; littérature consacrée à la déesse, 64; *mugeššar*, 167; nature, 16-18; négligence de Hattusili III envers la déesse, 62; offrandes à la déesse :
— bétyle, 62;
— charte d'immunités au temple d'Ištar de Samuha, 63;
— offrandes royales votives, 23, 51, 107, 150, 191, 193;
— offrandes particulières et leur signification politique, 61-65;
— offrande des biens d'Arma-Datta, 51, 62, 115;
— offrande des biens de Sippaziti, 62, 115;
— offrande de la «maison» de Hattusili III, 62;
— fondation pour la déesse, 150;
offrandes ordinaires dont :
— offrandes d'animaux, 54;
— offrandes d'armes, 55;
— offrandes de bière, 55 et note 195;
— offrandes d'objets précieux, 64;
— offrandes de pâtisseries, 54, 55;
— offrandes de «pithos», 62, 146-149;
— offrandes de statues, bustes, 64;
— offrandes de vin, 55+note 195;
— offrande d'un *zammuri*, 55;
— cadeaux divers, 64;
— matières d'offrandes rituelles, 54-55;
— offrandes sous Tudhaliya IV, 24;
oracles de la déesse, 23, 49-53, 167, 169, 191-197, 199, 200, 201, 202, 216, 217; prépondérance de la déesse, 41, 42; procession de la statue de la déesse, 116, 167, 169; protection d'Ištar de Samuha sur le roi hittite, 50, 205, 206, 210; protection d'Ištar de Samuha sur Hattusili III, 15, 22, 39, 56 et note 1, 57-61, 147; protection de la déesse sur Muwatalli, 206, 207; rêves émanant d'Ištar de Samuha, 50-53, 215-217; rêve message émanant de la déesse, 51;

forme d'apparition d'Ištar de Samuha, 52; rituels et sacrifices, 41, 45-49, 146, 149; statues de la déesse, 62; symbole politique, 114, 115; temples, 13, 23, 26, 42, 43, 112, 113, 116; vœux du roi et de la reine, 211-215; zèle de Hattusili III envers la déesse, 22.

Ištar de Tamininga : culte à Samuha, 34.

Ištar de la steppe *walliwalli* de Mursili II : cérémonies dans son temple, 112.

Išuwa : roi, 212, 213.

Kizzuwatna : copies des textes kizzuwatniens, 18, 29 et note 71, 31, 142, 143 et note 1; introduction des cultes kizzuwatniens dans l'Empire, 41 et note 127; influence du Kizzuwatna, 61; listes divines kizzuwatniennes, 137; rituels, 42, 117 et voir l'analyse des textes KUB XXVII 1+ et XXIX 7+.

Langue : contamination du hittite impérial par le hittite archaïque, 170; archaïsmes en KUB XXIX 7+, 142; directif, 170; génitif avec postpositions *katta* et *para*, 142; possession en hittite impérial et hittite archaïque, 170.

Lavage : lavage rituel, 140 et KUB XXIX 7+ où le rite marque la fin des cérémonies purificatrices de chaque journée.

Lelwani : fausse identification avec Ištar de Samuha, 36 et note 113.

Louvites : louvisation, 10, 20; louvismes grammaticaux, 137, 142.

Magie sympathique : 141, 142.

Maison du grand-père du roi : 34.

Montagne : culte, 35.

Mursili II : culte d'Ištar de Samuha, 19; culte d'Ištar *walliwalli*, 73, 113.

Muwatalli : campagne contre le pharaon, 147; culte d'Ištar de Samuha, 20; mort, 145, 148; séjour dans la province de Kumanni, 206, 207.

Nature : culte, 35.

Novice : prêtresse novice attachée au culte de la déesse noire, 139, 140.

Numina : 35.

Offrandes : aux attributs et aux dieux serviteurs d'Ištar et de Tešub, 108; aux déesses, 109, 111; aux dieux protecteurs, 107; offrande *keldi* et *ambašši*, 106, 111; offrandes *zurki*, 141.

Oignon : rôle dans la magie sympathique, 142.

Panthéon : unification des panthéons anatolien et hourrite, 112.

Pharaon : 144-147.

Phonétique : passage hittite *ḫ* à turc *k*, 9; alternance hittite *m/b* ou *p*, 9; alternance hourrite *w/b*, 100; assimilation en hourrite, 98, 99, 102; syncope en hourrite, 99.

Politique : conceptions de Hattusili III et d'Urḫi-Tešub, 59; lien entre politique et religion, 113, 114; reconquête du Hatti par Hattusili III, 57.

Prêtresse : prêtresse magicienne «nez fendu/ fin/ rusé», 138, 139.

Prières : prières de Mursili II, Muwatalli et Hattusili III à Ištar de Samuha, Lelwani et à d'autres divinités, 15, 203-206.

Puduhépa : influence de la reine, 22, 40, 41; régence, 24, 41 et note 126; rêves de Puduhépa, 190, 191, 193.

Purifications : rites de purification, 138-142 et texte KUB XXIX 7+.

Reconquête : reconquête du Hatti par Hattusili III, 57.

Redétermination nominale : en hourrite, 102, 105.

Reine : grande prêtresse, 43; statut de la reine, 40, 41, 52.

Réquisitoire : réquisitoire de Hattusili III contre Arma-Datta, 144-150.

Rituels : remaniements de rituels, 24, 113.

Rivières : culte, 35.

Roi : grand-prêtre, 43.

Royaume : ancien royaume, 18.

Samuha : analyse du toponyme, 9; base militaire, 12; enceinte, 13; histoire de la ville, 11-14; panthéon, 15-37; rôle de la ville, 115; transport de marchandises à Samuha, 217, 218.

Samuka : fouilles, 9.

Scribes : influence 10, 20, 38, 39.

Soleil : protection de la déesse Soleil

d'Arinna sur Hattusili III et Puduhépa, 56 et note 1.
Songe : conception du songe dans la littérature épique grecque, 52 ; intermédiaire dans le songe, 53 ; rêve message, 53 ; textes oniriques 215-217.
Sorcières : 147.
Sumérogrammes : signification en KUB XXXII 130, 171.
Suppiluliuma I : culte d'Ištar de Samuha, 19.
Syncrétisme : 18 ; syncrétisme hittito-hourrite, 74 ; syncrétisme du panthéon impérial, 113.
Syrie : conquête de la Syrie, 38 note 115 ; cultes syro-kizzuwatniens, 61.
Telibinu : Rescrit, 12.
Temples : corvées, 43 ; temples d'Ištar de Samuha, cfr Ištar de Samuha.
Tešub : attributs, parties du corps du dieu, 108.
Textes : datation de KUB XXXII 130, 170, 171 ; datation de petits fragments, *passim* dans la rubrique « Petits textes ».
Traités : 26 et note 55 ; 31, 32 et note 83.
Triade tutélaire de Hattusili III : 57.
Tudhaliya IV : prêtre d'Ištar de Samuha et du dieu de l'orage de Nérik, 24, 63.
Urḫi-Tešub : conflit avec Hattusili III, 21 ; culte d'Ištar de Samuha, 21 ; *damnatio memoriae*, 21, 211 ; serments, 211.
Urikina : temples d'Ištar de Samuha, 23, 62.
Villes : liste, 219.
Vizirs divins : 108.
Voies de communication : 8.
Voyage rituel : voyage rituel du roi à Samuha, 45.
Yazılıkaya : symbolisme du sanctuaire, 115.

II. MORPHÈMES

-ae : suffixe hourrite adverbiatif, 103.
-anza : finale d'acc. plur. louvite ; dans des rituels kizzuwatniens, 137, 142.
-ḫi : suffixe hourrite formant des ethniques, 105.
-ḫḫi : suffixe hourrite formant des qualitatifs, 103.
-ma : particule hourrite = grec δέ, 101.
-muḫa : finale de toponymes, 9.
-n : particule hourrite = « et »?, 102.
-na : suffixe hourrite de détermination au pluriel, 99.
-ni : suffixe hourrite de détermination au singulier, 99.
-bi : suffixe hourrite de génitif singulier, 98, 99.
-še/ši : suffixe hourrite de génitif pluriel, 103.
-šḫi : suffixe hourrite formant des substantifs marquant des caractéristiques, 103, 110.
-še/ipa- : second terme de composés divins hittites-louvites, 34.
-šše : suffixe hourrite servant peut-être à former des abstraits, 103.
-šši : suffixe hourrite formant des abstraits, ex. *šarrašši*, 100.
-tḫi : suffixe hourrite formant des noms d'agent, 101, 103.
-zipa- : cfr *-še/ipa*, 34.
-ziti- : finale d'onomatique louvite, 10.
-wa : suffixe hourrite de datif singulier, 104.
-we/i : suffixe hourrite de génitif singulier, 98, 99.
-ya : suffixe hourrite de locatif singulier, 104.

III. LEXIQUES

alph. = alphabétique.
s.i. = sens inconnu.
s.v. = *sub verbo*.

N.B. Nous mentionnons les termes ayant fait l'objet d'un commentaire et ceux dont l'importance est grande pour la bonne compréhension des textes. Pour les mots hittites usuels, l'on se référera à J. Friedrich *HWb*.

a) Akkadien

AMBAŠŠU: 48 note 163.
AŠRU: «lieu de sacrifice», 208, 209.
KBo XXII 73 Vo 4', 7', 9'.
BUBU: «amant», 46.
IŠTU ŠA: «provenant de», 133.
KUB XXIX 7 Ro 2, 17, 30, 48.
ṢĒRU: «champ, champ de bataille, steppe», 15; cfr hittite *gimra-*, hourrite *awari*, sumérien LÍL.
ŠĒTU: «filet, piège», 212, 213.
Bo 5153 16', 17', 19'.
ŠULMU: = hourrite *keldi*, 48 note 163.
UNUTU: «affaire, ustensile».
UNUT LUGAL/ SAL.LUGAL, 134 et KUB XXIX 7+ *passim*.
UNUT EGIR-*an* *ḫark-*: «tenir les affaires en arrière (du lieu du sacrifice)», 134.

b) Hittite

aḫarriant-: «encensé», 198, 199.
KBo XVI 97 Vo 30.
SÍG*ali-*: espèce de laine, 142.
KUB XXIX 7+ *passim*.
alpa-: «nuage», 222.
854/z col.g. 2'.
ammel: gén. pron. pers. 1re personne du sing.; emploi particulier, cfr 170.
KUB XXX 130 31.
anaḫi-: «morceau», 98.
KUB XXVII 1 I 38, 42 sq.
aniur: pratique rituelle, 45.
ambašši-: terme hourrite en hittite; cfr Hourrite s.v.; sens voisin de *keldi*.
anšant-: «effacé», 194, 195, 198, 199.
KUB XVIII 8 Vo 13'; KBo XVI 97 Vo 14.
apeniššan: «de la manière indiquée précédemment», 134.
KUB XXIX 7 Ro 4.
É*apuzzi*: un bâtiment pouvant servir d'entrepôt, 46.
araḫza: «vers l'extérieur», 136.
KUB XXIX 7+ Ro 68.
arišeššar: «oracle», 194, 195.
KUB XVIII 8 Vo 8'.
ariya-: «fixer par oracle».
KUB XXVII 1 *passim*.
ariyanzi, 98.
arkammi: espèce de tambourin, 159.
KBo XI 28 II 36'.
arnammi-: sens difficile à déterminer, 138.
KUB XXIX 7 Vo 72.
arnu-: «mouvoir».
arnuanzi, 170 et KUB XXXII 130 24.
ašauna-: «enclos», 187, 188.
Bo 6002 Ro 7.
aššanu-: «rendre bon».
ašnuttari, 169, KUB XXXII 130 11.
aššanušk-, 105: *aššanuškizzi*: KUB XXVII 1 IV 18.
aššanu-: «dresser, ranger».
ašnu-: forme syncopée de *aššanu-*, 169.
-at: pronom enclitique 3e p. nom., acc. n. sing. et pl., 97.
auli-: partie du corps intervenant dans les oracles, 191, 192.
KUB XV 28 II 2', 3'.
SAL*azzinna-*: une prêtresse, 216.
Bo 2828 I 10'.
ešḫaḫru-: «larme», 189.
254/d 11'.
ḫaḫḫaluwant-: «jaune, vert», 191.
KUB VI 15 II 7.
NINDA*ḫaleš*: sorte de pâtisserie, 187, 188.
Bo 6002 Ro 16.

^{LÚ}*ḫalliyari-* : prêtre chanteur.
KBo XI 28+ *passim*.
ḫandai- : «fixer (par oracle)», cfr SI x SÁ.
ḫandandatar : «providence, sollicitude», cfr *Hatt.*, *passim*. *para ḫandandator* : «extrême providence, grande sollicitude».
ḫanza ḫark : «veiller sur», 170.
KUB XXXII 130 32.
^{NINDA}*ḫarši-* : = NINDA.KUR$_4$.RA : gros pain de sacrifice, 54.
^{DUG}*ḫaršiyali-* : «pithos», 145-148, 212.
KUB XXI 17 II 11-14; Bo 5153 Ro 9'.
^{NINDA}*ḫarzazuta-* : sorte de gros pain, 187.
Bo 5251 9'.
ḫattai- : «fendre», 133 note 1.
ḫattant- : 1) «fendu».
2) «fin, rusé, subtil».
Epithète d'une prêtresse magicienne dénommée KA x KAK- *ŠU*, 133, 198, 199 et cfr KUB XXIX 7 Ro 1, 38, 48; KBo XVI 97 Vo 12, 29; 1665/u 11'.
ḫazziwi : un rite, 188.
Bo 6002 Vo 11', 13'.
ḫelwati- : louvite en hittite; objet d'orfèvrerie, 212, 213.
Bo 5153 Vo 12'.
^{É}*ḫešta-* : «ossuaire».
ḫuittiya- : «tirer».
Rite du *šara ḫuittiyawar* : 136 et cfr KUB XXIX 7 Ro 59, 60, 69, 71, Vo 4, 14.
ḫuppiyal[- : s.i., 216.
Bo 2828 I 24'.
**ḫuwara-*/ *ḫuwariya-* : s.i., 34.
ḫuwaši- : «bétyle», 136.
KUB XXIX 7+ Ro 61.
išna- : «pâte», 142.
ŠA BA.BA.ZA *išna-*, KUB XXIX 7+ *passim*.
išqaruḫ(i)- : un vase à sacrifice, 158.
KBo XI 28 *passim*.
ištapeššar : «bassin, écluse», 137, 138.
KUB XXIX 7 Vo 48.
idalu- : «mauvais, méchant», 137.
idaluwanzi : 137, 142.
KUB XXIX 7 Vo 38.
iya- : «faire, accomplir».
ianzi, 170 et cfr KUB XXXII 130 24.
iemi, 170 et cfr KUB XXXII 130 19.
iezzi, 34 note 99, 137, 142, 170.
KUB XXIX 7 Vo 15 et KUB XXXII 130 8.
iya-/*iyannai-* : «marcher», 197.
gangadai- : «badigeonner, purifier rituellement», 133, 134.
gangataizzi : KUB XXIX 7 *passim*.
gangatant- : «rituellement pur», 134.
gangatanzašša : 134 et cfr KUB XXIX 7 *passim*.
gangati^{ŠAR} : herbe servant aux purifications, 142.
KUB XXIX 7 *passim*.
^{É}*garupaḫi-* : «grenier», 63 note 24.
gimra- : «steppe, champ de bataille», cfr KUB XXVII 1 *passim*. Voir LÍL, *awari* et *ṢĒRU*.
gipeššar : «coudée», 13 note 43.
^{LÚ}*kirištena-* : un prêtre d'Ištar/Šauška, 133.
^{LÚ}*kita-* : un prêtre, 43, 151, 164, 180; son rôle consiste notamment à pousser un cri.
KBo X 18 17'; KBo XI 28+ *passim*.
kureššar : coiffe des déesses = «pôlos», 29.
kurša- : «égide», détermine ^{d}KAL.
gurzib- : «collier?», 216.
Bo 2828 I 16'.
kurutuwanza : s.i., 214. Louvite en hittite.
1309/u 7'.
kuwašnu- : «faire embrasser, mélanger», 234.
KUB XXIX 7 Ro 18.
keldi- : hourrite en hittite, «santé», et spécialement lieu divinatoire.
lant- : «détaché», 198, 199.
KBo XVI 97 Vo 20.
lukatt- : «lumière du jour».
lukatta, 34 note 99.
luzzi- : «corvée», 13.
maḫḫan : «lorsque», 135, 142.
malteššar : partie d'EZEN ou de SISKUR, «hymne?», 45.
mān : «si», 34 note 99.
«lorsque» en vieux-hittite.
marnuwan : boisson rituelle, 55, 187, 188.

Bo 6002 Ro 16.
miyant- : «développé, mûr», 137.
KUB XXIX 7 Vo 27, 29.
mugeššar : espèce de rituel, 45, 171, 200, 201.
VBoT 25 I 15; Bo 1974 col. dr. 3'.
nai- : «conduire, mener», 170.
naištari : KUB XXXII 130 28.
nakki- : «lourd, sérieux», 135.
nakkiuaš (dat. plur.) : KUB XXIX 7 Ro 19, 22.
**nakku-* : 135.
nakkuwaš (dat. plur.) : KUB XXIX 7 Ro 19.
nakkuššaḫiti : «comme gage», 142.
nakkušši- : «gage, substitut», 138, 211.
KUB XXIX 7 Vo 67; Bo 1623 Vo 2', 4', 8'.
nininḳ- : «déplacer», 198, 199.
KBo XVI 97 Vo 16.
palayanalliyanza : acc. plur. louvite; *palayanalli-* peut désigner un ornement, 217; cfr Bo 2828 I 11'.
^{LÚ}*palwatalla-* : prêtre battant des mains dans la célébration de rituels, 43, 151, 164, 180.
KBo X 18 16'; KBo XI 28+ *passim*.
parkan : «offrande réparatrice», 195, 197.
KUB XXII 59 Ro 6'; KBo VIII 57 IV 9'.
parkui- : «propre», 134.
Associé à *gangatant-* en KUB XXIX 7+ *passim*.
piya- : «envoyer», 170.
piemi, KUB XXXII 130 12.
^{LÚ}*pupu-* : «amant?», 46.
pupuwalai- : verbe désignant un délit sexuel?, 46.
pupuwalatar : s.i., 46; désigne peut-être un délit sexuel.
SISKUR *pupuwalannaš* : 190, 191, 199, 200, 201.
KUB VI 15 II 13; VBoT 25 I 4.
^{LÚ}*pupuwatar* : «amant?», 46.
^{GIŠ}*pududdu* : objet en bois de sens imprécis, 188.
Bo 6002 Vo 10', 12'.
šaḫḫan : service de vassalité, 13.
šagai- : «signe», 198, 199.
KBo XVI 97 Vo 31.
^{GIŠ}*šamama-* : espèce d'arbre; 217, 218.
KUB XXXI 79 3.
šara ḫuittiyawar : «le fait de remonter, la remontée», 47.
^{NINDA}*šaramma-* : une pâtisserie, 161.
KBo XI 28+ IV 12'.
šarki(u)wali- : s.i., 135.
šarlatt- : «louange», 47.
ša-aš : latin «*et is*», 178, 179.
KBo IX 138 x+1.
šeanan marnan : une fête?, 45.
šeḫelliyaš widar : hourrite en hittite, «eau de pureté», cfr Hourrite s.v..
šuppiwašḫar^{ŠAR} : «oignon», 137.
KUB XXIX 7 Vo 36, 37, 39.
ta : «et», 98, 178, 179.
KUB XXVII 1 I 37; KBo IX 138 4'.
ta-az : KBo X 18 4'.
dankui- taganzipa- : «terre sombre» considérée comme une espèce de génie, 138.
KUB XXIX 7 Vo 64.
^{NINDA}*dannaš* : une sorte de pâtisserie, 55, 178, 179.
KBo IX 138 *passim*.
tabarna- : «gouverneur», titre royal, 144, 147.
KUB XXI 17 I 1.
^{NINDA}*taparwašu-* : variété de pâtisserie, 159, 183, 184, 185.
KBo XI 28 II 30'; IBoT I 22 3' = texte n° 17 8'; IBoT II 20 4'.
tapuš-a : directif d'un thème *tapuš-*, 135.
KUB XXIX 7 Ro 44.
tarawai- : «abattre», 191.
tarrawaunta : KUB VI 15 II 8.
tarpalli- : «substitut», cfr *nakkušši-*, 138.
tawal : boisson rituelle, 55, 104.
KUB XXVII 1 III 15.
tititi[- : louvite en hittite, «nez?», 212, 213.
Bo 5153 Ro 8'.
tuḫḫueššar : «encens», 178, 179.
KBo IX 138 3'.
duq- : «effacer», 138.
duqqari : KUB XXIX 7 Vo 54.
dupšaḫi- : hourrite en hittite, s.i., cfr Hourrite s.v.
tuwantanza : acc. plur. louvite en hittite, s.i., 212, 213.
Bo 5153 Vo 10', 11'.

NINDA*tuzzi-*: variété de pâtisserie, 55 note 194.
ukturi-: «normal», 198, 199.
KBo XVI 97 Vo 19.
urki-/urke-: «trace», 138.
KUB XXIX 7 Vo 54, 56.
walḫant-: «meurtri», 198, 199.
KBo XVI 97 Vo 16.
walḫi-: boisson rituelle, 55.
walliwalli-: «impétueux, vaillant», épithète de l'Ištar de la steppe de Mursili II, 97, 98.
KUB XXVII 1+ *passim*. Cfr dGAŠAN.-LÍL et d*IŠTAR*.LÍL dans les «Noms divins».
wanna[-: louvite en hittite, s.i., 210.
Bo 6447 I 3'.
watku-: «sauter», 136.
MUL-*aš watkuzi*: 136 et cfr KUB XXIX 7+ Ro 59 et Vo 2.
zammuri-: s.i., 55.
zankilatar: «pénitence», 194, 195, 197.
KUB XVIII 8 Vo 4'; KUB XXII 59 Ro 6'; KBo VIII 57 IV 9'.
NINDA*zippulašši-*: variété de pâtisserie, 159, 161, 164, 183, 184, 185.
KBo XI 28 II 28', IV 9'; IBoT II 20 3'.
10-*ti-li-iš*: 217, 218.
KUB XXXI 79 6, 17.
20-*iš*: «vingt fois», 187, 188.
Bo 6002 Ro 16.

c) Hourrite

aḫarri, aḫri: «encens».
DUG*aḫrušḫi*: «encensoir», 103.
KUB XXVII 1 III 7.
alph. *agršḫ*, 103.
ambašši: 1) sens voisin de *keldi*.
2) lieu cultuel associé au *keldi*.
Cfr 47, 48 et note 163, 190, 196, 201.
KUB VI 15 II 15; KUB XXVII 1 I 1-35, III 64'; 6 I 33; KBo VIII 57 I 4', IV 10'; Bo 1974 col. dr. 4'.
amši: abrègement graphique de *ambašši*, 47 note 163.
abari: s.i., 28.
abi: 1) «devant», 2) «fosse à offrandes».
abie-bi-na: «ceux de devant», KUB XXVII 6 I 25. Cfr DINGIR dans les «Noms divins».
ari mudri: 99.
KUB XXVII 1 I 75.
arrunni: «postérieur», 101.
KUB XXVII 1 II 13.
arte: «ville», 102.
URU-*ni-bi-na*: «ceux de la ville», KUB XXVII 1 II 27.
aštašḫi: «féminité», 103, 110.
KUB XXVII 1 II 15, 62.
ašte: «femme».
ašduḫḫi: «féminin», 103.
KUB XXVII 1 II 71, 73, III 4, 5; KUB XXVII 3 IV 12. Cfr DINGIR dans les «Noms divins».
attai: «père», 105.
attanni: «le père», cfr KUB XXVII 1 I 71, 72, II 30, 31, 76; KUB XXVII 6 I 31. Cfr DINGIR dans les «Noms divins».
awari: «champ, champ de bataille, steppe», 16, 97, 99, 104, 105.
awarri: «le champ».
KUB XXVII 1 I 37, II 12, III 34, 44, 46, KUB XXVII 6 I 6, 22. Cfr *IŠTAR* dans les «Noms divins».
ḫallimki: s.i., 101.
ḫallimki-ni-we$_e$; KUB XXVII 1 II 11.
ḫallimki-ni-bi: KUB XXVII 6 I 19.
ḫallištarni: s.i., 103.
KUB XXVII 1 II 62.
ḫalmi: «chant», 105.
KUB XXVII 1 III 63.
ḫapti: s.i., 185.
KUB XLV 32 III 26'.
ḫaburni: «la terre», cfr *eše*.
KUB XXVII 1 III 44.
ḫari: «chemin», 105.
ḫaši: s.i., 185.
KUB XLV 32 III 24'.
ḫašeri: s.i., 101.
KUB XXVII 1 II 9.
ḫašiyati: «arc», 105.
KUB XXVII 6 I 17.
ḫaštari: s.i., 102.
KUB XXVII 1 II 59.

ḫašu[- : s.i., 185.
KUB XLV 32 III 24'.
ḫatni : s.i., cfr KUB XXVII 1 III 44.
ḫaziparimaššina : s.i., cfr KUB XXVII 6 I 20.
ḫazzizzi : «sagesse», 185.
KUB XLV 32 III 26'.
ḫiraḫi : partie du corps, 100.
KUB XXVII 1 II 4.
ḫišmi : «brillant».
ḫiyaruni : s.i., 108.
ḫiyarunna : «les *ḫiyaruni*», KUB XXVII 1 II 32.
ḫulanši : s.i., 108.
KUB XXVII 1 II 16.
ḫubbi : s.i., 103.
KUB XXVII 1 II 61.
ḫubbi kinniti, 110.
ḫubiti : «veau», 98.
KUB XXVII 1 I 70.
ḫubrušḫi : «creuset, terrine», 98, 103.
KUB XXVII 1 I 39, 43, III 7; KUB XXVII 6 I 33; alph. *ḫbršḫ*, 103.
ḫuri : «nuit», cfr KUB XXVII 1 II 59, III 45.
ḫurubbi : «épée», cfr KUB XXVII 1 III 41.
ḫurumuni : s.i., 103.
ḫurumunna : «les *ḫurumuni*»; KUB XXVII 1 II 66.
ea : s.i., cfr KUB XXVII 6 I 20.
eki/iki : «intérieur, dans», 104.
KUB XXVII 1 II 67, III 36; IBoT II 50 III 68. Cfr *IŠTAR* dans les «Noms divins».
eliburni : s.i., cfr KUB XXVII 1 II 58, IV 41.
elmi/ilmi : «serment», 99, 105.
KUB XXVII 6 I 23.
ilruni : s.i., 103, 111.
ilrunna : «les *ilruni*», KUB XXVII 1 III 4. Cfr DINGIR dans les «Noms divins».
ilte : s.i., 101.
iltena : «les *ilte*» : KUB XXVII 1 II 11.
eni : «dieu», 103, cfr DINGIR dans les «Noms divins».
enni : «le dieu», 99.
ieni : s.i., 99.
KUB XXVII 1 I 75.
enumašši : lieu cultuel, 190.
eriri/iriri : attribut de Tešub, 99.
KUB XXVII 1 I 75.
eše : «ciel», 185.
KUB XXVII 1 III 44; KUB XLV 32 III 24'.
iškalli : s.i., cfr KUB XXVII 1 II 54.
išpanti : «carquois».
KUB XXVII 1 I 8.
išpati : «carquois?».
KUB XXVII 6 I 18.
galubi : s.i., 105.
KUB XXVII 6 I 16.
gamerši : s.i., 100.
KUB XXVII 1 II 3, III 39. Cfr *IŠTAR* dans les «Noms divins».
kari : s.i., 101.
KUB XXVII 1 II 12.
kaubi : une arme, 100.
KUB XXVII 1 II 8.
keldi : «santé» et un lieu cultuel ainsi que divinatoire lié au concept «santé», 48 et note 164, 190, 198, 199; cfr *ambašši*; pour le SISKUR *keldi*, voir KUB XXVII 1 I 1-35. Partie omineuse en KBo XVI 97 Vo 13, 30.
ki : graphie abrégée de *keldi* fréquemment utilisée dans les textes oraculaires, 194, 200, 201, 202; peut aussi signifier «dépôt».
KUB XVI 17 II 9; VBoT 25 I 6; Bo 1974 col. dr. 7'; 388/i II 5', 6'.
kešḫi : «siège, trône», 108, 185.
KUB XXVII 1 II 30, 31, 70; KUB XXVII 6 I 31; KUB XLV 32 III 24'.
kinniti : s.i., 103.
KUB XXVII 1 II 61.
kulaḫḫe/i : s.i., 102, 108, 111.
KUB XXVII 1 II 34, III 4. Cfr DINGIR dans les «Noms divins».
kulamurši- : s.i., 189, 190.
103/r 8'.
kuli : s.i., 103, 110; attribut divin.
KUB XXVII 1 II 67.
KUŠ*kulgulli* : objet en cuir ou en peau, 103.
KUB XXVII 1 II 63.
kulupate : s.i., 102, 108.
KUB XXVII 1 II 34, III 4, 5.

kupate: s.i., 111.
KUB XXVII 1 III 5. Cfr DINGIR dans les «Noms divins».
kupti: s.i., 105.
KUB XXVII 6 I 17.
kurkuri: s.i., 104.
kurkurriwi$_i$: KUB XXVII 1 III 35. Cfr *IŠTAR* dans les «Noms divins».
gurbiši: «collier?», 105.
KUB XXVII 6 I 18.
latti: s.i., 198, 199, 202.
KBo XVI 97 Vo 22; 388/i II 10'.
mahherrašši: «marché», 102.
KUB XXVII 1 II 24. Cfr DINGIR dans les «Noms divins».
mali: s.i., 100.
KUB XXVII 1 II 3.
marišhi: s.i., 103, 108, 111.
KUB XXVII 1 II 33, III 3.
mati: «sage», 185.
KUB XLV 32 III 26'.
muldu: s.i., 105.
KUB XXVII 6 I 18.
mušni: «la souveraine», 102.
KUB XXVII 1 II 37, 38; variante *mušuni* en KUB XXVII 1 IV 43. Cfr *Hébat* dans les «Noms divins».
nahašuteni: s.i., cfr KUB XXVII 1 II 58.
nahhiti: s.i., cfr KUB XXVII 6 I 31.
nanki: lieu cultuel, 100.
KUB XXVII 1 II 3, 7.
alph. *nngy*.
nihari: «dot», 103.
KUB XXVII 1 II 7, II 62.
nihhu: s.i., 100.
nihhu-ni-we$_e$: KUB XXVII 1 II 10.
nipašuri: «foie», 198, 199.
KBo XVI 97 Vo 13, 23, 26, 28.
ni: abrègement graphique de *nipašuri* fréquent dans les textes oraculaires, 200, 201, 202.
VBoT 25 I 6; Bo 1974 col. dr. 7'; 388/i II 6'.
nirambi: s.i., 104.
KUB XXVII 1 III 7.
pahi: «tête», 100.
KUB XXVII 1 II 4.
pantani/patani: «droit», 100; cfr aussi *wandani*.
KUB XXVII 1 II 4, 31, III 41, IV 4, 2, 13.
papa(n): «montagne», 99, 111.
papa-na ou ḪUR.SAG-*na*: «les montagnes».
parali: «choc, scandale», 105.
paralla: «les chocs?», KUB XXVII 6 I 23.
pašithi: «messager», 101.
bitinhi: épithète de Šaluš et de Nubadig. KUB XXVII 1 II 52.
pukarši: s.i., 104.
KUB XXVII 1 III 40.
punuhunzi: s.i., 104.
KUB XXVII 1 III 38. Cfr *IŠTAR* dans les «Noms divins».
pur(u)li: «maison, temple», 104.
šahha: s.i., 105.
KUB XXVII 6 I 16.
šala: «fille».
šalanni: s.i., 104; peut-être «la fille?».
KUB XXVII 1 III 7.
šaphalti: «gauche», cfr KUB XXVII 1 II 13.
šariyani: «cuirasse», 101.
KUB XXVII 1 II 9.
šariani: «cuirasse», 105.
KUB XXVII 6 I 18.
šarrašši: «royauté», 100, 104.
KUB XXVII 1 II 3, III 45.
šaššupati: s.i., 105.
KUB XXVII 6 I 17.
šauri: «arme», cfr KUB XXVII 1 I 45, III 41, IV 2, 4, 14.
šehelli, šehli: «pur», 135, 136, 142.
šehelliyaš widar en hittite: «eau de pureté», cfr KUB XXIX 7 Ro 58.
šerammi: s.i., 100.
KUB XXVII 1 II 5.
šeri: «jour», 110.
KUB XXVII 1 II 61.
šeya/šiyani: «eau?», cfr *šiyenna*: «les eaux», 110, 185.
KUB XXVII 1 II 61, 69; KUB XLV 32 III 27'.
šethi: s.i., 101.
KUB XXVII 1 II 14.
šihae: s.i., 103, 108, 111.

KUB XXVII 1 II 33, III 3. Cfr DINGIR dans les «Noms divins».

šieḫae: s.i., cfr *šiḫae*?; cfr KUB XXVII 1 III 66'.

šilaḫu: s.i., 185.
KUB XLV 32 III 27'.

šilaluḫinita: 135.

šilalluḫi: sorte de novice assistante dans les rituels, 44, 133, 134, 135, 142.
KUB XXIX 7+ *passim*.

[É]*šinapši*: bâtiment cultuel, 185, 186.
Bo 3185 x+1.

šinta: «sept», 102.

šintaḫi: «présence», partie omineuse, 198, 199.
KBo XVI 97 Vo 19, 24, 27, 29.

ši: abrègement graphique de *šintaḫi* utilisé dans les textes oraculaires, 200, 201, 202.
VBoT 25 I 6; Bo 1974 col. dr. 7'; 388/i II 6'.

šintalirti: s.i., 102, 110.
KUB XXVII 1 II 57.

šintalwuri: s.i., 102, 110.
KUB XXVII 1 II 57.

šuḫanti: s.i., cfr KUB XXVII 6 I 30.

šui: s.i.; «tout»?, KUB XXVII 1 II 13.

šuini: «âme», 101.
šuini-bi-na: «ceux de l'âme», KUB XXVII 1 II 14.

šukkalli: «le vizir», cfr KUB XXVII 1 II 18.

šum(m)i/u: «main», 101.

šummunni: sens précis inconnu, 101.
šummunni-we$_e$: KUB XXVII 1 II 10.

šubbe: s.i..
šubbe-na: KUB XXVII 1 II 56.

šuwala: s.i.; peut-être y a-t-il un lien avec *šuwal*: «vin»? Cfr KUB XXVII 1 II 51.

šuwara: s.i., 103.
šuwara-šena: KUB XXVII 1 III 2. Cfr DINGIR dans les «Noms divins».

taḫašḫi: «virilité», 103, 110.
KUB XXVII 1 II 15, 62.

taḫaši: s.i., 104.
KUB XXVII 1 III 37. Cfr *IŠTAR* dans les «Noms divins».

talmi: «grand».

tarmani: «source», 103.
KUB XXVII 1 II 68.

tabri: un meuble, cfr KUB XXVII 1 II 30, 31, 70.

taše: sens incertain; peut-être «cadeau»?, 101.
KUB XXVII 1 II 10, 11; variante *taši* en KUB XXVII 6 I 19.

teḫḫeni: s.i., cfr KUB XXVII 1 III 6.

teri: s.i.; désigne un attribut de divinités, de Tešub par exemple; un rapprochement avec *teari*: «fuseau» semble hasardeux, 99, 103, 108, 111.
terra: KUB XXVII 1 I 74, III 1, 2.

duḫḫi: n'existe pas; erreur pour *ašduḫḫi*, 103.
KUB XXVII 1 III 3.

tueni: s.i., cfr KUB XXVII 3 IV 6.

tumunna: s.i., 110.

duni/tuni: «marchepied», cfr KUB XXVII 1 II 30, 31, 70; KUB XXVII 3 III 12, 13.

dupšaḫi: sens précis inconnu, 136, 142, 190.
KUB VI 15 II 15; KUB XXIX 7+ *passim*. Mot hourrite en hittite. Cfr *Ḫébat* et *Tešub* dans les «Noms divins».

SISKUR *dupšaḫi-*: «offrande *dupšaḫi*».

duruḫḫi/turuḫḫi/duraḫḫi: «mâle», 103.
KUB XXVII 1 I 72, II 27, 28, 29, 32, 34, III 2; KUB XXVII 3 III 9, 10, 11, 16. Cfr DINGIR dans les «Noms divins».

durušḫi: s.i., 185.
KUB XLV 32 III 26'.

tuwantiḫi: s.i., 190.

damkarrašši: «commerce», cfr KUB XXVII 1 II 23.

uemašši: s.i., cfr KUB XXVII 6 I 32.

uirammum: s.i., cfr KUB XXVII 1 II 6.

ullešḫi: s.i., 101.
KUB XXVII 1 II 9.

ulmi: adjectif de s.i., 104.
KUB XXVII 6 I 16.

umini: «pays», 99.
KUB XXVII 1 II 29. Cfr DINGIR dans les «Noms divins».

upukarši: s.i., cfr KUB XXVII 1 III 40 et *IŠTAR* dans les «Noms divins».

urunni: «derrière», 105.
KUB XXVII 6 I 25. Cfr DINGIR dans les «Noms divins».

urḫi: «vrai».

urnirni : «doigt», 198, 199.
KBo XVI 97 Vo 13, 21, 27.
ušundanni : s.i., 102; variante possible de *uštanni* : «héros».
KUB XXVII 1 II 26.
wallibi : «valeureux?», cfr KUB XXVII 1 III 73', IV 19. Cfr *Nubadig* dans les «Noms divins».
wandani : «droit», 105; cfr *pantani*.
KUB XXVII 1 I 45; KUB XXVII 6 I 24. Cfr DINGIR dans les «Noms divins».
wari : «flèche».
warurši : s.i., 185.
KUB XLV 32 III 25'.
wirammum : s.i., 100.
KUB XXVII 1 II 6.
wuruli : «maison, temple», cfr *puruli*.
KUB XXVII 1 II 5; KUB XXVII 6 I 22, 34.
zalattara : s.i., cfr KUB XXVII 1 II 69.
zalma : «statue».
zak[- : KUB XXVII 6 I 35.
zapimuwamu : s.i., 103.
KUB XXVII 1 II 66.
zillanteḫi : s.i., 105.
KUB XXVII 6 I 29. Cfr DINGIR dans les «Noms divins».
zinzapu : s.i., 185.
KUB XLV 32 III 27'.
zizzaḫi : «cruche?»; sert dans les oracles, 198, 199.
KBo XVI 97 Vo 14, 17, 22, 25.
zi : abrègement graphique de *zizzaḫi*, 194, 195, 200.
KUB XVIII 8 Vo 13'; VBoT 25 I 6.
zurki : «sang?», 47, 137, 142.
KUB XXIX 7 Vo 22, 72.
zušši : s.i., cfr KUB XXVII 1 III 6.
zuzumaki : s.i., cfr KUB XXVII 6 I 17.

d) Sanskrit

ambhás : «eau», 48 note 163.

e) Sumérogrammes

LÚAGRIG : «administrateur, intendant», 187, 188. Bo 6002 Ro 17.
LÚALAM KA x UD : «adorateur de statues, jongleur», 43, 151, 164, 179, 180.
KBo X 18 2', 15'; KBo XI 28+ *passim*.
ALAM : «statue».
GIŠBAN-*ti* : «arc», = hourrite *ḫašiyati*, 100.
KUB XXVII 1 II 8.
BÚZUR-SU : 133.
DINGIR : «dieu», *passim*.
DINGIR.LÚ : «dieu».
DINGIR.SAL : «déesse».
DINGIR^{LIM} : problème de graphie, 97, 98.
DU : «être debout».
DUMU : «fils».
DUMU.É.GAL : «gentilhomme», 151.
EGIR SISKUR(.SISKUR) : «arrière du lieu d'offrande», 98, 134.
KUB XXVII 1 I 36; KUB XXIX 7 *passim*.
EGIR-*an* : «derrière», = hittite *appan*, 134.
GIŠERIN : «cèdre, encens, résine», 104.
KUB XXVII 1 III 11; KUB XXIX 7 Ro 28.
EZEN : «fête», 44-45.
aššulaš EZEN : «fête de la salutation», 45, 214.
220/e 10'.
EZEN BURU : «fête de la récolte», 208, 209.
KBo XXII 73 Vo 14'.
EZEN ITU-*aš-ši-* : «fête du mois», 183.
KBo XVII 79 11'.
EZEN *nuntarriyašḫaš* : «fête de la hâte», 44 et note 143.
EZEN *zeni/zenanda-* : «fête d'automne», 44, 192, 193.
KBo XI 28+; KUB XV 28 III 9'.
EZEN AN.TAḪ.ŠUM^{ŠAR} : «fête du crocus», 44 et cfr «Petits textes» : fêtes.
GAB : «buste», 64.
GAL : «coupe», 172, 173.

KUB II 13 VI 13, 16, 19, 22, 25; KUB XXVII 1 IV 15, 22, 23.

GAL. LÚ.MEŠMUḪALDIM : «chef des cuisiniers», 178, 179.
KBo IX 138 2', 3'.

GAL.DUB.SARMEŠ : «chef des scribes», 38.

GAL.MEŠEDI : «chef de la garde», 43.

LÚGALÁ : «un prêtre», 183, 184.
KUB XX 60 I x+1, 3', 9', 11'; IBoT II 20 + 7'.

GEŠPÚ : «foudroyant, violent», 158.
KBo XI 28 II 8'.

GI-*ri* : «flèche» = hourrite *wari*, 100, 105.
KUB XXVII 1 II 8; KUB XXVII 6 I 17, 18.

GIŠ.dINANNA GAL : «lyre», 164.
GIŠ dINANNA GAL SÌR*RU* : 164, 181, 182.
KBo XI 22 III 11, 15; KBo XI 28+ *passim*.

LÚGUDU : «prêtre oint», 188.
Bo 6002 Vo x+3.

LÚḪAL : «devin, magicien», 43, 55.

ḪUR.SAG : «montagne», *passim*.

ÍD : «fleuve, rivière», *passim*.

SALIGI.LAL-*lu-ḫi-iš* : 135.

LÚIGI.MUŠEN : «augure», 43.

KA x KAK-*ŠU ḫattanza* : sorte de prêtresse, littéralement «Son nez fendu/fin/rusé», 44, 133.
KUB XXIX 7 Ro 1, 38, 48.

KA x KAK *ḫattant- uddar* : 198, 199.
KBo XVI 97 Vo 12.

KA x U : «bouche»; KA x U-*az* = hittite *iššaz* «sur l'ordre de», 134.
KUB XXIX 7 *passim*.

KÁ.GAL : «portail» et spécialement «*porta hepatis*», 198, 199.
KBo XVI 97 Vo 29.

KIN : «sort», 201.
Bo 1974 col. dr. 8'.

KU : «être assis».

LÍL : «campagne, champ de bataille, steppe», cfr akkadien *ṢĒRU*, hittite *gimra-*, hourrite *awari*.

LÚ ŠU.I : «barbier», 180.
KBo X 18 10'.

LÚMUḪALDIM : «cuisinier», 43.

MU.KAMḪI.A *menaš*/ MU-*tí meyani* : 97, 98.
KUB XXVII 1 I 22.

LÚNAR : «chanteur», 43, 151.
LÚNAR URU*Kaneš* : 160, 163, 172, 177, 178, 181, 182, 183, 184, 185.
KUB I 12 I 2; KUB XX 60 I 12; KBo XI 22 III 8; KBo XI 28+ III 36', V 18'; IBoT II 19 8', 20 2'; Bo 858 14'.

NINDA.KUR$_4$.RA : «gros pain, pain de sacrifice» = hittite NINDA*ḫarši-*, 54. Forme thériomorphe du pain, 54 et note 192.

NINDA.SIG : «galette», KUB XXVII 1+ *passim*.

MUŠEN : «oiseau».

RA*IṢ* : «meurtrissure», 200.
VBoT 25 I 13.

SI x SÁ : «fixer par oracle». Cfr hittite *ḫandai-*.

LÚSILÀ.ŠU.DU$_8$.(A) : «échanson», 43, 151.

SISKUR : «cérémonie, offrande, rite», 45-49.
SISKUR-*eššar* : 205.
316/u col. g. 15'.
SISKUR *ambašši* et *keldi*, 97.
SISKUR *pupuwalannaš*, 45.
SISKUR GIŠTUKUL : 46.
SISKUR *dupšaḫi* : 46, 47.

SAR : 13 note 43.

SUMEŠ : «chairs».

ŠÀ.DIR : «circonvolution», 194, 195, 200.
KUB XVI 17 II 9; KUB XVIII 8 Vo 13'; VBoT 25 I 6.

ŠU : «main».

SALŠU.GI : «la Vieille (magicienne)», 43.

TEMEŠ : «les présages», 200.
VBoT 25 I 6, 13.

LÚTUG : «tailleur», 187.
Bo 6002 Ro 4.

GIŠTUKUL : «arme, masse», 64.
GIŠTUKUL-*an-za* : 200.
VBoT 25 I 5, 12, 17.

Ù : «rêve».
Ù-*it*, 52.

UDU : «mouton».
UR.MAḪ-*tar* : 216.
Bo 2828 I 22'.
ZA : valeur du sumérogramme, 10.
^{GIŠ}ZAG.GAR.RA : «autel portatif».
^{UZU}ZÉ : «vésicule», 198, 199.
KBo XVI 97 Vo 16, 20.
^{GIŠ}ZI : 13 note 43.
ZI : «âme», 194.
KUB XVI 17 II 8.

IV. NOMS DIVINS

Aa : 107, 183.
KUB XXVII 1 I 60; KBo XII 136 I 5.
^{d}*Aa-we$_{e}$* : KUB XXVII 1 II 20.
Allai : 137.
Allani : 36 note 111, 37, 48, 53, 64, 109.
KUB XXVII 1 II 43.
AMA-*ŠU* ^{d}IŠTAR : 198-199.
KBo XVI 97 Vo 28.
Amuramma : 26.
Abara : 13, 15, 16, 18 note 16, 19, 26, 28, 34, 110, 173, 174, 179, 181, 182, 186, 203, 222.
KUB VI 45 I 44; KUB XXVII 1 II 70; KUB XXXII 85+ Ro 4'; KBo XI 22 III 12; Bo 3185 11'; 854/z col. g. 4'.
Aphrodite : 17.
Abi : 104.
Abi-ni-ta : KUB XXVII 1 III 8.
Arma : 30.
Ašgašepa : 34.
Ašta[- : 158, 164.
KBo XI 28 I 14'.
Aštabi : 107, 111, 137.
KUB XXVII 1 I 62, III 41.
Adamma : 110.
KUB XXVII 1 II 53.
attaš DINGIR^{MEŠ} : 173, 174.
KUB XXXII 85+ Ro 2'.
Aya : KUB XXVII 1 II 52.
Aya-Ekaldun : 110.
BĒLAT : 25.
BĒLAT AYAKKI : 16, 25, 26, 203.
KUB VI 45 I 44.
BĒLAT EKALLI : 25 note 54.
BĒLAT de Landa : 25 note 54.
BĒLAT de Samuha : 15.
BĒLTU : 16.
DINGIR : «dieu», *passim*.
DINGIR^{MEŠ} *ḫumanteš* : «tous les dieux», 173.
KUB II 13 VI 19.
DINGIR^{MEŠ}.LÚ^{MEŠ} : «les dieux».
KUB XXVII 1 IV 10, 27.
DINGIR^{MEŠ}.SAL^{MEŠ} : «les déesses».
KUB XXVII 1 IV 10.
DINGIR^{MEŠ} URU^{LIM} : «les dieux de la ville», 173.
KUB II 13 VI 25.
DINGIR^{MEŠ} *ABI-ŠU* : «les dieux de son père», 173.
KUB II 13 VI 22.
DINGIR^{MEŠ} *ABI-ŠU ŠA* ^{d}UTU ^{URU}*Arinna* : 181, 182.
KBo XI 22 III 16, 17.
DINGIR^{MEŠ} ^{URU}*Nerik* : «les dieux de Nerik», 178, 179.
KBo IX 138 10'.
DINGIR.LÚ^{MEŠ} ^{URU}*Šamuḫa* : «les dieux de Samuha», 36.
DINGIR.SAL^{MEŠ} ^{URU}*Šamuḫa* : «les déesses de Samuha», 36.
DINGIR^{MEŠ} É.DINGIR^{LIM} : «les dieux du temple», 172, 178, 179.
KUB I 12 I 3; KBo IX 138 9'.
DINGIR^{MEŠ} *ŠA* É.GAL *ḫuḫḫaš* : «les dieux du palais du grand-père», 203.
KUB VI 45 I 42.
DINGIR^{MEŠ} KUR ^{URU}*Ḫatti* : «les dieux du Hatti», 108, 112.
DINGIR^{MEŠ} ^{URU}*Ḫattuša* : «les dieux, de Hattusa», 108.
DINGIR^{MEŠ}.SAL^{MEŠ}KUR ^{URU}*Ḫatti* : «les déesses du Hatti», 110.
DINGIR^{MEŠ}.SAL^{MEŠ} ^{URU}*Ḫattuša* : «les déesses de Hattusa», 110.
DINGIR^{MEŠ}-*na* : lire hourrite *enna*.
DINGIR^{MEŠ}-*na abebi-na* : «les dieux, ceux de devant», KUB XXVII 6 I 25.
DINGIR^{MEŠ}-*na addani-wi$_{i}$-na* : «les dieux, ceux du père», KUB XXVII

1 I 72; variante *attanni-bi-na* en KUB XXVII 6 I 26.
DINGIR^{MEŠ}-*na ilrunna ašduḫḫi-na*: «les déesses *ilruni*», KUB XXVII 1 III 4+.
DINGIR^{MEŠ}-*na kulaḫe-na*: «les dieux *kulaḫi*», KUB XXVII 1 II 34 III 4+.
DINGIR^{MEŠ}-*na kupatena ašduḫḫi-na*: «les déesses *kupate*», KUB XXVII 1 III 5+.
DINGIR^{MEŠ}-*na maḫḫeraši-na-š*: «les dieux, ceux du marché», KUB XXVII 1 II 24.
DINGIR^{MEŠ}-*na šiḫae-na ašduḫḫi-na*: «les déesses *šiḫae*», KUB XXVII 1 III 3+.
DINGIR^{MEŠ}-*na-šina šuwara-šena duruḫḫi-šena*: «des dieux mâles *šuwara* (gén.)», KUB XXVII 1 III 1-2+.
DINGIR^{MEŠ}-*na uminni-bi-na* $^{URU\ GIŠ}$PA-*ni-we$_e$*: «les dieux, ceux du pays, celui du Hatti», KUB XXVII 1 II 29.
DINGIR^{MEŠ}-*na* URU-*ni-bi-na* ^{URU}*Ḫatte-ni-we$_e$-na duruḫḫi-na*: «les dieux mâles, ceux de Hattusa», KUB XXVII 1 II 28.
DINGIR^{MEŠ}-*na* URU-*ni-bi-na* ^{URU}*Šamuḫa-ḫi-na duruḫḫi-na*: «les dieux mâles, ceux de Samuha», KUB XXVII 1 II 27.
DINGIR^{MEŠ}-*na urunni-bi-na*: «les dieux, ceux de derrière», KUB XXVII 6 I 25.
DINGIR^{MEŠ}-*na wandanna*: «les dieux de droite», KUB XXVII 6 I 24.
DINGIR^{MEŠ}-*na zilanteḫi-na*: «les dieux *zilanteḫi*», KUB XXVII 6 I 29.
DINGIR.GE$_6$: 16, 28, 29, 30, 31, 42, 193, 197.
KUB XV 30 III 3'.
du *Kizzuwatna*: 13, 18.
de *Laḫḫurama*: 29, 30, 198, 199.
KBo XVI 97 Vo 18.
de *Parnašša*: 29.
de *Šamuḫa*: 30, 44, 48, 189, 198, 199.
KUB XXIX 7+; KBo XVI 97 Ro 13, Vo 15; 254/d 8'.
DINGIR.MAḪ: 183, 200.
KBo XVII 79 3'; VBoT 25 I 8.
DINGIR^{MEŠ} *karuileš*: «les dieux antiques», 36 note 111.
É.A.: 177.
IBoT II 19 4'.
Eašarri: 101.
KUB XXVII 1 II 22.
Ekaldun: KUB XXVII 1 II 52.
Eliburni: 112.
KUB XXVII 1 II 58, IV 41.
Ellabra: 182.
KBo XII 136 I 4.
EN.LÍL: 25.
EN.ZU: 107.
KUB XXVII 1 I 61.
Erišanki: *kinuzi* de Šauška: 110.
KUB XXVII 1 II 63.
eržp/eržpn: 101.
Eše-ḫabur-ni: «le ciel-terre», 108, 111.
KUB XXVII 1 III 44.
GAŠAN: épithète ou substitut graphique de ^{d}*IŠTAR*; *passim* et remarquer plus particulièrement: 16, 25, 137, 214.
Bo 5153 Ro 7', Vo 8', 18'; 543/u 11'.
^{d}GASAN-*an*: 102.
KUB XXVII 1 II 46 sqq.
^{d}GASAN-*aš*: 103.
KUB XXVII 1 II 66.
^{d}GAŠAN-*we$_e$*: KUB XXVII 1 II 15.
^{d}GAŠAN-*wi$_i$*: KUB XXVII 1 II 64.
^{d}GAŠAN-*wi$_i$-na*: KUB XXVII 1 71, II 67.
^{d}GAŠAN.LÍL: 16.
^{d}GAŠAN.LÍL *walliwalli*: KUB XXVII 1 IV 16; KBo VIII 120 11.
^{d}GAŠAN É-*ni-bi*: KUB XXVII 1 II 47.
^{d}GAŠAN ^{URU}*Ḫattarina-ḫi*: KUB XXVII 1 II 46.
^{d}GAŠAN ^{URU}*Šamuḫa*: 16, 172, 173, 201.
KUB II 13 VI 16; Bo 1974 col. dr. x+1.
^{d}GAŠAN.LÍL ^{URU}*Šamuḫa*: 16.
^{d}GAŠAN-*an* ^{URU}*Tameniga-ḫi*: KUB XXVII 1 II 48.

Ḫalki: 203, 204.
KUB XXXI 121 IV 8.
Ḫallara de *Dunna*: 26.
Ḫantidaššu de *Ḫurma*: 26.
Ḫapataliya: 220, 221.
KUB XXVII 1 I 65; KBo XXII 47 8'.
Ḫanumanzi: KUB XXVII 1 II 2.
Ḫašammili: 186.
Bo 3185 13'.
Ḫašuntarḫi: 110.
KUB XXVII 1 II 53.
Ḫatni: 104.
KUB XXVII 1 III 44.
Ḫatni-Pišašapḫi: 111.
Ḫazzi: KUB XXVII 1 I 73.
Ḫébat: 15, 40, 50, 53, 57, 59, 102, 159, 164, 219.
KBo XI 28 II 19'; KBo XIII 225 Vo 7'.
^{d}*Ḫébat-ti*: 102.
KUB XXVII 1 II 55.
Ḫébat de *Ḫalap* = Alep: 15, 33, 203.
KUB VI 45 I 43.
Ḫébat de *Ḫattuša*: KUB XXVII 1 II 37.
Ḫébat de *Kizzuwatna*: 33.
KUB XXVII 1 II 39.
Ḫébat de *Kumanni*: 40, 203, 204.
KUB XXXI 121 IV 7.
Ḫébat de *Lawazantiya*: 37, 40.
Ḫébat LUGAL$^{ḪI.A}$: 203, 204.
KUB XXXI 121 IV 10.
Ḫébat de *Mâri*: 40 note 122.
Ḫébat de *Šamuḫa*: 33, 203.
KUB VI 45 I 40.
Ḫébat de *Uda*: 33, 64.
Ḫébat muš-ni: «Hébat, la souveraine», 109, 163, 165, 166.
KUB XXVII 1 II 37; KBo XI 28 V 25'.
Ḫébat muš-ni de *Ḫattuša*: 109.
KUB XXVII 1 II 37.
Ḫébat muš-ni de *Kizzuwatna*: 109.
KUB XXVII 1 II 39.
Ḫébat muš-ni de *Šamuḫa*: 109.
KUB XXVII 1 II 39.
Ḫébat muš-ni de *Uda*: 109.
KUB XXVII 1 II 38.
Ḫébat SAL.LUGAL *ŠAMĒ*: 203.
KUB VI 45 I 41.
Ḫébat du *dupšaḫi*: 46.
Ḫébat-Allanzu: 109.
KUB XXVII 1 II 40.
Ḫébat-Šarruma: 109, 163, 165, 166.
KBo XI 28 V 26'.
Ḫéšui: 101, 107, 111.
KUB XXVII 1 III 43.
^{d}*Ḫéšue-ni-we$_{e}$*: KUB XXVII 1 II 22.
Ḫilanzipa: 34.
Ḫupušdukarra: vizir de *Ḫéšui*; 108.
KUB XXVII 1 II 22.
Ḫuri: 99.
KUB XXVII 1 I 73.
Ḫutena Ḫutillurra: 102, 109.
KUB XXVII 1 II 42.
ḫdn ḫdlr: 102.
Ḫuwariyanzipa: 34, 35, 176, 177, 178.
KUB XLIV 2 5'; IBoT II 19 x+1; Bo 858 10'.
Ḫuwaššanna de *Ḫubešna*: 26, 27, 173, 174, 186.
KUB XXXII 85+ Ro 3'; Bo 3185 10'.
ḪUR.SAG^{MEŠ} (montagnes): *passim* et surtout 108, 174.
KUB XXVII 1 I 70.
Montagnes de Šauška de la steppe: KUB XXVII 1 III 44-45.
Montagnes de *Šamuḫa*: 15, 174, 175, 203.
KUB VI 45 I 40, 45; KUB XL 52 IV 3', 7'.
IB: 184, 185.
KUB XX 60 I 9'.
ÍD^{MEŠ} (rivières) de *Šamuḫa*: 15, 174, 175, 203.
KUB VI 45 I 40, 45; KUB XXVII 1 I 73; KUB XL 52 IV 3', 7'.
Ilmi(-)parni: 99.
KUB XXVII 1 II 1.
IM: dieu de l'orage; 220. Cfr ^{d}U et *Tešub*.
KBo XXII 47 2'.
^{d}IM de *Ḫalap*: 220.
KBo XXI 26 I 11'.
^{d}IM de *Ḫurma*: 220.
KBo XXI 26 I 10'.
^{d}IM KARAŠ: 220.
KBo XXI 26 I 13'.
^{d}IM de *Liḫzina*: 220.
KBo XXI 26 I 12'.

^{d}IM de *Pattiyarik* : 220.
KBo XXI 26 I 8'.
^{d}IM de *Šamuḫa* : 31, 32, 220.
KBo XXI 26 I 9'.
INANNA É.GAL : 27 note 59.
Inara : 177, 178.
IBoT II 19 3'; Bo 858 12'.
Iršappi : 101, 108.
Iršappi-ni-š : KUB XXVII 1 II 23.
Išḫara : 48, 109.
Išḫara-n : KUB XXVII 1 II 43.
Išḫašhuriya : 34.
Išpanzašepa : 31.
IŠTAR : Cfr aussi sous Šauška.
11, 162, 172, 203.
KUB I 12 I 8; KUB VI 45 I 42; KBo XI 28 V 11'.
Ištar dame du pays : 17.
Ištar dame du temple : 17.
Ištar mitanienne : 17, 18.
Ištar reine : 17.
Ištar reine du ciel : 19.
Ištar souveraine : 17.
Ištar sublime : 17.
^{d}*IŠTAR-an* : 102.
KUB XXVII 1 II 46 sqq.
^{d}*IŠTAR-aš* : KUB XXVII 1 II 66.
^{d}*IŠTAR-ga-aš* : 105.
KUB XXVII 3 21.
^{d}*IŠTAR-ga-bi-na* : «ceux de Šauška», KUB XXVII 1 III 45, 46; KUB XXVII 6 I 16, 24, 26, 27.
^{d}*IŠTAR-bu-uš-ga* : 102.
KUB XXVII 1 II 44.
^{d}*IŠTAR-we*$_{e}$: KUB XXVII 1 II 16, 17, 30.
^{d}*IŠTAR-wi*$_{i}$: KUB XXVII 1 II 7, 62, 63, 68.
^{d}*IŠTAR*.LÍL : «Ištar de la steppe ou du champ de bataille». Variante hourrite *awarriwi*$_{i}$ ^{d}*IŠTAR* et variante akkadienne ^{d}*IŠTAR ṢĒRI* : 16, 19, 27 note 57, 28, 34, 60, 98, 169, 174, 175, 189, 190.
KUB XXVII 1 I 37; KUB XXXII 130 *passim*; KUB XL 52 IV 5'; 103/r 4'.
^{d}*IŠTAR* (*tamai- kuiški-* : «n'importe quelle autre») : 199.
KBo XVI 97 Vo 32.
ŠA ABI-ŠU ^{d}*IŠTAR* : 30, 198, 199.
KBo XVI 97 Vo 30.
ŠA AMA-*ŠU* ^{d}*IŠTAR* : 30.
^{d}*IŠTAR* { *ŠAMĒ* / AN^{I} } : 107.
KUB XXVII 1 I 59.
^{d}*IŠTAR walliwalli-* : 18, 19, 44, 65 note 30, 73, 106, 113, 115.
^{d}*IŠTAR*.LÍL *walliwalli-* : 111.
KUB XXVII 1 III 31, IV 8, 21, 31.
^{d}*IŠTAR*.LÍL *walliwalli- ŠA* ^{m}*Muršili* : 111, 112, 189, 190.
KUB XXVII 1 I 1, 2, 29; 103/r 5', 9'.
awarriwa$_{a}$ ^{d}*IŠTAR-ga* : KUB XXVII 1 III 34.
ekiniwi$_{i}$ ^{d}*IŠTAR-ga* : KUB XXVII 1 III 36.
gamiršiwi$_{i}$ ^{d}*IŠTAR-ga* : KUB XXVII 1 III 39.
kurkurriwi$_{i}$ ^{d}*IŠTAR-ga* : KUB XXVII 1 III 35.
punuḫunziya ^{d}*IŠTAR-ga* : KUB XXVII 1 III 38.
taḫašiya ^{d}*IŠTAR-ga* : KUB XXVII 1 III 37.
upukaršiya ^{d}*IŠTAR-ga* : KUB XXVII 1 III 40.
^{d}*IŠTAR-bi* : KUB XXVII 1 IV 2, 4, 14.
^{d}*IŠTAR d'Ankuwa* : 41.
KUB XXVII 1 II 49.
^{d}*IŠTAR de Ḫattarina* : 19, 30, 41, 198, 199.
KBo XVI 97 Vo 26.
^{d}*IŠTAR de Kuliušna* : 34.
KUB XXVII 1 II 50.
^{d}*IŠTAR de Lawazantiya* : 22 note 38, 40, 41, 42, 45 note 152, 46, 55, 58, 186, 187, 190.
KUB VI 15 II 10; Bo 5251 col. g. 5'.
^{d}*IŠTAR de Ninuwa* : 16, 17, 19, 28 note 64, 30, 40, 42, 48, 61, 198, 199.
KBo XVI 97 Vo 12, 23.
^{d}*IŠTAR de Šamuḫa* : 16, 18, 19, 20, 21, 23, 24, 25, 28, 33, 35, 37, 40, 42, 44, 45, 48, 53, 54, 55, 56, 57, 58, 59, 61, 62, 64, 73, 74, 106, 113, 114, 137, 145, 146, 147, 148, 149, 150, 162, 163, 165, 166, 169, 171, 172, 174, 175, 176, 178, 179, 180, 182, 183, 184,

186, 187, 190, 191, 192, 193, 194, 195, 196, 197, 199, 200, 201, 202, 203, 204, 205, 206, 207, 208, 209, 210, 211, 212, 213, 214, 215, 216, 217.
KUB I 12 I 5; VI 15 II 10; XV 28 II 6', 10', III 13'; XV 30 III 7'; XVI 17 II 5; XVIII 8 Vo 8'; XXI 17 I 11, II 5, 35, III 2', 5', 11', 12', 19', 22', 26'; XXII 59 Ro 5', 6'; XXXI 121 IV 12; XXXII 130 25-35; XL 52 IV 4'; XLI 49 Ro 16'; KBo VIII 57 I 9', 14', IV 5', 7', 9'; IX 138 6'; X 18 13'; XI 28 IV 47', VI 3', 5'; XII 136 I 2; XXII 11 I 3'; XXII 73 I 2; IBoT I 22 4' = texte n° 17 9'; VBoT 25 I 3, 4, 11; Bo 1623 Vo 6'; 2828 I 12', 14', 15', 19'; 5153 Ro 5'; 5251 col.g. 4'; 5804 Ro x+4, 5', 9'; 6447 I 11'; 7840 IV 13'; 220/e 5'; 388/i Ro II x+1, 7'; 316/u col.g. 13'; 543/u 3'; 1309/u x+1, 8'; 1506/u x+1, 4'.
dIŠTAR.LÍL de *Šamuḫa*: 15, 16, 23, 189, 192, 193, 203.
KUB VI 45 I 43; KUB XV 28 III 3'; KUB XXVII 1 I 4, 13, 18, 25, 32-33, III 68', IV 8, 21, 31; 103/r x+2.
d*IŠTAR*.LÍL *annali-* de *Šamuḫa*: KUB XXVII 1 I 1-2, IV 46.
d*IŠTAR* de *Šulupašši*: 172, 173.
KUB II 13 VI 13.
d*IŠTAR* de *Tamininga*: 27, 28, 33, 34, 41, 42.
Izzummi: vizir d'Aa; 108.
KUB XXVII 1 II 20.
Ka[-: 183.
KBo XVII 79 2'.
KAL: 160, 164, 176, 182, 183, 184, 198, 199, 203, 204.
KUB XXXI 121 IV 11; KUB XLIV 2'+8' (graphie dKAL-*ri*); KBo XI 28 III 34'; KBo XII 136 I 3; KBo XVI 97 Vo 25; IBoT II 20 x+1.
dKAL KUŠ*kuršaš*: «le dieu-égide», 107, 220, 221.
KUB XXVII 1 I 66; KBo XXII 47 10'.
dKAL.LÍL: 107.
KUB XXVII 1 I 65.
dKAL.LUGAL: 107.
KUB XXVII 1 I 66.
dKAL du *Ḫatti*: 107, 220, 221.
KUB XXVII 1 I 65; KBo XXII 47 7'.
dKAL de *Ḫurma*: 107.
KUB XXVII 1 I 67.
dKAL de *Karaḫna*: 107.
KUB XXVII 1 I 67
dKAL de x: 219.
KBo XIII 225 Vo 6'.
Galzu: 161, 165.
KBo XI 28 IV 4'.
Kamrušepa: 27 note 59, 34, 181, 182.
KBo XI 22 III 5.
Karipa(ti): 176.
KUB XLIV 2 3'.
KAS: «la route».
KAS *mušuni*: 112.
KUB XXVII 1 IV 43.
Kaštama: 176.
KUB XLIV 2 3'.
Karzi: KUB XXVII 1 I 65.
Kataḫḫa: «déesse reine», 25, 27, 174.
KUB XXXII 85+ Ro 6', 7'.
d*Kataḫḫa* d'*Ankuwa*: 26, 27, 186.
Bo 3185 11'.
d*Kataḫḫa* de *Katapa*: 26.
d*Kataḫḫa* de *Lawazantiya*: 37.
GAZ.BA.A: de *Ḫubešna*: 26, 220, 221.
KBo XXII 47 11'.
KI-*pi*: KUB XXVII 1 I 69.
Kulitta: 17, 19, 35, 54, 158, 162, 164, 165, 173, 174, 186, 187.
KUB XXVII 1 II 45, 46, 47, 48, 49, 50, III 35, 36, 37, 38, IV 1, 3, 13, 35; KUB XXXII 85+ Ro x+1; KBo XI 28 II 7', V 5'; Bo 5251 6'.
Gulšeš: 186.
Bo 3185 8'.
Kumarbi: 101, 107, 160, 163, 164, 165.
KUB XXVII 1 I 60; KBo XI 28 III 16', V 38'.
d*Kumarbi-ni-wi*$_i$: KUB XXVII 1 II 19.
Kupapa: 11, 110. Variante assyrienne: *KUBABAT*: 11.
KUB XXVII 1 II 53.
Kušuḫ: 30 note 80.
Leli ḫašari: 106, 112.
KUB XXVII 1 IV 39; KBo XXI 34 I 22.
Lelluri: 48.

Lelwani : 16, 36 et note 113, 37, 60, 64, 204.
KBo IV 6 Ro 21.
Lipparuma : vizir de *Šimegi* : 108.
KUB XXVII 1 II 21.
dLIŠ de *Šam/puḫa* : cfr d*IŠTAR/Šauška* : 16, 220, 221.
KUB XL 52 IV 4' ; KBo XIII 225 Vo 10' ; KBo XXII 47 9'.
MAḪ-*aš* : 186.
Bo 3185 8'.
Mezzulla : 109, 186.
KUB XXVII 1 II 36; Bo 3185 2'.
Mukišanu : Vizir de *Kumarbi* : 108.
KUB XXVII 1 II 19.
Nabarbi : 109.
KUB XXVII 1 II 51.
Naḫnazu : 108.
KUB XXVII 1 II 25 = XXVII 3 III 7.
Namni : KUB XXVII 1 I 73.
Nanki : KUB XXVII 1 II 6, 7.
Niḫarši : 110.
Ninatta : 17, 19, 35, 54, 112, 146-149, 158, 162, 164, 165, 173, 174, 186, 187.
KUB XXI 17 III 20' ; KUB XXVII 1 II 45, 46, 47, 48, 49, 50, III 34, 35, 36, 37, 38, IV 1, 3, 13, 35; KUB XXXII 85+ Ro x+1; KBo XI 28 II 6', V 4'; Bo 5251 6'.
NIN.É.GAL : 181, 182.
KUB XXVII 1 II 54; KBo XI 22 III 9.
Ningal : KUB XXVII 1 II 44.
NIN.LÍL : 25.
Nubadig : 107, 111, 137.
KUB XXVII 1 I 62, III 42, III 73'.
d*Nubadig wallibi* : 112.
KUB XXVII 1 IV 19.
Pairra : 104.
KUB XXVII 1 III 46.
Pišašapḫi : 104.
KUB XXVII 1 III 44.
Pirinkir : 30, 48, 108, 111, 137, 141, 215, 216.
KUB XXVII 1 I 68, III 43; KUB XXIX 7+ Ro 69, Vo 14.
Namulli : KUB XXVII 1 II 59.
Natḫi : KUB XXVII 1 II 59.
Râ : 101.
SAL.LUGAL : cfr *Kataḫḫa* : 173, 174, 222.
KUB XXXII 85+ Ro 5' (= de Katapa); 854/z col.g. 6'.
Šalaš : 102.
Šali/awane/iš : 35, 176, 177, 178.
KUB XLIV 2 6' ; IBoT II 19 2' ; Bo 858 11'.
Šaluš bitinḫi : 102, 110.
KUB XXVII 1 II 52.
Šanta : 186.
Bo 3185 4'.
Šantalugg/qqa : 108, 111.
KUB XXVII 1 II 26, III 41.
Šarma : 48.
Šarruma : 23, 60, 61 note 18, 99, 108.
KUB XXVII 1 I 70.
Šauška : cfr GAŠAN et *IŠTAR* : 137, 164.
Šeri : 99.
KUB XXVII 1 I 73.
SIN : 30.
Šiḫabinašta : KUB XXVII 1 III 12.
Šintalirti : KUB XXVII 1 II 57.
Šintalwuri : KUB XXVII 1 II 57.
Šuḫḫanti : 110.
KUB XXVII 1 II 65.
Šuwala : 102, 110.
KUB XXVII 1 II 51.
Šuwaliyat : 102, 181, 182.
KBo XI 22 III 1.
Šuwara : 111.
Dagan : 101.
Daganzipa : 34.
Tamalku : KUB XXVII 1 II 58.
Damkina : 110, 183, 220, 221.
KBo XII 136 I 6; KBo XXII 47 12'.
Tappinu : 183.
KBo XVII 79 12'.
Daru-Damkidu : 109.
Taru : 219.
KBo XIII 225 Vo 5'.
Tašimi : 36 note 108, 107.
KUB XXVII 1 I 59.
Tazuwašši : 220, 221.
KBo XXII 47 6'.
Telibinu : 203, 204.
KUB XXXI 121 IV 13.
Tenu : vizir de *Tešub* : 108.

KUB XXVII 1 II 18.
Tešub: 13, 19, 48, 50, 53. Cfr ^{d}IM et ^{d}U.
Tešub dupšaḫiyaš: 46.
Tešub de *Ḫalap*: 15, 33.
Tešub de *Lawazantiya*: 37, 40.
Tešub de *Manuziya*: 48.
Tešub de *Mâri*: 40 note 122.
Tešub de *Šamuḫa*: 32, 107.
Tiyabinti: vizir de *Ḫébat*: 110.
KUB XXVII 1 II 55.
Tuḫašail: 162, 165.
KBo XI 28 IV 26'.
Tulla: KUB XXVII 1 II 64.
Tumunna: KUB XXVII 1 II 65.
Turra: KUB XXVII 1 II 56.
U: dieu de l'orage: 21, 98, 103, 174, 183, 184.
KUB XX 60 I 4'; KUB XL 52 IV x+2; IBoT I 22 = texte n° 17 13'.
^{d}U-*aš* = *Tešub-aš*: KUB XXVII 1 II 66.
^{d}U-*ub* = *Tešub*: KUB XXVII 1 I 47, III 41.
^{d}U-*ub-bi*: KUB XXVII 1 II 4, 18, 31.
^{d}U-*ub-wi$_{i}$-na*: KUB XXVII 1 I 72, 74, 75.
7 ^{d}U$^{ḪI.A}$: 183.
IBoT I 22 8' = texte n° 17 13'.
^{d}U AN$^{I/E}$: «dieu de l'orage des cieux», cfr ^{d}U *ŠAMĒ*: KUB XXVII 1 I 48; KUB XLI 49 Ro 13'.
^{d}U É.GAL: «dieu de l'orage du palais», 183.
KBo XVII 79 3'.
^{d}U É^{TI}: KUB XXVII 1 I 51.
^{d}U GUR *šaumatari*: 101.
KUB XXVII 1 I 62, 63.
^{d}U *ḫandandannaš*: 184, 185.
KUB XX 60 I 6'.
^{d}U ḪI.ḪI: 183, 203.
KUB VI 45 I 40; KUB XXVII 1 I 49; KBo XVII 79 12'.
^{d}U KARAŠ: «dieu de l'orage de l'armée», 60, 183, 184.
KUB XXVII 1 I 48; KBo XVII 79 4'; IBoT I 22 6' = texte n° 17 11'.
^{d}U KI.LAM: «dieu de l'orage du propylée», KUB XXVII 1 I 50.
^{d}U *kunaḫḫuwaš*: 184, 185.
KUB XX 60 I 5'.
^{d}U NIR.GÁL: «dieu de l'orage fort», 19, 60.
^{d}U *piḫaššašši-*: 15, 20, 21, 32, 33, 58, 183, 203, 211.
KUB VI 45 I 41; KBo XVII 79 4'; Bo 1623 Vo 6'.
^{d}U *ŠAMĒ*: cfr ^{d}U AN^{I}: 112, 175, 184.
KUB XX 60 I 4'; KUB XXVII 1 IV 25.
^{d}U.TIL: 32 note 83.
KUB XXVII 1 I 52.
^{d}U *warraḫitaššaš*: 184, 185.
KUB XX 60 I 7'.
^{d}U de [: 211, 219.
KBo XIII 225 Vo 9'; Bo 1623 Vo 5'.
^{d}U de *Arinna*: KUB XXVII 1 I 56.
^{d}U de *Ḫalap*: 32, 203.
KUB VI 45 I 43; KUB XXVII 1 I 57.
^{d}U de *Ḫatra*: KUB XXVII 1 I 56.
^{d}U du *Ḫatti*: 58, 60, 163, 165, 166.
KUB XXVII 1 I 49; KBo XI 28 V 22'.
^{d}U de *Ḫurma*: 32 et note 83.
^{d}U de *Ḫiššašpa*: KUB XXVII 1 I 52.
^{d}U de *Ḫubešna*: KUB XXVII 1 I 54.
^{d}U de *Kizzuwatna*: 32.
^{d}U de *Kuliušna*: KUB XXVII 1 I 53.
^{d}U de *Kumanni*: 32 et note 83.
KUB XXVII 1 I 58.
^{d}U de *Kuwaliya*: KUB XXVII 1 I 58.
^{d}U de *Liḫšina*: 32.
KUB XXVII 1 I 55.
^{d}U de *Nerik*: 21, 25, 32 note 83, 33, 37, 50, 53, 55, 58, 59, 61, 64, 65, 114, 115, 159, 163, 164, 165, 166, 175, 176, 178, 179, 183, 184, 208, 209, 219, 220, 221.
KUB XXVII 1 I 51; KUB XLI 49 Ro 18'; KBo IX 138 5'; KBo XI 28 II 34', V 29'; KBo XIII 225 Vo 5'; KBo XXII 47 5'; KBo XXII 73 Vo 15', 17'; IBoT II 20+ 6'.
^{d}U de *Pattiyarik*: 31 note 83.
KUB XXVII 1 I 55.
^{d}U de *Šamuḫa*: 31, 32, 33.

KUB XXVII 1 I 47.
^{d}U de *Šapinuwa*: 32 note 83.
^{d}U de *Šariššа*: 31 note 83.
KUB XXVII 1 I 54; Bo 3185 3'.
^{d}U de *Uda*: 32.
^{d}U de *Zippalanda*: 219.
KUB XXVII 1 I 50; KBo XIII 225 Vo 4'.
Umbu-Ningal: 109.
KUB XXVII 1 II 44.
Undurumma: vizir de *Šauška*; 108.
KUB XXVII 1 II 17.
Uršui: 110.
KUB XXVII 1 II 54.
Ušunna-Tulla: 110.
KUB XXVII 1 II 64 = IBoT II 50 III 3.
UTU: le Soleil; 107, 183, 202.
KUB XXVII 1 I 61; KBo XVII 79 10'; 388/i II 5'.
^{d}UTU-*we*$_{e}$: KUB XXVII 1 II 21.
^{d}UTU-*šum-na-aš*: 27, 222.
854/z col. g. 6'.
^{d}UTU AN^{E}/ *ŠAMĒ*: 160, 164, 195.
KUB XXII 59 Ro x+2; KBo XI 28 III 8'.
auriyaš ^{d}UTU: «dieu Soleil du poste de garde», 107.
auriyaš ^{d}UTU-*i*: KUB XXVII 1 I 61.
taknaš ^{d}UTU: «Soleil de la terre», 220, 221.
taknaš ^{d}UTU-*uš*: KBo XXII 47 4'.
UDU SIG.SAL$^{ḪI.A}$-*aš* ^{d}UTU: «Soleil des toisons de brebis», 108.
UDU SIG.SAL$^{ḪI.A}$-*aš* ^{d}UTU-*i*: KUB XXVII 1 I 69.
^{d}UTU d'*Arinna*/ TÚL-*na*: 19, 21, 32, 33, 57, 58, 59, 60, 109, 192, 193, 203, 211.
KUB VI 45 I 41; KUB XV 28 III 7'; Bo 1623 Vo 6'.
Udukki-na: 104.
KUB XXVII 1 III 46 = KUB XXVII 6 I 15.
Vénus: 17 note 14.
Waḫiši: 161, 164.
KBo XI 28 III 44'.
Wurunkatte: 179.
Wurušemu: 57.
Yarri: 53.
ZA.BA$_4$.BA$_4$: 108, 112, 137, 178, 179, 203, 204, 219.
KUB XXVII 1 I 68, IV 29+; KUB XXXI 121 IV 14; KBo IX 138 8'; KBo XIII 225 Vo 3'.
Zaḫpuna: 220, 221.
KBo XXII 47 5'.
Zalmi: 110.
KUB XXVII 1 II 54.
Zappi: 110.
KUB XXVII 1 II 56.
Zeus: 52.
Zillanti: KUB XXVII 1 II 65+.
Zilipuru: 161, 165.
KBo XI 28 IV 15'.
Zitḫariya: 211.
KUB XXVII 1 I 64; Bo 1623 Vo 3'.
Zitḫariya du roi: 107.
KUB XXVII 1 I 64.
Zitḫariya de la reine: 107.
KUB XXVII 1 I 64.
Zizzašu: 162, 165.
KBo XI 28 IV 36'.
Zuliya: 162.
KBo XI 28 IV 37'.
^{d}VII.VII.BI: d'*Ištar*/*Šauška*: 189, 190.
103/r 3', 10'.

V. ANTHROPONYMES

f. = femme; h. = homme.

Agamemnon h.: 52.
Alakšandu h.: 20.
Ammiḫatna h.: 136.
Anniya h.: 6 note 8.
Anuwanza h.: 30 note 80, 165, 182.
Armadatta h.: 13, 14, 22, 50, 58, 59, 114, 144, 145, 147, 148, 150.
KUB XXI 17 I 3, 27, II 4, 8, 9, 25.

Arnuwanda (III) h. : 24.
Arummura f. : 216, 217.
Bo 2828 I 13'.
Armaziti h. : 30 note 80; graphie ^{m}DINGIR.GE$_6$.LÚ.
Ḫattusili (III) h. : 7 note 17, 10, 12, 13, 14, 20, 21, 22, 24, 37, 38, 42, 45, 50, 113, 114, 144, 147, 150, 165, 167, 171, 207, 208, 217.
KUB XXI 17 I 1; KBo XXII 73 I 1.
Ḫepapiya f. : 53 et note 187.
Ḫešmiya h. : 53.
Ḫišmi-Šarruma h. : 23, 53 note 187.
+ *Ḫišmi-Tešub* h. : 53 et note 187.
Homère h. : 52.
Gaššu h. : 196.
KBo VIII 57 I 8'.
Gaššul(iy)awiya f. : 36, 204.
KBo IV 6 Ro 21.
Malaziti h. : 118.
KBo XVI 97 Ro 10.
Mattiwaza h. : 25 note 54.
Midannamuwa h. : 20 note 29, 38, 39, 53 note 185.
Muršili (II) h. : 13, 18, 19, 20, 22, 24, 29, 31, 50, 60, 113, 114, 143, 167, 171, 189, 190.
KUB XXVII 1 *passim*, 103/r 5', 9'.
Muršili (III) h. : 18, 19, 21, 211. Cfr aussi sous Urḫi-Tešub.
Muwatalli h. : 15, 20, 25, 38, 52, 59, 60, 65, 113, 114, 144, 145, 147, 148, 206, 207.
KUB XXI 17 I 14, 18, 30; KBo XXII 11 I 2'; KBo XXII 73 I 7.
Nausicaa f. : 52 et note 184.
Nerikkaili h. : 56 note 1.
Nestor h. : 52.
NÍG.BA.^{d}U h. : à lire probablement Ari-Tešub : «don de Tešub», 29.
Bazia h. : 6.
Bentibšarri h. : 22, 40, 51 et note 175.
Piyamaradu h. : 210.
Bo 6447 I x+2.
Piyaššili h. : 38 et note 115.
Puduḫepa f. : 22, 23, 38, 40, 50, 65 note 30, 143, 144, 147, 209, 210.
KUB XXI 17 I 2; KBo XXII 73 Vo 19'.
Purandamuwa h. : 39 note 117.
Šamuḫaziti h. : 10.
Šapuḫaza/ZA h. : 10.
Šilalluḫi f. : 135.
Šippaziti h. : 59, 114, 145, 148, 150.
KUB XXI 17 II 18-28.
Šunaššura h. : 38 note 115.
Šuppiluliuma (I) h. : 7, 12, 18, 19, 21, 32, 60.
Šuppiluliuma (II) h. : 24.
Talmi-Šarruma h. : 20.
Tatti h. : 193.
KUB XV 30 III 4'.
Telibinu (roi anc. royaume) h. : 6.
Telibinu (roi d'Alep) h. : 38 note 115.
Tudḫaliya (III) h. : 13, 18, 31, 42.
Tudḫaliya (IV) h. : 10, 23, 25, 33, 38, 63, 115, 165, 182, 212, 213, 217.
Bo 5153 Vo 8', 18'.
Tuttu h. : 214.
543/u x+1.
Ulibbi h. : 29.
Ulmi-Šarruma h. : 105.
Ulmi-Tešub h. : 24, 105.
Urḫi-Tešub h. : cfr sous Mursili III; 7, 12, 19, 21, 39, 50, 59, 62 note 18, 113, 145, 148, 211. Cfr hourrite *urḫi*.
KUB XXI 17 II 16; Bo 1623 Vo 3', 5'.
UR.MAḪ-*ziti* h. : 38, 41, 53 note 185, 65 note 30, 193.
KUB XV 30 III 4'. A lire sans doute *Walwaziti*.

VI. TOPONYMES

d. = dieu; m. = montagne; p. = pays; r. = fleuve, rivière; s. = source; v. = ville, village.

Aba p. : 144, 147.
KUB XXI 17 I 17, 18, 20.
Aḫša[- v. : 188.
Bo 6002 Vo 4'.
Alašiya p. : 22 note 39, 62 note 18.
Ališa v. : 221.

434/s II 10.
Amurru p. : 144, 147.
KUB XXI 17 I 15, 16.
Ana[r- v. : 212, 213.
Bo 5153 Vo x+5.
Ankuwa v. : 17, 174, 183, 186.
KUB XXXII 85+ Ro 6'; KBo XVII 79 7'; Bo 3185 11'. Cfr ᵈ*IŠTAR* et ᵈ*Kataḫḫa* dans les «Noms divins».
Anunumnišma v. : 179.
KBo X 18 7'.
Anziliya v. : 206, 207.
KBo XXII 11 I 11'.
Armatana v. : 5.
Arzawa p. : 5.
Arziya v. : 6, 7, 8, 217, 218.
KUB XXXI 79 13.
Azzi p. : 5, 6, 8, 12, 28.
Bas-pays : 5.
Etônia v. : 4.
Erzincan v. : 5.
Egypte p. : 114.
Elbistan v. : 5, 8.
Ellaya v. : 219.
KUB XL 98 6'.
Euphrate r. : 4, 8, 9, 11; = turc Murad-Su.
Gašga p. : 5, 6, 7, 57 note 4, 59, 61, 65, 114, 150, 207, 208, 217, 218.
KUB XXXI 79 6; KBo XXII 73 I 13.
Gürün v. : 5, 8.
Ḫaḫarwa m. : 178, 179.
KBo IX 138 7'.
Ḫaḫḫum v. : 6.
Ḫakkura v. : 146, 148.
KUB XXI 17 II 33.
Ḫakmiš v. : 21 note 32, 33, 42, 59, 60, 207, 208; variante *Ḫakpiš*.
KBo XXII 73 I 6.
Ḫan[- v. : 207, 208.
KBo XXII 73 I 4.
Ḫalap v. : voir *Ḫébat*, *Tešub*.
Ḫanikalbat p. : 5.
Ḫaršama v. : 188.
Bo. 6002 Vo 5'.
Ḫaššiggašnawanda v. : 7, 8.
Ḫattarina v. : 17 et voir Ištar/Šauška.
Ḫadatu v. : 17.
Ḫatti p. : 17, 206, 207.
KBo XXII 73 I 3.
Ḫattuša v. : 7, 8, 33, 114, 116, 146, 149, 195.
KUB XXI 17 III 5'-8', 11'-12'; KUB XXII 59 Ro 7'.
Haut-pays : 5 note 4, 7, 8, 14, 39, 65, 114, 115, 144, 147.
KUB XXI 17 I 5, 6-8.
Ḫayaša p. : 12.
Ḫazzi m. : 183.
Ḫiššašba v. : 183.
KBo XVII 79 8'.
Ḫubešna v. : 144, 147, 173, 174, 186, 211.
KUB XXI 17 I 22; KUB XXXII 85+ Ro 3'; KUB XL 98 7'; Bo 3185 10'. Cfr *Ḫuwaššanna* dans les «Noms divins».
Ḫurma v. : 7, 8, 32 note 86, 219.
KUB XL 98 2'. Cfr *Ḫantidaššu* dans les «Noms divins».
Išḫubitta v. : 6, 7, 59, 169.
KUB XXXII 130 10.
Išuwa p. : 5, 8, 212, 213, 221.
Bo 5153 Vo 6; 434/s II 1.
Kadeš v. : 7 note 17.
Kaneš v. : 6, 7, 8, 11, 12; identique à *Neša*.
Karaḫna v. : 6, 27.
Karanduniya v. : 193.
KUB XV 30 III 9'.
Kare[- s. : 176.
KUB XLIV 2+ 2'.
Karepat s. : 177.
Bo 858 8'.
Kargamiš v. : 199, 200.
VBoT 25 I 2.
Kaššiya v. : 5.
Gaštama v. : 211.
Bo 1623 Vo 5'.
Katapa v. : 173, 174.
KUB XXXII 85+ Ro 5'.
Kayseri v. : 5.
Mulili s. : 27, 222.
854/z col.g. 4'.
Kemaliya v. : 9.
Kızıl-Irmak r. : 4, 7, 8, 186; = hittite *Maraššantiya* et classique Halys.
Bo 3185 9'.

Kizzuwatna p. et v. : 4, 5, 7, 8, 12, 17, 18, 19, 25, 28, 29, 33, 37, 39, 59, 65, 115, 212, 213.
Bo 5153 Vo 6'.
Kültepe v. : 9, 11.
Kumanni v. : 32 note 86, 61, 74, 206, 207.
KBo XXII 11 I 4'. Cfr *Ḫébat* et *Tešub* dans les «Noms divins».
Kuššar v. : 6, 7, 11, 12.
Lac salé : 57 note 4.
Lawazantiya v. : 7, 12, 17, 18, 22, 32 note 86, 37, 61. Cfr *Ḫébat*, *IŠTAR* et *Kataḫḫa* dans les «Noms divins».
Liḫšina v. : 35 note 108.
Louvite : 57 note 4.
Maḫuliya m. : 27, 222.
854/z col.g. 5'.
Malatya v. : 4, 5, 8, 9.
Manuziya v. : 48.
Maraššantiya r. : cfr Kızıl-Irmak.
Mâri v. : 17.
Marišta v. : 6.
Mitanni p. : 18, 28.
Nakkiliya r. : 35, 176, 177, 178.
KUB XLIV 2+ 7'; IBoT II 19 3'; Bo 858 12'.
Nenašša v. : 5.
Nerik v. : 42, 60, 114; voir aussi ^{d}U.
Neša v. : 182; identique à *Kaneš*.
Paḫḫuwa p. : 6.
Pattiyarik v. : 6, 7, 8, 32 notes 83 et 86, 59, 61, 174, 175, 217, 218. Cfr ^{d}U.
KUB XXXI 79 3, 9, 19; KUB XL 52 IV 8'.
Pertek v. : 4.
Pinnat s. : 176, 177, 178.
KUB XLIV 2+ x+1; Bo 858 7'.
Pi[- v. : 187, 188.
Bo 6002 Ro 17.
Pišḫuru p. : 59.
Burušḫattu v. : 12.
Šaddu[- v. : 206, 207.
KBo XXII 11 I 10'.
Šadduppa v. : 6.
Šammaḫa v. : 9.
Šamuḫa v. : 3 à 222. Cfr *Ḫébat*, *IŠTAR*/*Šauška*, ^{d}U/*Tešub* dans les «Noms divins».
Dans les «petits textes», voir plus particulièrement :
KUB XV 28 III 2'; KUB XV 30 III 8'; KUB XVI 17 II 3; KUB XXXI 79 4, 16; KUB XXXII 85+ Ro 4'; KUB XL 22 Ro 11'; KUB XL 98 x+1; KUB XLIV 2+ 5'; KUB XLV 32 IV x+5; KBo IV 6 Ro 21; KBo XVI 97 Ro 14; IBoT II 19 x+1; Bo 858 x+3, 10'; Bo 6002 Ro 6, Vo 7; 254/d 8'; 388/i II 9', III 3.
Formes hourrites du nom de la ville en KUB XXVII 1 II 27, 70, 71, 3 IV 6.
Samuka v. : 9.
Šapinuwa v. : 32.
Šarišša v. : 7, 174, 175.
KUB XL 52 IV 9'.
Šapuḫa v. : Variante de *Šamuha*; 9, 183, 221.
KBo XVII 79 9'; 434/s II 6.
Šik[- : 186.
Bo 3185 12'.
Sivas v. : 5.
Šullama v. : 17.
Šulluppašša v. : 17.
Syrie du nord p. : 7, 33, 37.
Taggalmuḫa v. : 9.
Daištipašša v. : 59.
Tamininga v. : 17, 185.
KUB XLV 32 IV 7'; cfr aussi sous Ištar/Šauška.
Tana[*k*- v. : 145, 148.
KUB XXI 17 II 32.
Dankuwa v. : 6 et note 8.
Tarḫundašša v. : 20, 24, 58, 74, 113 note 1, 114.
Tašmaḫa v. : 169.
KUB XXXII 130 11.
Taštarišša v. : 187, 188.
Bo 6002 Ro 4, 10.
Taurus m. : 5.
Tavium v. : 3.
Tawiniya v. : 3, 4, 221.
434/s II 5.
Tegarama v. : 5, 8.
Til-Barsib v. : 17.
Tônea v. : 4.
Tuwanuwa v. : 5.

Uištawanda v. : 221.
434/s II 3.
Urauna v. : 174, 219.
KUB XL 52 IV x+2; KUB XL 98 4'.
Urikina v. : 33, 42, 145, 148, 149, 194, 212, 219.
KUB XVI 17 II 4, 6; KUB XXI 17 II 7, 27, 36; KUB XL 98 3'; Bo 5153 Ro 5'.
Ušša v. : 211.
Bo 1623 Vo 3'.
Uda v. : 5. Cfr *Ḫébat* et dU dans les «Noms divins».
Utrauna v. : 190.
KUB VI 15 II 3.
Waḫšušana v. : 12.
Wašuduwanda v. : 17.
Wattarušna v. : 221.
434/s II 8.
Yazılıkaya v. : 17, 23, 35.
Zaḫa m. : 27.
Zalattara r.? : 110.
Zara v. : 4.
Zarpinuwa v. : 8.
Zikkiškira v. : 188.
Bo 6002 Vo 7'.
Zippalanda v. : cfr dU.
Zitḫara v. : 191, 192.
KUB XV 28 II 2'.
Zuliya d. et m. : 24, 165.

TABLE DES MATIÈRES

Avant-Propos . . . . v-vi

Bibliographie . . . . vii-xiv

Première partie : Synthèse des documents 1-65

Chapitre I : La ville de Samuha 3-14
§ 1. Le problème géographique 3-10
§ 2. Histoire de Samuha 11-14

Chapitre II : Le panthéon de Samuha 15-55
§ 1. Ištar de la steppe de Samuha 15-25
a) Les dénominations d'Ištar de Samuha . . . 15-16
b) La nature d'Ištar de Samuha 16-18
c) Histoire du culte d'Ištar de Samuha . . . 18-25
§ 2. Les autres dieux 25-36
BELAT AYAKKI 25-26
Abara 26-28
La déesse noire 28-31
Le dieu de l'orage ou Tešub 31-33
Hébat 33
Ištar de Tamininga 33-34
Huwariyanzipa 34-35
Ninatta et Kulitta 35
Rivières et montagnes 35
Lelwani 36
§ 3. Les causes du développement du culte d'Ištar de Samuha 37-42
§ 4. Les institutions et manifestations relatives à Ištar de Samuha 42-55
A. Les temples et les prêtres 42-44
B. Les fêtes 44-45
C. Les SISKUR 45-49
D. Les manifestations oraculaires et oniriques d'Ištar de Samuha 49-53
E. Les matières d'offrandes rituelles 54-55

Chapitre III : Hattusili III et Ištar de Samuha 56-65
§ 1. La protection accordée par Ištar de Samuha à Hattusili et Puduhépa 56-61

§2. Les offrandes particulières de Hattusili III à Ištar de Samuha et leur signification politique 61-65
SECONDE PARTIE : LES DOCUMENTS 67-222

1) Tableau récapitulatif des textes utilisés 69-72
2) Étude philologique des textes 73-222
a) Les grandes textes : 73-171
KUB XXVII 1+ 73-116
KUB XXIX 7+ 117-143
KUB XXI 17+ 144-150
KBo XI 28+ 151-166
KUB XXXII 130 167-171
b) Les petits textes ou fragments 172-222

INDEX ANALYTIQUE 225-249

I. Les matières 225-228
II. Morphèmes 228
III. Lexiques 229-238
IV. Noms divins 238-245
V. Anthroponymes 245-246
VI. Toponymes 246-249

TABLE DES MATIÈRES 251-252